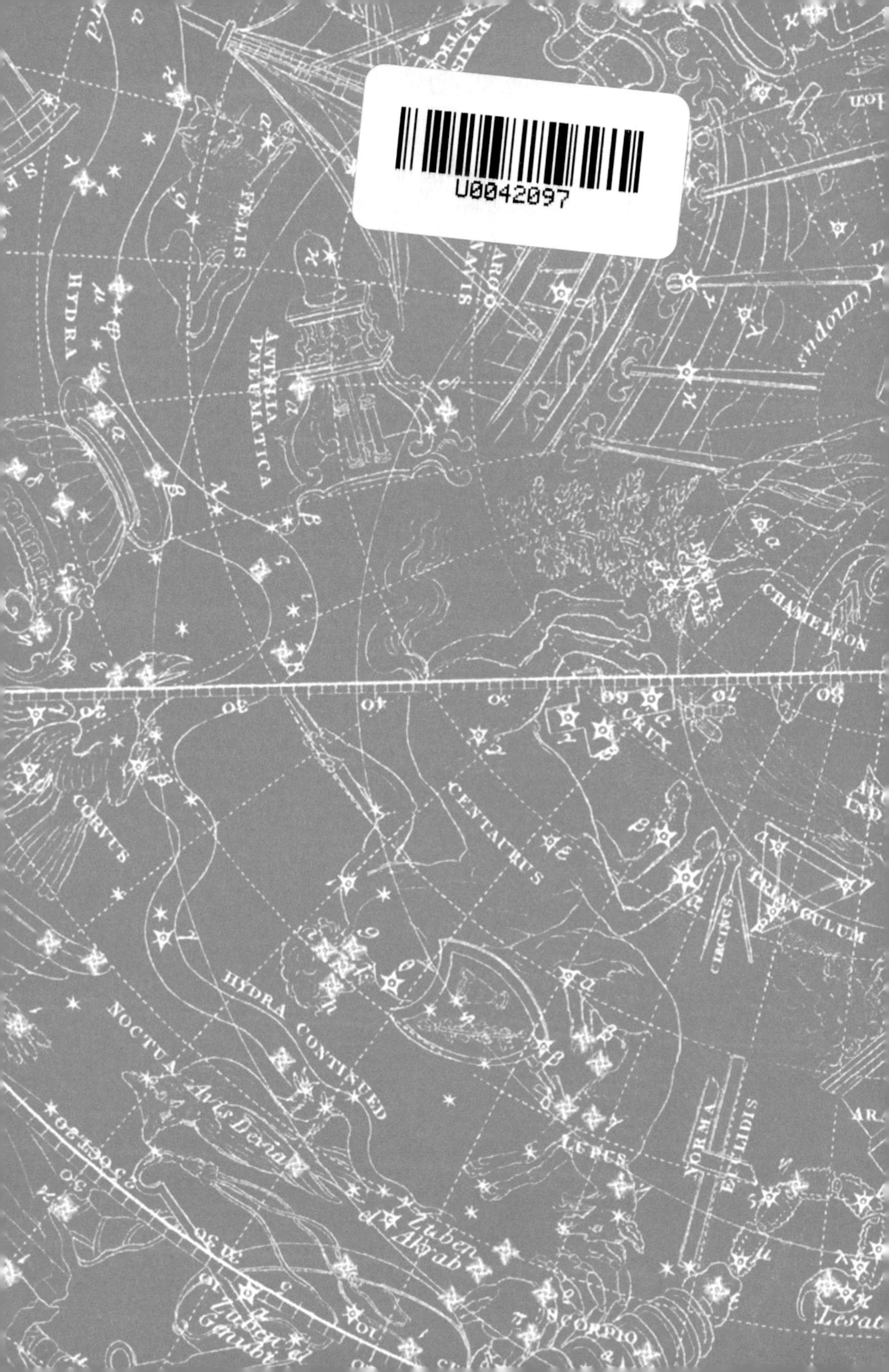
HYDRA
FELIS
ANTLIA PNEUMATICA
CORVUS
CENTAURUS
CRUX
CHAMELEON
HYDRA CONTINUED
NOCTUA
TRIANGULUM
CIRCINUS
NORMA EUCLIDIS
LUPUS

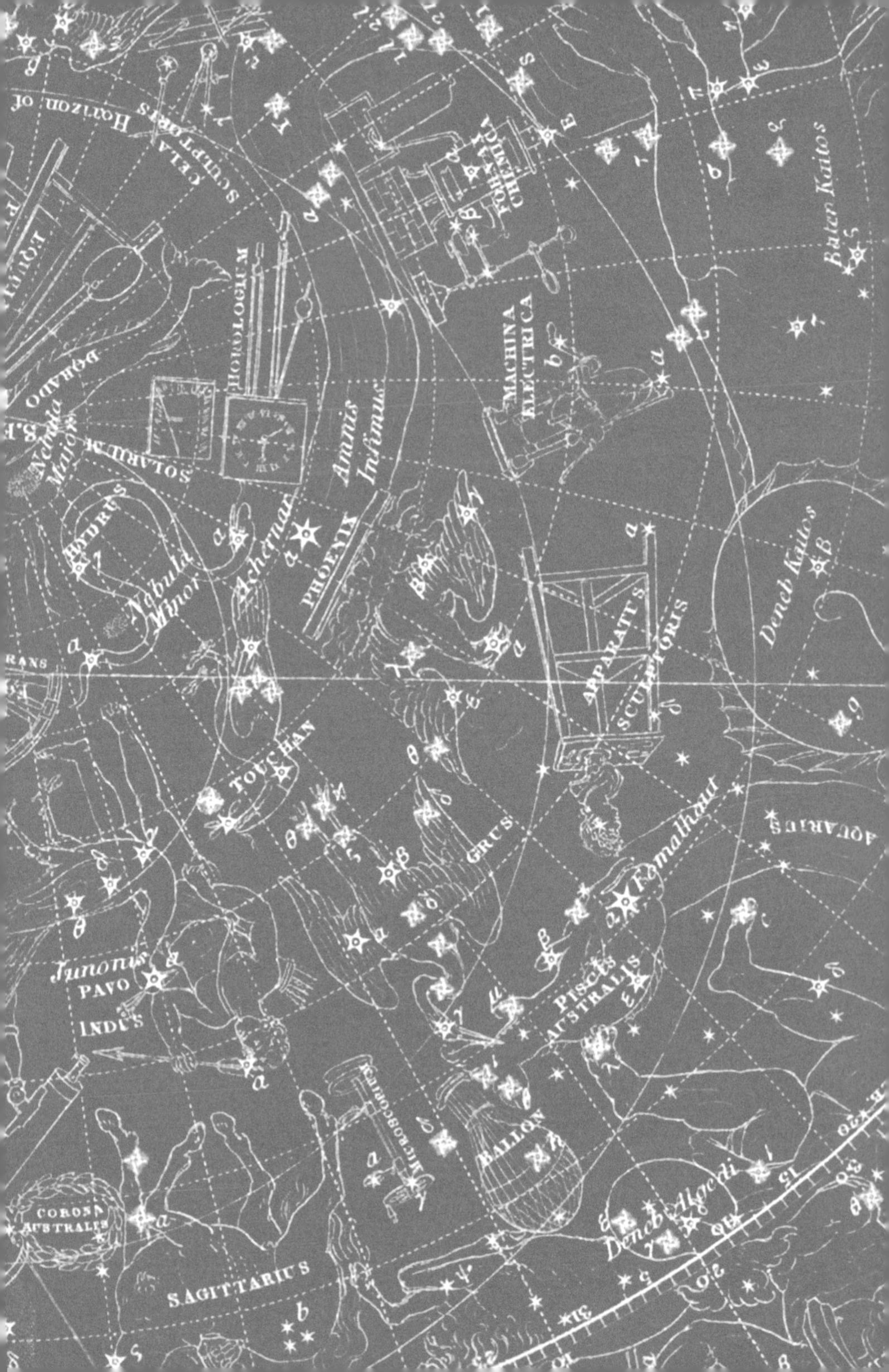
CELA SCULPTORIS
Horizon of
DORADO
Nebula Major
SOLARIUM
HOROLOGIUM
FORNAX CHEMICA
MACHINA ELECTRICA
Buten Kaitos
Amnis Infimus
HYDRUS
Nebula Minor
Achernar
PHOENIX
Deneb Kaitos
APPARATUS SCULPTORIS
TOUCHAN
GRUS
Fomalhaut
AQUARIES
PISCIS AUSTRALIS
Junonis PAVO
INDUS
MICROSCOPIUM
BALLON
CORONA AUSTRALIS
SAGITTARIUS
Deneb Algedi

占星十二宮位研究

The Twelve Houses

Exploring the houses of the horoscope

霍華・薩司波塔斯｜ Howard Sasportas──著
韓沁林──譯
胡因夢──審訂

以愛將此書獻給我的父母

目次

圖表目錄

感謝辭

在我經歷寫作的苦惱與狂喜之際，許多人不吝提供協助、建議和寬容。我在此對他們獻上最誠摯的謝意。

特別由衷感謝馬克思・海富勒（Max Hafler）的陪伴，在一開始鼓勵我寫這本書；羅伯特・沃克勒（Robert Walker）在寫作的中後階段鞭策我，感謝他的慧識卓見和不吝指正，他總是及時伸出援手，用耐心和支持陪我度過困境。

我也十分感激瑪莉・安・艾芙葛瑞（Mary Ann Ephgrave）為「宮位研討會」留下專業流暢的紀錄；感謝克莉斯汀・墨達克（Christine Murdock）提供不可或缺的專業協助、指導和鼓勵；感謝萊斯莉・卡崔爾（Lesley Cottrill）的專業建議；感謝席拉・薩司波塔斯（Sheila Sasportas）的熱情支持。

以下人士多年來不吝與我分享專業的見解，著實令我受惠良多。特別感謝瑪哈禮希・瑪赫西・瑜伽仕（Maharishi Mahesh Yogi）對我敞開胸懷，讓我領受珍貴無價的教誨和冥想經驗；感謝達比・卡斯提拉（Darby Costello）的雙子座洞見提供我靈感，指引我回溯至占星學的本源；感謝我的占星學入門導師，貝蒂・寇菲德（Betty Caulfield）和伊莎貝爾・希奇（Isabel Hickey）；感謝班・貝格

（Ban Begg）幫我更加了解自己；感謝伊安・高登—布朗（Ian Gordon-Brown）、芭芭拉・薩默思（Barbara Somers）和黛安娜・懷特默（Diana Whitmore），我從他們身上獲益良多；感謝茱蒂・豪爾（Judy Hall）給予慷慨且忠貞不渝的支持，還有她的智慧、治療和協助；衷心感謝麗茲・格林的精闢見解，她賜與我摯友、導師和占星同好的恩惠，對我的所有著作都影響甚鉅。

特別還要感謝兩位重要人士。言語無法形容我對「戈梅拉夫人」唐娜・瑪加利塔（Dona Margarita）的感激，謝謝她與我分享獅子座的愛與熱忱，讓我在如詩一般的氛圍下展開寫作；最後要感謝的是賈桂琳・克萊爾（Jaqueline Clare），我對她的感激不亞於任何人，謝謝她誠摯的友誼陪我度過一切，更感謝她用心製作的完美圖表。

——霍華・薩司波塔斯，一九八五年

二〇〇七年版前言

霍華·薩司波塔斯於一九九二年五月十二日辭世。新版的《占星十二宮位研究》在他辭世十五年後問世。占星學自古代巴比倫發源至今，詮釋的角度及方式一直在不斷地變化，許多極具啟發性的占星研究領域和文獻也源源不絕地出現。依此看來，十五年實在是一段相當漫長的時間。各種書籍、導師、學校、宗教和靈性組織出現又消失了，在某一段時間被奉為圭臬的特殊方法，之後就可能被棄之不用，因為新的詮釋方法似乎更能為四千多年來不停被追問的疑惑，提供所有的答案。

占星學家也很清楚天體循環的意義深遠。舉凡二〇〇一年至二〇〇二年土星和冥王星的對分相，或者二〇〇六年至二〇〇七年土星和海王星的對分相，或是冥王星在射手座停留長達十三年，這些重要行運相位的意義不僅展現在政治、科學、社會、宗教和藝術潮流上面，同時也呈現在占星學的領域。這也證明了在某一段時期極為重要的占星學理論及實務，對於另一個時代的人卻無深遠的意義，因為占星家和其學生、客戶的需求，也會隨著集體意識的改變產生變化。極少數的占星學家能夠超越生命循環的轉變，歷久彌新，霍華就是其中一位。他的占星學從來不隨波逐流，而是根據對占星符號學的深入了解，同時融入對人性的深刻洞見。當他辭世時，占星學圈內均認為失去了一位最受歡迎、最具原創性的思想家。他已出版的著作包括《占星十二宮位研究》、《變化的眾神》

(*The Gods of Change*)、《太陽星座職業指南》(*The Sun Sign Career Guide*，此書是與占星家羅伯特・沃克勒合著的)、《出生星盤的指引與命運》(*Direction and Destiny in the Birth Chart*)，以及我與他共同撰寫的四本研討會著作：《人格的發展》(*Development of the Personality*)、《無意識的動力》(*Dynamics of the Unconscious*)、《天體之光》(*The Luminaries*)以及《內行星》(*The Inner Planets*)，這些著作讓他在經典的占星文獻作家中贏得不朽的地位。近年來，拜電腦科技進步所賜，AstroLogos得以出版Studyshops系列作品，其中包括了霍華研討會的實況錄音，加上文章和圖表解說，以CD形式收納出版。有了這一套Studyshops，後輩占星家可以享受親臨現場的樂趣，彷彿在參加一場場生動活潑的研討會，聆聽霍華的分享與教導。

現場的講述無疑最能展現霍華的迷人之處。他的風趣機智、對人心的激勵、深刻的洞見、清晰的表達和人性的溫暖面都表露無遺。儘管身為一名優秀作家，他的深遠影響力卻是源自於性格，他的倫敦「心理占星學中心」(Centre for Psychological Astrology)研討會的學生，對他這一點最為熟悉。霍華難得地將神祕主義和實用主義兼容並蓄，從最高層的形而上思考，進入最實際、有時甚至是人性最黑暗底層的星盤相位觀察。他時刻不忘人本心理學的觀點，深知占星家必須洞悉原始的人性動機和衝突，才能將抽象的占星理論應用在現實生活上。他對學生展現無限的善意和同理心，不斷強調一種包含極端唯心論的精神觀點。與此同時，他對教條式的武斷作風和惡意批評也不加寬容。他的分析兼具強烈的個人性與超個人性，但從不鎖定「大眾市場」為閱聽對象，因為他認為一切都是關乎個人。

早在占星網站或線上教學大量出現之前，霍華就已經將他的寫作和教學提供給占星圈分享。他的方法奠基於與學生及個案的親密交流，他的占星詮釋也總是根據實務經驗而非猜想或臆測。《占星十二宮位研究》寫在冥王星進入射手座之前，此行運位置反映在宗教派別的興起，這種情形不僅出現在宗教界，也出現在占星圈中。霍華從未宣稱過所謂的「唯一真實的占星學」，也不曾將擁護其他學派或方法的占星執業者視為敵人或異教邪說，雖然他時常淪為這類人身攻擊的目標。這種偽裝成專業批評的攻訐多半源自於忌妒，而這在占星圈內並不罕見，但霍華從未沉溺於這種自我膨脹之中。他只是繼續執業，寫出優秀的占星著作，同時願意將各方不同的見解，折衷地融入自己的方法中，從佛洛依德到精神整合療法、從西方神祕主義到印度神祕學、從心理學派的星盤詮釋到推進行運的占卜應用、從討論神話和原型概念到一個人該何時售屋，無論如何，他最注重的還是對個案本身的適切分析，呈現其生命的完整性，並揭露其重要議題，而他的分析技巧也從不曾淪為人性心理現實的附屬品。

霍華的占星學總是以人性為中心。就是這份特質，加上他從不刻板地說教，讓他的著作持續地受到各種哲學或精神教派的占星學家喜愛。已故的瑞士占星家亞歷山大・魯伯提（Alexander Ruperti）為丹恩・魯依爾（Dane Rudhyar）的著作撰寫的賀文，發表在一九八六年春季的《占星學期刊》（*Astrological Journal*）上，他提出了以下的見解：「沒有一種占星學是獨占鰲頭的。在每一個時代裡，當代的占星學只是反映出每一種文化在天體運行中發現的秩序和規則，或者只是反映出每一種文化所能想像的天堂與地獄的關係。」在後現代時期，魯伯提的見解仍獲得許多占星學派的認同。但霍華自己非常地清楚，這種賞析人性心理和精神存在的架構極具開放性，可以與其他占星學派相容。雖然他沒有追隨中古世紀希臘羅馬派的星座詮釋方法，也從不認為自己的著作是一種預言，但他絕不輕易批評其他占星方法是「錯誤的」。他寧可將天賦發揮在自覺最能被善用的地方，占星學子和執業者至今仍因他真誠又謙虛的奉獻受惠良多。新版的《占星十二宮位研究》是一本歷久彌新的著作，其中不僅有霍華不吝分享的卓見，還涵蓋占星學的世界觀。諸多的古典、現代、後現代著作和霍華的著作，會共同地繼續帶給學生和經驗豐富的執業者無限的啟發。

——麗茲・格林，二〇〇七年五月於英國貝斯市（Bath）

一九八五年版前言

宮位是占星學的重要基石之一。每一位對占星學抱持嚴肅態度的學生，都應該在一開始就學習認識宮位。由於宮位代表的是基礎原理，所以經常被視為十分簡單的部分，也許是構成占星分析的三位一體之基礎大三角（行星—星座—宮位）中最簡單又易懂的部分，也因此常被視為占星文獻中最不值得深入細究的一部分。

但根據我的自身經驗，宮位並不比行星和星座簡單，甚至更加微妙難懂。這並非毫無道理，試想誕生在同一天的人都會有同樣的行星落在同樣的星座，而宮位內的行星位置，卻是根據最個人性的條件，也就是出生時間而定的。就是因為宮位與個人的關係最為密切，而且我們依此勾勒出個人命運的藍圖，所以非常值得在目前占星教科書提及的內容之外，更深入地探討分析這個部分。很遺憾地，這塊研究領域至今仍有許多探究的空間，顯然過去沒有一位作者全面地深究這個看似簡單實則困難的「生命領域」議題。

我很高興能為這本書撰寫前言，這本書不僅填補了目前占星文獻的空白，同時還能擴展我們對占星學的認識。霍華在撰寫此書時，並沒有違背那些已經被印證和肯定的傳統占星知識，也沒有像其他許多作家一樣一味地忽略掉，他們必須將心理學知識帶入這個長期以來純以占卜或行為論詮釋為主的研究領域。在我的眼中，這本著作是獨一無二的佳作，同時也是「心理占星學」中最傑出的一本。但這本書沒有隱沒在心理學術語中，無論是對初學者還是有經驗的執業者而言，其中的文字敘述同樣地清楚易懂。

從某些層面看來，「心理占星學」極具爭議性，許多研習古老傳統的占星家都認為，經過數百年驗證的占星術語已漸漸地被心理學語言覆蓋。在他們看來，融合心理學的占星學不再「純正」，反而變成了另一種形式的諮商職業。但是霍華書中的心理占星學，並未破壞占星學架構的優美和完整，反而含括了另一種非常簡單的概念：心理層面的現實（the reality of the psyche）。一個人一生的獨特性就在於凸顯此生應該展露的天性；然而除非他能體認到心理活動的存在，否則很難領會這一層意義。霍華在書中對宮位的深入探討就是最深刻的「心理學」詮釋，因為他在每一章節都提出了清楚的見解：一個人在某一個生命領域總會遭遇特定的經驗，而這都取決於他的心理如何認知、反應或詮釋這個生命領域。霍華在第一章就極力強調這個觀點。

心理占星學的哲學前提就是，每個人的存在都是根源於他內在的思想、感受、期望和信念。這當然是一種占星學，而非其他學說的延伸；這種占星學保留了個人心理的基本尊嚴和價值，而且宮位的重要性不亞於其內的星座和行星，因為它從內而外賦予個人更完整的生命意義，而非代表與個人靈魂毫無關聯的靜態「地點」或「時間」。

書中不時可見作者個人的占星學經驗，內容豐富且令人欽佩。我從中獲益良多，此書也深化了我對占星學的洞察和解析。我和作者一起創辦並共同指導位於倫敦的「心理占星學中心」。我在此推崇他的著作，不僅因為該書清晰易懂又極具深度，更因為書中的詮釋都是根據他多年來的實務經驗，而非只是熟練的理論推演。在這本書中，我們也可以清楚地看見他對於占星家的個人發展和內心衝突的貢獻，我認為對於任何想要為諮商他人負責的人而言，可以將此一部分作為首要的標準。對作者而言，心理是一種顯然存在的事實，因此他可以透過占星學的架構，將心理的現實面和微妙之處傳達給閱聽大眾。真正的權威是無法捏造的，儘管有無數占星學作者提出了優秀的理論，但這些理論並未接受過現實的驗證。我們無法根據單一宮位內某一行星的影響，來解釋如何在無意識中一步步地建構的「外在」現實，除非能找出現實與無意識的關聯性，才能解釋這種複雜的情節。其他占星學派的詮釋多半著重於行為的描述，這只會將我們帶回到原點。如果占星家只注重行為的描述，就無法呈現占星學中最具原創性、最具目的性的面相了。換言之，占星學應該可以打開一扇門，讓我們發現態度會如何影響現實生活；如果我們能有意識地去面對生命，可能會創造出另一種的人生面貌。占星家若是只注重行為的描述，就會失去原創性，而且不得要領，只能將占星學作為一種手段，為一個人的不負責任行為合理化。

作為一本教科書，霍華的書是無價之寶。因為此書深入淺出，從最基本的概念入門，引領讀者一步步地認識詮釋宮位的複雜性，而又不失嚴謹的架構和清晰扼要的描述。對於一位想要認真學習、深入了解占星學的學生而言，這無疑是一本不可或缺的參考書。就作為一本心理占星學的著作而言，這本書內容清楚扼要，極其珍貴。心理占星學不是要捨棄占星學，改而採用精神療法，而是要在了解或解讀星座符號的過程中，融入內心和外在層次的經驗，藉此來呈現兼具內外層次的基本原型模式。宮位時常讓人感到困惑，解析它就像在一個大前提下收納各式各樣的主題似的。例如，死亡的深層奧祕與壽險單內容同樣會呈現在第八宮裡；第六宮除了探討身體和心智的關係，也可以看出我們與「小動物」的相處情況。霍華的著作為每一個宮位提供了基本意義，讓這些看似毫不相干的主題有了關聯性，也讓讀者了解為何這些「外在」的環境都是內在核心的一部分。這樣的洞見著實難得，我們不能低估其價值。

我在此十分高興能引薦這本書，這本書對占星文獻具有獨一無二的重要貢獻。

——麗茲．格林

審訂者序

在一張星盤裡，宮位象徵的是生命情境或劇情發生的領域，而此領域承載著行星所帶來的無法抵擋的力量。我們或許可以把宮位比喻成一種進化的趨力和界限，促使我們對自己的慣性模式做出調整和修正，讓人格的各個面向產生的互動變得更為和諧圓融，以達成此生靈魂淨化的目的。

舉個實際的例子，假設代表內心之家、生命基礎、原生家庭及父親的四宮裡，存在著象徵禁忌議題、侵害或心理陰影面的冥王星，而此行星與其他宮位裡的火星或金星形成了困難相位，同時四宮裡還有其他波及到穩定性及安全感的行星，那麼星盤的主人就可能遭遇家族中的男性的性侵害，而且會試圖將這份權力被剝奪的痛苦埋藏到無意識裡。等到此人成年後，這股複雜且充滿危機感的能量，往往會不由自主地藉由情感的三角習題釋放出來，最後迫使此人必須像潛水夫一般沉入到無意識底端，將童年的創傷經驗層層揭露，徹底地弄清楚自己人格模式裡先天帶來的衝突，並且意識到必須在內心的祥和、知足及安全感上面全盤改造自己。這類人通常會因此而發展出一種透視力，能夠洞察到他人內心深處的情感需求，甚至成為深富智慧的治療師或心理學家。

按照這樣的觀察方式，我們可以從十二個宮位裡的任何一宮，看出相關生命領域可能發生的劇情，並將其統合到整張星盤其他的要素裡面，綜合性地理解一個人的完整業力藍圖。

這本由沁林翻譯和我審修的《占星十二宮位研究》，是歐美倍受推崇的已逝占星家霍華·薩司波塔斯的經典之作。積木文化本著至高的誠意，有計畫地推廣深度占星學方面的智慧成果，在《當代占星研究》、《占星相位研究》出版之後，又發行了這本奠基於心理學的宮位大全，應該是熱愛占星學的讀者們所樂見的事情。

感謝沁林鼎力相助，接下了翻譯的苦差事。這是我審訂過的作品中最不費力的一本。

——胡因夢，二〇一〇年於台北

引言

一個人必須成為命定的模樣，實現此生的命運。

——保羅・田立克（Paul Tillich）

我們周遭自然萬物的生命，都會根據特定的內在藍圖逐漸展露自己。玫瑰苞蕾綻放成嬌豔的玫瑰，橡實長成橡樹，毛毛蟲脫蛹而出蛻變成蝴蝶。若說人類命運與宇宙眾生有所不同，實在於理不通。因此，我們也會根據內在藍圖揭露自己的人生嗎？

每個人都具有獨特潛能的這個概念，自古就已存在。聖奧古斯丁（St. Augustine）曾寫到：「我的體內有一個更像我的『我』。」[1]亞里斯多德（Aristotle）曾用「圓滿實現」（entelechy）意指帶來潛能的事物會進化至全然圓滿的狀態。亞里斯多德還認為「本體」（essence）是無法喪失的本質，除非我們不再做自己。東方哲學則是用「法性」（dharma）這個字，解釋萬物誕生後所擁有的內在本體和潛在生命模式。就如蒼蠅嗡嗡叫、獅子怒吼和藝術家創作，都是「法性」的展現。每一種生命模式都有其獨特的真理和尊嚴。

「成為真正的那個我」[2]有如一場永恆的探索，現代心理學家用個體化過程、自我理解、自我實現、自我發展等許多不同字眼為其命名。無論我們如何稱呼它，其所強調的意義都十分清楚：每一個人都具有內在的潛能和才華。更有甚者，內心深處對於自己真正的本質、命運、能力和生命「召喚」，都存有一種原始的理解或是前意識的認知。我們不只知道必須踏上獨特的生命之路，同時還出自本能地知道那是一條什麼樣的道路。

我們的成就、快樂和幸福全取決於是否能找到自己的生命模式，並將其如實地呈現。丹麥哲學家齊克果（Kierkegaard）觀察並發現到，最常見的絕望不是無法展現真我，而是選擇成為別於自我本質的另一個人。[3]美國存在心理學家羅洛・梅（Rollo May）曾寫到，「如果一個人否定了自己的潛能，沒有將其具體實現出來，他就是有罪的。」[4]神學家曾經解釋第四種原罪「怠惰或倦怠」，指的就是一個人在此生沒有實現自知能達成的使命。[5]然而，我們如何與自知天命的那個我產生連結呢？如果我們曾經迷失方向，又該如何重新找到正途？是否有任何地圖，可以指引我們找回自我？

本命盤就像是這樣的一種地圖，猶如在我們誕生的地點和時間，出現了一張天堂美景圖。它象徵性地勾勒出我們獨特的存在、天生的模式以及內在的設計。我們若是沒有受到家庭社會的阻礙，或是受到**內在的矛盾性**嚴重地阻撓，便可以透過本命盤顯示的訊息，察覺到自己天生擅長的事物。

我們不僅被賦予了生命，同時也背負著生命的要求。我們是否能成為應該有的樣子，完全操之在我。到達生命終點時，我們必須為自己活出的一生擔起全責，無論是接受或拒絕真實的本性、目的和身分，都必須獨自承受結果。本命盤是回歸自我的最佳導引。星盤中的每一種排列組合，都顯示我們最能恰如其分地展現自我的方式。那麼，何不仔細聆聽星盤提供的訊息呢？

——霍華．薩司波塔斯

註釋

1. St Augustine cited in Irvin Yalom, *Existential Psychotherapy*, Basic Books, New York, 1980, p. 280.
2. Carl Rogers quoting Kierkegaard cited in John Rowan, *The Reality Game: A Guide to Humanistic Counselling and Psychotherapy*, Routledge and Kegan Paul, London, 1983, p. 62.
3. John Rowan, *The Reality Game: A Guide to Humanistic Counselling and Psychotherapy*, Routledge and Kegan Paul, London, 1983, p. 62.
4. Rollo May cited in Yalom, p. 279.
5. Abraham Maslow, *Toward A Psychology of Being*, Van Nostrand, New York, 1968, p.5.

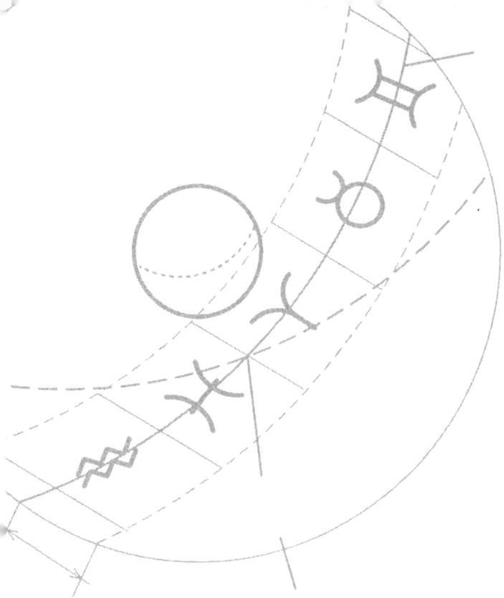

第一部

人生景緻

第一章
基本前提

我們可以肯定地說，不是事件發生在一個人的身上，而是這個人讓事件發生。

——丹恩・魯依爾（Dane Rudhyar）

星盤結合三個主要元素：**行星**、**星座**和**宮位**。行星代表特定的心理動力、渴求和動機。行星就像動詞，描述進行中的行為，例如火星代表**堅持**，金星代表**和諧**，木星代表**擴張**，土星代表**限制**等等。星座代表十二種人性的本質或是人生觀。行星則會透過其所落入的星座表現力量。火星可能用牡羊座或金牛座的方式表現堅持，金星可能透過雙子座或巨蟹座的風格達到和諧，其他行星也可依此類推。宮位則代表特定的生活領域或是該領域中的遭遇和經驗。火星落在金牛座可能會用緩慢且持續的態度展現堅持，其所落入的宮位則決定在哪一個生命領域中，特別容易出現緩慢及持續的行為模式，這有可能表現在事業領域、人際關係，或是學校等等。簡單地說，行星代表正在發生的**事件**，星座代表發生的**方式**，宮位則代表發生的**領域**。

宮位就像是相機的鏡頭，透過這個鏡頭，我們將星盤藍圖聚焦在實際人生面，並賦予它個人化的特色。然而，在所有的星盤基本元素中，宮位的意義和功能通常最不為人了解。本書的目的就是透過行星和星座落在十二宮位的合宜詮釋，指引我們找到真我，照亮自我覺醒的旅程，揭露今生的安排與計畫。

有幾個原因導致宮位的重要性經常被忽略。大部分的占星教科書注重的都是每一宮的傳統「外在」意義，比較細微或較為基本的核心原則反而被忽略了。除非我們能夠掌握宮位的核心意義，否則就失去了它所代表的真正精髓。例如，十一宮常被認為是「朋友、團體、期待和願望」的宮位。乍看之下，我們可能覺得很怪，朋友、團體、期待和願望之間有什麼關係？為什麼這些全都被歸納在同一宮位？然而，一旦我們了解第十一宮更深層、更基本的原則，其中的關聯性就顯而易見了。第十一宮的核心意義其實是「超越小我的渴望」。我們會與超越小我的事物產生連結，藉此達到這個目的。所以會與朋友或社交圈聯群結黨，加入社團，或是認同某一種目標，藉此提升自我或是讓自我融入更偉大的事物中。但我們若想超越目前的小我，就必須具備創新的想像力，換言之，期待和願望可以讓我們超越現存的眼界，跳脫自我的模式。我們必須得先有一個夢想，才能去實現它。我們若是能理解這種想要超越現存經驗領域的慾望，再回頭看看第十一宮代表的「朋友、團體、期待和願望」，它們的關聯性就產生了。

行星和星座在各宮位影響力的傳統詮釋，也讓我們無法全盤了解每一個宮位的重要性。傳統占星學認為事件純然是外在環境導致的遭遇，並且是從決定論和宿命論的角度去解釋星盤的行星排列，因此沒有考慮到我們可以改變或導致自己的遭遇。舉個例子，一位「事件派」占星家可能會對某位土星在十一宮的男士說：「你的朋友會限制你，讓你失望。」這種說法可能是真的，但是對這個人有什麼幫助？

心理占星學的哲學前提就是，一個人的現實遭遇是源自於他內心的思想、感受、期望和信念。對於這位土星落入第十一宮的男士而言，與朋友的問題可能只是冰山一角，這可能是一件事的外在表現，他自己才是必須為此負責的始作俑者。他與團體的相處困難可能凸顯了某種更深層的心結，也就是他害怕將自我界線延伸至自身之外。他可能渴望超越小我，所以會去認同一個勝過小我的事物，然而又害怕這樣會威脅到既有的自我認同。第十一宮促使他去融入超越自我的事物中，但是土星卻會說：「保持現狀，維持你熟悉的模樣。」從這個角度來分析，我們就會發現，不是友誼限制了他，而是他的自我制約限制了友誼。點出這個難題的占星家可以引導這位男士踏進改變的前廊，但是他必須正視這份威脅到自我認同的恐懼，探索恐懼的來源，找出可能的解決之道，才能獲得開啟大門的鑰匙，進一步地發展和成長。我們若是能從揭露潛能和理解人生安排的角度去分析，那麼他與朋友相處困難這件事，就會變成一種必須經歷且極有收穫的階段性經驗。與其逃避或是怨天尤人，不如與第十一宮的土星正面搏鬥，這就是他「讓自己變成應有模樣」的方法。以這種角度詮釋土星落入第十一宮的情形，遠比「你的朋友不是好人」的說法更有幫助。

人本占星學先驅丹恩．魯依爾在他的著作《人格占星學》（*Astrology of Personality*）中提到，詮釋一個人的星盤時必須先解讀他的「法性」（dharma）。[1] 他在稍後出版的《宮位解析》（*The Astrological Houses*）中對此多有著墨。他強調每一個宮位內的行星和星座均顯示「上天的指導」，告訴一個人如何才能在該宮位代表的生命領域中，最自然地揭露人生的安排。[2] 這本書也盡可能地透過這個觀點，詮釋了行星和星座落入各宮位的情況。然而，宮位除了可以看出我們最能實現內在潛能的方法，宮位內的行星排列也可以顯示出**天生的傾向**，也就是一個人會如何透過宮位內的星座和行星，解讀與該宮有關的生命經驗。例如，冥王星在第七宮的女人天生就傾向於認為，與第七宮相關的事物會帶有冥王星的色彩。更重要的是，因為她期待冥王星的特質在此出現，所以就一定會發現它的存在。

我們見到的事物都會被自己的期待所渲染。我們在此可以做個實驗，將一疊撲克牌一張一張地顯示在螢幕上，然後問二十八位學生看到了什麼。他們的基本期待會是先入為主的觀念，也就是一疊撲克牌應該有四種花色，兩種是黑色（黑桃和梅花），另外兩種是紅色（紅心與方塊）。但是當實驗中出現了一個紅桃六時，很多學生卻拒絕自己親眼所見，自動地將紅桃六「轉變」成黑桃六。換句話說，當**紅桃**六出現在螢幕上時，他們甚至沒有注意到這張卡片不是預期看到的黑桃六。他們只看到自己期待看到的，而非**確實**存在的東西。[3]

我們也可以藉由宮位內的行星和星座看出期待的原型，這會讓我們先入為主地從特定的角度去體驗生命。冥王星落在第七宮的女人會透過冥王星的鏡片，過濾及分析與伴侶之間的問題。依此看來，她可能會在這個生命領域中「緊抓」著冥王星不放，就像橡實一定要長成橡樹一樣。她無法改變冥王星落入第七宮的事實，然而，她一旦**有意識地察覺**自己是透過冥王星的因果脈絡在看第七宮，便可能會出現一些之前並不存在的解決之道。

一開始她可以先問自己，在整個生命的安排中，第七宮的冥王星具有什麼目的？這樣她才能接受自己的天性，並且與它合作。接下來，當她在面對與第七宮有關的遭遇時，不該再怨天尤人，而是應該嘗試去了解自己是如何讓這些事件發生的。藉此她可以賦予生命中的遭遇更深層的意義和重要性，知道這一切並不是「發生在」她身上的偶然事件。最後，她若是能發揮冥王星最具建設性的內涵，多少可以避免一些不必要的痛苦和折磨。從某一個層面來分析，冥王星代表的是摧毀所有的形式，瓦解現有的結構。但是從另一個層面分析，冥王星也代表轉化和重生，成為全新的自我。若是她能改變一下看待自身遭遇的觀點，就會發現冥王星帶來的劇變，不過是一個成長和改變的必然機會。若是她能以這個角度面對冥王星造成的傷痛，就可以「轉換」到另一個層次，並且領悟到冥王星帶來的另一層生命體驗。她就會明瞭「毒理學之父」帕拉塞爾蘇斯（Paracelsus）早已發現的一件事，「讓疾病降臨的天神，也會賜予療癒」。

意識會帶來改變，透過觀察星盤中宮位的行星排列，我們不僅可以知道面對該宮生命領域的最佳方式，同時也能洞悉內心最原始的期待。一旦我們意識到自己天生的偏見，發現自己會以特定的因果脈絡去看待事件，就可以在這個既有的架構內採取建設性的做法，一步步地擴張這個架構的界線，允許其他的可能性出現。請讀者謹記在心，你們可以將這本書視為自我發展的工具書，也可以把它當作解釋星盤的指南。我針對宮位中每一個行星和星座的聯想和解釋，都只是宏觀整體的概論，希望這能激發更多的想法，反映出每一種行星排列的本質。

不要把我建議的聯想視為真理，也不要過於嚴苛地應用它，我對於這種「食譜」形式的先天限制深感抱歉，同時堅信必須以整張星盤的角度切入，才能完全體悟星盤中每一個元素的意義。更進一步地說，占星學中任何一種行星排列的表現都取決於星盤主人的意識層次。一名女子可能與她的寵物青蛙在相同時間和地點誕生，他們的星盤完全一樣，但是他們卻會根據各自的意識層次展現出生星盤的內涵。我們的意識層次決定性地影響了星盤行星排列的「結果」和意義，所以不應該死板地去解釋星盤中任何一個元素。我們每一個人都遠超過星盤中所有元素的總和，也都有潛力展現更多的覺知、自由和成就。

註釋

1. Dane Rudhyar, *The Astrology of Personality*, Servire/Wassenaar, Netharlands, 1963, p.223.
2. Dane Rudhyar, *The Astrological Houses*, Doubleday, New York, 1972, p. 38.
3. Sue Walrond-Skinner, *Famuy Therapy*, Routledge and Kegan Paul, London, 1976, pp. 23-4.

第二章
空間、時間和界線

人類是「宇宙」整體的一部分，是時間和空間都受限的一部分。

——愛因斯坦（Albert Einstein）

根據聖經，上帝的偉大傑作始於創造宇宙，然後將宇宙分為不同的部分。祂區隔天堂與地獄、光明與黑暗，以及白日與黑夜。如果我們嘗試去了解存在的本質，試圖為存在找出合理的意義，就會發現人類其實也展現了同樣的創造力，會將自己的一生劃分成不同的元素和階段。本命盤就是一個人存在的藍圖，反映出了我們如何將生命劃分成區塊，而這些區塊的總和造就了完整的一生。

按照空間劃分

儘管宇宙有時看似渾沌不清，但實際上仍是井然有序的。星體會自行依循一種可以預測、循環性的軌道在天頂運轉。早期人類為了解釋生命的意義和秩序，會去觀察天體事件（也就是太陽、月亮和其他行星的移動）與地球眾生的關係。但他們需要清楚的背景或參考架構，才能確認天上移動的星體的位置。為了繪製星體的位置，他們將空間劃分成不同區塊，並且為區塊命名。

現代占星家面臨同樣的問題：到底該如何劃分空間，制定一個明確星體位置的參考架構。從地理學的觀點，太陽、月亮和所有行星都出現在圍繞地球的環狀帶上。我們將太陽圍繞地球運行的路徑稱為**黃道**（ecliptic），而這個環狀帶就是以黃道為基準，從黃道兩側各自延伸八至九度的範圍，稱為**黃道帶**（Zodiac Belt）。黃道被區分成十二個星座，每個星座各佔三十度，從零度的牡羊座開始，這個位置就是太陽運轉的軌道與天球赤道（地球赤道投射在天空的位置）交會的春分點。依此推論，其他的黃道星座（例如牡羊座、金牛座和雙子座等等）*就是將黃道細分的區塊，也就是太陽一整年圍繞地球運行的軌道（參見圖1）。行星在這些區塊上的位置，顯示出每個行星在一年中這一天剛好經過的星座（參見圖2）。

每個行星都會按照自己的速度，持續地行經不同的星座。太陽大約每一個月經過一個星座，約耗時一年沿著黃道運行，完成十二個星座的循環。月亮在每個星座停留大概兩天半的時間，約需要二十七又三分之一天的時間通過十二個星座。天王星約需七年通過一個星座，耗時約八十四年才能完成一個循環。正如我們在第一章中所提，行星代表特定的活動，它會根據所位的星座的本質展現能量。

* 星座與星宿共用名稱，但由於「分點歲差」或稱「分點偏移現象」（Precession of the Equinoxes），星座和星宿不再吻合。

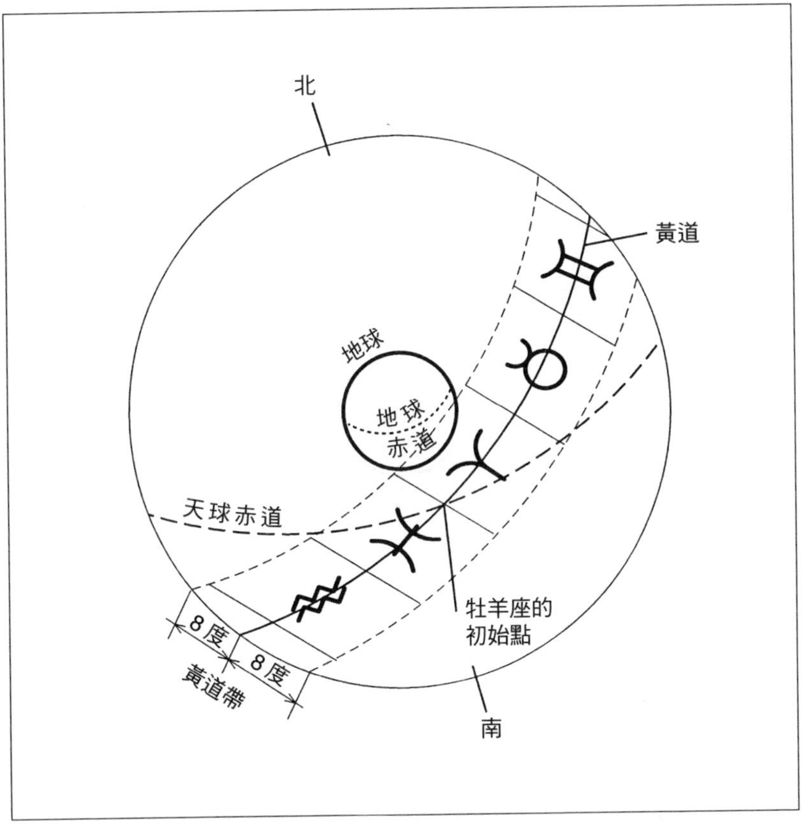

圖 1　空間的區分

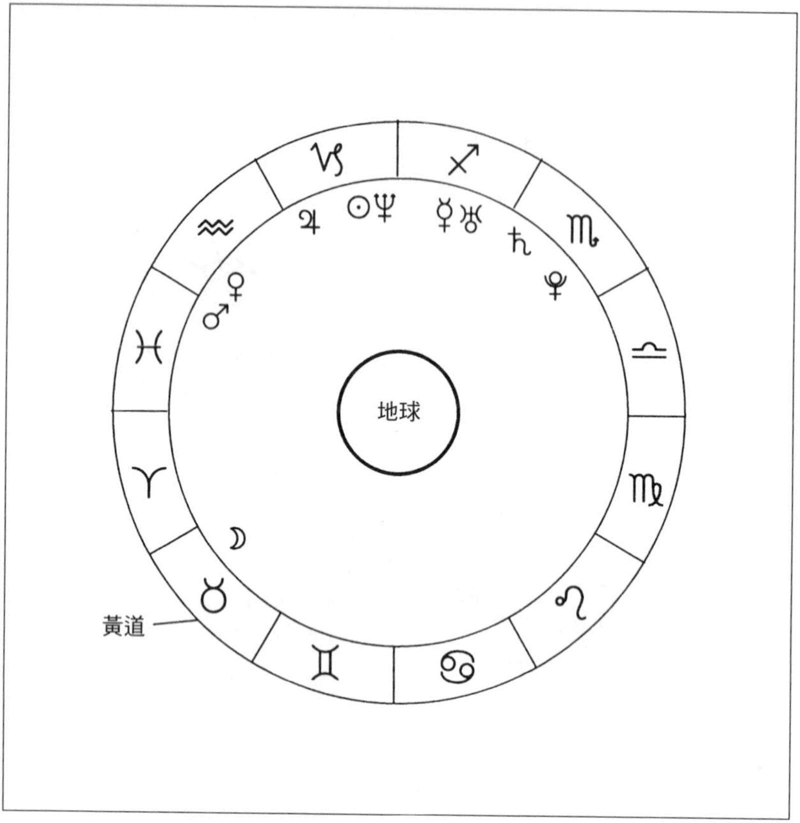

圖2　一九八五年一月一日行星在黃道上的分布

按照時間劃分

星位圖（horoscope）這個字源自於希臘語的「horoscopus」，意指「時間的考量」或是「上升角度的考量」。換言之，星位圖就是「時間地圖」。早期占星家將天上的空間區分成星座，才能為行星定位，但是他們很快就發現需要一種參考架構，才能讓行星運轉的規律，與特定時間地點誕生的個人產生連結。

除了太陽、月亮和其他行星繞著地球的公轉，星位圖也必須考慮另一種運轉，也就是**地球每日的自轉**。早期占星家已經找到一些方法，可以將行星繞著星座運轉的天體運行，與地球每日自轉的類地行星運行產生連結。最顯而易懂的方法就是將地球每日二十四小時的運行劃分成區塊，例如從日出位置到正午位置，從正午位置到日落位置等等。但是在一年中的某些時節，太陽會在地平線上停留較久的時間，所以這些區塊的大小不一定均等。

馬汀・弗里曼（Martin Freeman）的著作《如何詮釋本命盤》（*How to Interpret a Birth Chart*）[1]，可以幫助入門占星學生了解地球自轉的概念。他建議我們想像在初春的某一天。從地球的角度來看，初春的太陽是位於黃道帶上的牡羊座。對於一個地球上的觀察者而言，在當天的日出時刻，太陽和牡羊座都會出現在東方地平線上。然而到了日正當中時，太陽和牡羊座就不再位於東方，它們可能已經移到接近或是超過觀察者的頭頂，此時地平線的東方可能是巨蟹座。到了日落西下時，太陽和牡羊座可能已經移到西方地平線上，其正對面的天秤座（與牡羊座相距一百八十度）就會出現在東方地平線上。隔天，太陽和牡羊座會再一次地出現在東方地平線上，但是太陽可能在牡羊座上又向前移動了一度。因此，由於地球的自轉，星座（以及任何落在星座上的行星）的位置與地平線的關係也會有所改變。

按照基本點劃分星盤

認識宮位時最基本的就是兩種運行方式：地球和其他行星繞著太陽運轉，以及地球本身的自轉。為了將地球自轉與其他行星在天空的運轉產生連結，人們將天體區分成十二宮位。簡單地說，星座是劃分太陽、月亮和其他行星圍繞地球運轉的區塊，宮位則是劃分地球每日自轉的區塊。

丹恩・魯依爾在《宮位解析》一書中申論了占星大師賽瑞爾・費根（Cyril Fagan）的觀點。他在書中指出，我們現今所稱的宮位源自於前人所指的某一段時間的「監視區」（Watches）。監視區的區分是根據太陽從東方升起，越過觀察者的頭頂，最後落入西方的運行方式。每個監視區約跨時六小時，標示出了日出、正午、日落和午夜。到了文藝復興時期，占星家們發明了不同的方法，將監視區劃分成星位圖上的十二個宮位。他們還發展出各種人類的活動與各個監視區或宮位之間的對應關係。依此看來，宮位就變成了一種參考架構，讓星座和行星組合產生的可能性，得以與實際人生的事件和議題結合。若是欠缺宮位的架構，占星家便無法讓天體事件的意義落實在人間。

我們很容易可以把四個監視區對照到星盤上的四個**基本點**（Angles，參見圖3）。從地球觀察者的觀點，一天中的任何一個時刻，都可以看到特定的星座從東方地平線升起，這個星座正對面的星座（相距一百八十度）則會落在西方。落在天空上最東方的星座角度就是**上升角度**（Ascending

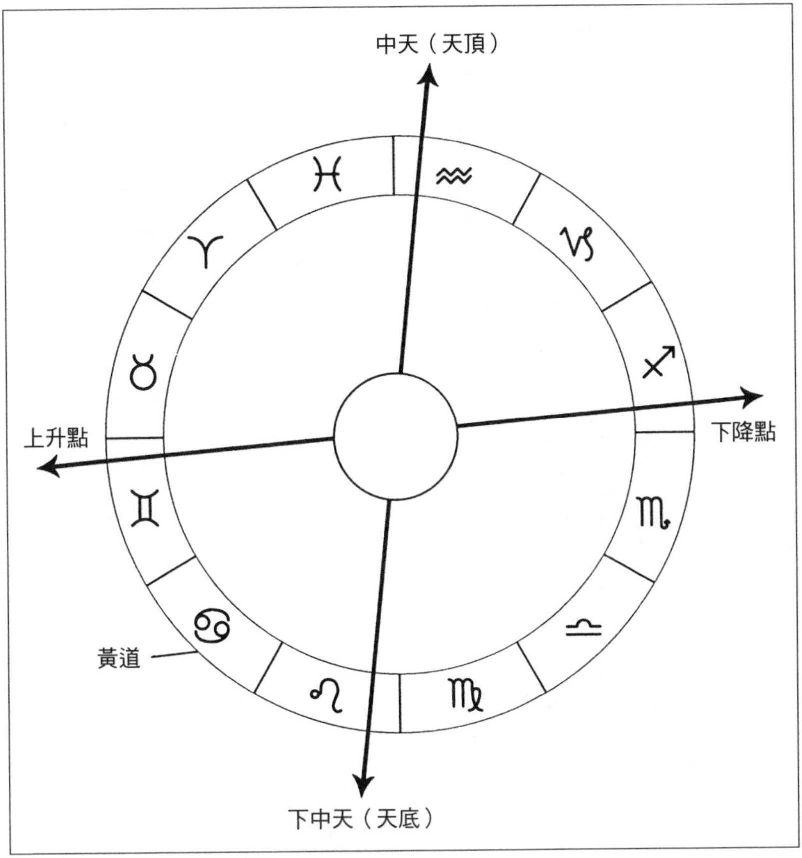

圖 3　四個基本點

Degree），該星座也就被稱為**上升點**（Ascendant）或**上升星座**（Rising Sign）。從天文學的角度來分析，上升點代表黃道與觀察者所在的地平線之交會點，換句話說，也就是天空與地面的相遇處。上升點正對面的是**下降點**（Descendant），亦即落在最西方的星座。連接上升點和下降點的那條線，則被稱為**地平軸線**（axis of the horizon）。

依此類推，就地球上的觀察者而言，一天中的任何一個時刻，某一個星座的特別角度會「高居」在子午線的上方，也就是從觀察地所見最南方的點。這個點被稱為**中天**（Midheaven）或**天頂**（MC），就是拉丁文中 Medium Coeli 的簡寫，意思就是「天堂的中間點」。天頂的對面則是**下中天**（Imum Coeli）或**天底**（IC），此字為「天堂最低點」的縮寫。連接這兩點的軸線，則被稱為**子午軸線**（axis of the meridian）。

按照四個基本點劃分十二宮

占星家對於四個基本點的決定並沒有太多的爭議，但是將四個基本點之間的每個區塊分割成三個小區塊，形成十二個宮位，這種方法則變成了占星學的一大爭議。

大致上，占星家對於地平軸線比較能達成共識，亦即以上升點和下降點的軸線為基礎，將星盤劃分成每一個宮位座落的位置。換言之，大部分的占星家都同意上升點應該是第一宮的**界線**（cusp），也可以稱為起點或宮頭，下降點則為第七宮的界線或是宮頭。占星家們的共識僅止於此，之後便意見分歧了。主張等宮制（Equal House System）的占星家提出了最簡單的分宮制。他們把上升點當作第一宮的起點，然後將黃道均分成十二個宮位，每一個宮各佔三十度。因此，若是上升點是巨蟹座十三度，第二宮宮頭就是獅子座十三度，第三宮宮頭就是處女座十三度，依此類推。在等宮制的星盤上，天頂不一定與任何一宮的宮頭相吻合。

在四分儀宮位制中，四個基本點與宮位的起點相吻合：上升點是第一宮的起點，天底是第四宮的起點，下降點是第七宮的起點，天頂則是第十宮的起點。然而，該如何計算中間宮位的起點（也就是第二宮、第三宮、第四宮、第五宮、第六宮、第七宮、第八宮、第九宮、第十宮、第十一宮和第十二宮的宮頭）則引起了許多爭議。有些分宮制根據**空間**來決定各宮界線，有些分宮制則是根據**時間**來決定各宮界線。有關分宮制問題的討論請參見附錄二。基於個人理由以及附錄中的解釋，我比較偏好四分儀宮位制，勝過於等宮制。同時為了本書的目的，第十宮的宮頭就是天頂，第四宮的宮頭則會是天底。

無論是哪一種分宮制，我們都同意分為十二個宮位。為什麼是十二個宮位？最重要的理由就是，占星家相信將世俗領域分為十二宮位，可以反映出將黃道區隔成十二星座的原則。對此，魯依爾提出了較為哲學性的詮釋，他主張星盤上的每一個象限（根據上升點、天底、下降點和天頂來劃分）都應該分為三個宮位，因為「生命的運作基本上都是三部曲，包括行動、反應，以及這兩者造成的後果」[2]。依照他的看法，第二宮和第三宮實現了第一宮和上升點的意義；第五宮和第六宮落實了天底和第四宮開展的任務；第八宮和第九宮則繼續第七宮和下降點展開的功課；第十一宮和第十二宮完成了第十宮和天頂賦予的使命。魯依爾的說法不僅能解釋為何要區分成十二宮，也幫助我們了解每一個宮位接續了前一宮位的意義和關聯性。我們稍後再討論宮位循環的過程。

按照傳統，宮位從第一宮開始逆時鐘分布。第一宮一定與第七宮相對，也就是第七宮宮頭星座正對面的星座，一定會落在第一宮的宮頭，而宮頭的角度都是完全一樣。同樣的原則應用在其他的相對宮位：第二宮和第八宮、第三宮和第九宮、第四宮和第十宮、第五宮和第十一宮，以及第六宮和第十二宮。馬汀・弗里曼的詮釋讓黃道星座與十二宮位的關係更顯而易懂，他將黃道繪製成「一個環繞著地球的輪盤，行星會圍繞著輪盤邊緣運行」。他先依照天體的背景畫出輪盤，然後在輪盤的邊緣標出星座的位置。十二宮位就像「一個移動輪盤的輪幅，重疊在一個更大的輪盤上」。十二宮位的輪幅與地球每日自轉的步調一致，每二十四小時就完成一個輪迴。每一個宮位輪盤的獨特分布都與出生時間及地點的黃道輪盤有關，這就代表每一個人的星盤都是獨一無二的。[3]

因為地球每二十四小時自轉一圈，十二星座和十個行星就會在二十四小時內繞過十二宮。出生時間就像將時間定格，本命盤則會顯示出定格那一刻出生地的行星、星座和宮位排列。兩個同一天出生的人，行星可能會落在同一個星座，但是因為他們出生的地點不同，或是出生的時間不同，行星就會出現在不同的天空領域裡，也就是會出現在不同的宮位中。我們現在已經將空間劃分為星座，將時間切割成四個象限，然後將四個象限區分成十二個宮位。這樣的劃分已經足夠了，現在我們要賦予每一個宮位意義，考慮宮位之間的關係，以及宮位與人生的關聯性。

自然黃道

既然宮位是根據地平線（天空與地面的交會點）來界分的，那麼宮位就可以將行星行經星座所展現的活動與能量（天體事件），與地面上的實際人生（地面事件）產生連結。換言之，宮位代表的是特定生活經驗的領域，行星和星座則可以透過該領域來展現能量。每一個宮位代表不同的生活範圍，也就是魯依爾所謂的「經驗光譜」[4]中一個特別的階段。

但我們仍舊很難賦予各宮不同的意義。整體而言，各宮的意義反映了黃道十二星座的特質：牡羊座類似第一宮，金牛座與第二宮相似，依序類推，第十二宮則與雙魚座有關。在所謂的**自然黃道**（Natural Zodiac，參見圖 4）中，牡羊座的第一度就是上升點，金牛座的第一度就是第二宮宮頭，雙子座的第一度則與第三宮宮頭吻合。自然黃道只具有象徵性意義，它主要的目的是幫助學生能夠更深層地了解宮位的象徵意義。**在實際應用上，一個人星盤上的宮位幾乎從來不會與自然黃道上的星座完全對應吻合**。

將牡羊座界線的開端與上升點配對，這是十分合理的對應，因為牡羊座和上升點（第一宮的宮頭）都是各自循環中的起點。每一年太陽繞著地球運轉的起點從牡羊座零度開始，這就是天球赤道與黃道交會的春分點。太陽每天經過十二宮位的循環，則是象徵性地從上升點開始，這也是地球觀察者所在地的地平線與黃道的交會點。既然牡羊座和上升點都意味著開始，那我們就該了解為何兩者具有類似的意義。牡羊座是一個象徵「開創」的星座，代表全新的開始和採取行動的衝動。上升點和第一宮與我們的出生以及面對人生的方式有關。牡羊座的守護行星火星也代表最原始的能量，想要成就某事，以及影響環境的渴望。

美國占星家席柏拉・杜賓斯（Zipporah Dobyns）在《占星家的案例手冊》（*The Astrologer's Casebook*）[5]中形容占星學就像是一種符號語言，由行星、星座和宮位組成了符號表。她認為占星

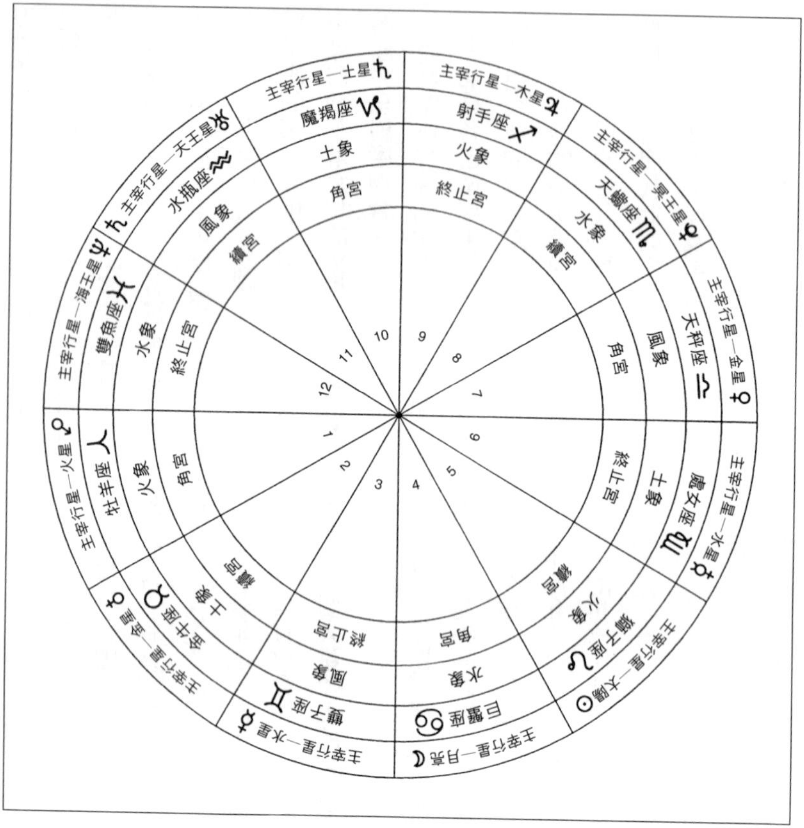
主宰行星—土星♄
魔羯座♑
土象
角宮
主宰行星—木星♃
射手座♐
火象
終止宮
主宰行星—冥王星♇
天蠍座♏
水象
續宮
主宰行星—金星♀
天秤座♎
風象
角宮
主宰行星—水星☿
處女座♍
土象
終止宮
主宰行星—太陽☉
獅子座♌
火象
續宮
主宰行星—月亮☽
巨蟹座♋
水象
角宮
主宰行星—水星☿
雙子座♊
風象
終止宮
主宰行星—金星♀
金牛座♉
土象
續宮
主宰行星—火星♂
牡羊座♈
火象
角宮
主宰行星—海王星♆
雙魚座♓
水象
終止宮
♄主宰行星—天王星♅
水瓶座♒
風象
續宮
1
2
3
4
5
6
7
8
9
10
11
12

圖4　自然黃道

學描述世上十二種存在的方式，或是人生的十二種面向。我們可以用不同的方式展現人生的十二種面向，就像英文字母中有大寫、小寫和斜體字一樣。星座、行星和宮位各自象徵符號表中不同類型的字母。換言之，星座、行星和宮位代表同樣的十二種基本原則的不同表現方式。更明確地說，牡羊座和火星代表一個字母，金牛座、金星和第二宮代表另一個字母，雙子座、水星和第三宮又是另一個字母。但是我們必須記住，行星和星座可以落在任何一個宮位，這取決於出生的準確時間、地點和日期。因此，星座、行星或是宮位所象徵的元素會混雜在一起，傳達出不同的訊息。

將宮位視為經驗領域

許多占星教科書會將每一個宮位指派給特定的經驗領域，也就是人的一生中某一個領域的際遇和安排。例如，第四宮的傳統意義就是「家庭」，第九宮則是「長途旅行」，而十二宮之中的一個領域就是「監管機構」。這些教科書教導我們，如果想知道一個人的家庭狀況，就得看他的第四宮；如果想知道一個人在長途旅行中會有什麼遭遇，就應去分析他的第九宮；如果想知道一個人在醫院或監獄裡面的遭遇，則應該研究第十二宮的行星排列。雖然這種方法相當準確，但是用這種方式來詮釋宮位實在索然無味，而且沒有什麼幫助。若是按照我在第一章所強調的，我們必須掌握每一個宮位的核心意義，也就是最重要的精神內涵，就能激發與此宮位有關的無盡聯想或可能性。基於某種理由，第四宮被認為是代表「家庭」的房屋，但我們應該深究其因。第九宮與「長途旅行」有關，因為旅行是一種能活出第九宮特質的普遍性方式。我們很難從第十二宮的表面意義上去理解，為何它也代表「醫院和監獄」。在本書的第二部分，我們會敲開每一宮的外殼，逐層地抽絲剝繭，「理解」其最豐富、最原始的核心意義。

每一宮的行星和星座不只顯示有什麼在「外面世界」等著我們，同時也能描述我們的內心情境，也就是自我投射在這個領域的先天形象。我們會透過宮位內行星或星座象徵的主觀角度，檢視外面世界發生的種種。如果冥王星落入第四宮，即使家人「善意」地對待我們，也可能被我們解釋成危險、祕密或是具威脅性。但最重要的是，一個宮位內的行星和星座代表一種最好且最自然的態度，因此我們用這種態度面對這一宮代表的生命領域，才能揭露並了解自己與生俱來的潛能。就如魯依爾曾寫道的，「星盤的每一個宮位，都象徵（我們的）**法性**的一個特別面向」[6]。

將宮位視為過程

人本主義心理學大師珍・休士頓（Jean Houston）在《創造一個神聖的心理學》（*Creating a Sacred Psychology*）[7]中，提到美國人類學家瑪格麗特・米德（Margaret Mead）的生平軼事。瑪格麗特小時候要求母親教她製作乳酪。她的母親說：「好的，親愛的，但是妳必須先看小牛如何出生。」瑪格麗特從小牛出生學到製作乳酪，她從小就被教導必須經歷開始、中間到結束的完整過程。

休士頓博士常感嘆我們是「年齡過程中斷」的受害者。我們扭開了開關，世界就開始運轉。我們往往對事情的開始略知一二，對事情的結束稍有了解，但對過程卻一無所知。我們已失去了對生命自然律動的覺知。

時下人類文化已經失去平衡，令人難以忍受。十六世紀以前最盛行的是有機的世界觀。人類生活在小型的社會團體中，親近大自然，同時認為群體的需求勝於一己所需。自然科學建構在理智以及信仰之上，而物質和精神也是緊密相連。到了十七世紀，世界觀產生了鉅變。人們對於有機和精神性的宇宙有了截然不同的看法，同時開始認為世界就像一具根據機械法則在運作的機器，整個世界不過是各種機械零件的排列和運作。地球不再是萬物之母，不再有情感和知覺，不再生機盎然，只是一套機械裝置，就像時鐘一樣可以拆散解體。笛卡兒（Descartes）的名言「我思故我在」，預見了心智和物質的重大分歧。人們沉浸在大腦的思考中，將身體的其他部分拋到腦後，支離破碎成為每日生活的準則。這種觀點持續盛行，甚至到了二十世紀的物理學還認為：**關係就是一切**。換言之，我們無法了解任何一件從因果脈絡中抽離而出的事件。

諷刺的是，研究大自然循環運轉的占星學也喪失了對過程的覺知，失去了對萬物眾生的感受。機械論的世界觀認為大自然應該、同時也可以被控制、被掌控、被剝削。占星家也犧牲了對事物深層意義的了解，開始強調預測和結果。宮位被形容成一連串的關鍵字，或者看似彼此相關的意義，實則鬆散無關。為何第二宮指的是「金錢、資源和財產」，但接下來的第三宮卻代表「心智、周遭環境及手足」呢？為何第六宮的「工作、健康和小動物」是延續第五宮的「創造性的自我表達、嗜好和閒暇消遣」？當然，就像夏季延續春季，白日轉換成黑夜，宮位依序出現一定有它的基本道理。

宮位不是人生中分離、隔絕、互不相連的區塊。如果我們能了解宮位的整體性，就會知道宮位展現了生命過程的最深意義，也就是人類誕生和發展的故事。從誕生那一刻的上升點開始，我們甚至不知道自己是有別於他物的獨特個體，但是接下來逐步地經歷每一個宮位，透過一連串的步驟、階段、動搖和改變，終於建立了一個能夠向外擴張的自我身分認同，而終能與萬物融為一體。我們來自於無形無垠的浩瀚意識海洋，逐步具體成型後，才能重新與這海洋融合為一。除非我們能理解這個展現的過程，否則生命和宮位都失去了最根本的意義。過程深埋於人類的經驗之中，區隔分類只是整個循環的一部分，而我們卻將自己囚禁其中。然而我們切莫忘記，最終整體才是一切。

註釋

1. Martin Freeman, *How to Interpret a Birth Chart*, Aquarian Press, Wellingborough, Northamptonshire, England, 1981, p.13.
2. Dane Rudhyar, *The Astrology of Personality*, p. 219.
3. Freeman, p. 59.
4. Dane Rudhyar, *The Astrological Houses*, title page.
5. Zipporah Dobyns and Nancy Roof, *The Astrologer's Casebook,* TIA Publications, Los Angeles, California, 1973, p. 6.
6. Dane Rudhyar, *The Astrological Houses*, p. 38.
7. Jean Houston, *Creating A Sacred Psychology*, Wrekin Trust Cassette No. 81, Hereford, England.

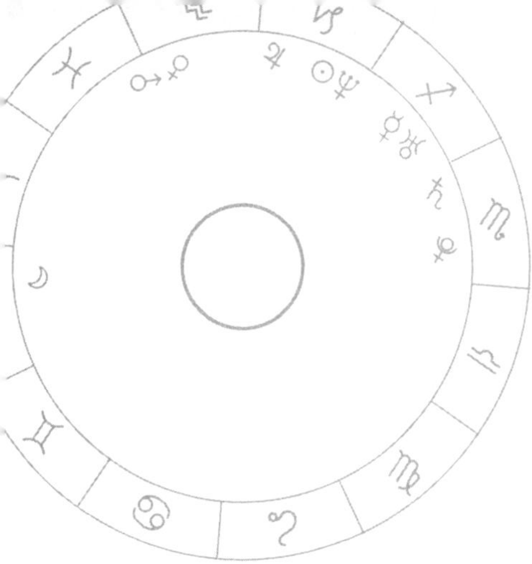

第二部

生命旅程的開展

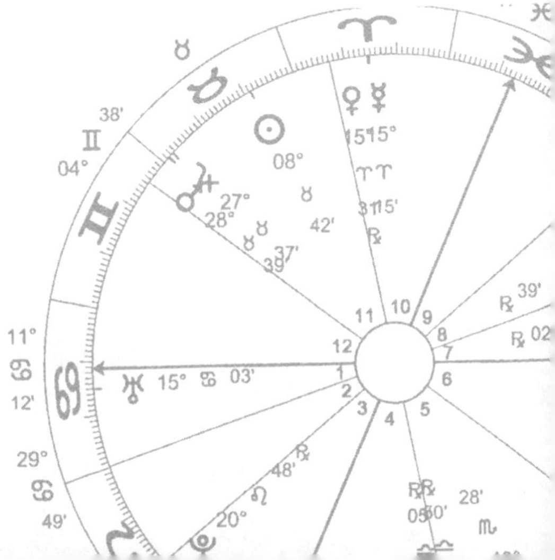

38'
04°
08°
27°
28°
42'
37'
39'
15°
15°
15'
11°
12'
15°
03'
29°
48'
49'
20°
28'
39'
02
1
2
3
4
5
6
7
8
9
10
11
12

第三章

上升點與第一宮位

我們追尋的就是眼前所見的事物。

——聖法蘭西斯（St Francis）

試著想像一下我們在母親子宮內的感覺。不帶著任何獨立自我的認知，在生命之水中漂浮律動。身體、情感或心智亦無自他之分。夢想自己沉浸在原始的天堂裡，與萬物融為一體。宇宙就是自我，自我就是宇宙。[1]

出生有如粗暴地將我們拉出浩瀚一體的國度，這就意味著「擁有」身體，宣示自己是一個獨立、與眾不同的個體。我們以出生時刻為基準描繪本命盤，經歷各宮位的人生之旅也就此展開。

上升星座代表一個人誕生時，出現在東方地平線上那顆黃道星座的準確角度，標示出星盤上第一宮的宮頭。上升星座或第一宮代表我們在人世間自主地吸入的第一口大氣，為此生的輪迴揭開了序幕，也就是我們在轉化過程中的第一步。

誕生那一刻出現的任何星座或行星都會反映當下的特質。上升星座的出現區隔了光明與黑暗，就在此刻，我們開始離開母親幽暗、隱密又融合的子宮，誕生到人間。換言之，上升星座宣告我們降臨人世，其特質不僅代表我們會是什麼樣的人，同時也反映出我們將如何經歷人生。

上升星座代表人生歷程中的一個特別面向，生命會透過誕生時的特質逐步而具體地呈現出來。由於上升點等同於個體經驗到的第一道「靈光乍現」或「拍打棒喝」，所以它代表了「與生命相關的一切事物」，而且會在靈魂上留下深刻的印記。上升星座或其附近行星的特質可以代表我們一生的特質。它就像鏡片一樣，我們會透過這個鏡片意識到自我的存在，發現此生的焦點，明瞭自己該如何「擁抱」這個世界。既然我們以這種方式看待世界，行為必定會與這種認知一致。此外，生命也會按照我們的期待給予回饋，將自己的觀點投射回自己的身上。

在此暫且不論其他，試著細想一下我們是如何（以我們的鏡片）看待這個世界的。這不僅會影響我們如何與世界產生關聯，也會影響世界給予我們的回饋。當我們面對某些情境或是針對他人的行為反應，有意識或無意識地「選擇」特定的詮釋方式（放棄其他的評斷角度），就會根據自己的期許形成人生經驗。上升點是誕生時對生命產生的第一個想法，它呈現出分類和選擇的過程。上升星座為自我存在的觀點上色，反映與生俱來的形象。如果我們有一副紅色鏡片，世界看起來就是紅的，而我們也會依此行事。倘若我們透過鏡片，看到的是一個藍色的世界，則可能會有截然不同的行為反應。

舉個例子，如果上升星座是射手座，就會認為世界上有許多令人興奮的選擇和可能性，等待自己前去探索和成長。但上升星座若是魔羯座，就會透過較狹隘的鏡片去看世界，對一切充滿著恐懼、懷疑和遲疑。面對同樣一個發展的機會，上升點射手座的人會感到興奮刺激，進而採取行動。上升

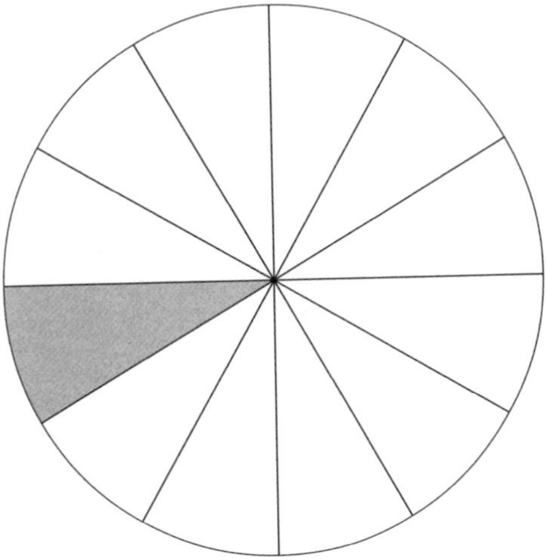

第一宮位

點魔羯座的人卻可能陷入擔心和恐懼。當新契機出現時，上升射手會歡欣鼓舞地說：「太棒了！什麼時候可以開始？」上升魔羯卻可能會害怕或意興闌珊，「我一定要這麼做嗎？我知道我應該如此，但是我夠好嗎？喔！這實在是責任重大」。

我們會根據上升星座去「夢想這個世界」，然後實踐夢想。這既是我們自己創造的迷宮，也是走出迷宮的方式。舉個例子，上升牡羊的人認為行動和果斷是生存的先決條件，於是就會果斷行事。在上升雙子的世界中，學習知識和理解是必備要件，於是就會盡其所能地去了解這個世界。因此上升星座既是我們所追尋的事物，也是眼前所見、當下所做的事情。關於上升星座的詳細解釋請參照第十七章。

上升星座或是靠近第一宮宮頭的行星，通常可以顯示一個人出生時的經驗。例如土星在第一宮或上升是魔羯，出生過程就可能冗長、延誤或是難產。火星或上升牡羊的人，則可能會一馬當先地闖入人間，彷彿急著「脫離那裡，開始有些作為」。許多冥王星在第一宮或是上升天蠍的人，經常會在出生時面臨生死交關的掙扎；在生產過程中，媽媽或嬰兒往往會面臨危險。運用占星學的回歸派（regression）或重生派（rebirthing）心理治療師認為，誕生經驗與落在上升點的星座或行星有關。

更廣義地說，上升點和第一宮代表的是我們與「開始」的原型的關係。上升星座不只能詮釋誕生那一刻的情境，同時也代表在任何時刻當我們必須「開始進行某事」時，所展現與生俱來的期許和意象。上升星座也代表我們進入不同的人生階段或領域時展現出來的風格和態度。無論何時，當我們感覺重生或是接觸到一種新的領域或經驗時，都會喚起上升點或是第一宮的特質。每一個新開始都會與出生時的特質產生共鳴，回憶起類似的議題和關聯。例如，上升點魔羯座或是與土星合相的人，不只是在誕生時會退縮遲疑，在轉變進入人生任何一個新階段時，也會抱持同樣的態度。

第一宮和上升星座展現的是我們經歷人生的風格，這就像一隻小鳥破殼而出的方式。我們會用不同的方式「孵育」事物。上升巨蟹的小鳥自知必須孵化，牠會輕啄破殼，然後決定還是待在自己熟悉的殼內比較安全。上升金牛的小鳥會慢慢地孵，然而一旦開始孵化過程，就會堅定且持續地完成。上升獅子的小鳥則會等待，等到萬事具備時，再來一個戲劇化而高貴的出場，驕傲地向全世界展現自己。這就像一個練習，讀者可以想像其他上升星座如何「孵化」生命，或是如何以各異其趣的方式感受不同階段的歷練。

上升星座是自我孕育的方式，最終我們會成長為太陽星座象徵的模樣。換言之，上升星座是邁向太陽星座的道路。例如，一位太陽牡羊座、上升處女座的女性可以透過處女座的特質，意即以一種專注和精準的態度來衡量自己的精力，發掘開創、領導和激勵自己的本能。一位太陽雙魚座、上升天秤座的男士，則可以透過重要的一對一關係或是投入藝術（天秤），來發掘治療及服務他人（雙魚）的方式。上升點可以讓太陽開花結果。或許正如麗茲・格林所言，太陽星座代表我們是何種英雄，而上升星座則是必須進行這場英雄之旅的方式。太陽星座是我們來到此世的原因，而上升星座代表如何達成這個目的。

在我們試圖了解自我特質的過程中，可以從第一宮的星座和行星看出哪一種運作方式最能展現自我價值。我們必須去達成這個任務，才能全然地明瞭自己。若是不去認識和發掘這些特質，我們就無法圓滿。你可以把任何一個宮位內的行星或星座想像成百貨公司的電梯。這台電梯可以載我們去一樓買女鞋，二樓買男裝，或是直接去頂樓餐廳吃飯。同理而論，火星或牡羊座在一樓意味衝動魯莽，但是在另外一個樓層卻可能代表膽量和勇氣。當我們擴張自我意識時，很可能轉換樓層，這個星座或行星也會轉變成另一種表達方式。這種樓層的轉換可能發生在星盤所有行星的排列中，但我們若是運用第一宮的能量去體驗這些轉換，最容易有豐富和圓滿的感受。星盤中的第一宮對自我發掘格外重要。

就像第三宮、第四宮和第十宮，第一宮也代表早年環境的氛圍。我們會從第一宮的行星，看出童年模塑期的意涵。例如木星在第一宮，代表這個人一出生便可能隨著父母遷徙到其他國家，或是變換國籍。土星在第一宮，則可能意味著嬰幼兒時期生活艱困或受到限制。因為第一宮的能量會在人生的早期甦醒顯現，所以我們會根據第一宮的星座及行星的原型，來發展出一種緊密的認同感。這就像是在幼苗的樹皮上刮一道痕，樹長大之後，就會有一大道裂痕。

相反地，第一宮的能量也可以顯示我們「來到世上」對他人產生的影響。例如第一宮有水瓶座或天王星，誕生就意味著崩解和改變。若是冥王星或天蠍座，誕生的同時可能會發生一場重大的危機，進而改變了周圍的人。無論我們走到哪裡，第一宮的行星及星座都會緊緊跟隨。這並不令人意外，因為第一宮本質上就與火象的牡羊座或火星有關。火象或創始的特質代表一種延伸至整個人生的原則。整體而言，任何處於第一宮的星座或行星的特性，或多或少都會被誇大，彷彿提高了它們的「音量」。一個人的第一宮能量如果不明顯，可能代表星盤中有些因素阻礙了自我的表現，我們就應該細究這些阻礙的因素。

由於上升星座對我們經歷人生的態度具有深遠影響，因此這些星座的特質也會反映或是某種程度地融入在體型和長相上。很多占星家宣稱可以依據一個人的上升星座代表的體型和長相，來推斷準確的出生時間，但單憑上升星座的外觀來推論正確的出生時間，實在太過於簡化了。我們是透過身體來活化展現整個星盤，所以本命盤的許多因素都會具體呈現在外表上面。

傑佛瑞・丁恩（Geoffrey Dean）在其著作《本命盤最新解析》（*Recent Advances in Natal Astrology*）中談到一些探討星盤的行星位置與外表的相關性研究。美國占星家席柏拉・杜賓斯相信，上升星座主宰行星的位置比上升星座更為重要。德國占星家艾迪斯・維格曼（Edith Wangemann）則提出一份報告，詳細描述了上升星座及其主宰行星如何影響著頭型、額頭形狀和眉毛附近的骨骼輪廓。[2]

馬契和麥克艾維斯（March and McEvers）在著作《學習占星學的唯一途徑：第三冊》（*The Only Way to Learn Astrology Vol.3*）中，有一特別有趣的章節「尋找外在的相貌」。他們認為最重要的因素是：上升星座、位於第一宮、第十二宮內的行星、離第一宮宮頭八或九度的行星、上升星座主宰行星的位置、太陽星座，或是附近的行星。[3]

把外表和星盤一併而論顯然十分複雜，但我們還是會在第十七章提出一些可能的顯著特徵。整體而言，當我們評估上升星座時，必須考慮以下的因素：上升點的星座、上升星座主宰行星位於的星座、宮位的相位、上升點附近的行星，以及上升點本身的相位。關於以上因素的解釋，請參見第210至212頁。

在誕生的那一刻，生命實體帶著無限的可能性，從浩瀚無垠的母體誕生。這聽起來很美麗，但我們並不是帶著獨立自我的個體意識來到這個世界的，也非自視為宇宙靈性的顯化，或是視自己為某種神性的顯現。但是，透過上升星座和第一宮的行星的發展，我們不但可以發現自己是獨一無二的個體，也能更加了解自我與宇宙萬物的關係。我們只是宇宙中的一分子，而其他的十一個宮位也都會描述人生旅程的某些階段。

註釋

1. Arthur Koestler cited in Ken Wilber, *The Atman Project*, Theosophical Publishing House, Illinois, USA, 1980, p. 8.
2. Geoffrey Dean, *Recent Advances in Natal Astrology*, The Astrological Association, London, 1977, pp.

399-411.

3. Marion March and Joan McEvers, *The Only Way to Learn Astrology*, Vol. 3, Astro Computing Services, California, 1982, pp. 211-30.

第四章
第二宮位

媽媽有些特質，爸爸也有些特質；
但上帝一向保佑那些有自己特質的孩子。

——比莉・哈樂黛（Billie Holiday）

在第一宮的階段，我們腦海中第一次迸出獨立意識的火花，點亮此生英雄之旅的大方向，而此刻的功課就是進一步地探索自我，對「我」或「個人自我」的概念，建立更具體的認知*。我們需要更多的定義，更多的物質，更廣泛地去感受自我的價值及能力，同時也需要一些概念，知道什麼是自己所擁有的，意即那些可以稱為是自己的東西。換言之，我們應該知道什麼是我們所珍惜的？什麼是我們想要累積的？我們又想獲得些什麼？我們才能依此逐步地建構人生。第二宮與土象的金牛

* 按照榮格的定義，自我是「意識場域的中心」。我們誕生自無我的狀態，因為我們並未意識到自己是分離的個體。在第二宮，我們開始察覺自己擁有獨立的身體，就產生身體的自我。到了第三宮，心智與肉體區隔，我們發展出心智的自我。一旦建立自我意識，自我的範疇就會無限擴張。

座和金星有關，所以這一階段的旅程籠罩在「價值、財產、金錢和資源」編織而成的巨網之下。

按照傳統的分類，乍聽之下，我們會以為第二宮只與具體或可觸摸的事物有關，只涵蓋了那些查稅員有興趣的事物，但你可不要被騙了。在這張巨網下，其實還有許多眼睛看不見的東西。

誕生是我們以獨立個體展開一生的開端，但我們通常要到六個月大的時候，才會**發現**自己擁有一個身體。有時我們需要更長的時間，才能完全察覺自我與非我的差異。在這個發現自己有別於宇宙萬物的過程中，最重要的一步就是知道「母親」（我們的全世界）其實**並不是我們**。在此之前，我們會以為母親完全就是自己的延伸。但我們會逐步地意識到自己存在於一個既不屬於她、也不屬於任何人的身體內，同時還會發現：這是**我的**腳趾頭，不是媽媽的；這是**我的**手，不是媽媽的；這些屬於我，這些定義了我，這些**就是我**，而這些就是**我所擁有的**。一旦我們意識到身體是分離的個體時，就會喚醒對弱點和有限的感受，而這些感受是前所未有的。這些感受通常會伴隨著恐懼，所以我們心中就會出現對抗死亡、毀滅和保護自我的需求，而且會渴望更安穩、更固定、更充實、更持久。

身體是定義自己的第一個條件。我們一旦將越來越多的事物附加在自己身上，藉由產生自我的身分認同，賦予自己實質的定義，便開闢且延伸了這條自我定義的道路。隨著時間過去，我們會對身體以外的其他事物，培養出一種擁有的意識。舉個例子，我們會意識到自己是記憶力佳、伶牙俐齒、悲天憫人、務實、具有藝術天分等。第二宮講的就是我們所擁有或希望擁有的資源和特質。這些資源和特質的取得或培養，可以帶給我們之前透過認同母親所獲得的實質感、重要性、價值感、安全感及保障。對於大部分的人而言，這就代表了金錢，但盲目地追求金錢，非但無法對自我產生

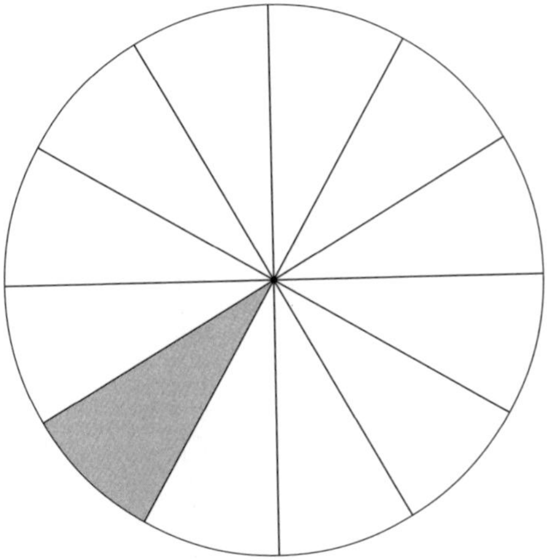

第二宮位

定義，反而會令人更加失望。看看一九二九年經濟衝擊時，有多少人從十樓的窗台一躍而下。這個例子更加印證了一件事：對金錢的慾望僅可以作為一種刺激，激勵我們發展某些潛藏於內在的特質和能力。雖然在傳統上，第二宮與金錢有關，但並不是不停地累積財富。第二宮還包括那些能夠滿足自我安全及保障需求的事物，讓我們能更實際地認同自己。

第二宮代表的是構成自我保障的事物，而保障的定義會因人而異。舉個例子，第二宮有雙子座或水星的人，可能認為具備知識才會有安全感。第二宮有雙魚座或海王星的人，則會認為安全和保障的感覺是源自於「精神性」的哲學或宗教。如果某一種事物能帶來安全感，我們自然會想獲得它。

第二宮的星座和行星也是一種指標，代表我們可以發揮並具體展現的天賦和才華，藉此獲得更高的自我價值感。第二宮也代表了與生俱來的財富，就像可以善加利用的土壤和資源，只要我們勤於耕耘就能開花結果。舉個例子，一個人的火星和牡羊座落入第二宮，他可以具體呈現的潛在特質應該與火星和牡羊座有關，也就是勇氣、率直、目標明確，直接追求。金星和天秤座落入第二宮的人則具備了天生的好品味、藝術天分、社交手腕、外表的吸引力等資產。任何一宮的行星排列都提供了寶貴的暗示，揭露我們如何在這塊生命領域中自然地展現自我。我們為何不仔細地聆聽這些暗示？

第二宮不僅像是一張潛力庫存單，也可以看出我們與金錢和財產的關係，也就是對物質世界的態度，以及在這個領域中的際遇。我們到底是把財富（Mammon）當成神，或是把現實世界視為幻象（maya），這些都可以從第二宮的行星排列中看出端倪。第二宮也可以看出一個人賺錢或發展技能和資源的態度、風格和模式：是積極？懶散？還是反覆無常？會緊抓不放？還是讓它從指縫中溜走？我們須要非常地努力，還是有點石成金的上天賜福？到最後，我們還會想要擁有那些曾經汲汲追求的事物嗎？

舉個例子，牡羊座或火星落入第二宮的人可能會渴望累積財富，然後一擲千金；他也可能會認為賺取財富和獲得財產的能力象徵著「男子氣概」。這種人可能會透過從事與火星有關的職業賺錢，意即任何與軍隊或五金有關的工作。一位金星落入第二宮的女士，表現的方式可能就截然不同了。她可能會施展魅力引錢上門，而非大張旗鼓地賺錢，並把財富視為一種提升吸引力和魅力的手段。她也可能會透過與金星有關的職業賺錢，例如任何與美術有關的工作，或是百貨公司化妝品專櫃的工作。美國流行音樂鋼琴家李柏拉契（Liberace）炫耀自己的財富和極端品味，他就是雙魚座和天王星落入第二宮。相信結果可以將任何行為合理化的義大利政治家馬基維里（Machiavelli），則是火星落入第二宮。以政治和經濟理論改變人類歷史的馬克思（Karl Marx），則是太陽、月亮和金牛座落入第二宮。

廣義而論，第二宮的行星排列顯示出我們重視並希望在這一生中獲得的事物。這一點非常重要，因為我們會根據這個標準建立自我的整體存在感。一旦價值觀改變了，人生的焦點通常也會出現重大的轉折。回想一九六〇年代時，一堆白領高層拋棄了安穩的工作，遠離位於紐約曼哈頓的辦公室，脫掉布魯克兄弟（Brook Brother）的西裝，穿上喇叭褲，跑到加州去尋找新的人生，這些行為全都是因為價值觀的改變。

第二宮也代表了我們渴望的事物。渴望是一股神祕又強烈的趨力：我們渴望、重視和欣賞的事物，絕大部分都會受到自我的吸引，進入生命。有一則寓言印證了這個吸引力法則。某個小鎮的居民非常仰慕一位享譽全球、備受讚譽的藝術家。他們寫信給他的經紀人，請問他是否願意放下身段拜訪小鎮。經紀人一口回絕並表示，這位知名的藝術家沒有多餘時間參觀不重要的小鎮。小鎮的居民被拒絕之後，並不因此氣餒，反而成立了一個研究性的社團，深入探討這位藝術家的作品、生平以及哲學觀。他們甚至在鎮中心豎立了一尊這位藝術家的雕像。有一天，藝術家終於知道這個小鎮對自己作品的熱情及喜愛。他當然感到好奇，於是決定造訪小鎮，見識自己在當地掀起的狂熱。最後，他不只參觀了小鎮，還因為自己在當地大受歡迎，決定定居下來。儘管困難重重，小鎮的居民透過對這位藝術家的熱切渴望和由衷欣賞，一步步地吸引藝術家進入他們的人生。如果我們能夠了解這個道理，那麼透過重視、欣賞落入第二宮的行星的特質，就極可能吸引這些特質，同時將其發揚光大。當行星推進和移位至第二宮時，通常意味著渴望本質的轉換或改變。

我們多半會根據自己所擁有或與自己有關的事物，建立自我認同和安全感。一般而言，這指的就是身體、家庭、銀行戶頭、配偶、小孩、或是宗教信仰。但是根據任何外在或相對的事物來建立自我認同感，其實是很危險的一件事。因為這些外在的事物都無法操之在我，而且可能隨時就會離開我們，或者突然與我們失去關聯性。身體是我們第一個貼上自我標籤的東西，透過身體，我們首次意識到「我」。即便如此，我們最後也必須「放手」，必須犧牲它。也許唯一真正的安全感是來自於對自我的認同，透過這種認同，讓我們即使失去其他所有的一切事物，仍然能不改本色。套句榮格（C. G. Jung）的話：唯有那些我們自認可以依靠的事物，不再得以依靠時，才會發現什麼才是真正的依靠。[1] 這句話足以反映出印地安人的智慧。依照印第安人的傳統，每到年末，部落中最富有的人，意即成功且合理地賺取最多財富的人，都必須捨棄自己所獲得的一切。

註釋

1. C. G. Jung, *Psychology and Alchemy*, Vol. 12 para 32, Collected Works of Jung, Princeton, New Jersey, Princeton University Press.

第五章
第三宮位

我們錯讀了這個世界，還說這世界欺騙了我們。

——泰戈爾（Tagore）

當我們在媽媽的子宮裡面，甚至到誕生後的幾個月內，都沒有察覺到自己與他物有所區隔，只以為一切事物都是自我的延伸。最後，我們總算意識到自己有獨立的身體，還發現身體有生物的需求和渴望，同時必須運用自己的天賦去滿足這些需求及渴望。我們必須先發展出脫離母體的獨立身體意識，然後才能培養有別於周遭事物的獨立感。只有把自己與整個生活區隔開來，才能真正地去開始觀察和了解周遭的事物，並與發現的事物產生關聯。在前面兩個宮位的階段中，我們已經對自己的界線和外觀建立某種程度的認知，現在則可以發掘其他事物的界線和外觀。當人生進入本命盤中第三宮的階段，在這塊與水星和雙子座有關的領域中，我們得以更加仔細地去觀察環境，與環境產生互動，並對自己的遭遇產生想法和意見。

按照個體成長的進度，第三宮與開始爬行和學習走路的階段有關。如果我們能獲得適度的安全感

（媽媽在家的感覺），加上四周的氛圍又不會太過壓抑，就能很自然地變得更加獨立自主，並且**想要**去成長和探索，而與此最為相關的就是語言的發展、溝通以及指認事物的能力。這聽起來很有趣，但最諷刺的是，當我們越來越獨立，變得較有能力去應付生活時，常常會挨上一記當頭棒喝，讓我們自覺不足又渺小，因此感到挫折。我們會發現，外面的世界遠比想像中來得大、恐怖又險惡。外面的世界有法律和限制，我們可以做或說某些事情，甚至因此得到讚美，但是有些言行又會遭到責難和怒斥。歡迎來到這個相對的世界！這就像一幅大拼圖，光是找到所有拼圖片就很難了，更不用說如何把它們拼湊起來。

很多心理學家都認為，一個人要到學習語言的階段之後，才能建立真正的個體感，而大多數語言中最典型的名詞與動詞結構，可以幫助一個成長中的小孩分辨主體和客體的差異。也就是說，行動者可以與行動區隔開來（小約翰不是球，但他可以扔球）。因此，小孩漸漸地可以意識到自己是與眾不同的個體，意即是分辨自己是施或受的那一方，所有的事情都不再雜亂無章。[1]

小孩可以透過語言進入符號、想法和概念的世界。同時，這也是第一次，小孩可以針對當下的身心感受，想像其背後一連串的事件。小孩不僅可以把注意力放在眼前的事物，同時也會注意到關於存在的假設及抽象特質。簡單地說，理智（或是心智的自我）可以透過語言獲得解放，與身體有所區隔。[2]

按照傳統，占星家認為第三宮與「具體的心智」有關，第九宮（第三宮的對面）則與「抽象的心智」有關。近期的科學研究肯定了占星家已知的論點——心智可以被分為兩個部分。自一九六〇年代開始的研究已經證明，左腦和右腦各與不同的心智活動有關。[3]第三宮的「具體的心智」（也與

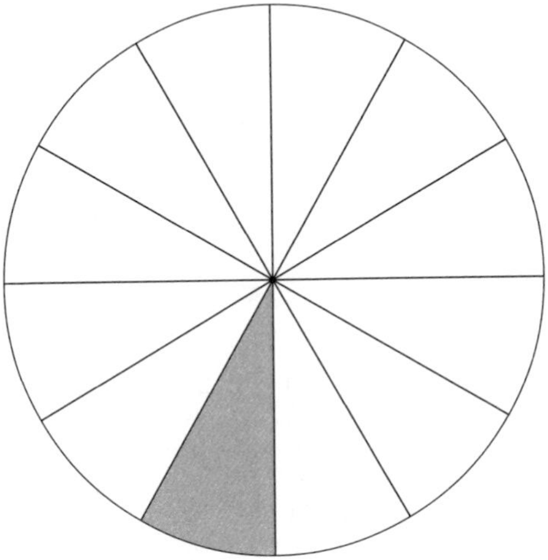

第三宮位

水星掌管的第六宮有關）類似左腦的活動。左腦與理智、邏輯思考、蒐集事實的心智活動有關。左腦控制了談論經驗、並將經驗加以分析和歸類的能力。第三宮的行星排列還顯示出心智活動的方式，我們如何思考？這裡特別指的是左腦的功能。心智活動是敏捷還是遲緩？是條理分明還是模糊不清？想法是否有原創性？還是只反映了周遭的想法？只要看看第三宮，你就可以找到答案。

落入第三宮的星座和行星也揭露了我們與知識的關係、看待知識的態度。舉個例子，火星在第三宮的人會相信知識就是力量。月亮在第三宮的人則會追求可以帶來保障的知識，或是透過專精某種事物獲得幸福及安全感。

在幼兒時期，我們想的多半與周遭的事物有關。第三宮的行星或星座顯示了「外面」有什麼在等著我們。但正如第一宮和上升點的意涵，第三宮的行星排列也可以揭露我們會去觀察環境的哪些面向，或者忽略哪些面向？例如，金星落入第三宮的人會從環境「品嚐」金星喜歡的事物，也很自然地會去注意周遭環境中較為和諧且愉快的面向，這些愉快的事物會引誘他們做出友善的回應。然而，土星在第三宮的人卻會意識到環境中較為冷酷和受限的面向，因此在他們的眼中，眼前的環境不夠安全，也無法自由嬉笑地玩鬧。依此而論，第三宮的行星排列意味著我們認定的周遭環境，同時也意味著從其中獲得的感受。千萬別忘了，「所見即所得」。然而，到底是雞生蛋，還是蛋生雞？其實在第三宮中，雞和蛋是生機蓬勃地同時並存著。

談到周遭環境，第一個想到的就是兄弟姐妹。第三宮描述的是我們與兄弟姐妹、叔伯嬸姨姑姑、表親和鄰居的關係（當然，父母一直在身旁，但是他們太重要了，因此各自佔了一個宮位）。落在第三宮的行星和星座代表了我們和兄弟姐妹關係的本質。我們可以透過其中的行星排列，貼切地描述兄弟姐妹的性格，或者至少是我們投射在他們身上的特質。例如，土星落入第三宮的人，可能意味著與兄弟相處有困難衝突，或者認為兄弟是一個冷酷又沒愛心的人，也可能從他的身上感受到自己的這些特質。這是一種常見的心理學定律：我們會誘使他人「呈現」自己心理上捨棄的那些部分，或是會讓他人將此一部分「行使出來」。生命自會朝著圓滿邁進，若我們無法完整地活在世間，外在環境就會把缺少的部分還給我們。在第三宮中，那些我們不願意承認的能量並不會消失，反而會透過周遭環境中的某個人或某件事凸顯出來。

占星家在諮商中常會發現，按照第三宮的行星排列來詢問案主與兄弟姐妹的關係，是非常有用的一招。從第三宮可以看出，他們的排行是老大、居中或是老么？是否感覺弟妹篡奪了自己在家中的重要地位？兄姐是否因為地位被剝奪而感到挫折？兄弟姐妹之間的競爭激烈嗎？兒子女兒是否有差別待遇？此外，兄弟姐妹的死亡也可以在第三宮中一目了然，無論這是發生在自己誕生之前或之後。早期與兄弟姐妹建立的相處模式，常會重複地出現在往後與丈夫、妻子、同僚、上司以及朋友的關係中。

第三宮也意味著早期的求學經驗。學校讓我們有機會觀察自己與外人相處時的模樣，也可以藉此去比較一下父母的話，與其他人必須說的話有何不同。我們也會從同學和老師的身上學到許多東西。在整個童年和青春期的早期（與第三宮有關的時期），我們消化並吸收越來越多的資訊，最後就會形成實際的規則和「事實」，藉此賦予生命秩序和意義。我們如何度過這段微妙的塑模期，都可以在第三宮中看出端倪。

在神話學中，水星（第三宮的守護星）負責在眾神之間傳達訊息。由此可知，所有形式的溝通，包括寫作、說話和各種媒介，都由第三宮所掌管。第三宮負責聯繫不同領域的研究或不同門派的知識，讓我們愉快地去探索不同形式的人生。資訊會一點一滴地累積，我們必須下點功夫，才能知道如何將五花八門的資訊統籌成為一體。

短途旅行的型態也會展現在第三宮內。一般而言，每一個宮位內的行星意味著我們會在該宮位所代表的生命領域中，體驗到該行星的原則。例如，土星落入第三宮，意味著在學習、與兄弟姐妹相處或是短途旅行中遇到問題。不管表現在哪一方面，它最終「象徵」了一個更深層且重要的議題，意即是帶著憂慮和害怕（土星）去探索並發現（第三宮）人生。這才是我們必須去檢視和理解的要點。

有時候，第三宮內會有很多行星，這可能與在成長階段更換許多環境的經驗有關。這些變動所帶來的影響，會因為星盤的其他部分有所不同。有些人可能會培養出極佳的適應能力，輕鬆地融入不同的場合；有些人則可能會與他人保持距離，藉此保護自己，不要再因為被迫離開已熟悉的人而感到痛苦。後者除非去正視或解決這個問題，否則這種態度可能會延續一生。有些人甚至會不計代價地追求一個穩定的家，藉此彌補破碎的童年。

第三宮的行星排列通常與教學、寫作、新聞、印刷、媒體、演講、推銷、運輸類或祕書類的工作有關。美國電視史上最高薪的脫口秀主持人強尼・卡爾森（Johnny Carson）據說就是木星和月亮合相落入第三宮。作品風靡各年齡層兒童的丹麥童話故事作家漢斯・安德森（Hans Christian Andersen）就是想像力豐富的金星雙魚座落入第三宮，太陽和水星（牡羊座）也落入第三宮。諷刺喜劇演員藍尼・布魯斯（Lenny Bruce）常拿許多禁忌開玩笑，因此得罪了不少人，則是天王星落入第三宮。

總而言之，第三宮代表我們看待周遭環境的因果脈絡。奉勸讀者要牢記在心，**內容是因果脈絡作用的結果**：我們看待一件事的方式，決定了我們與這件事的關係。

一則印地安的故事貼切地解釋了這個觀點。夕陽西下時，一群人走在鎮上，彷彿看見前方的地上有一條蛇。眾人一片驚慌，警報響起，救護車飛馳而至，醫院提高警覺以防意外發生。所有人都倉皇逃走，躲在家裡安全的地方。等到隔天黎明拂曉，他們才發現那條蛇不過是隨手扔棄在路旁的一段繩子罷了。所有的騷動都因為一段繩子。

我們時常忘了自己在這個世界中扮演的角色。檢視第三宮或分析其中的因果脈絡，十分有助於自我的提醒。我們通常會透過第三宮的因果脈絡看待周遭環境。我們會傾向看到蛇，還是繩子？若能進一步地認知到第三宮的行星排列所意味的偏見和態度，我們就可以在人生的架構中展現更多的創造力。

註釋

1. Peter Russell, *The Awakening Earth*, Routledge and Kegan Paul, London, 1983, p. 103.
2. Wilber, p. 29.
3. Marilyn Ferguson, *The Aquarian Conspiracy*, Granada, London, 1981, p. 81.
（瑪麗琳・弗格森《寶瓶同謀》，方智出版社，台北，一九九三年，廖世德譯。）

第六章
下中天和第四宮位

往外張望的人在作夢，向內窺探的人才是清醒的。

——榮格

在第一宮的階段，自我其實不具備任何客觀意識，我們會認為自己就是**一切**。到了第二宮，我們察覺到自己的形狀及界線，其實是與他物有所區隔的。在第三宮的階段，則開始將注意力轉移到身旁的事物，與四周的形狀及界線產生互動，並且試圖去了解其背後的意涵。我們一旦開始對比自己與周遭的環境，就會對自己產生更多的想法。在這個過程中，我們不再覺得自己就是**一切**，而會開始感覺自己只是**某個人**：寄居在某一個軀體中，有特殊的思考方式及家庭背景。當靈魂的成長接近本命盤的天底時，亦即下中天或第四宮，我們就該在此暫停一下，消化並吸收已經學會的東西。這裡的功課是蒐集片段的資訊，將其朝中心的「我」整合。從此刻開始，「我」將成為身分認同的根基。有些人終其一生都在蒐集片段的資訊，從不曾停下來奠定根基（第三宮太強、第四宮不足）。有些人則是還沒充分地探索人生，就早早安定下來打基礎（過強的第四宮，第三宮不足）。

現代人的生活常被工作和世俗成就佔滿，總是忙著約會或開會，很少有時間待在家裡，也常被外界的事物和活動認定或「綁住」，完全忽略了內心深處的「我」，與「我」失去聯繫。我們如此專注在自己**眼下所見**、**當下的感受**，或是**正在進行的事情上**，常常忘了「我」才是那個正在看、產生感覺或付諸行動的個體。當我們將知覺從短暫的經驗目標中抽離出來，重新與內心深處的「我」產生聯結，這個「我」才是所有經驗的主體。在這抽離又重新連結的過程中，我們會有什麼樣的遭遇？這一切都可以從天底的星座（四分儀宮位制中第四宮的頂端）和第四宮內的行星排列看出端倪。

天底和第四宮提供了「我就在這裡」的認知，從內去充實一個人的想法、感覺、認知和行動。就如我們能維持並管理自己的身體，第四宮也可以讓個人的特質保持穩定。

第四宮代表了當我們退後一步，回歸自我時的依歸所在。這裡是「我」的內在王國，可以在此休息片刻，然後再重新出發。這裡也是經營人生的基地，我們從這裡開始經歷人生。因此在傳統上，第四宮與家庭、靈魂及根源有關。美國印地安人相信，當你邀一個人到你的家中作客，就代表了你對他敞開自己的靈魂。第四宮指的是內心深處的面貌，與外在的人格面具恰好相反。分析榮格的學者詹姆斯・希爾曼（James Hillman）形容靈魂就是「讓生命產生意義的未知部分」。靈魂讓事件深化成經驗，斡旋於行事者和行為之間。「我們和事件之間會有一個反省的時刻，所謂的靈魂鍛煉，就是在分辨這個中間地帶的存在。」[1] 一個人將事件轉換成經驗的細微過程，都會呈現在天底和第四宮裡。

天底和第四宮也代表「原生家庭」的影響。第四宮的行星和星座可以看出我們感受到的家庭氣

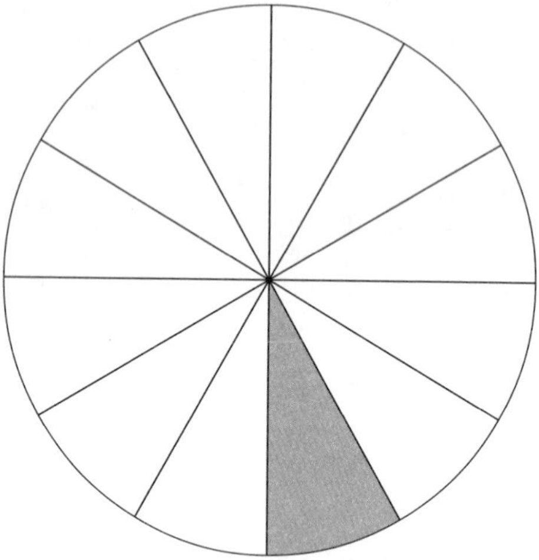

第四宮位

氛，以及在此接受的薰陶和「腳本」，這就是所謂的精神性家庭傳統。第四宮甚至可以更深入地探索種族或族群根源的特質，也就是內心深處對歷史累積和種族演化的觀感。土星在第四宮或天底是魔羯座的人，可能會感受到家中的冷酷、嚴厲或無情，或是有根深蒂固的強硬保守派背景。金星在第四宮或天底落入天秤座的人，比較能夠在早期家庭生活中感受到愛或和諧，也比較能認同或珍惜自己出身的傳統。月亮或巨蟹座落入第四宮的人，很容易融入家庭的氛圍。天王或水瓶座在此，則會覺得自己像是一塊陌生土地上的陌生人，而且會很好奇自己為什麼會「落入」這個特定的家庭。法國意識流作家馬塞爾・普魯斯特（Marcel Proust）在《追憶似水年華》（*The Remembrance of Things*）一書中詳細披露了童年的生活、內心的深層感受及記憶，他的太陽、水星、木星和天王星全都落入第四宮的巨蟹座。

父母的影響通常被歸在第四宮與第十宮。按照傳統，第四宮（本質上由巨蟹座和月亮主宰）與母親有關，第十宮與父親有關（本質上由魔羯座與土星主宰），這是十分合理的。大部分的占星家都很滿意這種分類，但麗茲．格林對此卻有模稜兩可的解釋。她根據自身以及為他人諮商的經驗發現，母親與自己的關係似乎與第十宮較有關聯，父親的形象則比較符合第四宮。[2]

這兩種說法各有立足點。首先，既然第四宮與巨蟹座和月亮有關，理所當然地應該將它歸為母親。因為母親的子宮是我們最初的家，而在嬰兒時期，相較於父親，我們對母親的情緒和感受較易獲得回應。如此一來，父親就被指派到第十宮，與土星和魔羯座有關，畢竟在正常的情況下，他是對外負責、養家活口的人，而且通常是由兒子來繼承父親的工作。然而，相反的論點也一樣很有說服力。我們也可以說，月亮不只是母親，同時也代表了根源，代表了我們從父親身上繼承的姓氏。照這種說法，父親就該與第四宮有關，而且第十宮比第四宮的位置更為顯著，對小孩而言，母親的影響力確實比父親更為顯著。母親對小孩的愛也是顯而易見的，就像第十宮一樣地公開，總是站在最前面以保護孩子。父愛通常是比較不確定的，有時隱晦難見，甚至像是一團謎，這或許和較為隱性或神祕的第四宮及天底有關。同時，在西方社會裡，母親通常是影響小孩社會化的源頭。母親是我們兒時最重要的「否認者」，她是花最多時間和我們相處的人，也是主要的照顧者。她是教導我們分辨好壞的人，讓我們知道什麼是可以接受的，什麼是不被允許的。通常是母親教小孩上廁所，而這是我們試圖去符合社會標準（土星、魔羯座和第十宮）的第一步。

我不認為第四宮或第十宮一定是特指父親或母親。比較保守且正確的說法應該是「塑型的父母」，也就是花最多時間與小孩相處，對培養小孩社會化最具影響力的那一方，應該屬於第十宮；而「隱性的父母」，也就是實際上比較少出現，或是比較不容易被覺察的那一方，應該屬於第四宮。事實上，當我們與案主談過之後，應該可以根據經驗推論父母親到底該屬於哪一個宮位。舉個例子，如果我確定案主的父親是在太陽雙子座、月亮在水瓶座，而個案的天底是雙子座，天王星又落第四宮。那麼在這個案例中，第四宮看起來指的應該是父親。當然，不是所有的本命盤都這麼容易判斷。

我們必須謹記在心，第四宮的行星排列（無論是父親還是母親）也許並不能描述父母的實際作為，反而可以描述小孩對父母的感受，這就是所謂的「對父母的潛在印象」（parent-imago），也就是小孩天生對父母抱持的先入為主印象。傳統的心理學通常認為，如果父母和子女之間發生問題，那都是父母的錯。相較之下，心理占星學則認為，至少小孩有一半的錯，該負起一半的責任，因為小孩會對父母有特別的期待。舉個例子，如果第四宮是代表父親，那麼土星在第四宮的小女生，最容易感受到父親個性中的土星特質。她的父親可能會展現許多不同於土星的人格特質，但小女孩會**選擇性地感受**土星的特質。父親可能七成五的時間都是溫暖又和善的，但小女孩只記得父親兩成五時間的冷酷和吹毛求疵。

小孩本命盤中的父母形象，通常與父母本命盤中的主要分布相互呼應。舉個例子，小女孩的土星落入第四宮，她的父親可能是太陽在魔羯座、上升點在魔羯座，或是太陽與土星合相。即使父親的本命盤與小女孩第四宮內的行星排列並無吻合之處，但如果小女孩對父親持有偏見時，就常會讓父親漸漸變成她預設的形象。如果她不停地表現出父親是一個不和善的人，即使當時父親流露的是愛和包容，到最後父親可能也會感到挫折，因此對她冷淡，甚至完全放棄她，避開她。然後那個小女孩最後就會對自己說：「我就知道他是這樣的人。」但他是嗎？

我們都有一付與生俱來的性格骨架，帶有某些特定的傾向和期望，而兒童時期的經驗會為這付骨架添加層層的血肉。我們會用特定的方式去詮釋環境，然後大致上就會根據這些認知，對自己以及「外在」的生活形成具體的態度。之前討論過土星落入第四宮的小女孩，對生命已有一些先入為主的解釋：例如「父親不愛我」、「父親是混帳」。她會把這些認定放在心中，即使她已經離開父母的家，這些認定仍會像種子一樣發芽、開花，然後結果，形成「男人認為我是不值得的、不可愛的」或「所有的男人都是混帳」的態度。如果我們能夠察覺這些態度的來源，就有機會去改變它，或是透過其他方式去形成經驗。如果我們深入探討第四宮，就可以發現早期家庭生活中我們與父親或母親的關係原型。這對於日後的改變與認知轉化，是十分有幫助的。

第四宮除了可以看出繼承的根源以及內心深處，同時也與整體的家庭環境有關。我們在家中創造了什麼樣的氛圍？家中的什麼事物吸引著我們？家中的哪種特質是我們天生容易產生共鳴的？這些問題都可以從第四宮的行星排列中找到答案。

美國詩人艾略特（T. S. Eliot）曾經寫過一句話：「我的開始即是終點。」第四宮不僅描述了我們的根源，也與如何結束一件事情有關。我們如何「終了」一件事情，或是為一件事情「畫下句點」的態度，都與第四宮有關。金星落入第四宮，意味著會以俐落且公平的方式結束一件事，所有的事情都會漂亮地整合在一起。土星在此就可能意味著拖延，或是不情願地結束。月亮和海王星在此象徵著安靜且和平地結束，火星和天王星則是「爆炸性」地收場。

第四宮可以看出後半段人生的遭遇，也可以看出人生進入尾聲時，哪些內心最深處的東西會被揭露出來。大部分的人或許受到了父母過世的影響，會在四十歲以後逐漸意識到死亡這件事，也知道自己已經沒有太多時光可以虛擲。在這種情形下，我們可能願意挪出更多的空間，表達並吐露內心最深層的感覺及需求。此外，完整的人生經驗是自我發掘的先決條件，這也難怪最深層、最私密的動機往往會到晚年才被揭露出來。最極端的例子就是死前的懺悔，很多人會在那一刻透露自己隱瞞了數十年的祕密。

舉凡心理治療、自我反省和各種冥想，任何一種可以深入自我的事情，都有助於呈現第四宮的能量，讓這些能量在人生早期就能更**有意識地**存在。與其忽略內心深處的東西，建議不如早一點解決第四宮內的困難相位。第四宮就像是過去，總是緊追著我們不放。

註釋

1. James Hillman, *Re-Visioning Psychology*, Harper Colophon Books, Harper & Row, 1975, p. IX.
2. Liz Greene, *Relating*, Coventure Ltd, London, 1977, pp. 201-2.

第七章
第五宮位

我實在地告訴你們，你們若不回轉，變成像小孩子一樣，絕不能進諸天的國。

——馬太福音 18:3（Matthew 18:3）

在第四宮的階段，我們發現了獨特的自我。進入第五宮後，我們開始陶醉在自己的世界裡。第一宮的火焰是不自覺地燃燒，第五宮的火焰卻是有意識地蔓延，是我們自己愉悅地搧風點火。別忘了，生命的本質就是成長。第五宮（本質上與獅子座和太陽有關）反映了自我想要擴張、想要變得更多、想要讓人生如太陽般光芒四射的渴望。當靈魂發展到了第五宮的階段，我們知道自己並不代表一切，卻又不滿於只是「某個人」。我們必須做**一個特別的人**，同時試圖讓自己變成最重要的。

太陽系中的太陽有兩種功能：其中一種是散發光芒，賦予地球溫暖、熱度及生命；但是它也代表了周遭行星軌道的中心準則。依此而論，太陽有如個人的自我意識或「我」，也就是各個面向環繞的意識中心。第五宮很強的人通常帶有太陽的特質：他們需要光芒四射，需要從內在去創造自我，需要覺得自己很具影響力，也需要感覺其他人包圍著他。在某種程度上，這意味著他們總是想成為注意的焦點，渴望自己像太陽一樣被崇拜。我認識一個太陽和火星落入第五宮的女人，她無法待在一個電視開著的房間內，因為這意味著其他人都會注意看電視，而不是注意她。我們必須記得，儘管太陽是非常重要的，但是銀河中不是只有太陽，太陽只是其中之一。有一首流行歌曲的歌詞提醒了我們這一點：每個人都是一顆星。

我們的靈魂中深埋著一種天生的渴望，希望自己的獨特性能被他人認同，而這種渴望會透過第五宮反射出來。小時候，我們相信自己越可愛、越吸引人或是越令人著迷，就能獲得媽媽更多的愛和保護。我們利用自我的獨特價值去征服或迷惑他人，得到的報酬之一就是：確保自己會被餵養、保護和照顧，然後就更有機會存活下去。

第五宮的另一個重點是**生產力**。以下兩個主要的準則：需要因自己的獨特性而被他人喜愛，以及發自內心的創造慾望，就是傳統上第五宮最強調的生命領域。

本命盤中的第五宮與創造性的表達有關，最明顯的就是藝術，但第五宮的創作並不一定是畫一幅畫，或是表演一段舞蹈。科學家和數學家也可以將他們的成果視為偉大的藝術品，或是在努力的過程中，投入如畢卡索（Picasso）或俄國芭蕾舞家帕芙洛娃（Pavlova）般的熱情。第五宮的星座和行星代表了創作及表達的方式。水星和雙子座落入第五宮的人，可能具備寫作或演講的才華。海王星或雙魚座落入第五宮的人，則可能會全心投入音樂、詩詞、攝影或舞蹈。金牛座和巨蟹座可能會展現烹飪的天分。處女座在此則可能特別擅長縫紉和手工藝品。但第五宮除了可以看出參與的創作活動，其中的行星排列也能顯示創作的**態度**及**風格**。一段音樂可能是智力的精心傑作（水星或天王星），也可能是發自內心的創作（月亮或海王星）。有些人的創作是揮灑自如、輕鬆愉快的，有些

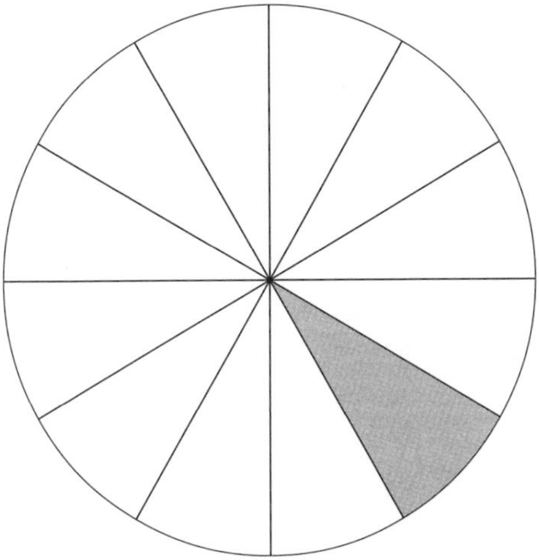

第五宮位

人卻痛苦萬分。除了純粹的創作表達之外，第五宮也是代表演員的宮位，它勾勒出我們如何揮灑生命的藝術創作。我認識一位第五宮很強的業主形容自己是「專業人士」，她所指的專業，絕對不僅限於工作領域。

第五宮的創造活動還包括運動和休閒。對於某些人而言，第五宮代表了體育競技的挑戰，也就是比賽、競爭、獲勝或一馬當先的喜悅，但是對其他人而言，這可能只是全然投入的狂喜，享受與一群人競爭的感受，或是與命運的機會賭上一把。賭博和投機也跟第五宮有關，我們會在第五宮小試一下自己的機智和想像力，與命運和機會相抗衡。

廣義而論，第五宮與嗜好、娛樂和閒暇消遣有關。談論一個由太陽和獅子座掌管的宮位時，這聽起來似乎不太入流。但如果我們仔細地推敲一下，就會發現第五宮比表面上看起來重要許多。第五宮指的是那些讓人自我感覺良好、樂於活在人間的活動。嗜好、閒暇和消遣讓我們有機會參予自己想要從事、或喜歡從事的事物，並且透過這些事物，感受到**完全投入**一件事情的樂趣。令人遺憾的是，很多人對工作和職業的參與程度都不及於此。失去熱情和活力是很危險的一件事，除非能有閒暇的興趣讓人充電，重新恢復活力。依此看來，嗜好和娛樂幾乎帶有一種療癒的功效。娛樂（Recreation）這個字從字面上解釋就是創新、恢復生氣、重新喚起生命和能量。第五宮內的行星和星座代表了我們可能會去嘗試的閒暇活動類型，以及從事這些活動時的態度。

戀愛也在第五宮找到棲身之地。除了興奮、熱情、心痛之外，戀愛也會讓人變得更特別。當我們變成某一個人注意的焦點時，就會對這個人展現獨特的愛。第五宮的行星排列可以看出戀愛的方式，也就是戀愛過程中最容易出現的原型準則，同時也可以看出哪一種人可以點燃我們的愛意。

性表達也與第五宮有關。良好的性關係來自於我們對力量和價值的認知，同時也強調了創造快樂和吸引他人的能力。我們會因為迷惑他人、讓他人持續地注意自己感到欣慰，而這也可以滿足深藏於內心底端的生存本能。（在第八宮，則是試著透過親密關係跨越自我的界線。）

以上所有種種都點出了第五宮最重要的展現面：小孩、身體的創造，以及自我肉體的延伸。大部分人會透過繁衍後代來表現創造慾望（這也象徵了保障自己的生存）。第四宮和第十宮代表了我們會如何看待父母，而第五宮內的行星排列就堆砌出我們與自己小孩的關係原型。落在第五宮的星座和行星代表小孩對我們的意義何在。就像在其他宮位一樣，這一宮的行星排列可以透過不同方式解釋。例如，依照表面字義推論，木星落入第五宮的人可能會生出木星小孩，意即太陽射手座、上升射手座，或是木星與上升或太陽合相，也有可能是在第五宮代表的生命領域中，展現木星的特質。

我們會把木星的特質投射在自己小孩的身上，或是傾向於重視他們的木星特質，勝過於其他的特質。第五宮的行星也代表了為人父母的經驗。土星落入第五宮的人可能會害怕為人父母的責任，害怕自己表現得不夠好。天王星落入第五宮的人，則可能會用最新潮和前衛的方法來養育小孩。

第五宮除了代表外在的小孩，同時也代表「內在的小孩」（內心深處愛玩、青春不老的那一部分）的宮位。每個人的心中都有一個未經塑造的小孩，渴望因為自己的獨一無二而受到寵愛，但是當我們仍然是小孩子的時候，這個部分經常是受到壓抑的。在大多數的情形下我們之所以被愛，是因為遵守且符合父母的標準及期望，而不是因為自己值得被愛。因為如此，我們失去了培養自己獨特性的信心，變成交流分析學派（Transactional Analysis）學者所稱的「適應的小孩」，最後就會將自己內在小孩的狀態，投射到下一代的身上。我們可以將自己在童年時期被拒絕的愛和接納，付出給小孩和年輕人，藉此就可以療癒內心深處那個「受傷的小孩」。只要我們付諸行動，一個快樂的童年永遠不會太遲。

我們經年逐月地累積了自我的獨特感，並且透過第五宮的創造管道展現力量。這就像無心插柳柳成蔭，我們可能創造出令人驚艷的藝術品、具有價值的新書或概念，或是勾起一個小孩的興趣，讓他對社會有所貢獻。然而，造福社會並非第五宮的重點，只要看看有這麼多人不願意將藝術創作或小孩公諸於世，你就能明瞭這個道理了。在第五宮的領域中，我們帶著愉悅與驕傲去創作，動機完全是為了娛樂自己，而這股動力存在於每個人自我創造的天性之中。

第八章
第六宮位

一名僧侶問趙州禪師：「弟子剛來寺院，請指導弟子如何修行。」
趙州問：「你吃過粥了嗎？」
僧侶回答：「吃過了。」
趙州說：「那你最好把碗洗一洗。」

——禪故事

第五宮最大的問題就是「過度」的傾向。我們在此樂於展現自我，卻不懂得適可而止。當靈魂發展進入第五宮的階段時，我們不再相信自己**就是**一切，但仍舊認為自己**可以是**一切，也可以為所欲為。第六宮緊接著第五宮，目的是提醒我們必須為自己與生俱來的疆界，建立更清楚的自我定義。第六宮正如禪的哲學觀點，要求我們尊重並恢復「本質的完美境界」[1]，也就是要我們恰如其分地變成自己該有的模樣，在日常生活中活出該有的樣子。別忘了，我們最真實的使命就是做自己。

第六宮指責第五宮，同時提出反駁：

很好，展現你的藝術天分的確很棒，但你真的做得很精巧嗎？你熬夜兩天完成的畫作，看起來還是很不對勁。

當然，你正在談一場轟轟烈烈的戀愛，可是你有沒有觀察一下長期關係的現實面？更別說你連他的刮鬍水都無法忍受了？

恭喜，你有了一個小女孩。現在你要為她調整生活作息，隨時準備好乾淨的尿布。

記得上禮拜那個放縱的派對嗎？現在回頭看一下，難道你不認為自己傷害了那個窩在角落的害羞男孩嗎？因為你自顧自地說個不停，讓他從頭到尾都沒機會說話。

評斷自己的時刻到了。此刻我們必須列出優先順序，評估該如何運用權力與能力，而最重要的就是要認清眾生本性裡的限制和實相。

你不妨試試看，梨子的種子永遠種不出蘋果樹。如果你相信十九世紀丹麥哲學家齊克果的觀點，「我們必須從絕望中逆轉，才能成為真正的自己」[2]，你就會知道「種瓜得瓜，種豆得豆」的說法是千真萬確的。第六宮講的就是一個人必須謹守人生的藍圖，根據藍圖去發展和茁壯，然後恰如其分地展現自己。如果你正在這麼做，就會感覺良好，如果你的行為結果不能反映出真實的天性，就會感受到壓力和挫折，然後生病。疾病就像一名使者，它告訴我們有些事情不太對勁，需要被檢查一下。

現實包括「界線內」和「界線外」[3]兩種層面。第六宮探討的就是自我界線內外事物之間的關係，也就是內心世界的理智和感情，與外在世界的形式和身體的關係。傳統的第六宮代表「健康、

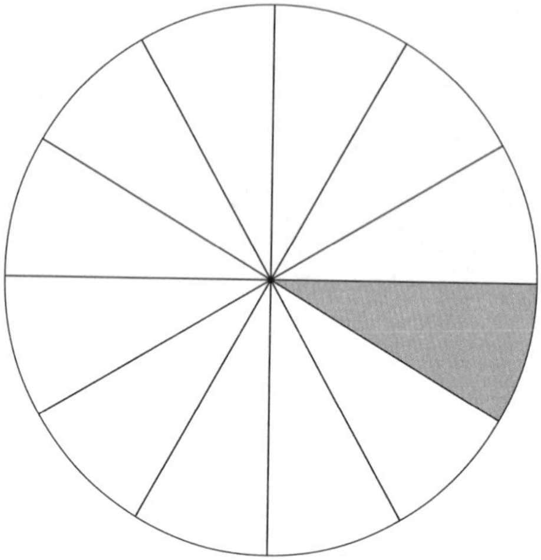

第六宮位

工作、服務，以及根據需要做出調整」，而這些都源自於**身體與心智的連結**。

生存的基本法則就是必須活在界線之內。無論我們自認為是多麼地神聖或了不起，還是得吃飯、刷牙、付帳單，應付世俗現實每一天的生活所需。此外，每個人都有獨特的身體與心智、必須完成一些特別的任務。每個人都是依照某種藍圖設計而成的個體，必須展現特定的氣質及天性，也必須盡可能地發揮所長，而沒有人比自己更能勝任這個任務。只要我們如實地做自己，就能夠完全達成這個目標。在我們經歷第六宮中必須的調整和精微的改進之後，才會變成獨一無二的我。

有一句話說：「工作就是人生的租金。」對於大多數人而言，工作是**必須做的事情**，這樣才能維持每日生存的需要。每天的工作也代表了例行的公事和調整。我們或多或少都必須準時上班，當我們知道鬧鐘會在隔天清晨的七點響起，就無法隨性而為，還必須安排時間，排列出活動先後的順序，然後加以分配。從某個角度看來，如果我們必須遵守一個緊湊的時間表，將有助於整理和規劃生活。這也可以避免因自由選擇而挑起的存在焦慮，因為我們有一份工作，並且知道自己必須去上班。

按照理想，工作應該是由不同的人組成，各自展現並發揮最好的特殊才能，結果應該是一個完美的成品，或是讓社會的需求可以維持正常的運作。第六宮的行星和星座描述與工作及就業有關的事情，暗示著最能發揮個人長才的工作。第六宮的行星排列可以揭露工作的本質——木星或射手座在此的人可能在旅行社工作，月亮或巨蟹座可能是照顧小孩，海王星或雙魚座則可能是在當地的酒吧當酒保。第六宮的行星排列除了可以看出我們就業的類型，更可以看出從事這份工作的方式。它不僅可以看出工作的**內容**，還可以看出工作的**方式**。例如，土星和魔羯座落入第六宮的人，可能會偏好從事一份穩定的工作，公司有清楚的規定，讓自己緩慢且持續地工作。天王星和水瓶座落入第六宮的人，通常很痛恨打卡上下班，比較希望沒有老闆在一旁緊迫釘人。

第六宮的行星排列也可以看出與同事的關係。金星或天秤座落入第六宮的人，常會跟同事談戀愛；冥王星和天蠍座則常會有煽動陰謀或其他複雜的遭遇。如果第六宮與第三宮形成九十度（詳見第155頁），早期的同儕經驗、與兄弟姐妹之間沒有解決的功課，可能會重現在與同事的關係中。

我們可以透過工作環境，在這種不平等的關係中了解自己。在工作時，我們也許管理三十名員工，也可能有另外三十名上司管著我們。我們會如何處理分配的權力，如何擔任他人的部屬，這些都可以從第六宮中看出端倪。第七宮強調的是平等關係，第六宮有點像是第七宮的彩排。

第六宮同時也可以看出我們如何與替自己服務的人相處，像是修車工人、家庭醫生、診所櫃檯小姐和送牛奶的工人等。相反地，第六宮的行星排列也可以看出我們作為一名「服務者」的特質，以及對於服務的深層感受和態度。你可不要小看這一點，許多人認為謙卑和服務是人類付出的極致表現，甚至將此視為通往神性、邁向開悟境界的道路。

此外，第六宮也可以看出我們如何運用時間，需要什麼樣的氣氛才能快樂地生活。第六宮的星座和行星影響了我們在每天例行公事中產生（或是應該產生）的能量，同時也會影響這些世俗儀式的進行過程。火星落入第六宮的人可能會像龍捲風過境般地打掃房屋，而海王星落入第六宮的人則可能還在思索，到底把拖把放在哪裡。

第六宮也可以看出與我們朝夕相處的寵物。這看來可能不是什麼重要的大事，但是的確有許多人會被照顧寵物的經驗所影響。寵物可能是任何一種類型的「鉤子」（hook），對某些人而言，他們與貓或狗的關係就像跟人的關係一樣重要。在某些情形下，寵物可以排解內心無法承受的寂寞，或是紓解自己無用武之地的感受，而當摯愛的寵物走失或死去時，也可能引發許多心理和哲學的問題。

工作和健康之間存在著顯而易見的關係，這也是第六宮的重點之一。儘管西方文化中盛行的工作倫理可能有點過頭，或是容易被濫用，但人性基本上都需要自己具備生產力，需要覺得自己是有用的。過度的工作可能會有害健康，但工作太少也可能會使一個人無精打采。裁員不只剝奪了收入的來源，也斷絕了自我的價值感和目標。有些研究顯示，在失業率上升的地區，生病的比例也會升高。反過來看，也有些人會利用生病來逃避一份痛恨或不適合的工作。

第六宮也討論與健康和工作有關的技巧、完美性，以及技術的熟練程度。一個人在最理想的狀態下，身體應該像是一具打造完美的機器，體內不同的細胞都在為整體的完美而努力。每一個細胞自成一體，同時又屬於更大一個整體。每個細胞都必須「各盡其分」，但也必須屈服於整體的需求。在一個健康的人體內（就像在一個健全的社會中），每個零件都必須自我確立，同時又要與其他的零件和平地共事。第六宮要求我們將不同的零件，意即身、心、靈，形成一種和諧的共識關係。

許多第六宮很強的人會對健康和養生特別有興趣，甚至到了迷戀的程度。我在一些極端的案例中發現，有些人會讓生活中充斥著各種特殊的飲食和技巧，讓身體的功能維持在最佳的狀態，幾乎沒有多餘的時間去關心其他的事情。但是許多優秀的治療者的確都有很強的第六宮，這可能與傳統醫學有關，也可能與順勢療法、整骨、草藥治療或按摩等另類療法有關。

我們已經提過，身心靈是一體性的運作。想法和感受會影響身體。相反地，身體的狀態也會影響思考和感受。**心**和**身**是密不可分的。生理和化學的失衡可能會導致心理問題，感情和心智的混亂也會在身體上出現徵兆。第六宮可以看出某些疾病強調的心理意義，例如土星落入第六宮，可能意味著每天生活都呆板沉悶，但也可能代表關節炎。火星落入第六宮的人則可能每天來去匆匆，過度消耗生命，最後被診斷出罹患了高血壓。然而，若是我們認為第六宮只與健康有關，那就太過簡單了。伊琳・諾曼（Eileen Naumann）撰寫的《美洲營養及醫療占星學手冊》（*The American Book of Nutrition and Medical Astrology*，由加州聖地牙哥 Astro Computing Services 出版社印行）深入地探討醫藥占星學，這是一本值得推薦的好書。

透過第六宮的議題，我們昇華並淨化了自己，讓自己趨近完美，最後變成一個更好的「管道」，成為天命注定的那個人。我們可能是最有靈感的藝術家（第五宮），但除非能學會如何去運用展現手藝的工具（第六宮），正確使用刷子、顏料和畫布，否則不可能發揮潛力，具體地展現才華。曾經有一句話是這麼說的：「技巧是想像力的解放。」這也是第六宮最貼切的詮釋。

當我們展開今生的英雄之旅時，對自我的獨特性一無所知，但是當第六宮的階段結束時，應該已經深刻地知道自己的獨特性及目的了。如同第三宮的意涵，第六宮也掌管將事物分解成不同部分的左腦活動。第六宮的問題就在於我們太常用「什麼是我」、「什麼不是我」的角度去看待這個世界。當我們透過自己擁有的某些特點來區別自他的不同時，例如體重、身高、膚色、工作、車子及房屋，就能很明確地感受到自他的差異。前面六個宮位的功課是要我們更加意識到自己是獨立的個體，後面六個宮位（第七至十二宮）的功課則是要與其他人重新融合，否則人生就太孤單了。

註釋

1. Fritjof Capra, *The Tao of Physics*, Fontana/Collins, England, 1981, p. 127.
2. Søren Kierkegaard cited in Rowan, p. 62.
3. Pierre Teilhard de Chardin cited in Ferguson, p. 201.

第九章
下降點和第七宮位

在愛的力量驅使之下，世界的碎片會尋找彼此，而終將成為一體。
——法國哲學家德日進（Pierre Teilhard de Chardin）

第六宮是最後一個「個人宮位」，代表了我們可以透過工作、服務、謙卑，以及對於日常生活及身體的覺知，讓個人的特質更加精微化。第六宮有點像是透過顯微鏡去看人生，將人生分析並歸納成不同的部分，然後賦予每一部分正確的位置及目的。我們到此已經清楚地知道自己與其他人事物有何不同。在第六宮結束之前，我們已經與他人區隔開來，如實地成為本命盤所允諾的個體。從第七宮開始，我們則必須學習新的課題：沒有任何事物是與世隔絕的。當靈魂步入本命盤的下降點，也就是最西方的那一點時，我們生命的方向便出現了大逆轉，而發現自己已經逐漸回到一切的原點。第七宮至第十二宮的功課，就是要讓自我與失落的整體重新產生連結。

下降點是第七宮的界線，也是上升點正對面的點。按照傳統，上升點被視為「察覺自我的觀點」，下降點則被視為「察覺他人的觀點」。它描述了我們處理關係的方法，以及（透過第七宮內的行星）在伴侶身上尋找的特質。麥可・梅耶爾（Michael Meyer）在《人本占星家手冊》（*A Handbook for the Humanistic Astrologer*）中提到，下降點（第七宮）代表每個人應該歷經的遭遇，然後才能透過這些遭遇所獲得的體驗，了解他人的重要性。[1]

按照傳統，第一宮經常被視為「自我的宮位」。與第一宮距離最遠的第七宮，則被認為是「非我的宮位」，而它也常被稱為「婚姻宮位」，或是被古怪地稱為「公開敵人的宮位」。婚姻在此指的是兩個人以雙方的共識、法律合約或其他事物為基礎，所建立的重要關係。在第七宮的階段，兩個人會為了同一個目的而結合，意即透過與另一個人的結盟，提升生活的品質。當兩個人成立一個家庭時，就可以獲得更多的安全和保障，紓解孤獨與寂寞。

大部分的占星教科書都透過第七宮的行星和星座，描述婚姻伴侶或是「公開的另一半」，而這種論法的確不假。第七宮的行星排列通常可以看出我們會受到哪一種類型的伴侶所吸引。例如，月亮落入第七宮的男人，會找尋一位可以反映月亮特質的伴侶：接納他人、具有同情心、憐憫。而火星落入第七宮的女人，則可能會被能展現火星特質的人所吸引：果斷、直接、堅強。她可能會尋找一個替她做決定、並且告訴她應該做什麼的人。

如果第七宮內有很多行星，或是有不同的星座（例如劫奪宮），情形就會變得十分令人困惑，因為我們會在一個人的身上追求很多種不同的特質。舉個例子，如果一個女人的第七宮有土星和天王星，她就可能會尋找一個能提供安全感和保障（土星）的人，但同時又可能希望對方具備不可預測、刺激，以及極端個人主義的特質（天王星）。這兩組特質很難在同一個人身上和諧共存。所以這個女人可能會先跟一位具有土星特質的對象（簡稱土星人）結婚，婚後就覺得非常枯躁而無聊，然後她可能遇到一位具備天王特質的對象（簡稱天王星人），於是便提出離婚。另一種情形可能是，她仍然與土星人維持著婚姻關係，但卻跟天王人發生婚外情；也可能是她先與天王人結婚，卻因為對方性格的怪異和不穩定提出離婚，最後終於鬆了一口氣，跟可靠的土星人安定下來。如果她的心理較為成熟，更可能會嫁給土星人，然後找到一些不會威脅婚姻存續的方式，來滿足自己天王星那一面的需求，甚至自己發展出了天王星的特質。或者她可能嫁給一個天王星人，然後在伴侶關係中提供自己土星特質的保障。

第七宮內的行星和星座除了可以解釋伴侶性格的特質之外，也可以解釋關係的狀態，也就是行星形成的關係原型。土星在此可能意味著這份關係是建立在責任和義務之上。火星落入第七宮則可能會傾向於一見鍾情，閃電結婚，婚姻中充滿了激烈的爭吵、熱情的和好，然後又掀起更多戰爭。被愛人保羅・魏崙（Paul Verlaine）槍殺身亡的法國詩人亞瑟・韓波（Arthur Rimbaud），第七宮內就有爆炸性的冥王星和天王星。梅開六度的藝人雷克斯・哈里遜（Rex Harrison），第七宮內則有豐富又具備擴張性的木星。

正如之前所提過的，任何一個宮位內的行星和星座，都象徵著我們在該宮位所代表的生命領域中會遭遇的原型法則。從七宮行星的分布和相位，可以看出我們期待在親密伴侶身上找到的特質，因此也代表我們最注重其他人的哪些特質。伴侶的本命盤通常會與第七宮的行星和星座有所關聯。最常見的情形是，伴侶的星盤會「神祕地」反映出第七宮的行星排列。舉個例子，一位第七宮裡有火星、土星和冥王星的女士，她的丈夫可能會有火星、土星和冥王星在第一宮，或是太陽牡羊座（展現她第七宮的火星）、月亮天蠍座（展現她第七宮的冥王星），或是這三顆行星都在魔羯座（展現

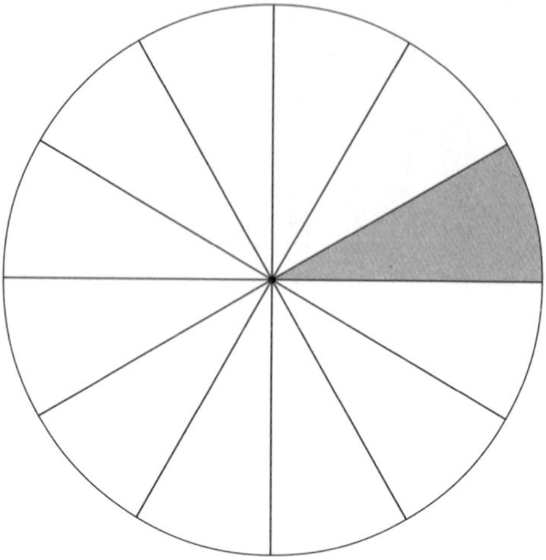

第七宮位

她第七宮的土星）。

我們在討論下降點和第七宮時，必須一再地提到投射的心理機制。麗茲・格林在《人際占星學》（*Relating*）這本書中提到，第七宮內的行星和星座代表了「個人未被察覺」的特質，以及意圖「透過伴侶或其他關係」活出的特質。[2] 接下來我們會更進一步地去探討格林的觀點。

下降點就是本命盤上最西邊的點，在一個人誕生的那一刻，這個點會從目光中消失，因此它代表了隱藏在內心的特質。我們無法感受到這些屬於自己的特質，因為我們沒有辦法、也不會在自己身上看到這些特質。與上升點和第一宮正面相對的下降點和第七宮，通常揭露了我們最難「具備」、最難承擔、也最難接受的特質。但正如榮格所指出的，「內在無法意識到的狀態，就會透過命運向外呈現」[3]。如果我們無法意識到內在的某種東西，「這個世界必定會透過衝突，將它呈現出來，然後又往反方向分裂發展。」換言之，那些我們沒有意識到的東西，必定會透過他人被自己吸引。傳統上，下降點和第七宮代表了一個人在伴侶身上尋找的特質，但是從更深的層次來探討，這也代表隱藏於內在的特質。我們必須有意識地將這些特質與自我的覺知結合，才能變得完整無缺，這就是格林所謂的「內在伴侶」。如果我們因為不贊同或是無法接受這些內在的特質，刻意地去壓抑它們，那麼當這些特質透過其他人反射到自己的身上時，我們就會討厭這些特質，這是完全可以預料的情形。因此，第七宮的絃外之音就是「公開敵人的宮位」。

但我們也可能會壓抑或「否認」潛在的正面特質，這些特質就會成為當我們與其他人相遇時，最能吸引自己，或是最讓自己感到興奮的特質。我們會愛上公開展現這些特質的人，因為這些人會讓自我感覺更完整。我們也會透過結婚，將這些特質融入自己的生命。按照理想，伴侶應該是這些能量的典範，而我們也可以透過伴侶，有意識地將這些特質重新與自我的本質融合。但最常見的情形是，我們會依賴伴侶提供這些特質，與伴侶各據一方，自己卻有如半個人地活著。

在此應該澄清一下，投射並不是全然病態的事。一個投射出來的形象，代表的就是一種封鎖在內在的潛力。當我們需要將某種形象公開呈現出來時，第一步就是在他人的身上察覺到這種形象。我們希望透過這種過程，了解到這一切都是與自己有關的，然後才可以有意識地收回這種形象。例如，火星落入第七宮的女人若是沒有發揮內在的力量和果斷的特質，就會尋找一個具備這些特質的男人，她可能會找一個火星顯旺的男人，一個喜歡支配、極度自我中心又會對她咆哮施令的男人。她透過這個男人將火星的能量融入自己的生命。但是當她對他忍無可忍時，便可能頓悟自己也有要求的權利，然後就會開始反擊，最後終於發現了自己天性中的火星特質。

如果我們能在某種程度上將第七宮的特質融入自我的認同中，就可以充分地公開展現這些特質。因此，火星落七宮的人可能會成為鼓動他人付諸行動的人，而土星落入第七宮的人則可能成為其他人的老師或良師益友。許多投身協助或照料工作的人，都有很強的第七宮，這些人需要與他人進行一種幾乎不間斷的親密交流，用這種方式來「清空」過於擁擠的第七宮，是比較有智慧的做法，同時也可以緩衝太多的行星能量為親密關係帶來的衝擊。

地方法院也屬於第七宮的範疇。社會常會出現個人主義過度擴張的反效果，我們必須在某種程度上確保社會成員行為的公平和正義。當法律的界線被踰越時，必須有外在力量介入，重申平衡點所在。我們在這類的法庭中如何表現，可以從第七宮的行星排列中略見端倪。

第七宮在本質上與天秤座和金星有關，我們會在與第七宮有關的生命領域中，學習如何與他人更進一步地合作。這就出現了與第一宮之間的取捨難題：到底該與他人合作到什麼程度（第七宮）？該堅持己見到什麼程度（第一宮）？從一方面看來，我們恐怕退讓太多或是過度與他人融合，會犧牲了自我的認同。另一方面也可能要求別人過度犧牲來配合我們，因而剝奪了他們的個體性。猶太教祭司希勒爾（Rabbi Hillel）很清楚地點出了這個問題：「如果我不為自己，誰會為我？如果我只為自己，我又是誰？」[4]第七宮的功課就是與他人相遇，然後在天秤的兩端取得平衡。

註釋

1. Michael Meyer, *A Handbook for the Humanistic Astrologer*, Anchor Books, New York, 1974, p. 2.
2. Greene, pp. 137-8.
3. Carl Jung, *Aion*, Routledge and Kegan Paul, London, 1959, p. 71.
4. Rabbi Hillel cited in Yalom, p. 367.

第十章
第八宮位

假如我的魔鬼離開了，恐怕我的天使也會離我遠去。

——奧地利詩人里爾克（Rainer Maria Rilke）

第八宮時常被貼上許多種標籤，因為它與代表「自我價值」的第二宮相對，所以也常被稱為「他人價值的宮位」，而這很容易從字面上解釋。第八宮的星座和行星顯示了我們會如何處理婚姻、繼承，或是與生意夥伴的財務。舉個例子，木星落入第八宮的人，可能會因為婚姻而得到金錢、因繼承而獲得一大筆意外之財、輕易就能逃稅，或是與他人組成有利的商業結盟。如果土星落八宮且相位不佳，則有可能嫁給一個馬上要破產的人、繼承近親的債務、被稅務機關緊盯不放，或是找到一個很爛的合夥人。我們常看到第八宮內有許多行星的人，會從事與他人金錢有關的工作，像是銀行家、股票交易員、投資顧問和會計。

當然第八宮講的不只是他人的金錢，它也描繪出「分享的事物」，以及我們與他人結盟或融合時的態度。當我們努力地擴張並延伸第七宮所強調的事物後，到了第八宮談的就是關係的本質：當性情、資源、價值觀、需求和生理時鐘不同的兩個人試圖結合時，會發生什麼事情？接踵而來的時常是層出不窮的問題：

我有一些錢，你也有點錢。我們該如何花？我們每個月該存多少錢？

我喜歡一個禮拜做愛三次，你似乎每天晚上都想要。該聽誰的呢？

你認為不用棒子就是溺愛小孩，但我堅持小孩不該被體罰。誰才是對的？

我真不知道你怎麼能跟那對夫婦當朋友。他們真的很讓我不爽。我今天晚上比較想去拜訪我的朋友。最後他們到底會拜訪誰的朋友？

兩個人結合之後踏上的幸福大道，可能會因此而開始分歧，一步步地走向激烈的戰場，宛如在預演一場喪禮。

第八宮在本質上與冥王星和天蠍座有關，因此也被稱為「性、死亡和再生」的宮位。在希臘神話中，仍是處子之身的女神波西鳳（Persephone）被死神冥王普魯托（Pluto）綁架到地府。她在地府嫁給了冥王，從少女搖身一變成為女人，然後再重返人間。當我們與一個人建立深厚的關係時，就意味著某種形式的死亡，也代表必須放手一些事情，打破自尊的界線和自我認同感。我們死去的時候是一個獨立的「我」，然後再以「我們」的面貌重新誕生。

我們就像波西鳳一樣，會透過一段關係進入另一個人的世界，並且在性和親密關係中展現慣於隱藏的那一面，將這一面與另外一個人分享。性可以被視為一種解放，讓我們短暫地感覺更好，或者我們也可以透過性行為，體驗到另一種形式的自我超越，感受與另一個自我的結合。我們會在性的極樂和狂喜中渾然忘我，放下自我，與另外一個人完全地結合。英國伊麗莎白女王一世時代的人認為，性高潮就是一種「小死亡」。許多有關性的本質，都可以從第八宮的行星排列看出端倪。

關係是改變自我的催化劑。第八宮會透過現在的關係，挖出之前尚未解決的問題，特別是那些幼年時期與父母之間的問題。這種過程的目的是讓一個人淨化，然後獲得重生。我們一生中的第一份關係，通常是與母親或母親代理人建立的。這一份關係極具影響力，而這並不令人意外。因為我們是依賴她而活。**所有**的人誕生到這個世界，都極有可能受到傷害，除非有一個強勢而練達的人保護並關愛我們，要不然存活的機率是十分渺茫的。失去母愛不僅意味著失去一個親近的人，同時也象徵著遺棄和死亡。我們很多人會將嬰兒時期的問題投射到往後的關係中。我們如果擔心父母不再愛我們，或是擔心父母可能會背叛我們，這些憂慮都可能會引發或喚醒失去愛人的至深恐懼。當我們成年之後，進入了親密關係中，也可能有同樣的恐懼，誤以為自己是依賴著這一份關係而活著。在一段關係中，諸如「如果你離開我，我就會死」、「我不能沒有你」的請求和吶喊，只不過是顯示了幼年時期困難關係的暗潮洶湧，已經波及到目前這一段關係的現實面。當然在年幼時，母親一旦離開了，我們可能真的會死，但長大成人後，我們已經具備能力去解決生存的需求，不太可能因為母親離開就活不下去了。當我們把這些隱藏、未被解決的恐懼掀開來時，第八宮的考驗和混亂就會幫助我們擺脫那些已經過時又累贅的態度。你要知道，不是每一個伴侶都是母親的化身。

除了那些不理智的恐懼，我們偶爾從伴侶身上感受到，或是加諸在伴侶身上的憤怒和凌辱，通常都可以「追溯」至嬰幼兒時期。你要知道，小孩並非總是那麼可愛、黏人又柔弱的。英國心理分析

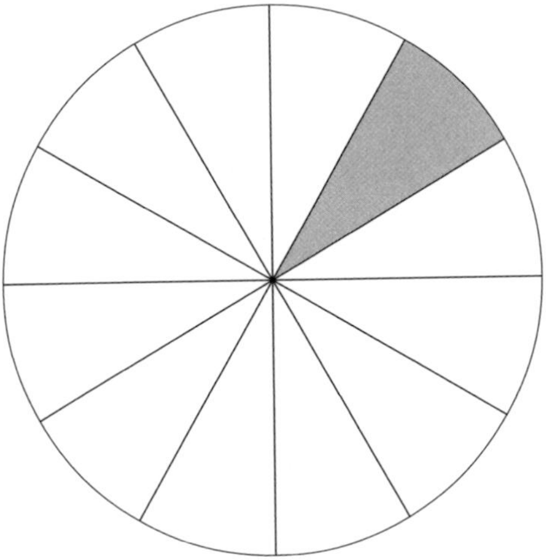

第八宮位

學家梅蘭妮・克萊恩（Melanie Klein）曾經描述嬰兒天性的另一面，根據她的看法，小孩因為完全無法照顧自己，所以一旦旁人不了解或無法滿足他的需求時，就會感到非常地沮喪。即使最有經驗的母親也無法永遠精確地解讀一個哭鬧的小孩到底要些什麼，而小孩的沮喪時常會爆發成極端的敵意。我們因為早期經驗留下的深刻印象，所以心中都會有一個「憤怒的嬰兒」。如果現階段的伴侶在某些方面阻礙了我們，那個憤怒的嬰兒就會再度甦醒。

就像波西鳳被綁架到地府一樣，我們在一段非常緊張的關係中，也會去探索自己的內心深處，發現自己最原始的特質：忌妒、貪婪、羨慕、憤怒、沸騰的熱情、掌控權力的需求，以及隱藏在文明教養之下的毀滅幻想。我們只能透過認識並接受「心中的野獸」，才能夠自我轉化。如果我們不知道心中的野獸就在那裡，就無法產生任何改變，也無法轉化被自己譴責的那些特質。我們必須讓天性的黑暗面曝光，然後才能獲得淨化和重生。

以前我們為了否認自己的黑暗面，往往會壓抑並積藏內心深處的巨大精神能量，但坦承自己的惡毒、殘忍或憤怒，**並不代表**要恣意「表現」出這些情緒。表現的行為通常會擴張這些負面能量，可能會造成更多出乎意料之外的傷害。這裡的重點在於「承認」，又能**控制**這些爆炸性的情緒。我們如果能與本性中憤怒能量的根源重新連結，並在內心裡控制住這股能量，最後就能把這股能量從原先的既定模式裡釋放出來。這股能量一旦被轉移，就能有意識並更有效率地與靈魂結合，或是以建設性的方式呈現出來。我知道，在原始情緒的原汁中苦熬悶煮，直到一切準備妥當後再轉移情緒，並不是很愉快的過程。但誰敢說第八宮的功課是輕鬆又愉快的呢？

第八宮會讓我們重新去檢視目前關係中的問題，也可以看出幼年時期與父母相處的遭遇，會如何地影響現在的關係。我們會根據小時候對環境的認知來認定自己是什麼樣的人，然後假設會有什麼樣的人生在**外面**等著我們。這些想法或「劇本」通常會無意識地持續影響著成年後的我們。相信「父親是個混帳」的小女孩會長大成為一個深信「男人都是混帳」的女人，而根據精神決定論（psychic determinism）的法則，我們具備著一種神祕又可怕的能力，會吸引那些最符合幼年臆測的人進入自己的人生，繼而發生預期中的情節。即使事實並非如此，我們也很可能會用那種角度去看待對方。我們製造了這麼多複雜的情節，就是要證明自己的看法不假。

孩童時期的殘磚破瓦都會在第八宮中被挖掘出來。我們比較無法自我確立的特質，或是更深層的生存態度，也會「活靈活現」地展現在目前關係的危機中。我們可以藉由多年的生活磨練所累積的成熟度與智慧，去「清除」過去的一些殘渣。這些殘渣已經影響或模糊了我們對人生、對自己以及對其他人的看法。第八宮的禮物就是更加地認識自己、掌握自己、釋放自己，然後讓自己重生，盡量別被不必要的包袱阻撓，繼續朝著未來的人生前進。

當我們無法與他人融合，或是無法「解決」第八宮引起的爆炸性問題時，也可以從第八宮的行星排列看出離婚的過程和形式。第八宮的困難相位可能意味著傷痕累累的分離，或是「麻煩的」離婚協議。兩個「憤怒的嬰兒」和他們的律師可能會在法庭上搏鬥奮戰。

第八宮描述了所有程度的共享經驗。第八宮除了代表財務的結合，讓兩個生命合為一體，也關心生態意識的問題。地球上的所有人都必須分享資源。有權有勢的企業家可能會因為個人的利益去任意砍伐樹木，不尊重森林中的原住民，剝奪了屬於全人類的天然美景及事物。一個人對這些議題的敏感度，可以從第八宮的行星排列略知一二。

第八宮也展現了我們與「靈界」（astral plane）的關係。這是一種強烈的情緒，雖然並非顯而易見，但一定會感染周遭的環境。所謂的靈界就是一種生存狀態，許多無形卻極具力量的情感和感受在此聚集流通。比較理性的人可能會懷疑那些看不到或是無法測量的事物。然而，大部分的人都有這樣的經驗，走進一個人的家中，立刻感覺很不舒服，但是去另一個人的家，卻覺得神清氣爽。第八宮的行星排列可以顯示我們最容易感受到哪一種「盤旋」在靈界中的特定能量。火星在第八宮的人比較容易「擷取」環境中的憤怒能量，金星在第八宮的人則是很快能夠感受到「空氣中的愛」。依此推論，水象的第八宮與其他的水象宮位（第四宮和第十二宮）是息息相關的。超自然和神祕領域的經驗，以及我們對隱諱、神祕、潛伏在表面下的事物的興趣，也都呈現在第八宮內。

第八宮的行星排列可以看出死亡，正確地指出肉體死亡的方式或褪滅的方式。土星可能意味著死得不甘願，或是害怕肉體之外的境界。海王星可能會死於藥物、酒精中毒、溺斃或是在昏睡中逐漸解脫。天王星可能意味著猝然辭世。

但我們在一生中也會經歷許多不同的精神性死亡。如果我們透過一段特定的關係建立了自我認同，那麼當這份關係結束時，那個我就死了。同樣地，如果我們從某一種特定的職業中獲得了生命力，或是因此而了解生命的意義，那麼一旦被裁員之後，也會覺得自己死了。童年逝去，青春期誕生，青春期逝去，我們衰退地進入成年期。每一次的誕生都需要死亡，而每一次死亡也需要誕生。第八宮的星座和行星可以看出我們面臨這些階段轉換時的態度。第八宮很強的人時常覺得自己的人生就像一本有許多章節的書，或是一齣不停變換場景的戲碼。這些結束和新的開始可能會驅策著自我，我們也可能積極地摧毀舊有的結構，挪出空間給其他的事物。

在神話中，眾神創造了這個世界，又不喜歡這個世界，於是就一手毀滅自己建立的一切，然後重新打造另一個世界。死亡是大自然中一種持續的過程。在神話中，有一個代表死亡和重生的神，他是從某一種形式中毀滅，經過轉化之後，又重現於世。再舉些例子，耶穌是被釘在十字架上，然後復活。酒神戴奧尼索司（Dionysus）則是先被肢解，但智慧女神雅典娜拯救了他的心，他就重生了。就像火鳳凰（Phoenix）一樣，我們可能會暫時化為灰燼，但仍然可以再起，宛如新生。形式可以被毀滅，但是本質卻不會改變，而會以其他的形式再現生機。德國詩人哥德（Goethe）曾寫過一句話：「如果你不曾死後重生，那你只是黑暗國度的陌生人。」那些經歷過第八宮創傷和緊繃狀態的倖存者，必定能深深體會這句話的意涵。

第十一章 第九宮位

人類是介於天神與野獸之間的。

——普拉提諾斯（Plotinus）

第八宮意味著某種程度的痛苦、危機和折磨。我們期許在經歷過這些苦難之後，能夠獲得重生和淨化，並且能更有智慧地去面對自己和人生。當我們的人生盪到谷底，設法再次往上爬升，尋找到出路之後，才總算能夠以宏觀的角度去看待生命，同時也明白人生不過就是一段揭露的旅程。火象的第九宮在本質上與木星和射手座有關。第九宮脫離了第八宮的困擾深淵，可以為前面階段發生的種種，提出更廣義的解釋。我們也已經累積了足夠的人生經驗，有能力找出此生英雄之旅的目的及意義。

在整張本命盤中，第九宮是與宗教和哲學最有直接關聯的宮位，討論的是關於「為何身在此處」的問題。我們可以在第九宮中看到真理，也會在此試圖去釐清一些統馭人生的基本型態和法則。從某個角度來看，第八宮的苦難會驅使我們往這個方向邁進，若是能夠找出受苦的理由，就比較能忍受苦難。倘若我們與這些存在的法則和真理背道而馳，因此而備受煎熬，那麼透過發掘並依循第九宮代表的法則，也許可以減少一些必經的痛苦。

人生在世似乎都需要一點意義。我們顯然需要一些絕對且明確的完美典範來激發熱情，或是需要一些戒律來駕馭人生。如果缺少了意義，我們經常會覺得不值得活下去，沒什麼值得期待的，也沒有理由去為任何事情奮鬥，完全失去了人生的方向。許多心理學家堅信，現代的精神官能症大多是因為人生缺乏意義或目的而導致的。無論此言是否為真，當我們相信有一個更偉大的東西「存在於那裡」時，多少會感到安慰。也就是說，宇宙中有一種連貫一致的模式，每個人都必須在其中扮演特別的角色。無論最後是我們自己創造了人生的意義，或是必須去發現上帝的安排和旨意，探索宇宙法則、人生的目標、目的和意義，就是第九宮強調的重點。

第九宮與展現具體心智活動的第三宮相比較，代表的是所謂的「高等心智」。這部分的心智與抽象能力或直覺有關。主宰第三宮和第六宮的水星負責蒐集事實，主宰第九宮的木星，則與賦予象徵意義的精神能力有關，也就是為一件特別或正在發生的事情，賦予意義和重要性。第三宮是蒐集事實，第九宮則是根據事實做出結論：將單一的事件整合納入到一個更大的架構內，或是把這些單獨的事件視為高層組織準則之下的必然結果。

如果將第三宮和第六宮比喻成負責分析和辨別的左腦，那麼第九宮（以及第十二宮）就與右腦的活動有關。右腦可以單憑幾條線就認定一個形狀。在心智活動的層面上，我們會將這些點連成一種圖案。右腦具有統合能力，會用一種圖像性的思考去觀察整體，發現完整的格局。正如美國趨勢作家瑪麗琳・弗格森（Marilyn Ferguson）所說的：「左腦就像拍快照，右腦則像是看電影。」[1]

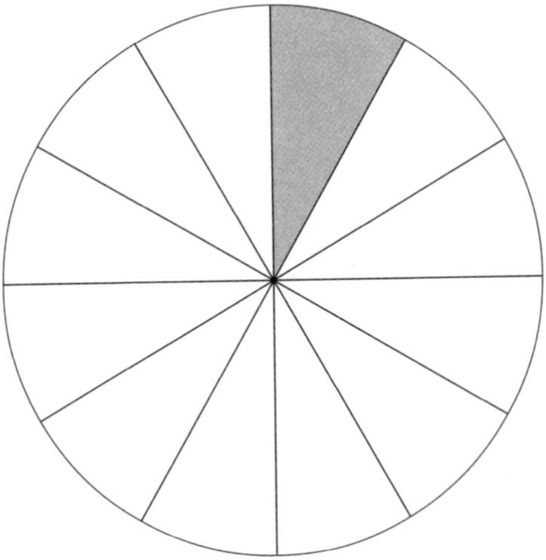

第九宮位

按照第九宮的角度去分析，每一件事情都有隱藏的意涵。例如，木星或金星落入第九宮的人相信每件事都是正向的、對自己有益的，好像有一種善良的「更高智慧」在引導著他們去展現人生。土星或魔羯座落入第九宮的人則可能比較無法看見事情的意義，或是容易賦予事情負面的意義。法國存在主義派哲學家兼作家卡謬（Albert Camus）就是土星雙子座落入第九宮：他相信世上的所有事物都不具有更深層或絕對的意義，一切都是人類所認定的。

第九宮的行星排列可以看出追求宗教和哲學的方式，暗示我們會相信哪一種神明，或是會用哪一種的哲學本質去解釋人生。例如，水星和雙子座落入第九宮的人，可能會試圖用理智去詮釋神明。雙魚座或海王星落入第九宮的人，則可能會透過真誠的奉獻、放下自我的方式來信奉神明。火星就可能用一種教條式、狂熱的態度去看待宗教。相較之下，金星對這些事情就比較有彈性，也比較具有包容性。我們也可以透過第九宮的行星和星座看出一個人心中的神明形象。土星或魔羯座落入第九宮的人，會認為神明很嚴厲，會懲罰世人，愛吹毛求疵又專制跋扈，人們必須不顧一切地順從神明的旨意。海王星或雙魚座落入第九宮的人，則會認為神明是憐憫又忠誠的，且寬大仁慈、能原諒一切。

第三宮代表了周遭的環境，透過觀察手邊的事物去發現真相。第九宮講的則是往後退一步的觀察，或是遠距離地看待人生，因此第九宮也與旅遊及長途旅行有關。從字面上解釋，旅遊指的是到其他地方和文化的旅程，我們當然也可以將它象徵性地解釋成心智或精神的旅程。一個人可以透過大量的閱讀來擴大眼界，或是透過靜坐和宇宙萬物的顯現來獲得洞見。當我們逐步地了解這一點之後，就可以藉由旅行或是與不同傳統和背景的人交流，來拓展自己的人生視野。某些文化的品味和風格可能很吸引我們，其他人卻興致不高，但我們也可能會對其他人感興趣的事情匆匆一瞥，不以為意。旅遊會讓一個人從不同的角度去看待世界。舉個例子，我在倫敦可能有一段複雜的關係，讓人困惑不確定，但若是在舊金山旅行時仔細考慮這段關係，這六千英哩的距離多少可以讓人看清事實，比起直接面對關係時來得清醒。第九宮的經驗縮影，有點像是當太空人重返地球大氣層時所看到的地球。我們一眼所見的是整個景象，而地球只是浩瀚太空中的一個星體。這樣的經驗一定會對一個人的日常生活及生活重心帶來改變。第一個環繞地球的美國太空人約翰・葛倫（John Glenn）就是海王星和木星落入第九宮。

第九宮的行星排列代表旅行經驗的原型法則，甚至可以看出我們會受到哪一種類型的文化吸引，以及該種類型文化的本質。例如，土星落入第九宮可能意味著旅行延誤或遭遇困難，或是為了現實的需求而旅行，像是為了工作或學習。美國尼克森總統時代的外交官亨利・季辛吉（Henry Kissinger）的第九宮落入摩羯座，主宰魔羯座的土星則落入主管外交的天秤座。如果冥王星或天蠍座落入第九宮，可能會在其他國家遇到一些徹底改變自我的經驗，或是會去具有強烈冥王星或天蠍座特質的國家。第一個飛往北極的海軍上將李察・柏德（Richard Byrd）就是具有創新特質的天王星落入第九宮。

如果我們回到與家庭相關的領域，則可以從第九宮的行星排列看出一個人與姻親的關係。從上升點開始算的第三宮指的是我們與自己親戚的關係，從下降點開始算的第三宮（意即第九宮）指的則是與姻親的關係。無論關係是和諧融洽或衝突不斷，都可以在這裡看出端倪。姻親可能會反映第九宮內的行星，或者我們會把該行星的特質投射到姻親身上。有些木星落入九宮的人看到的是一沙一世界，有些人卻會用同樣的觀點去理解岳母或婆婆。

第九宮描述了心智的旅行，同時也被稱為高等教育的宮位。我們可以從第九宮的行星排列看出一個人會傾向投入哪一種學術領域的研究，或是在大學階段的求學經驗。例如，海王星落入第九宮的人可能會唸藝術或音樂學位，但也可能意味著困惑，在選課的時候總是猶豫不決，或是在大學階段感到失望和幻滅。天王星在此的人可能會反抗傳統的高等教育體制，或是研究一些不尋常或剛興起的學問領域，或是成為第一個在七歲就拿到牛津學位的人。

第一宮代表「我是誰」，對面的第七宮則代表「我們是誰」。第二宮代表「我擁有什麼」，對面的第八宮則代表「我們擁有什麼」。依此類推，第三宮代表了「我認為」，第九宮代表的則是「我們認為」。第九宮指的是在集體的基礎上，有系統地歸納而成的思想結構。這不只包括之前提過的宗教、哲學及教育制度，同時也涵括法律制度及機構。第七宮指的通常是地方法院，第九宮則是高等法院，代表在眼前的這塊土地上，在最廣義的社會範疇內，管理個人行為的最高法律。在第三宮的階段，我們會透過與周遭環境的關係來認識自己，但到了第九宮的階段，探討的則是自己和集體眾生的關係。第九宮也跟出版業有關，在這個行業中，理念會被大規模地傳播。

傳統上，落入第十宮的行星與職業及工作有關。但按照法國統計學家古奎倫及其妻子（Michel and Francoise Gauquelin）的研究發現，第九宮中某些類型的行星排列，或多或少代表了一個人可以在與這些行星相關的行業中出人頭地。（相關討論請參閱第152頁）

在第三宮裡我們會看到眼前立即或直接發生的事情，但是在第九宮裡，我們不只能看到遠方的事，也可以看到「即將發生」的事。一個第九宮能量很強的人，通常有某種程度的不尋常直覺和先見之明，同時也具備了感受某人或某事發展方向的能力。第九宮會「融入」現況的脈動，也能很快地掌握大環境的潮流。科幻小說作家凡爾納（Jules Verne）具備參與並發現未來的卓越天分，他的天王星就落入第九宮。某種程度上，第九宮代表了先知和遠見，同時也代表公共關係，也就是為他人拓展新視野的推手。第九宮的能量可能展現在替顧客挑選「最適合渡假行程」的旅行社代理人身上；也可能是一位向你保證投資穩賺不賠的企業家；或者是市面上最新心靈科技的擁護者，保證只要一個周末就能開悟；也可能是大型比賽前對隊員精神訓話的教練；也可能是賽馬的預測家；或是發現下一位超級巨星的藝術、文學或戲劇經紀人。

在第八宮的階段中，我們挖掘過去，並且發掘天生原貌的殘存物，但是到了第九宮，則是放眼未來，著眼在那些還未發生的事情上面。根據第九宮的行星、星座或相關相位，我們可能會看到一個充滿希望與新許諾的未來，也可能會看到一個惡作劇的未來，彷彿在等待時機來臨，可以好好地惡整我們一番。不管是哪一種情形，第九宮都會充分印證聖凱薩琳（St Catherine）曾經發現的一件事：「通往天堂的道路就是天堂。」[2]

註釋

1. Ferguson, p. 82.
2. St Catherine cited in Ferguson, p. 108.

第十二章
天頂和第十宮位

在你登頂之前，不要衡量山有多高。登頂後你就會發現，這座山竟是如此地低。

——瑞典經濟學家道格・哈馬紹（Dag Hammarskjöld）

第十宮會落實第九宮的願景。按照四分儀宮位制，天頂是出生地的黃道與子午經圈交叉的最高點，而交會產生的角度就是第十宮的宮頭。天頂是本命盤中位置最高的地方。就象徵意義來看，第十宮的行星排列會比星盤中其他的所有宮位來得「凸顯」。任何在第十宮內的星座或行星特質，都代表我們最容易被看見、最容易受到讚賞的特質，也就是最「彰顯」的那一面。天底和第四宮（第十宮的對宮）代表的是私底下的面貌，也就是我們關起門來在家中的表現，而天頂和第十宮（與土星和魔羯座有關）代表的則是公開的行為舉止，希望呈現在世人面前的樣貌，也可以說是「登場亮相」時想要穿上的衣服。麗茲・格林將天頂和第十宮稱為「社交的速記簿」，簡明又扼要地解釋了我們最想要被他人看到的狀態，或是我們將會如何對外人描述自己。

為了與天頂突出的位置相互輝映，第十宮內的行星排列顯示了我們想要被欣賞、讚美、崇拜和尊敬的特質。我們會希望透過第十宮的星座和行星特質，獲得成就、榮耀與認同。第十宮的行星排列代表一個人最想要被他人記得的世俗貢獻。這是一個野心的宮位，而野心的背後隱藏了一種想要被認同、被尊重的急切渴望或衝動。古希臘人相信，如果你表現了極度尊貴或英勇的作為，獲得的回報就是變成天頂的一個星座，永恆地被世人遙望欣賞。聲望除了能獲得認同，也代表我們會永遠活在他人心中。對於每個深切恐懼生命有限的孤立個體而言，這種想法實在令人感到安慰。

我們可以從天頂的星座、第十宮內的行星，以及位於天頂旁第九宮內的行星（此為古奎倫的說法，詳見第152頁），看出小我對社會的貢獻，還有一個人的世俗地位。天頂星座的主宰行星及其落入的星座、宮位和相位，也會影響一個人的職業和工作。當然，星盤其他的宮位也會對職業影響甚鉅，例如第六宮、第二宮以及太陽的相位，因此我們必須仔細地評估整張本命盤，才能對他人的職業提出明智的建議。

在一些案例中，第十宮內的星座和行星，或是旁邊第九宮內的星座和行星，可以準確地解釋一個人的職業特質。例如，土星在此可能意味著當老師、法官或科學家；木星可能是當演員、哲學家或導遊；月亮則可能是職業保母或旅館老闆。奧地利作曲家舒伯特（Franz Schubert）就有與音樂相關的雙魚座在天頂，雙魚座的主宰行星海王星則落入代表創造性表達的第五宮。

我們若是用較為保守的方法來分析，天頂附近或第十宮內的行星排列並不能代表實際的職業，反而會顯示一個人追求志業的方式，或是處理和規劃工作的態度。土星在第十宮的法官會比較傾向於遵循法律條文，但天王星落入第十宮的法官，解讀的方法就可能比較個人化，時常不依慣例又出人意表。

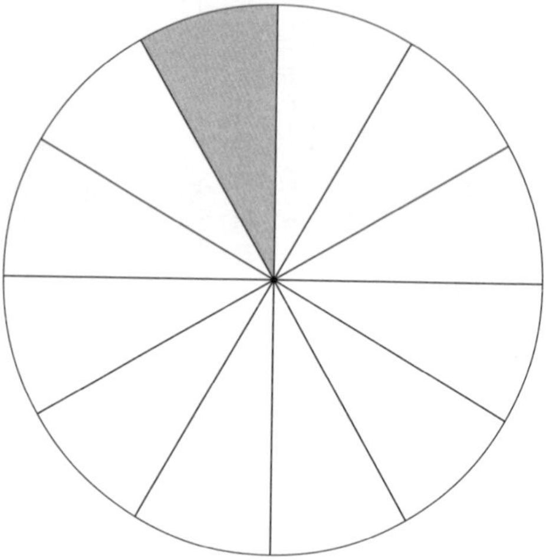

第十宮位

我們在追求志業時所展現的能量模式或過程遭遇，都可以從第十宮的行星排列看出大概。土星和魔羯座可能會忍辱負重地長時間工作，一步一步往上爬；火星和牡羊座可能帶有侵略性，對於第十宮的領域非常沒有耐心；海王星或雙魚座則會對自己在社會中的角色感到困惑和模糊。

第十宮也可以看出我們在他人眼中的形象和象徵意義。火星可能會被他人視為惡霸，或是勇氣和力量的極致表現；海王星可能被視為聖徒、殉道者、被外界打壓的提倡者或受害者；金星在此的人則可能象徵了時尚、品味或美麗。

如果第四宮指的是父親，第十宮就與母親有關了。打從我們一誕生，母親就代表了全世界。我們與母親建立的早期連結模式，可能會反映在往後與外在世界連結的關係中。換言之，母親與孩子的交流方式（可以從天頂或第十宮的行星排列看出），可能會在往後的人生發展中一再重複，變成一個人與社會或「外在」整體世界連結的方式。如果母親具有威脅或破壞性（例如冥王星在第十宮的困難相位），我們長大之後就會認為這個世界不太安全，然後試圖捍衛自己。如果我們曾經感受到母親的支持和幫助（第十宮的良好相位），便可能期待世界也會同樣地對待我們，這也就是美國發展心理學家艾瑞克・艾利克森（Erik Erikson）所說的**基本信任**。

我們如果把第十宮與母親（塑型的父母）及職業連想在一起，那麼與母親相處的經驗，或多或少就會影響職業的選擇。例如，火星在第十宮的母親可能非常堅持己見又武斷，小孩會對她暗懷怨恨和憤怒，並且會在成長過程中不停地企圖獲得具體的世俗成就或自主權。因為唯有如此，才不必像小時候一樣被母親「推著走」。早期與母親對抗的經驗，最後竟演變成與整個世界抗爭的模式。

有些時候，亟欲獲得母愛的慾望（藉此確保生存無虞）也會變成選擇職業的根據。例如，水星如果落入第十宮，母親便可能善於表達又聰慧。小孩只要覺得這些是母親重視且欣賞的特質，就會透過培養這些特質來獲得母親的愛和支持。我們會期許自己表現並發揮這些特質，藉此來獲得母親認同，所以在往後找工作的時候，也會把水星的特質列為重點。

在一些案例中，第十宮可能會變成一種與母親的競賽，這也會促使我們去追求某些特定的志業。如果金星落入第十宮，母親可能會被外界視為既迷人又漂亮，金星的特質顯然已經被投射在母親的身上。在這種情形下，小孩為了確保自己的金星特質，以後就會找一個可以被外界認為漂亮、優雅或是有品味的工作。

最簡單的解釋方法則是，無論我們喜歡與否，第十宮顯示的母親人格特質（或是父親），都會出現在自己身上。這是一種很複雜的情結，但第十宮內的行星排列時常可以點出母親「沒有活出」的人格特質，也就是母親在小孩成長期間，沒有帶著意識去展現或表達的特質。只有母親願意給自己機會去展現這些特質，我們才可能按照第十宮的行星和星座來描述母親可能的樣子。小孩常常可以敏銳地感受到母親的心理狀態或家中的氣氛，他們不僅可以感受到母親外顯的那一面，同時也可以感覺到母親壓抑或否認的那一面。小孩可能會因此動搖自我，只為了替母親「活出」陰暗面，讓母親活得更完整，或是因此獲得彌補。舉個例子，一個天王星落入第十宮的小孩，他的母親表面上可能非常傳統、刻板或壓抑，但內心卻隱藏著爆炸性的情緒，渴望空間、自由和「徹底解脫」。在某些方面，小孩會感受到母親沒有表達出來的天王星特質，然後就會在成長的過程中感覺到一股難以抑制的衝動，被迫去展現母親無法表達的特質。

第十宮內有許多行星的人通常都野心勃勃，渴望獲得賞識、地位和聲望。通常外界會給予男人較多的空間去追求這些慾望。第十宮很強的女人可能會找一個位高權重的伴侶，藉此在世界上佔有一席之地。這種方式當然是比較輕鬆，她甚至可能是伴侶功成名就背後的那隻推手。但她到最後可能會因為伴侶獲得的讚美勝過自己而感到生氣，然後就會有意無意地找法子懲罰他。依此類推，無論是父母之中的哪一方或是父母雙方都具有很強的第十宮，都可能會把自己未達成的成就或是未獲得賞識的渴求，轉移到小孩的身上。有些小孩可能會與這種投射合作，有些小孩則可能會反抗，最後與父母的期望背道而馳。

第十宮除了指出我們與母親（或是塑型的父母）的關係，也顯示了我們與所有權威人物的關係。我們在幼年時期被父母壓抑或虐待所產生的憤怒和傷害，經常會扭曲往後與其他權威人物相處的現實狀況。當然，反抗可能出自一個合理的原因。但按照化約論學者（reductionist）的說法，反抗的方式、態度和激烈程度往往受早期父母權威的遺毒所影響。我們並不是要貶抑或評斷那些反抗社會不公平現象的人，而是建議他們最好看一下自己本命盤的第十宮，以及其所代表的複雜心理情結。打老闆一拳或是對總統扔雞蛋，都是一種表達內在「憤怒的小孩」的方式，但即使改革已經迫在眉梢了，這仍然不是最有效的方法。

第十宮位居本命盤的最高點，就代表了我們必須運用自己的能力和才華去服務並影響社會，藉此獲得自我滿足，實踐個人的特長。有些人可以因為自己的優秀特長，而獲得大眾的掌聲和表揚。

第一宮到第十宮是一段漫長的旅程。在第一宮的階段裡，我們完全沒意識到自己是一個分離的個體，不知道自己是獨立的存在。到了第十宮，我們已經成長茁壯，也充分地「具體化」，不僅能更堅定具體地了解自己，並且也懂得尊重自己了。

第十三章
第十一宮位

傳說因陀羅的天堂遍佈珍珠，排列得完美無瑕。如果你仔細端詳其中一顆，就可見到其他珍珠的倒影。

——印度婆羅教箴言

我們從一個與眾生無關的獨立個體，逐步地獲得外界的認同，成為與眾不同的一個人。這就是從第一宮到第十宮的人生之路。現在我們已堅定地確立了自我，也獲得充分且適切的認同，那麼接下來呢？

第十一宮最深層的意義就是（與水瓶座以及其主宰行星土星、天王星有關）一種超越自我認同的嘗試，意圖變成一個更偉大的人。為了達成這個目的，最重要的就是要認同一種超越小我的事物，例如友誼，團體、信仰或是意識型態。

根據「整體系統論」（General Systems Theory），任何一個東西都必須先屬於系統的一部分，才能獲得認同。系統內的每一分子及其特性都會對整個系統產生作用。換言之，每一個人的行為表現都會影響到其他人，同時也會受到其他人的影響。在所謂「高度合作」的社會中，每一個人的目標都跟社會的需求一致。而在「低度合作」的社會中，一個人在滿足了自己的需求時，其所作所為並不需要合乎整體的利益。[1]我們可以根據第十一宮，看出自己如何扮演系統內的一分子。

為了符合第十一宮的雙主宰行星的意涵，我們可以用兩種截然不同的角度去解釋第十一宮所代表的團體意識概念。土星是代表透過屬於一個團體，尋找更多的保障以及堅定的自我認同，而無論是社會、民族、政治或是宗教團體，都可以加強自我的認同，讓我們感受到穩固的安全感。在某種程度上，這可以算是一種利用。換言之，除了自己，這世界上的一切都是為了累積或加強自我認同。有些人會過度強調必須擁有「正確的」朋友、必須被「正確地」關注、必須有「正確的」信仰，我們特別容易在這種人的身上[2]發現土星的特質。當一個團體受到其他團體的威脅時，例如黑人移居進入白人區，或是榮格主義者流傳至佛洛伊德派風行的社區，就會表現出土星隱藏在第十一宮的負面特性。

第十一宮的天王星法則代表的是不同時代及文化的精神導師、神祕主義者和先知們一再擁護的集體意識。這裡講的不是傳統的「我在這裡」「你在那裡」的自我範型。這裡談的是個人與眾生的一體性，意即我們是宇宙整體的一分子，與其他生命是相互依存的。近年來科學上的突破反映了眾生一體的神祕洞見，且闡明了宇宙萬物背後的關係網絡。舉些例子，英國量子物理學家大衛・博姆（David Bohm）提出一個理論，把宇宙視為「單一的整體，而其中分離獨立的個體都不具有基本功能」[3]。美國知名高能物理學家弗立喬夫・卡普拉（Fritjof Capra）在著作《物理之道》（*The Tao of Physics*）中，比較並研究了現代物理學和東方神祕主義學之間的異同。他的某些令人吃驚的主張，

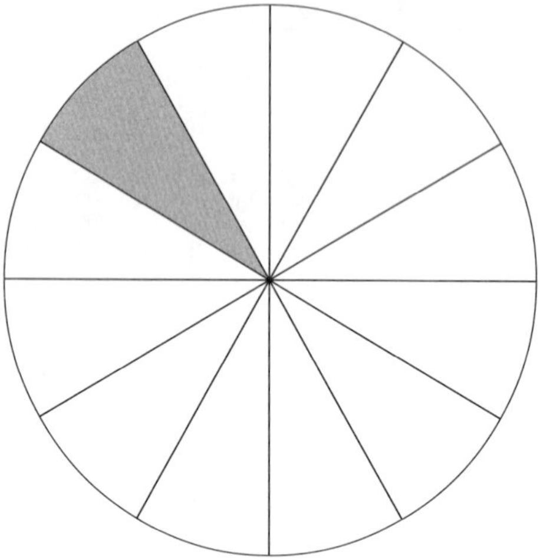

第十一宮位

使人無法論定這些關於生命本質的解讀，到底是來自現代科學家的觀點，還是東方神祕主義者的看法。4

英國植物學家魯伯特・謝瑞克（Rupert Sheldrake）近期提出的理論，與第十一宮特別有關，他認為生命體系會被無形的組織和型態掌控。一九二〇年代，哈佛大學研究人員威廉・麥克道格（William McDougall）研究老鼠需要多少時間，才能學會從一個灌水的迷宮中逃脫出來；同一時間，蘇格蘭和澳洲研究人員也進行相同的實驗，他們使用的老鼠血緣，與麥克道格培育的老鼠並不相同，但這些老鼠的行為表現，卻與麥克道格培育的最後一代老鼠毫無差異。這就意味著，即使在地球的另一端，這些老鼠在某種程度上還是能「學會」同一種技能。謝瑞克根據這些結果得出結論：如果一個物種學會了新的行為模式，這個物種的無形組織型態

（型態發生場）就會產生變化。擅長這種技能的老鼠，會讓千里之外的同類也能有同樣的表現，[5]所以萬物在深層底部都是根氣相通的。法國耶穌會牧師德日進的本命盤上有水星、木星和土星落入第十一宮。他曾說過的一句話為謝瑞克的理論做了最好的註解：「我們曾經見過真理，即使是單獨的個別心智，也終將影響人類的集體意識。」[6]

美國作家瑪麗琳・弗格森在《寶瓶同謀》（*The Aquarian Conspiracy*）一書中提到，「你無法了解一個細胞，一隻老鼠，一種大腦結構，一個家庭或是一種文化，除非你將其從因果脈絡中抽離出來」[7]。人本心理學創始者之一卡爾・羅傑斯（Carl Rogers）也曾說過，人越深入察覺自我的身分，就越能了解整體人類。我們的本體比「表皮膠囊的自我」更具資格，更應該獲得認同。由此看來，第十一宮發展的集體意識，不僅僅是為了強化或支持自我的身分而已。當我們意識到自己隸屬於一個事物或團體時，不僅有助於跨越自我獨立的限制和界線，也可以體驗到自我本是全人類的一分子。我們可以帶著這分認知，與同住在地球上的人們共同發展出一種兄弟姐妹的情誼，這種連結遠超越家庭、國家或教堂的義務性關聯。

「甦醒再生」（Syntropy）指的是生命的能量會朝著更深廣的連結、溝通、合作和認知邁進，而這就是第十一宮的中心準則。當我們自視為分離且獨立的個體時，就會聽到一種召喚，敦促自我與之前脫離的母體重新產生連結。這就像把自己融入活細胞中，而活細胞又會組合成複合細胞；這就像是在某些階段人類會團結起來，組成一個全球性的超級有機體（global super-organism）一樣。從土星的層面來分析，地球上生物的依存和連結會變得日益密切，而傳播科技也大幅地促進了全球交流的速度。加拿大思想家馬歇爾・麥克魯漢（Marshall McLuhan）的「地球村」（global village）概念幾乎已經成真。跨國企業集團已經將全球經濟緊密地連結在一起。任何一個國家的貨幣系統瓦解，都會在其他國家造成恐怖的連鎖效應。隔離主義和國家主義已不復存。從另外一種層面來分析，小型集團、網絡、運動和贊助制度如雨後春筍般地出現，這也將人們聚集在一起，發起共同的理想。簡單地說，當我們這個個體進化並改變之際，整體的人性也會成長和演化。我們如何參與、如何達成集體「自我」的進化和發展，這些都可以從第十一宮找到答案。

在第五宮的階段我們將能量運用在與他人的區隔之上，來加強自我的價值感與獨特性；到了第十一宮的階段，則是將能量運用在提升並實踐對於團體的認同，以達成團體的目的和理想，無論這個團體是以種族為基礎，或是依照任何特定的分類而組成的。在第五宮，我們所做的事情都是為了自己，但是到了十一宮的階段，則可能會妥協或放棄珍貴的個人主張、偏好和風格，改而支持團體所認定的最佳選擇。

社會意識是第十一宮的主軸，而社會（第十宮）則是建立在特定的法律和原則（第九宮）之上。法律和社會容易變得具體又浮誇，其中一定會有某些人因為制度受益，有些人則遭到迫害。感覺被現存法令忽略或離棄的團體可能會尋求改革，這也與第十一宮有關。通常第十一宮很強的人會從事人道主義的工作，或是參與政治團體，藉以達成某些必要的社會改革。我們時常會看到第十一宮很強的人奔走於不同的社交活動中，例如這個禮拜參加皇家賽馬會，下個禮拜去溫布頓中央球場看網球，中間花上一整天的時間去亨雷看帆船比賽，然後再去格林德波恩聽歌劇。

第十一宮也可以看出我們會受哪一種團體吸引。例如，海王星可能對音樂社團、宗教或心理團體有興趣；天王星可能會參加占星團體；而火星則可能會參加地方的橄欖球社團。第十一宮的星座和行星除了可以顯示所屬社團的特質，更可以看出社交的方式，或是與團體互動的情形。第十一宮有太陽或是獅子座的人可能必須當個領導者，從參與的團體中獲得正面的自我價值及認同。水星或雙子座落入第十一宮的人則可能會變成團體的祕書，或是機智健談的發言人。月亮或巨蟹座落入第十一宮的人不僅會為大家泡茶，還可能會樂於提供自己的家，作為大家的聚會地點。第十一宮也可以看出我們在團體中是否能覺得自在。金星或天秤座在此可能很容易融入團體，也會透過加入一個團體而結交許多朋友。土星或是魔羯座在團體中則會比較保留，與其他人相處時也比較容易感覺沉悶或笨拙。在倫敦藝術圈中頗具名望的奧斯卡・王爾德（Oscar Wilde）就是月亮落入第十一宮，宮頭星座是獅子座。納粹官方宣導者保羅・約瑟夫・戈培爾（Paul Joseph Goebbels）操控大眾傳播和媒體，則有雙子座的冥王星和海王星合相，落入第十一宮。

友誼十分符合第十一宮的理想，因為我們可以透過友誼更加茁壯。人們透過友誼產生連結，擴張了個人的界線，並且把自己與他人的需求和資源結合。我們會把新的概念和利益介紹給朋友，同時也可以透過朋友的分享擴大視野。

第十一宮的行星和星座可以看出我們會被哪一種朋友吸引。例如，火星在十一宮的人可能會被具有戰神特質的人吸引，容易跟活力十足、有魄力又直接了當的人交朋友。但是第十一宮的行星排列也代表我們會「捨棄」，並向外投射自我特質，意即是我們會透過朋友從外在去體驗這些特質。如果火星落入第十一宮的人沒有培養出自己的「火星」特質，缺乏「立即行動」的精神，他的朋友便可能提供這種能量，刺激他並催促他去採取行動。他甚至可能會神奇地激起親近的好友去展現這些特質，但這些人與其他人相處卻可能是比較溫和又內向的。

第十一宮也可以看出我們交朋友的方式。火星在此可能會衝動地一拍即合，而土星就可能會比較笨拙、害羞或謹慎。我們在友誼中會如何自處？而友誼又會激發我們的哪一種能量？這些都可以從第十一宮的行星排列找到答案。金星在第十一宮的人可能很容易交朋友，但卻是君子之交淡如水（雖然他會期待朋友能活出更高的理想）。冥王星在此則代表緊張或複雜的關係，可以讓我們從友誼中獲得明顯的轉化，也可能發生背叛和陰謀等情節。

靈魂發展到了第十一宮的階段，會想要超越或轉移目前的自我形象和模式，同時渴望自己更加完美，也會渴望一個更理想的社會。因此，第十一宮也被認為是希望、理想、願望和目標的宮位。我們若想要變成一個更偉大的人，就必須去想像一些嶄新的可能性，才能達成這個目標。人類的腦容量大於其他物種，已進化的大腦皮層讓我們有能力去想像各種不同的替代方法、選擇和結果。第十一宮的行星排列可以看出我們如何去想像一種可能性，如何去解讀希望和理想。例如，土星落入十一宮的人可能很難對未來有正面的想像，或是當他好不容易要落實理想和目標時，就會遇到阻撓、延誤或挫折；火星在此的人則會設定目標，然後衝動地勇往直前；海王星落入第十一宮的人則可能會很迷惑自己到底想要什麼，或是幻想一些不切實際的目標，老是做白日夢。依此看來，我們最好謹記在心，如果越能清楚地想像一種可能性，就越能將它落實。對於未來懷抱著正面又積極的願景，將有助於我們朝著更正面的方向前進。

進化會深化一件事情的複雜性，同時提升組織性和連結的層次。在第一個風象宮位（第三宮）中，我們透過語言，擁有分辨主體和客體的能力，並且透過與周遭人的互動來培養並發展自我的心智。在第二個風象宮位（第七宮）中，則是透過與另一個人在意識上的緊密結合，來發展自我的身分認同。我們在第三宮學會了分辨主體和客體，到了第七宮時則會與其他人正面交鋒。在最後一個風象宮位（第十一宮）的階段，個人的心智不僅會跟關係密切的人產生連結，更會與全人類的心智產生關聯。第十一宮的行星會激化一個人的集體願景和理想。有時甲在舊金山，乙在倫敦，丙在日本，他們三個人可能會在同一個時間點，同時在腦海中「閃現」一種與眾不同的想法，這種情形並不令人驚訝。在第十一宮的階段，我們發現自己不僅與家庭、朋友、國家或所愛的人有關，更與全人類息息相連。

註釋

1. Russell, p. 13.
2. Russell, pp.106-7.
3. Russell, p. 127.
4. Capra, p.17.
5. Russell, pp. 174-5.
6. Pierre Teilhard de Chardin cited in Ferguson, p. 52.
7. Russell, p. 82.

第十四章
第十二宮位

若心門清淨無塵，所見萬物都是無限。

——十八世紀英國浪漫派詩人威廉・布萊克（William Blake）

打從第一宮的階段開始，我們從浩瀚無垠、萬物一體的生命網絡中誕生，一步一步地活出自我，成長茁壯。但到了第十一宮，當我們終於明瞭宇宙萬物其實是息息相連的，牽一髮動全身，就會開始質疑自己與其他人是否真的有所不同。神祕學者和科學家都認為，我們並不是遺世獨立的個體，其實會與其他人相互影響。萬物的心靈都是相通一氣的，自我也會直接受到其他人的左右和影響，我們很快就會拋開自我隔離的想法，取而代之的是一種疆界延伸的自我。在第十二宮的階段，我們會透過心靈與靈魂而非智力或理智，感受到自我意識的消融，同時也會體驗與自我及超越小我的事物融合的過程。或許就如英國戲劇家克里斯多福・佛萊（Christopher Fry）所說的：「人的靈魂可以延伸至神的國度。」

詩人華特・德拉梅爾（Walter de la Mare）曾經寫到：「我們的夢想就是黯淡伊甸園的傳說。」從最深的層面來分析，與雙魚座和海王星有關的第十二宮，代表了每一個人心中的消融慾望。我們會渴望回到融合無界的生命源頭，回到本體的最初狀態。佛洛伊德、榮格、皮亞傑（Piaget）、克萊恩等現代心理學家都同意，嬰兒最初期的意識結構是前主體／客體（Pre-Subject／Object），對於時空的界線是渾然不知的。早期的記憶會留下最深刻的印記。每個人在內心深處都十分清楚一點，意即最內在的本質是浩瀚無邊又亙古不滅的。我們最深層的渴求就是重新發現本質的完整性。從化約論學者的觀點來看，我們會渴望與已經失連的完整本體重新產生連結，就像要退回到出生之前的狀態；但是從靈性的層面來分析，這是一種試圖與自我根源產生連結的神祕渴望，意圖在超脫個人層面的次元中獲得一種歸屬感。這有點像神聖的思鄉症。[1]

乍聽之下，重返生命源頭是一種令人心醉神迷又寧靜、和平的狀態，但是我們會抗拒這種渴望，因為在內心深處仍然想保有自我，也害怕自我會因此消融。我們如此努力才讓小我在生命中贏得一席之地，為何要放棄呢？第十二宮與雙魚座有關，它的符號就像兩條魚朝相反的方向游去。人類在此會面臨一種基本的兩難抉擇，面臨到對立兩端的拉扯。每一個人都想要擺脫這種隔離感，轉化自己的孤獨，但又害怕會因此失去獨立的自我，恐懼自我會因而瓦解。[2]這種存在性的兩難：一方面渴望著整體，但又因為害怕而抗拒，就是第十二宮的主要議題。

自我意識的消融是如此地令人懼怕，所以人們會尋求其他的方法，來滿足自我轉化的渴望。其中一種方法就是透過性和愛，重新與整體產生連結，其背後的意涵就是：「如果我被愛、被擁抱或是被融入，就可以超越孤獨。」另一種手段則是透過權力和聲望，重溫無所不能又無所不在的全能感受，其背後的意涵就是：「如果我能擴張影響力的範圍，芸芸眾生就與我有所關聯了。」至於耽溺

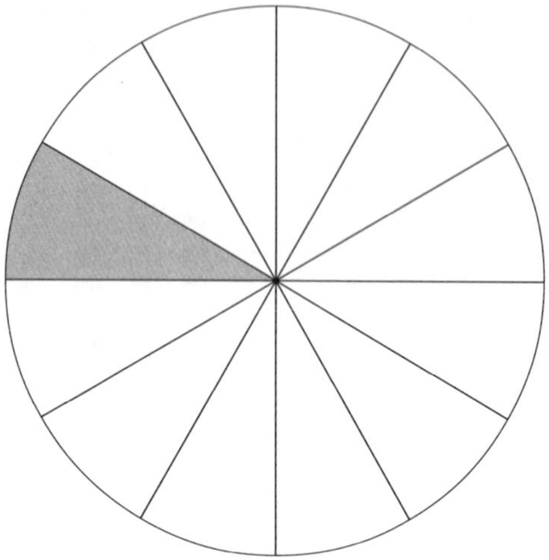

第十二宮位

於酒精和藥物，則是另一種打破窠臼疆界的手段。自殺衝動以及各種自殘行為也經常以「意圖重返更愉悅的無我狀態」作為藉口。有些人則可能直接透過冥想、禱告或奉獻於神等方式進行自我轉化。第十二宮與這些議題都有關係。

無論透過任何手段，第十二宮都是要「瓦解」、吞噬、吸收或是擴張自我意識。第十二宮講的是放下「我在此」「你在彼」的概念，也就是要模糊我們與他人間的界線。因此，第十二宮很強的人很難有清楚的自我認知，他們總是受到周遭的人事物左右，有些人還可能會誇張地扭曲自我的身分認同。他們除了犧牲自我，藉此與神祕或靈性的事物合為一體，還會試圖讓自己擁有這種靈性特質。有些人不會去接近神，反而會試著扮演神的角色。這種自我膨脹心態就是美國人本主義心理學家亞布拉罕・馬斯洛（Abraham

Maslow）所稱的「對高層意識的旁敲側擊」（higher-sidetracking）。

第十二宮會帶來一種對於自我的困惑感，這會讓我們缺乏具體的人生目標。在某種程度上，我們會感覺既然萬物皆是一體的，那還有何差異呢？一旦我們確立了自我，開始為生命鋪陳架構，總會突然感覺被釜底抽薪，再度陷入渾沌又無知的狀態；一旦我們覺得掌握了某種可以讓「自我」意識依靠的事物，它又會神奇地消失不見。整合萬物或是探索個人極限的能力，都會臣服於一股偉大的消融力量之下，而我們幾乎是無力可施，只能夠俯首稱臣。

人我之間的模糊界線，不僅讓我們看不清楚自己的起點，也無法認清其他人的終點，但這種困惑會讓我們對其他人產生更深層的憐憫和同情。有些第十二宮很強的人無法負荷周遭的苦難，往往會逃避或遠離這個世界。也有些人會感覺痛苦「就在那裡」，自然會找出紓解痛苦的方法。無論程度如何，第十二宮講的就是「承擔他人的慾望和理想」的幫手、「調停者」（fixer）、拯救者、殉道者或是救世主。

犧牲（sacrifice）這個字的原意是「神聖化」，意即把一件物品獻給神明或更高層次的力量，就可以讓那件物品變得神聖。綜觀第十二宮蘊含的所有層次的意義，我們就會發現人類是透過自我犧牲，或是將自己獻給更高層次的力量而獲得救贖。這是一種不變的真理，因此在某種程度上，我們必須放棄自主能力，才能夠與無所不在的全體結合為一體，也才能透過犧牲和痛苦來放下自我，產生更多的憐憫和精神上的覺知。我們很容易將痛苦的價值和犧牲的本質，扭曲成「我必須受苦才能找到神」或是「我必須放棄所有滿足自我的事物」。然而，或許並不是那些事物必須被犧牲，而是我們需要與它們產生「連結」。我們一旦從關係、擁有、意識型態或信仰中建立了自我意識或成就感，就會與深層、基本或疆界消弭的本質失去聯繫。

有些人會努力追求第十一宮的夢想和願望，但是到了十二宮的階段又會發現一種更完整的快樂，而覺得自己被愚弄了。他們會發現之前的那些能夠為自己帶來極大滿足感的事物根本就不夠，也無法代表一切。有一句羅馬諺語說：「有什麼能夠與永恆相比呢？」而第十二宮也會不斷地提醒我們，所有的快樂都渴望永恆。

按照傳統，第十二宮（與其他的水象宮位，意即第四宮和第八宮）揭露了意識察覺下的模式、慾望、衝動和強迫力，這些東西都會明顯地影響人生的選擇、態度和方向。那些深藏在無意識記憶和過往經驗中的東西，不僅會影響我們看待世界的方式，也會影響我們面對世界的態度，但這些影響力到底能追溯至多久以前？

在某些情形下，第十二宮內的行星和星座可能與心理學家所謂的「臍帶效應」（the umbilical effect）有關。根據這個概念，培育中的胚胎不只會接受母親所吸收的物質，也會受到母親懷孕時的心理狀態影響。母親的態度和經驗會透過臍帶傳達給子宮內的胎兒。我們可以從第十二宮的行星排列看出母親「傳給」胎兒的本質。如果冥王星在此，母親懷孕的時候可能會歷經傷痛，而小孩一生下來就會具備一種對生命的危機意識，不停地覺得厄運即將來臨。這種態度並非源自任何有意識的記憶，而是對於人生的一種模糊看法。舉個例子，我最近遇見一個案例是一位長腦瘤的孕婦。她的女兒誕生時，本命盤上的冥王星落入第十二宮，而她在產下女兒不久之後就撒手人寰。

如果我們往前追溯，在子宮之前到底還有些什麼經驗？許多占星家把第十二宮稱為「業力宮」（house of Karma）。輪迴論者（Reincarnationist）相信，人類永恆不死的靈魂都在邁向完美的旅程中，最後都會重返無法在短暫一生中到達的源頭。人生旅途每一個階段的遭遇，都是由明確的法則而非機會所決定。我們的每一次重生都會帶著過去世的經驗成果，也會帶來這一世發展的潛能，而前世所設定的目標都會影響今生的遭遇。靈魂之所以會選擇特定的時間降臨人間，是因為那一刻的本命盤型態符合這一世成長所需的經驗。依此看來，整張本命盤顯示了我們的業，包括過去世累積的結果，以及需要在這一世覺醒的東西。更清楚的說法是，第十二宮顯示出我們從過去世「帶來」的東西，而這些東西往往會以福報或業障呈現出來，影響著我們的一生。

第十二宮的困難相位代表我們在過去世濫用的或能量所導致的缺失，所以必須在這一世學會如何明智地善用它。這十二宮的良好相位則暗示著可以在這一世妥善利用的累世特質，也就是我們在過去世做完「功課」的成果。根據這個理論，有些占星家會把第十二宮稱為「自我承擔」或「自我毀滅」的宮位。例如，火星或牡羊座落入第十二宮，過去世的問題就是自私、衝動或魯莽，如果這一世還是不脫舊習，人生就可能會更加地「沉淪」。從另一個角度來看，火星如果落入第十二宮，而且相位良好，就代表在過去世已經學會勇氣、力量和直率等火星的正面特質，同時在這一世還保有這些特質，可以在經歷危機時恰如其分地將這些特質發揮出來。第十二宮的複雜相位也代表行星的影響力或能量是懸而未決的，考驗著我們如何去面對和處理。如果能夠善用這股能量，就可以獲得回報；如果失控地濫用這些容易產生問題的行星或星座能量，後果可能就會十分嚴重。

無論是「臍帶效應」、業力或輪迴的理論，第十二宮的行星排列都代表那些記憶模糊，或是看不清楚的因果源頭會對我們造成什麼樣的影響。透過水象的第四宮我們繼承或保留了祖先的過去遺產。到了第十二宮的階段，我們可能會接受更大量的遺產或記憶，也就是榮格所稱的集體無意識

（collective unconscious），亦即全人類的集體記憶。榮格將集體無意識定義成「每個獨立靈魂的先決條件，就如大海是每波海浪的載具。」[3]如同第十二宮所顯示的，每一個人或多或少都與過去相連，帶有超越個人所知的經驗紀錄。

除了過去的殘存物，集體無意識就像是一個倉庫，儲存了許多有待開發的潛能。美國製片家柯林・威爾森（Colin Wilson）曾寫到：「集體無意識不只涵括了一個人的所有過去，也包括他的未來。」[4]無意識不只是壓抑了隱藏的想法、衝動或願望的殘餘物，同時也是一種「理解與經驗潛能」的根源，代表一種個人尚未接觸過的根源。[5]換言之，第十二宮不只包含我們的過去，也包含了未來。

某些第十二宮有相位的人會擔任調停者或媒介者，傳遞集體無意識的宇宙神祕原型意象。依照程度的不同，藝術家、作家、作曲家、演員、宗教領袖、治療者、神祕主義者或現代先知都屬於這一類人，他們會透過自己已經「轉換」成的模樣，變成鼓舞或驅動他人的工具。他們會彈奏絲絲入扣的旋律，與我們的內心深處產生共鳴，藉此以分享他們的經驗。無數有第十二宮相位的案例都證明了這個現象：古典音樂學家克勞帝・德布西（Claude Debussy）就有象徵美感的金星在獅子座落入第十二宮。畫家威廉・布萊克（William Blake）則富有想像力、易感的月亮在巨蟹座落入第十二宮；掀起浪漫主義運動的詩人拜倫（Byron），其文字、韻律及風格既詼諧又直率，則是木星在雙子座落入第十二宮；法籍古生物學家德日進，則是太陽、海王星、金星、冥王星和月亮都落入十二宮。這些都只是少數的幾個例子。

第十二宮的能量不僅是用在滿足個人的目標，我們很可能會為了其他人展現第十二宮的準則，而非為了自己。舉個例子，火星落入第十二宮意味著我們可能會為了其他人而戰鬥。換言之，我們會送出自己的火星，或是把火星「提供給他人使用」。水星在十二宮則可能說出其他人的想法，或是擔任其他人的發言人。

有些人則會透過第十二宮的安排，過著一種「象徵性的生活」，這些人個人的人生議題經常會反映出集體的潮流和困境。舉個例子，太陽天秤座落入第十二宮的甘地（Mohandes Gandhi），變成了數百萬人心中和平共存原則的化身。希特勒（Hitler）的天王星落入十二宮，讓他格外能接收到當時的意識型態。詩人歌手巴布・狄倫（Bob Dylan）第十二宮的宮頭星座是射手座，而主宰行星木星落入第五宮，這代表著創作和表達。他的音樂不僅能讓人朗朗上口，還掀起了一九六〇年代的反文化潮流。一位天王星巨蟹座落入第十二宮的黑人女性在英國出生成長，當地幾乎都是白種人。她為了融入當地的生活，不僅得處理自己的難題，還必須為其他黑人的理想抗爭。

第十二宮也常被稱為「祕密敵人」和「幕後活動」的宮位。這很容易從字面上解釋，意即有人在背後算計或對付著我們。然而，第十二宮其實與自身隱藏的弱點或力量有關，這些弱點和力量可能會破壞我們對顯意識目標的認知。簡單地說，第十二宮所展現的無意識慾望和衝動，往往會阻礙顯意識想達到的成就。舉個例子，一位月亮和金星落入第七宮的男士，照理說在親密關係中會極度渴望與另一個人緊密結合，但如果他的天王星落在第十二宮，就代表他在無意識裡可能強烈地想要自由和獨立，因此而犧牲了建立關係的念頭。整體而言，如果拿顯意識的目標和無意識的目標做個比較，通常都是無意識的目標勝出。在這個例子中，這位男士可能會一再地愛上那些沒有婚姻的自由女性，或是基於某種原因，對方不想回應他的追求。如此一來，保持獨立（天王星落十二宮）的無意識慾望仍舊是贏家，遠勝過顯意識的需求。如果我們意識到了內在的衝動，只要自己願意，便可以做些規劃和改變。如果我們沒有意識到某些模式和慾望，這些東西就可能會操控我們。沒有意識到的東西經常會從背後出現，帶給我們迎頭痛擊。因此，當我們費盡千辛萬苦、有意識地去追求一個目標，卻總是遭遇層層阻擾時，不妨看看自己的第十二宮，就可以找到答案。

討論至此，我們可以聯想到一些符合第十二宮內涵的機構。第十二宮代表隱藏的或背後的事物，就像是醫院和監獄。就某種意義而言，這些地方「保護」了一些人，讓他們可以遠離社會。第十二宮有困難相位的人可能會在某些生命的壓力下崩潰，或在某些強大的無意識情結突然浮現時變成受害者，導致他們需要被照顧或是被控制。有些人還會被認為有害於全人類，因此遭到「處置」。無論是哪一種情形，冥冥之中都有一股高層的權威意志在支配著他們，這股意志會符合第十二宮的原則，讓他們屈服於超越小我的力量之下。有些時候，一個人為了重新建立身體與心靈的平衡，必須住進醫院接受治療或是暫時地脫離現實，因為這個過程可以讓一個人再次變得完整，而這也是十二宮的另一個法則。我們也可以從第十二宮看出孤兒院、收容所或殘障之家的經驗。

我們時常看到第十二宮有相位的人會在上述的機構中工作，他們會替比自己不幸的人服務，這就落實了第十二宮代表的同情和憐憫。教堂、各種慈善組織或修道院生活則是另一種領域，有些人會在這些領域中感受到一種召喚，自覺必須把一生獻給神或眾人的福祉。輪迴論者相信，這類的善行和服務可以清除過去世的「業障」。

我們在前面曾經提到，第十二宮代表著一種管道，讓我們可以接觸到世代相傳的集體經驗的紀錄。因此儲存紀錄的看守者，例如在博物館和圖書館工作的人，通常都有第十二宮的相位。

談到十二宮，我們必須再提一次古奎倫夫婦[6]的研究。他們分析成功運動員的職業生涯時，時常會在他們的本命盤上發現火星落入第十二宮。科學家或醫生的土星、作家的月亮，以及演員的木星也經常落入第十二宮。根據他們的研究，落入第十二宮的行星（某種程度上還包括第九宮、第六宮和第三宮）會顯著地影響一個人的性格和職業的性質。這一種論點可能會讓很多占星家感到驚訝，因為一般都認為這些是與第一宮或第十宮有關。

但是按照我們對於第十二宮的理解，古奎倫夫婦的看法真的很奇怪嗎？如果我們感受到一股驅力，覺得自己必須將第十二宮的安排「分送」給其他人，就很可能會根據第十二宮的安排去開創事業。同樣地，如果第十二宮點出了我們在集體氛圍中比較容易感受到的能量，那麼我們很有可能在性格或表達方式上，反映出這些能量。就像運動員可以感受到領先勝出（火星）的集體渴望，作家也能融入集體的想像力（月亮）之中，科學家則可以滿足分類和建構（土星）的集體需求。

既然第十二宮指的是與精神、神性的事物重新產生連結，人們就可以把第十二宮內的行星視為邁向偉大或超越自我的關鍵所在，一個人也會很自然地想要發展這些特質。在某種程度上，人們認為只有透過極致展現了第十二宮的準則，才能打開通往天堂的大門。每一個人都深切地渴望著完整和不朽，也就是這股驅力促使我們透過十二宮的行星來獲得成就。

對於某些人而言，第十二宮強調的是缺乏清楚的身分、模糊不清、沒有方向的生活、犧牲、被無意識的驅力和四周隱藏的氛圍征服的經驗，以及對痛苦和自我犧牲抱持扭曲的價值觀。然而，第十二宮的另一種概念則是，放下孤立的自我感受，同時勾起最真誠的憐憫和同情、無私的服務以及藝術靈感，最後就能夠與更偉大的整體結合。

在第十一宮的階段，我們將人類的和諧與連結理論化，同時可以在第十一宮的法則中証實這一點。到了第十二宮，我們會直接透過身上的每一個細胞，感受自我與宇宙萬物之間的神祕關聯。萬物的存在都有如身體的一部位，也都是我們的一部分。一旦我們產生這種覺知，就很難去隨意傷害他人，因為這就像切掉自己的手指一樣痛苦。相反地，我們也會覺得只要滿足了自己的福利，最後也會給全人類帶來利益。

有一則古老的故事可以展現第十二宮的正面特質。有一個人獲准去參觀地獄和天堂。他先在地獄看到一群人圍著一張長桌坐下，桌上放滿了豐盛的美味佳餚，但這些人看起來飢腸轆轆又悲慘。他馬上發現，這些人之所以會如此悲慘，是因為桌上的湯匙和叉子都比他們的手臂還長，因此他們無法把食物送入口中，大快朵頤一番。之後他又去了天堂瞧瞧。他發現那裡有同樣的一張長桌子，餐具也一樣地過長。但是在天堂，每個人都用自己的湯匙或叉子餵食別人。所以大家都飽餐一頓，和樂融融。

我們的內在都有一種與萬物融合的本質。我們必須去體驗、承認、尊敬這一種本質，並且與它產生連結，這樣才不會**完全失去**自我的身分及獨特感。最後的竅門就是，悠游在十二宮的浩瀚大海中，但又不會淹死。

我們從宇宙生命的母體中誕生，建立了自我意識，最後終於發現自我其實與萬物本為一體。無論我們是有意識地或無意識地透過第十二宮，體驗到一種更偉大的整體性，肉體都會死去且分解。當生命凋零的時候，肉體的獨立存在感也就消失了，而我們會用某一種方式回到出發時的集體基礎。所有存在於起點的事物，到結束的時候都不會消失。我們會重新回到上升點，再度展開新一回合的生命輪迴。

註釋

1. Ken Wilber, *Up From Eden*, Routledge and Kegan Paul, London, 1983, pp.25-6. See also Dianne Binnington, *The House of Dilemma*, Snowhite Imprints, Bristol, England, 1981.
2. Wilber, *Up From Eden*, pp.13-5.
3. Jung cited in Ferrucci, *What We May Be*, Turnstone Press, Wellingborough, Northamptonshire, England, 1982, p. 44.
4. Colin Wilson, *The Philosopher's Stone*, Warner Paperback Library, New York, 1974, p. 7.
5. Rollo May cited in Yalom, p. 278.
6. Michel Gauquelin, *The Truth About Astrology*, Htchinson, London, 1984, p. 30.

第十五章
宮位的劃分

在你所遭遇的奇蹟中尋找一些可以度量的成分，然後探索這些成分之間的關係。

——阿弗烈·諾夫·懷海德（Alfred North Whitehead）

《科學及現代世界》（*Science and the Modern World*）

我們可以用不同的名義將十二個宮位分門別類。這些分類不僅能夠豐富宮位的意涵，也以讓我們更加了解每一個宮位或是其所代表的生命領域，並且探索每一個宮位之間的關係。

半球和象限

地平線將本命盤分成上（南半球）和下（北半球）的兩個部分。地平線以下的宮位（一至六宮）與個人和本體的發展有直接關聯，也代表了面對人生必須具備的基本條件，因此第一宮到第六宮通常被稱為**個人宮位**。

地平線以上的宮位（七至十二宮）強調的則是人我之間的互動。以親密的一對一關係為基礎，進而將社會視為一個整體，最後再和宇宙萬物產生連結，所以第七宮到第十二宮通常被稱為**集體宮位**（參見圖5）。

子午線橫越過地平線，將地平線一分為二，這就衍生出另一種星盤宮位制：**四分儀宮位制**（Four Quadrants）（參見圖6）。

在**第一象限**（第一宮至第三宮）的階段，個人開始發展成一個與眾不同的個體。我們會嘗試著將自我（第一宮）、身體和資源（第二宮）、心智（第三宮）以及宇宙眾生有所區隔，藉此建立獨立的自我意識。

在**第二象限**（第四宮至第六宮）的階段，我們展現已經與萬物有所區隔的自我，同時讓自我更加精微化。到第四宮的階段，我們在家族背景和祖先遺產的薰陶下更加地確立自我，而第四宮就有如一把尺規，我們會以此為基準進入第五宮的階段。在第五宮的階段開始向外表達「自我」，接下來就會讓個人獨特的本質、技能和能力更加明確和精微，一步步地趨近於完美（第六宮）。

在**第三象限**（第七宮至第九宮）的階段，個人會透過人我關係來發展覺察力。在第七宮，我們與他人會在現實層面產生密切的關聯。第八宮則是透過與另一個人的親密結合，瓦解個人的自我意識。而在接下來的第九宮階段，我們會擴張自我的意識，再一次地覺醒，並且重新定位自己。

在**第四象限**（第十至第十二宮）的階段，最重要的課題就是延伸或超越自我的界線，然後將他人納入小我的世界中。一個人的社會角色會展現在第十宮。而在第十一宮的階段，我們會去探索各種不同的群體意識。第十二宮的功課則是追尋靈性的自我，意即自我和宇宙眾生之間的關係。

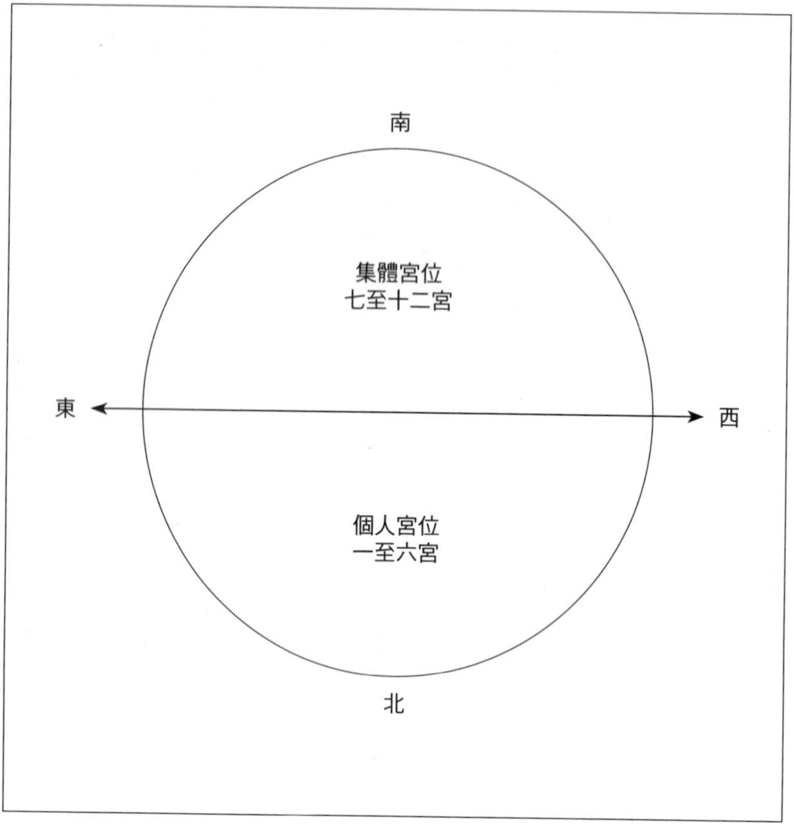

圖 5　個人宮位—集體宮位

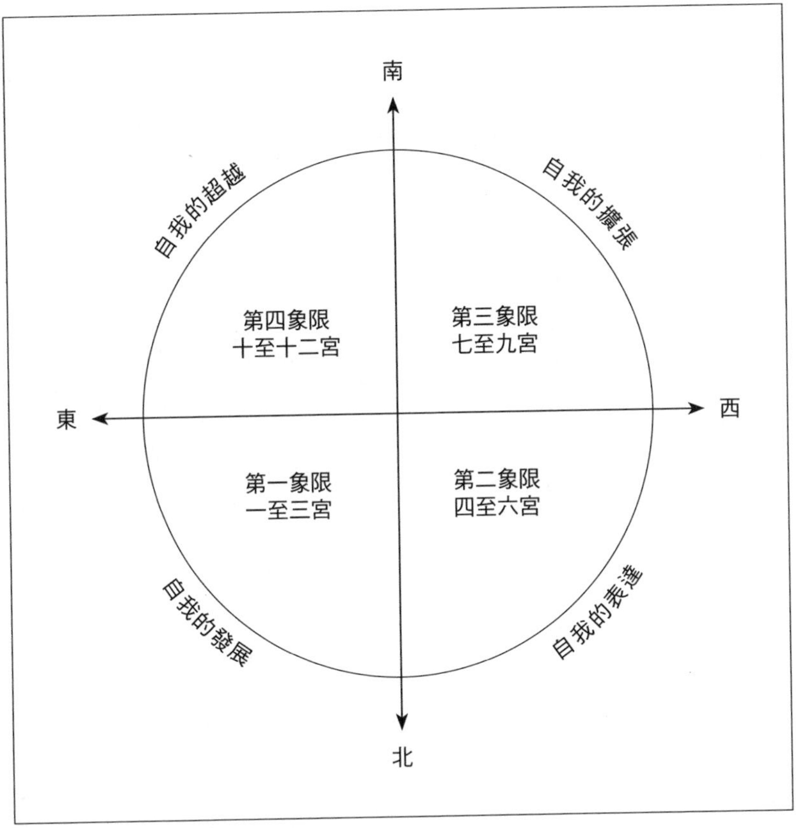
南
自我的超越
自我的擴張
第四象限
十至十二宮
第三象限
七至九宮
東
西
第一象限
一至三宮
第二象限
四至六宮
自我的發展
自我的表達
北

圖 6　四分儀宮位制

按照象限劃分宮位的方法，十分合乎地平線和子午線交叉衍生出的邏輯界線。我們當然可以按照另外一種方法劃分本命盤（參見圖7）。在第一宮到第四宮的階段，我們誕生、然後意識到自己的存在、自己的身體、心智、背景和情感，進而建立了「我在此」的自我意識。在第五到第八宮的階段裡，我們亟欲表達自己，迫切地想與他人分享「獨立的自己」。「此處的我」與「他處的你」會在此相遇。在第九宮到第十二宮的階段，最重要的功課就是整合。我們不僅和少數人結合，還會跟社會大眾及包含小我的宇宙眾生融合，發展出「我們在此」的存在感。按照這個分類，每一個階段都是由代表激勵和鼓舞的火象宮位（一、五、九宮）拉開序幕，代表生命即將要進入一個新的階段。每一個階段都是由水象宮位（四、八、十二宮）畫下句點，意味著消融、同化和轉變，並將引領我們走向下一個階段。

角宮、續宮和終止宮

根據傳統，十二個宮位可以按照角宮、續宮和終止宮來加以區分。

基本宮位（參見圖8）

在四分儀宮位制中，基本宮位緊鄰著本命盤上的四個角：由上升點展開第一宮，第四宮的宮頭是天底，第七宮的宮頭為下降點，第十宮的宮頭則是天頂。在黃道上，角宮與基本星座相互對應：牡

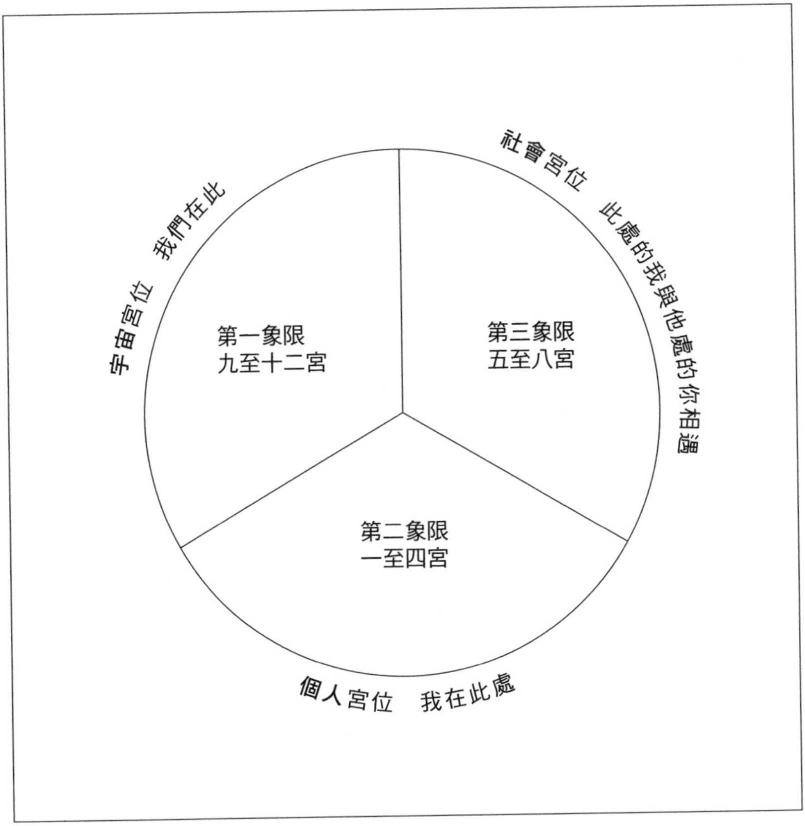
社會宮位　此處的我與他處的你相遇
宇宙宮位　我們在此
第一象限
九至十二宮
第三象限
五至八宮
第二象限
一至四宮
個人宮位　我在此處

圖 7 「我在此處」等劃分表

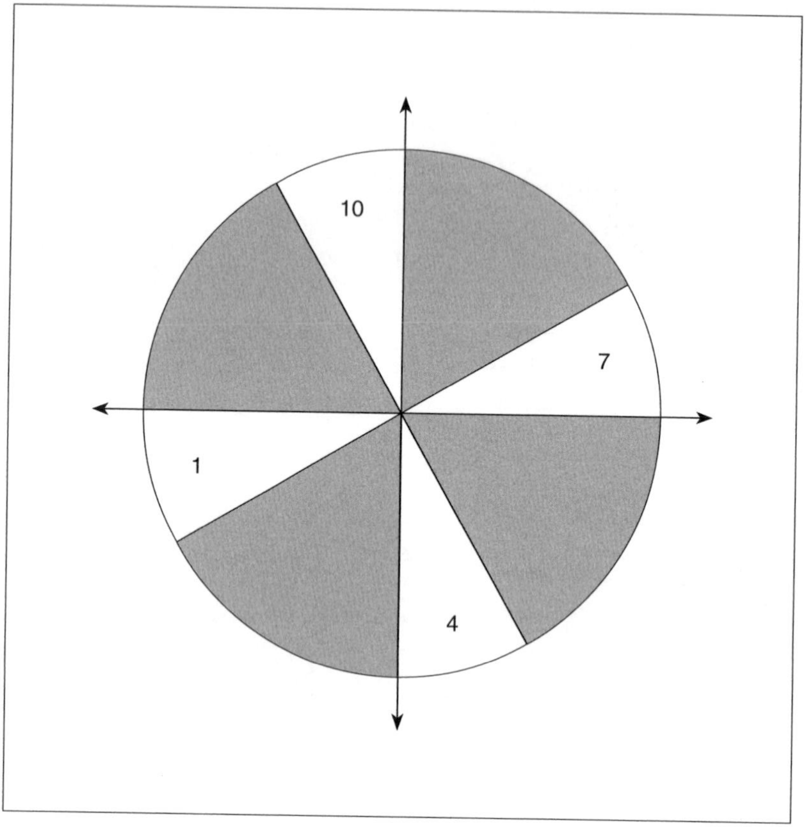

圖 8　角宮
能量的啟動與產生

羊座（春分）、巨蟹座（夏至）、天秤座（秋分）、摩羯座（冬至）。基本星座會產生並釋放新的能量，而角宮也會刺激我們採取行動。角宮代表了四種基本的生命領域，對於個人性的影響甚鉅，這裡指的就是個人認同（第一宮）、家庭和家族背景（第四宮）、人際關係（第七宮）以及事業（第十宮）。

基本宮的星座彼此之間會形成四分相或對分相。依此類推，四個角宮就代表了可能會產生衝突的四大生命領域。深入了解角宮的對立及矛盾，將有助於我們詮釋這四個宮位內的行星所形成的四分相或對分相*。

第一宮及第七宮的對分相

在任何一段關係中，我們多少都必須犧牲個人的認同與自由。這兩個宮位的對立也點出了愛與意志兩難全的矛盾：到底該堅持自我獨特性？還是該為了滿足他人的需求去調整自己？我們害怕過於讓步會失去了自我；但相反地，如果過度地自我中心，過度地苛求，其他人可能就不愛我們了。

第四宮和第十宮的對分相

這裡最可能出現的衝突就是：應該待在家裡參與家庭活動（第四宮），還是遠離家庭建立自己的

* 四分相就是兩個行星形成九十度，對分相就是形成一百八十度。第一宮的行星可能會（也可能不會）與第七宮的行星形成對分相。如果真的形成了對分相，這兩個宮位所代表的生命領域就會出現緊張和拉扯。即使行星沒有形成對分相，這兩宮的拉扯仍會製造問題。這些宮位內的其他行星形成四分相時，亦是同理而論。

事業（第十宮）。一個全心投入事業的男人通常沒有時間陪伴家人，或是沒有時間去深思生命的深層意義。具有這種對分相的女人可能時常會在追求事業的慾望和為人妻母的角色中掙扎。我們內在的小孩（第四宮）可能會與事業領域期待的「成人行為」產生衝突。舉個例子，一位商人可能因為生意在最後一刻談不成而感到憤怒，但他卻不能因此在客戶面前「無理取鬧」。這個相位也意味著，人生早期的訓練薰陶（第四宮）會影響日後在社會上的表現（第十宮）。我們在童年時期是否遭到貶抑，覺得自己無法對社會有所貢獻？或者自己曾經是那個被排拒於門外的小孩，長大後就堅決地想要向「他們」展現自我，在世界上有所作為？我們是否曾經被父母過度地寵溺和保護，導致長大後完全沒有離開家去外面闖一闖的衝勁？如果第四宮和第十宮內的行星形成對分相，這些議題就會出現。

第一宮和第四宮的四分相

這裡的問題就在於，我們生為獨一無二的獨立個體（第一宮），但家庭生活（第四宮）是否會支持或抑制尚在萌芽的獨特性？我曾看過一名年輕男子的本命盤，他的木星獅子座落入第一宮，與落入第四宮的天蠍座海王星形成四分相。他時常為了避免打擾久病的父親（海王星落入第四宮），壓抑了天生的自發性和熱情（木星落入第一宮）。我們時常會渴望獨立和自由（第一宮），但又會有一種強烈的退縮慾望，讓自己躲在內心深處已知的安全角落中（第四宮）。

第四宮和第七宮的四分相

第四宮和第七宮形成的四分相，可能會讓我們把與父母一方（通常是父親）之間的「未完的功課」，投射到伴侶身上。早期人生所建立的模式（第四宮）時常會讓我們無法清楚地辨識另外一個人（第七宮）。如果這兩宮內的行星形成四分相，就很容易在與伴侶（第七宮）建立家庭（第四宮）時產生問題。孩子般的需求和幼稚情結常會導致我們無法客觀地看待他人。

第七宮和第十宮的四分相

這個四分相意味著事業（第十宮）和伴侶關係（第七宮）可能會出現衝突。如果我們忙於追求事業，就可能很少有時間去經營親密關係。另外一種可能性則是，我們對伴侶的吸引力（第七宮）可能是建立在社會地位（第十宮）之上，也可能會尋找一位能夠提升自己社會地位的伴侶。此外，與母親之間的問題也可能會影響擇偶所需要的明辨能力。

第一宮和第十宮的四分相

這個四分相暗示了幾種情形。首先，一個人必須要有自我的紀律才能建立事業（第十宮），但這多少都會限制個人的自由和自發性（第一宮）。社會所肯定或認同的事物（第十宮），也可能會限制自我的天性（第一宮）。此外，母親所代表的事物（第十宮），可能會限制住第一宮內的行星展現。舉個例子，如果一個人的金星獅子座落入第一宮，與第十宮內的月亮金牛座形成四分相，他可能會想要當一位藝術家（金星獅子座落入第一宮），但母親卻堅持他應該投入更務實的事業（月亮金牛座落入第十宮）。我們通常會因為世俗的成就（第十宮），而非因為自己可能具備的其他特質（第一宮），被外界貼上標籤。

續宮（參見圖9）

我們會在續宮（第二、第五、第八和第十一宮）中進一步加強、確立、利用並發展角宮內所產生的行動力。這些宮位在本質上與固定星座有關，指的就是金牛座、獅子座、天蠍座和水瓶座。固定星座會強化基本星座的生產力。第二宮透過界定自己的財產、資源、外表和界線，加強了自我的認知（第一宮）。第五宮則是透過表達自我，或讓外人對自己留下深刻的印象，藉此讓第四宮淬鍊出的「自我」意識更加明確。我們會藉由與他人的互動（第七宮）增加資源，同時更加深入地探索自我（第八宮）。參與社會的維持和運作（第十宮）可以加強一個人的社會意識，然後以此為基礎，進一步地擴大自我意識的範圍和界線（第十一宮）。

第二宮和第八宮的對分相

這個相位代表了個人的財產或價值，會與其他人所珍視的事物產生衝突，因為第二宮是保存並維持形式，第八宮卻是除舊納新。我們有可能會為了與另一個人完全地融合（第八宮），因此消融了自我的界線（第二宮）。這些衝突是源自於：第二宮著眼於事物的表面價值，第八宮卻會去探究表面之下隱藏的內涵。此外，第二宮傾向耽溺於食慾和肉體的需求，第八宮則是透過本能性的活動來

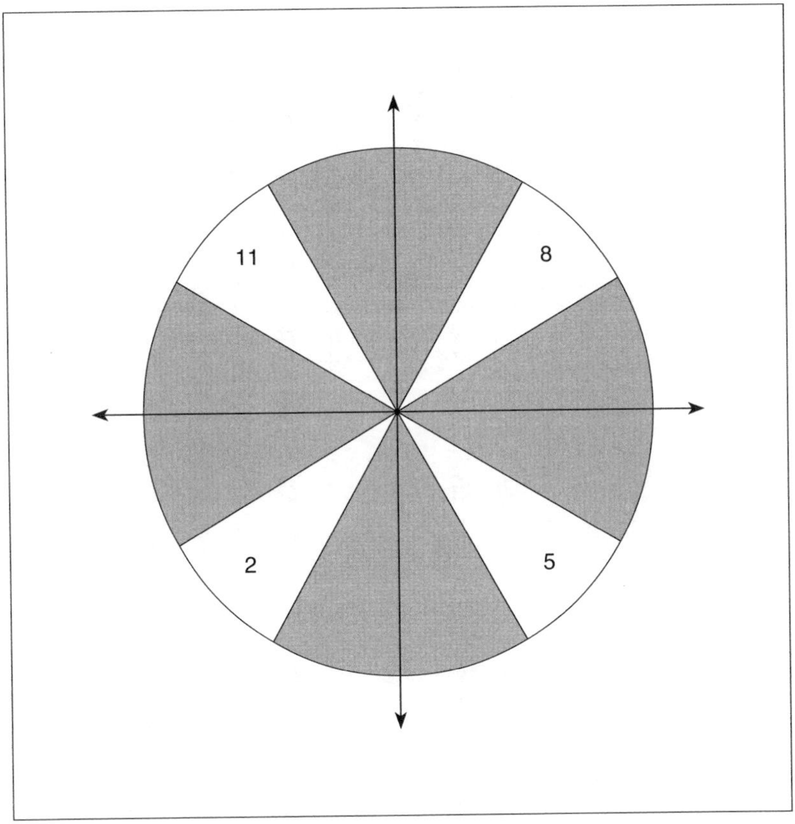

圖 9　續宮
能量的穩定和具體化

掌控人生。

第五宮和第十一宮的對分相

在第五宮，我們是為了滿足自己而創作，就像替自己成立一個工作站，但是到了第十一宮，則是將能量奉獻給大我，例如為自己所屬的社團畫一張演講的宣傳海報。這個對分相的議題則是，我們是否願意將自己的小孩或是藝術創作（第五宮），奉獻給這個世界（第十一宮）。這裡的難題在於「我想要做什麼」，會與自己隸屬團體的共識相互矛盾。我是否應該要求他們來配合我（第五宮），還是應該接受團體的意見（第十一宮）？

第二宮與第五宮的四分相

如果第二宮和第五宮內的行星形成四分相，可能會出現許多衝突。對於安全感和穩定收入的需求（第二宮），時常無法與從事創作或娛樂活動的時間（第五宮）取得平衡。相反地，維生艱難的藝術家或「空檔期」的演員也時常因欠缺穩定的收入而吃盡苦頭。有些本命盤上有第二宮和第五宮成四分相的人，只能夠透過擁有的資源（第二宮），來感覺自己具備了權力、價值和重要性（第五宮）。這些人的小孩（第五宮）也可能會被視為一種財產（第二宮），或是消耗了他們的既有資源。

第五宮和第八宮的四分相

在第五宮裡，我們想要被外人看到自己光鮮、積極、具創造性和特別的那一面。我們重視的是讓人生更加歡樂或感覺高尚的事物，但第八宮描述的則是潛伏在個性中較為黑暗、激烈又具破壞性的面向。如果這兩個宮位都被凸顯而形成四分相，這個人在心理上就可能時常陷入黑暗與光明的激烈對抗之中。與第八宮有關的危機可能會暫時地破壞第五宮對於生命的自發性和熱情。有這個四分相的人可能會覺得無法掌控人生（第五宮），而且受到無意識情結（第八宮）的驅迫，表現出不加控制的那一面。性的征服可能會被視為一種確立自我重要性的手段。第五宮和第八宮的四分相有時會表現在與小孩的激烈衝突上。個人創造力（第五宮）也會與情感的衝突和挫折（第八宮）有關。從正面的角度來看，心理上週期性的重生和淨化（第八宮）可以釋放生命能量，讓一個人能夠更加純然地活出自己（第五宮），而創造性的表達（第五宮）也可以淨化內在（第八宮）。當然，破壞性的暴行（第八宮）也可能被美化（第五宮），法國詩人韓波（Arthur Rimbaud）就有土星落入第八宮，與第五宮的海王星形成四分相。

第八宮和第十一宮的四分相

第十一宮會對社會抱持美好的願景，而這裡的衝突就在於，這種美好的願景是否能顧及人們內心深處的複雜情結（第八宮）？這種複雜的情結經常讓我們難以公平客觀地對待他人。這個四分相代表內心深處那個憤怒又帶著迫切需求的嬰兒（第八宮），可能會破壞我們與朋友或團體的情誼（第十一宮）。具有第八宮和第十一宮四分相的社會改革家，可能會為了達到自己的目標而不擇手段，對此燃起熱情。這個四分相也代表性的慾望暗流（第八宮），很可能會破壞了友誼（第十一宮）。簡單地說，高度緊張的情緒可能會抑制與集體大眾的自在相處。具有這個四分相的人會因為對人道主義、政治和社會理想的看法（第十一宮），與親密伴侶（第八宮）產生意見上的分歧。

第十一宮和第二宮的四分相

第十一宮可能會提出平均分配財富這類的慷慨理想，但第二宮卻想要獨自擁有財產，這個四分相代表這兩種傾向會互相牴觸。第二宮需要建立清楚的個人界線，這也與第十一宮追求更廣泛的團體認同大異其趣。第十一宮「脫離現實」的理想主義，可能會與第二宮的腳踏實地背道而馳。這些人與朋友（第十一宮）之間往往會發生錢財交易（第二宮）的問題。他們可能會非常熱中（第二宮）過於追求特定的具體目標（第十一宮），會對此過度地投入，也可能會對某些理想（第十一宮）過於堅持（第二宮）。從較為正面的角度來分析，這些人具備了實際的認知能力（第二宮），藉此去認識願景和希望的本質（第十一宮）。

終止宮（參見圖10）

終止宮（第三、第六、第九和第十二宮）與雙子座、處女座、射手座和雙魚座四個變動星座有關。角宮**產生**能量，續宮**集中**能量，終止宮則是將能量**分配**，並且**重新規劃**。在每一個終止宮內，我們會以前一個續宮的遭遇作為基礎，重新考慮自己、調整自己，然後再定位自己。在第三宮，我

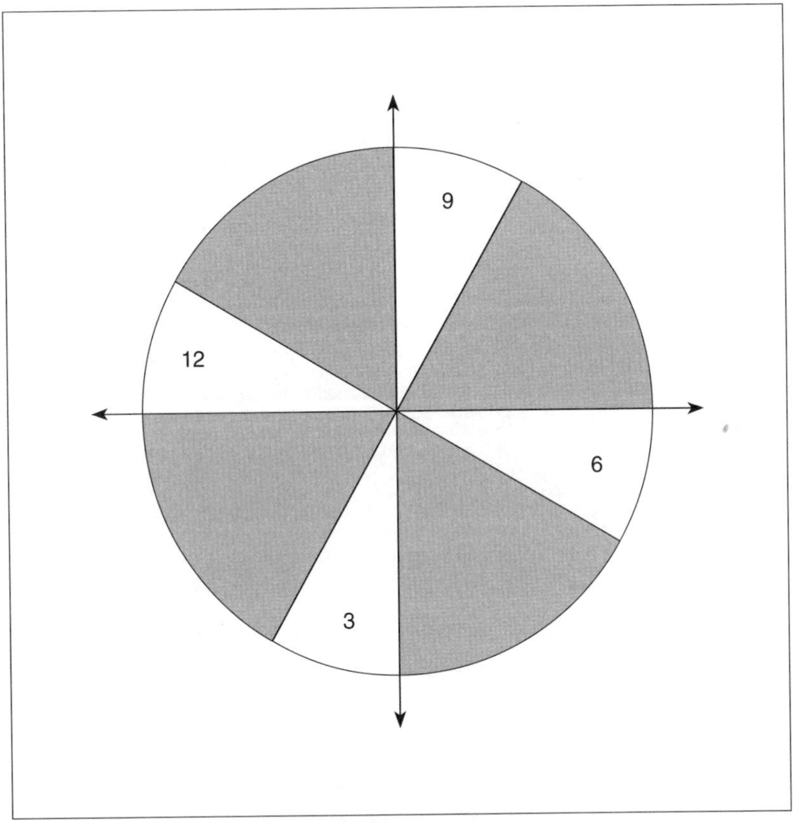

圖 10　終止宮
能量的分配、重新調整和重新定向

們是透過與周遭事物的比較和對照，更加地認識自己。我們一旦開始發展心智的能力，就進入了一個超脫身體意識和生理需求（第二宮）的新境界。第六宮反映了我們在第五宮發揮或過度濫用的能量，依序地重新調整這些能量。第八宮探索的則是人我的關係以及痛苦和掙扎，這些都有助於第九宮的發展，讓我們對統御眾生存在的高層法則或程序產生想法，也對人類共存的模式更有概念。我們在第十一宮的階段，變成團體或大型體系的一分子，脫離了個人的自我意識，最後到了十二宮，就會如稱霸群山眾嶺的王者一樣，將一切顛覆毀滅。

終止宮時常被描述成衰弱或是不實的幻影，但古奎倫夫婦的研究發現，終止宮的相位比之前所認為的更具有影響力。古奎倫夫婦兩人同為心理學家和統計學家，他們研究了數千張出生時間精準的本命盤中的行星位置和相位，其中特別去分析專業人士本命盤中的行星和宮位，包括演員、藝術家、醫生、企業家、政治家、科學家、軍人、運動員及作家等等。結果發現，這些人的專長和職業，經常與終止宮內的行星本質有關（例如火星與運動員，土星與科學家），而不是傳統占星學家認為的角宮。例如，優秀運動員的火星常出現在第九宮或第十二宮，火星的能量會展現在行星的擢升或外顯的頂點**之前**，而非之後的第一宮和第十宮。此外，優秀運動員的火星也常落入第三宮和第六宮，同理而論，這代表了能量會展現在這顆行星到達底端或內在的頂點之前，而非之後的第七宮或第四宮。按照他們研究所得出的結論可知，終止宮對於決定性格和職業的重要性，遠勝過之前的臆測。

以下簡單地列出他們研究發現的關聯性：[1]

1. 醫生、軍事領袖、優秀運動員和高級主管的火星時常落入終止宮。
2. 演員、劇作家、政治家、軍事領袖、高級主管和記者的木星時常落入終止宮。
3. 科學家和醫生的土星時常落入終止宮。
4. 作家和政治家的月亮時常落入終止宮。

在討論第十二宮時，我曾經解釋過為什麼他們的結論並不令人訝異（參見第133頁），同樣的邏輯也可以應用在其他終止宮上。我們會在第九宮中探索真理，追尋引導人生的準則，因此也會非常積極努力地去表現其中行星的特質，藉此找到存在於人世間的深層意義。第六宮和第三宮強調的都是如何努力地分辨人我的差異。如果我們想要徹底地區別自他，確立自己的明確界線，發展其中行星的能量就變成了十分重要的一件事。我們想要與宇宙眾生產生連結的渴望（展現在第九宮和第十二宮），以及想要建立獨特的自我意識的動力（展現在第三宮和第六宮），是兩種非常重要的互補原則，也是最難以取捨的人性難題。從這個角度來看，我們就可以明瞭這些宮位有多重要了。

就如同四個角宮和四個續宮的情形，四個終止宮也會象徵性地形成四分相或對分相。每一個終止宮都代表了截然不同的人生觀，也代表了另外一種取得或處理資訊的方法。

第三宮和第九宮的對分相

第三宮代表的是分析和具體的心智活動，第九宮指的則是比較抽象和直觀的思考方式。第三宮看到的是部分，第九宮則是從整體著眼。若是這兩個宮位內的行星形成了對分相，可能代表左右腦的整合和平衡良好。但也有些例子會變成一直蒐集資訊和事實（第三宮），卻得出錯誤的結論（第九宮）。我們都知道，高山是由一沙一土堆積而成，但是相反地，一個人也可能會堅持特定的信仰和真理（第九宮），然後用這些準則去解釋身旁的所有事情（第三宮）。換言之，就是會扭曲事實，藉此證明自己的論點都是正確無誤的。第三宮的演講家可能會花上好幾個禮拜準備草稿，確保每一個字都精準地傳達了他想要表達的意義，但第九宮的演講家可能傾向去觀察聽眾想要聽到什麼，同時堅信到時候自己憑著直覺，就會知道該說些什麼。有些第三宮和第九宮形成對分相的人，總會認為別人家的草坪比較綠。

第六宮和第十二宮的對分相

第六宮檢視各式各樣相對性的存在，仔細去辨識每一件事物之間的細微差異，但第十二宮卻是含括了整體，不是透過外觀計算衡量，而是憑感覺。第六宮代表的是分辨和篩選，謹慎地劃分界線，第十二宮卻主張移情作用，包容萬物，消融所有的疆界。第六宮講究實際和邏輯，關心的是日常作息的瑣事，第十二宮卻是渴望超越世俗的一切，意識到難以理解、無法預知又神祕的細微存在。第六宮計畫人生，第十二宮卻是隨波逐流。由此可知，這兩個宮位之間的對分相凸顯了以上所述的對立的人生態度，但也可能綜合各種不同形式的存在意識。我曾經看過第六宮和第十二宮呈對分相的本命盤，這些人不僅具備了高度的精神智慧，同時又能腳踏實地活在世間。我曾見過一位牙醫，他的月亮摩羯座落入第六宮，木星巨蟹座落入第十二宮，他在行醫之餘還是印度教大師的忠誠門徒。另一個例子則是一位木匠，他自願去第三世界國家培訓當地人學習木匠的技藝。他就有三顆行星落入第六宮，與第十二宮的天王星形成對分相。

第六宮和第十二宮的對分相有時也會表現在心理因素導致的生理疾病。輪迴論者相信，某些健康問題（第六宮）可能是過去世行為所造的果（第十二宮）。舉個例子，一個在過去世暴飲暴食的人，今生可能會對某些食物天生過敏，迫使他要特別注意吃入體內的東西。或者一個人在過去世習慣性地鄙視他人，這輩子的身材可能就會高得嚇人，或是天生就特別矮小，而迫使他去體會被他人鄙視的感受。無論如何，具有第六宮和第十二宮對分相的人，疾病的源頭可能很難被診斷出來，多半源自於難以察覺的因素。

第三宮和第六宮的四分相

這兩個宮位與左腦的理性和邏輯思考有直接的關聯。這兩個宮位形成相位時，容易出現心智過度操勞的傾向。第三宮喜歡對所有事物都略懂皮毛，但第六宮會想對特定的事物有深入了解。當這兩個宮位產生關聯時，這個人就會喜歡對每一件事都追根究柢，他的分析角度可能會變成見樹不見林。最極端的例子就是，他可能會堅持莎士比亞四大悲劇之一《奧賽羅》（*Othello*）和《哈姆雷特》（*Hamlet*）的真正差異，可能只是字母表的排列方法有所不同。

這個四分相比較正向的表現則是，這種人會為了實際的目的（第六宮）去蒐集資訊（第三宮），但也可能會針對細節而爭論不休，或是不停地討論該如何正確又精準地做好一件事情。第三宮和第六宮有相位的人無法忍受他人太過於抽象、異想天開或語焉不詳。所以當我遇到有第三宮和第六宮相位的人預約諮商時，我通常會在最後多留半小時的提問時間。（因為他會一直問：你指的**明確**意思是……？）

第三宮和第六宮形成四分相的人可能會因為健康問題（第六宮），造成行動不便或心智混亂（第三宮）。有時候，與手足之間沒有解決的問題（第三宮），很可能會反映在與同事的相處困難上（第六宮）。

第六宮和第九宮的四分相

當擴張自我與追尋真理的第九宮，遇上世俗又務實思考的第六宮，可能會讓一個人不停地轉換關注的焦點，永無止盡地去追求一種能夠完全實現的事物。但到頭來他們會發現，寄托所有希望的事物，往往無法達成自己的標準。一旦這件事情不成，他們就會用同樣的熱情和信念持續地去追求另外一種能夠「一應俱全」的事物。奉勸這種人與其追尋一種能夠代表所有真理的事物，不如試著從每一件事物中，去發現不同形式或是不同角度的真理。換言之，他們應該把壓力從一個目標分散到所有事物，這樣才能夠發現真理的其他部分，或是不同的實現方法。這樣才不會因為關注的事物無法提供內心渴望的所有滋養，就對它全然失望。

一個人本命盤上的第六宮和第九宮之間若是有四分相，就代表了科學研究的歸納方法（第六宮），會與宗教信仰的領悟（第九宮）產生衝突。第六宮和第九宮的緊繃能量時常會出現在神學的爭論上，例如他們可能會爭辯，在一隻別針頭上到底能有幾隻天使飛舞？這種人會用實際的角度去解釋經文（第九宮），也可能會堅持必須精準地執行戒律和儀式，確保即使是最謙卑又世俗的存在方式（第六宮），都仍然帶有一種神聖的意味，或是能夠展現宇宙之中的更高法則（第九宮）。這個四分相也意味著一個人可以在生活最瑣碎又細微的事物中（第六宮），體會到宇宙的真理（第九宮）。從另外一個層次來分析，也有可能因為旅行（第九宮）而導致健康上的問題（第六宮），或是因為日常生活的安排（第六宮）而與姻親（第九宮）意見不和。

第九宮和第十二宮的四分相

這兩個宮位都帶有一種擴張的本質。這兩個領域都不喜歡疆界和限制，而這兩個宮位內的行星都會對世俗的限制感到非常不舒服。有這個四分相的人通常會對哲學或宗教極感興趣。最極端的情形可能是活在一種充滿符號、夢想和象徵的世界裡，一次又一次地攀越幻想的高峰，卻完全忘記了必須去看牙醫之類的生活例行事務。他們可能有源源不絕的超個人靈感，卻找不到管道去表達，或是無法將憧憬與現實人生產生連結。他們不習慣做分析性的思考，時常會對一種信仰囫圇吞棗或照單全收，然後狂熱地活在其中，直到幻滅後又開始尋求下一個新目標。有些人可能會過於偏離正道，幻想自己就是拿破崙或耶穌，最後落到被送進精神病院（第十二宮）。比較正面的展現方法則是，帶有九宮和十二宮重要相位的人往往會重視如何幫助他人擴展眼界、察覺實相，跳出傳統的第三宮和第六宮思考模式。

第九宮和第十二宮會透過不同的方式去追求「高層知識」（higher understanding）。第九宮認為我們可以認識、理解並掌控人生的基本法則，第十二宮卻覺得世事是深不可測又無法理解的。第九宮基本上只關心如何攀上更高的知識境界，第十二宮卻認為啟發不只來自於更高的境界，更存在於深度之中，而狂喜和痛苦、賜福和折磨都是緊密連結的。從世俗的層面來分析，具有這種四分相的人可能會有奇怪或無法言喻的渴望，想要去不同的國家旅行，或是在異國（第九宮）陷入牢獄之災（第十二宮）。

第三宮和第十二宮的四分相

廣義而論，第十二宮代表的是無意識的心智，第三宮則是有意識的心智。第十二宮是隱藏、未被察覺的領域，第三宮則是眼下可見的周遭事物。有這一種相位的人可以透過表面價值（第三宮）去覺察一個人的言行，也可以去感受掩飾在表面之下較為隱微的情感或動機（第十二宮）。在心理學上，這便是所謂的「後設的意義」（meta-meaning）。第三宮會觀察行為賦予文字語言一些意義，第十二宮則會直覺地捕捉訊息，對於言行的弦外之音反而特別敏感。第三宮和第十二宮之間的相位代表了能夠當下知道現實的各種層面。這可能是一種對人事物的洞察力，也可能變成極度的心智失序。這些人到底應該相信自己的所見所聞，還是應該依據感受或體會？

他們的兄弟姐妹（第三宮）也常會出現上述思緒混亂的情形。年長的兄姐經常會對年幼的弟妹產生矛盾情結：他們知道應該愛護年幼的小寶寶，但又會感到忌妒，或出現破壞性的衝動。年幼的弟妹雖然知道兄姐對自己很和善，卻又感覺到彼此之間有些不舒服。我諮商過一位女士的土星和冥王星落入十二宮，與第三宮的月亮天蠍座形成四分相。她的姐姐表面上對她很好，私底下卻痛恨她加入了這個家庭。等她長大之後，因為姐妹之間的相處經驗，讓她很難去相信別人說的話。無論別人說了或做了什麼，她都會以負面的角度去解讀，認定別人意圖要威脅她。之後她莫名其妙地一耳失聰，寂寞地獨居了很長一陣子。她因為過去與兄弟姐妹（第三宮）之間存在著沒有解決的問題（第十二宮），導致日後無法自在地與身旁的人群相處。第三宮與第十二宮有四分相的人會受內心深處無意識情結的影響，無法為自己做出抉擇，或是欠缺透徹的理解能力去看待人生。我們必須透過有意識地分析（第三宮）那些深埋在靈魂表面下的象徵和幻想（第十二宮），然後檢視及清除這些問題。

按照元素劃分宮位

另外還有一種劃分宮位的依據，那就是元素。星盤上有三個火象宮位（第一、第五及第九宮）、三個土象宮位（第二、第六及第十宮）、三個風象宮位（第三、第七及第十一宮），以及三個水象宮位（第四、第八及第十二宮）。我們從與某一種元素相關的第一個宮位開始，邁向同一種元素的第二個宮位，最後進入同一種元素的第三個宮位。只要依序地觀察，就可以發現生命是有意義地在依序成長。通常一個元素代表的第一個宮位可以凸顯該元素的天性，並將其個人化。第二個宮位則是透過比較我們與他人的表現方式，進一步區隔並且定義該元素的原則。第三個宮位則會更廣泛地表達該元素的特質，也就是在集體的層次上展現這些特質。

火象宮位：精神大三角（參見圖11）

火元素是激勵所有生存形式的生命力。火元素與想要成為的模樣（will-to-be）有關，也就是一種

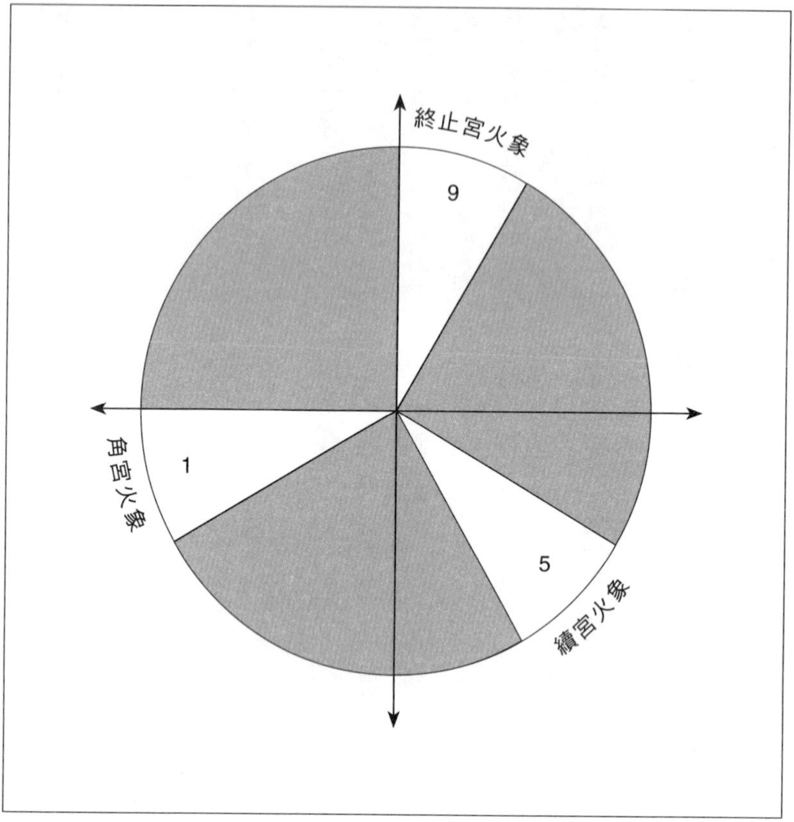

圖 11　火象宮位：精神大三角

從內表達自我的驅動力。

第一宮是火象宮位，也是角宮。如果我們綜合火元素和角宮的特質（能量的釋放和產生），就可以完整地詮釋第一宮，意即釋放生命能量的活動。第一宮代表第一次喚醒內在的自我，亟欲想成為與他人區隔的獨立個體。發展第一宮內的星座和行星的特質，可以讓我們活力十足，充滿朝氣。

第二個火象宮位是第五宮，這也是一個續宮，因此第五宮就結合了火元素和續宮的特質。續宮會集中、穩定並利用角宮產生的能量，第五宮則會集中並導引第一宮的純粹精神。這代表我們可以透過追求一些令人更有活力的興趣或抒發自我的管道（第五宮），來加強自我的身分認同（第一宮），或是藉由自我創造的事物（第五宮）凸顯個人的特色。

第三個火象宮位是第九宮，這是一個終止宮，所以第九宮結合了火元素和終止宮的特質。終止宮會重新考慮我們專注的能量，我們會在此重新調整這股能量，然後再重新定位。在第九宮裡，我們會從更深廣的角度去看待人生和自己，顛覆舊有的自我意識。在第一宮裡，火元素在內心深處熊熊地燃燒；到了第五宮時，烈火就會向外蔓延；進入第九宮時，我們則會將火元素或是精神，視為一種存在於周遭萬物中的宇宙特質。在第五宮時，我們向外拓展個人的創造活動，但是到了第九宮，就會見識到造物主智慧的傑作，亦即這種智慧讓生命和諧地展現特定的宇宙法則。

在第一個火象宮位（第一宮）的階段，自我意識會如火花般閃現在腦海裡。到第二個火象宮位（第五宮）時，我們會堅定並強化及表達自我的身分認同。到了第三個火象宮位（第九宮）時，火象的創造本質會透過統御眾生的原型法則，展現出非個人性的一面。

這三個火象宮位會象徵性地形成三分相，所以第一宮、第五宮和第九宮內的行星彼此可能會形成三分相，也就是相距一百二十度（八到十度的容許度）。但是當我們觀察相位時，必須實際地去計算行星之間的角度，而不能單從宮位去論定，因為第一宮內的行星不一定會與第五宮內的行星形成三分相。由於四分儀宮位制中每一個宮位的範圍都是不均等的，所以這兩個宮位內的行星甚至可能形成四分相。無論如何，認識宮位的分布與同一種黃道星座元素的關聯性，仍然是很有幫助的。

第一宮和第五宮的三分相

如果第一宮內的行星與第五宮內的行星形成三分相，第一宮的行星就可以透過第五宮的行星釋放創造性的能量。舉個例子，如果水星是落在第一宮與第五宮的木星形成三分相，那麼水星產生的溝通和交換資訊的渴望，就可以透過某些形式的藝術創作（木星在第五宮）獲得抒發。第一宮和第五宮之間的三分相，意味著我們能夠自在地抒發或對外展現自我。法國作家維克特・雨果（Victor Hugo）透過文學創作表達對人道主義的關懷，他就是有海王星落入第一宮，與第五宮內的水星形成三分相。

第五宮和第九宮的三分相

第五宮和第九宮內的行星形成三分相，這意味著我們的表達或創作（第五宮）時常能夠影響或激勵他人（第九宮的擴張本性）。這也代表更高的靈感或是「熾熱如火」的憧憬，可以讓我們感受到創造能量的流動。英國浪漫派詩人羅德・拜倫（Lord Byron）透過作品展現了對美的敏銳感受，他就是有金星第九宮與第五宮的海王星形成三分相。

第一宮和第九宮的三分相

這兩個宮位內行星形成三分相的人，通常都有宏觀的人生觀。他們的行動十分符合時代和潮流，因此在達到目標的過程中，比較不會遇到阻礙。他們對於存在的廣義詮釋（第九宮），也會影響自己面對世界的態度（第一宮）。這個三分相的危險之處在於很容易自認是神的代言人，也可能會傾向採用更高權威的指導原則，去評斷個人的言行。例如，西班牙法西斯獨裁者法蘭西斯柯・佛朗哥（Francisco Franco）就有月亮、海王星和冥王星落入第九宮，與第一宮內的土星呈三分相。

土象宮位：物質大三角（參見圖12）

土元素與物質層面的存在有關，也就是將精神凝聚成具體形式。

第一個土象宮位是第二宮，這也是個續宮。第二宮意味著讓一切更加安全和穩定，所以第二宮也與金錢、財產和資源有關，同時也代表我們自稱為屬於自己的東西，包括身體在內。

第二個土象宮位是第六宮，這也是個終止宮。因此，第六宮會調整或重新思考土元素的特質。在第六宮我們會將自己的資源和技能與其他人相互比較，我們的特殊才能也會更加地精進和完美。身體需要照料和關心，才能有效地運作，疾病則代表身體試圖去重新調整自己。從經濟學的角度來看，第六宮代表的則是勞動力。

第三個土象宮位是第十宮，這是一個角宮。在第十宮的階段，我們需要去創造事物，也就是生產力。從某種意義來說，第十宮代表管理的能力，積極地組織或監管人力及資金。從個人化的角度來

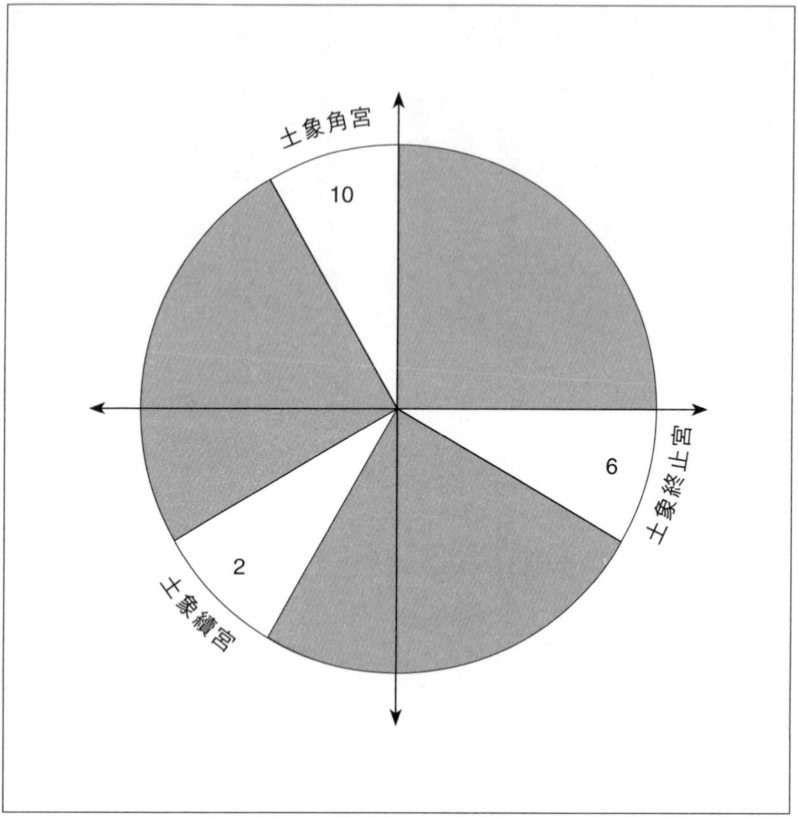

圖 12　土象宮位：物質大三角

分析，第十宮代表我們有目的地建構或引導自己的能量或才華，藉此來獲得具體且明確的成果。因此，第十宮與事業和野心有關，也代表我們想要如何對全世界展現自己。更廣義而言，第十宮可以看出一個人在維持社會存續的過程中，會扮演哪一種角色。

在第一個土象宮位（第二宮）的階段，身體和物質會跟宇宙萬物有所區隔。進入第二個土象宮位（第六宮）的階段，我們會更加明確地定義第二宮所區隔出來的身體和資源。到了第三個土象宮位（第十宮）的階段，個人具備的獨特身體和實用技能（在第二宮加以區分，並在第六宮獲得清楚的定義）會與其他人結合，建構並維持集體性的物質存有。

這三個土象宮位會象徵性地形成三分相，因此落入其中的行星也可能形成三分相的相位。

第二宮和第六宮的三分相

如果一個人有行星落入第二宮，並與第六宮內的行星形成三分相，這代表了他可以有技巧地運用自己的技能與資源，藉此獲得具體的成果。這種人通常都能夠累積相當程度的財產。這個相位通常代表能夠有效而熟練地處理物質資源。

第六宮和第十宮的三分相

這個三分相代表了一個人可以將技能和工作的類型，成功地發展為事業，或是繼承了母親的某一種天賦（第十宮），展現出多元化的技藝和才華（第六宮）。父母從事演藝事業的加拿大女星甘蒂絲・柏根（Candice Bergen）就是善用自己的美貌和智慧，稱職地扮演女演員和攝影記者的角色。

她的天王星和金星合相在第六宮的雙子座，與第十宮的天秤座木星形成三分相。

第二宮和第十宮的三分相

具有這種相位的人，事業能與性格和才華相得益彰，並且能從樂在其中的事物裡獲得金錢和地位，也可以從母親或是「塑型的父母」身上繼承珍貴的才華或資源。喜劇演員和表演家哈利・勞德爵士（Sir Harry Lauder）的外表及風度都相當迷人，他的蘇格蘭方言尤其備受世人喜愛，他就是有水星（掌管口語的行星）落入第二宮（資源），與第十宮的海王星形成三分相。

風象宮位：關係大三角（參見圖13）

風元素與自我抽離、客觀洞察事物的能力有關。我們一旦將自己和宇宙眾生區隔開來，便可以和發現的人、事、物建立關係。風元素與智力、交換或溝通概念的能力息息相關。

第一個風象宮位是第三宮，這也是一個終止宮。移動、心智發展和語言的出現，都有助於重新調整或重新定義，在前面兩個宮位建立的具體自我身分認同。第二個風象宮位是第七宮，這是一個角宮。我的心智和人生觀（第三宮）會與你的心智和人生觀產生交集（第七宮）。兩個人的結合可以產生更多的能量，但如果這一段關係失敗了，也可能會影響我們對於其他生命領域的觀感。第三個風象宮位（第十一宮）是一個終止宮。我們在此尋求與其他人（團體和朋友）分享理念，藉此來堅定自己的觀點。所有的心思和想法都會聚集在第十一宮，理念會被「定格」成意識形態或是某種

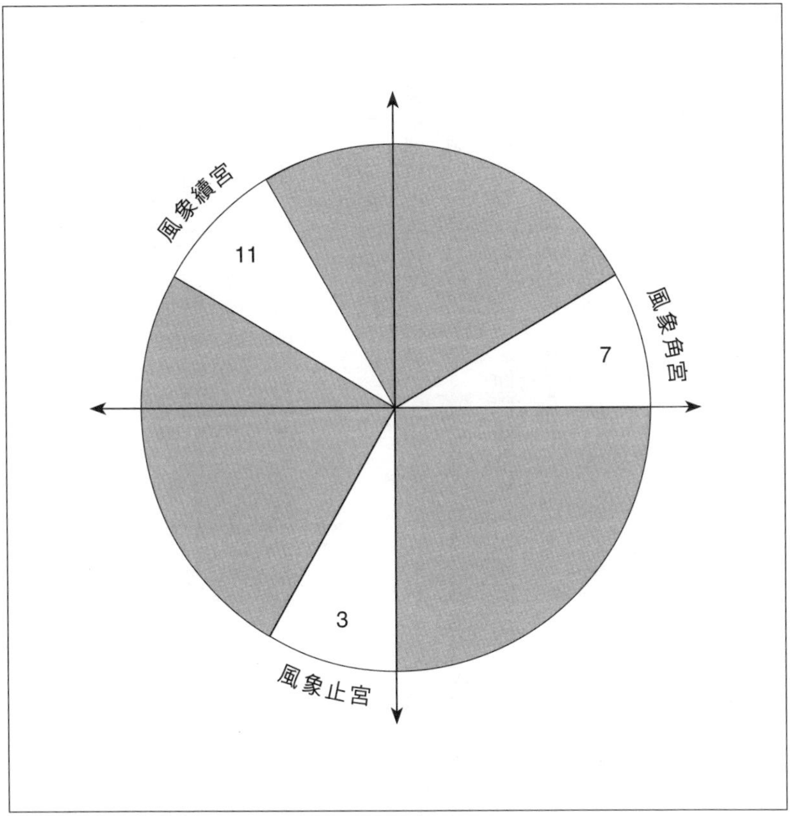

圖 13　風象宮位：關係大三角

「主義」，然後被廣泛地應用在社會上，並且獲得大眾的「支持」。

這三個風象宮位會象徵性地形成三分相，因此落入其中的行星也可能形成三分相的相位。

第三宮和第七宮的三分相

第三宮與溝通有關，如果其中的行星與第七宮內的行星形成三分相，就代表與親密伴侶的溝通良好。我們的意見可以被對方理解，同時也能領會對方的想法（至少在理智上是如此）。與其他人產生關聯的人、事、物，通常都帶有一種輕鬆愉快的特質。

第七宮和第十一宮的三分相

伴侶關係通常被視為增長智慧或加強社會化的來源。有這種相位的人可能是透過一位朋友（第十一宮），認識了未來的婚姻伴侶（第七宮），也有可能與在團體或組織中認識的人（第十一宮）建立重要的夥伴關係（第七宮）。他們通常能夠與伴侶分享彼此的志業和目標，這將有助於目標的達成。人本主義心理學大師珍・休士頓的木星落入第七宮，與第十一宮的冥王星形成三分相。她和丈夫羅伯特・麥斯特斯共同創立了一個心智研究的機構，並且合力研發出無數種擴展意識的技巧。

第三宮和第十一宮的三分相

如果第三宮內的行星與第十一宮內的行星形成三分相，這種人通常能夠與一群人輕鬆且自在地相處。他通常可以憑著直覺知道如何讓個人的心智（第三宮）與他人產生連結（第十一宮）。他也可以清楚地表達（第三宮）自己所想像的宏觀概念或事物（第十一宮）。朋友或是團體（第十一宮）可以激發這些人的思考能力（第三宮）；相反地，他們的個人觀點或常識，也可以影響其他人。艾伯特・愛因斯坦就有天王星落入第三宮，與第十一宮的海王星形成三分相。他的新奇發現（天王星落第三宮）衍生成為解釋宇宙萬物相互連結的廣博知識（第十一宮）。從另外一個層面來分析，第三宮和第十一宮的三分相可能代表將街坊鄰居（第三宮）組織起來，推動亟需的社會改革（第十一宮），或是透過兄弟姐妹（第三宮）接觸新的朋友、理念或團體（第十一宮）。

水象宮位：靈魂大三角（參見圖14）

水元素與感受有關，所以三個水象宮位都與暗藏在表面意識之下的情緒有關，這也與在過去受到制約的反應有關。過去的經驗後來會成為不加思索的直覺反應。

第一個水象宮位是第四宮，這也是一個角宮。它代表活躍於內心深處的感受，也代表了家庭背景，或是在早期塑化自我形象階段受到的影響。第二個水象宮位是第八宮，這是一個續宮。我們會透過與另一個人的親密關係，加強、深化並激發自己的感受。兩個家庭背景不同、情感的表達大異其趣的人試圖融為一體，同時會透過情感的連結尋求更多的保障（續宮的特質）。在第八宮，我們的感受（在第四宮角宮區分和定義的感受）會與另一個人的感受互動交流。在第三個水象宮位，也就是第十二宮的終止宮，我們在經過挑選後會與少數人結合（第八宮），將其轉換成與萬物融為一體的感受。我們會在此承認集體無意識的存在，發現所有人都源自於浩瀚的宇宙，與萬物眾生都有

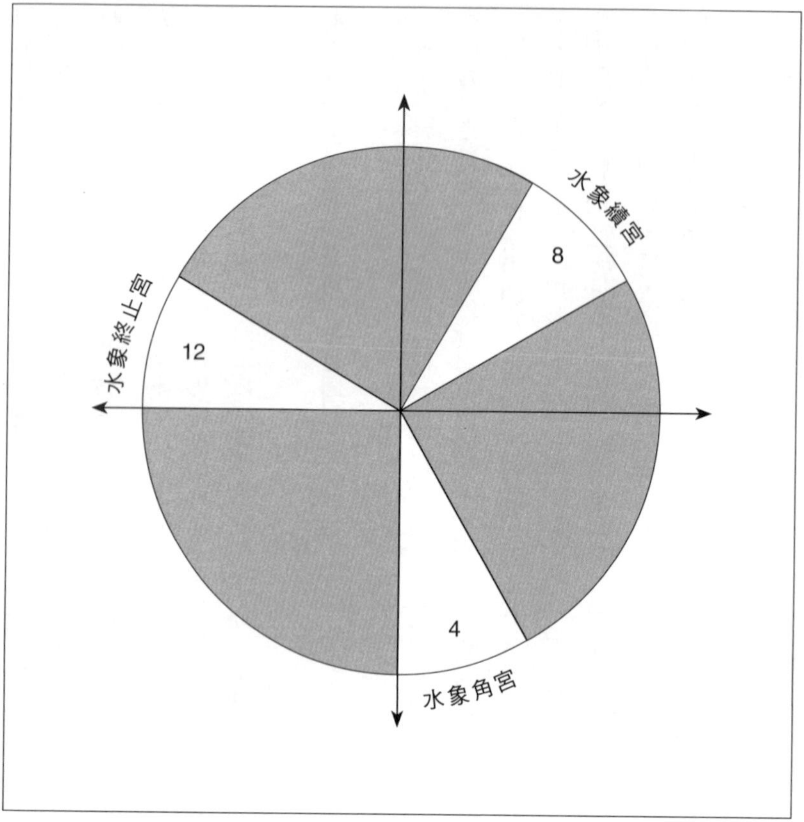

圖 14　水象宮位：靈魂大三角

相同的根源。

在第四宮我們會感受到自己的喜悅與痛苦；到了第八宮會感受到親密伴侶的喜悅與痛苦；進入第十二宮時，則會更進一步地感受到全世界的喜悅與痛苦。水象宮位的依序發展，就如同其他元素的宮位一樣，都是從小我走進人與人之間，最後進入整個宇宙。

這三個風象宮位會象徵性地形成三分相，因此落入其中的行星也可能形成三分相的相位。

第四宮和第八宮的三分相

這個相位有助於一個人與其他人分享深層的感受，也可能對於家中隱藏的氛圍極度敏感，同時也具備洞悉他人動機或隱藏的情緒的天賦。第四宮和第八宮內的和諧相位代表正面的早期家庭經驗，可以為日後與人互動的關係帶來更多的滿足。有時候，第四宮與第八宮的三分相也代表繼承（第八宮）土地或不動產（第四宮）。

第八宮和第十二宮的三分相

這兩個宮位中的行星形成的相位，有助於一個人去洞察生活中暗藏的細微和神祕事物。有這個相位的人可以看到或感受其他人無法知覺的事物，同時可以將危機中隱藏的資源轉化為成長的機會，並且常會在最需要幫忙時得到援助。具有這種相位的人可以引導他人度過人生的巨變（第八宮），同時可以在監管機構（第十二宮）裡有優秀的表現。我認識一位女士曾經有過三次死裡逃生的經驗，她就是太陽落入第八宮，與第十二宮的海王星形成三分相。她還在青少年監獄（第十二宮）擔任過諮商師（第八宮），也是慈善團體（第十二宮）的募款人（第八宮）。最近她獲得了家族的遺產（第八宮），讓她能夠更全心地投入人道主義的志業（第十二宮）。

第四宮和第十二宮的三分相

具有第四宮和第十二宮三分相的人，對於環境中暗藏的氛圍十分敏感，他們常會將他人的情緒感受當成自己的體驗。他們天生就能感受到集體的脈動和潮流。相反地，有時候也可以利用自己的情緒和感受能力去影響群體。無論父親是否健在，他們與父親之間可能會有一種通靈的連結，也可能透過第十二宮所代表的機構，獲得更多正面的經驗。他們需要階段性地遠離外在世界或是自我閉關，這對於他們而言是十分有幫助的。建立「悟真中心」（Self-Realization Institute）的東方靈性導師帕拉瑪韓撒・尤伽南達（Paramahansa Yogananda），他就是第四宮內的金星與水星，與第十二宮內的月亮形成三分相。

註釋

1. Gauquelin, p. 30.

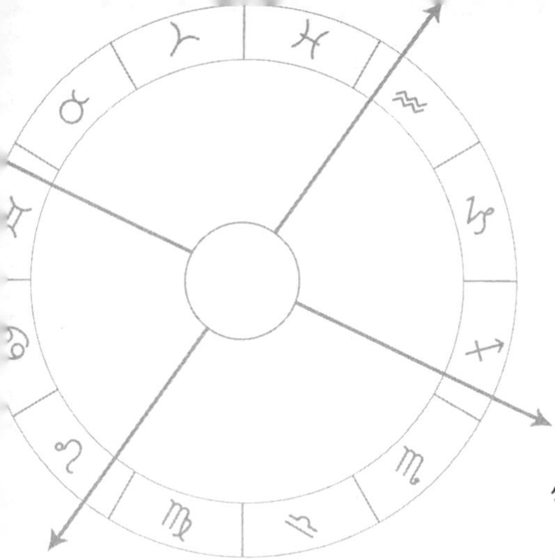

第三部

領向生命的可能性

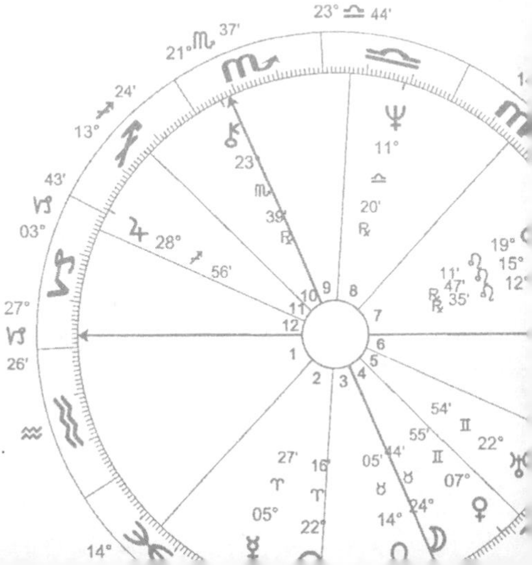

第十六章

概論：行星和星座行經每個宮位的情形

在我靈魂中的每個角落，不同的神祇都有一個祭壇。

——葡萄牙詩人費爾南多．佩索亞（Fernando Pessoa）

按照理想，我們必須綜觀整張本命盤，再去解讀其中的每一個元素。唯有如此，才能從一個人整體性存在和改變的角度，去深入地了解行星和星座分布排列的真正意義。這一部分探討的是不同的行星和星座行經所有宮位的可能詮釋，這將有助於我們在最後去綜合分析整張本命盤。我建議的詮釋絕對不是結論，也不是真理或準則。不過我希望這一部分所提供的資訊（大部分來於自個人的經驗），能夠讓讀者對於每一種行星位置的複雜性，產生更多的想法和洞見。

行星落入每一個宮位的詮釋原則

當一個行星（或是很多個行星）落入一個宮位時，會出現什麼樣的情形？暗示了什麼？答案是我們必須回頭去檢視本命盤，而本命盤會用符號來告訴我們，一個人會傾向於用何種方式表現自我的慾望和驅力。這就像是一棵樹或植物的種子裡面藏了一張藍圖，能夠揭露一個成熟的個人會如何地發展和成長。本命盤不只告訴我們種子的本質，也會指出這顆種子生長的大方向。按照這個原則，我們可以將本命盤視為一套基本指南，教導一個人該如何自然地發揮潛能。

請將以下的原則謹記在心，我們可以為行星落入宮位的詮釋，點出三個基本的發展方向：

1.當一個行星落入某個宮位時，此人就可以透過這個行星代表的功能和活動，以最自然的方式在這個宮位的生命領域裡展現自我。行星落入的星座，則可以讓我們更進一步地了解這些活動或功能的實現方式。

2.反之亦然，當一個行星落入某個宮位時，代表此人會在這個宮位所代表的生命領域裡，最自在地從事該行星所代表的活動。

3.當一個行星落入某個宮位時，可以看出我們會如何透過這個生命領域或經驗面向，展現與生俱來的原型法則。這也是我們在面對或理解這個生命領域時，最容易展現的能量類型，也就是對於這個生命領域的先驗（a priori）影像。

星座落入每一個宮位的詮釋原則

星座落入宮位的詮釋比起行星落入宮位的詮釋來得更加複雜。首先，星座在每一個宮位的邊界線（或是宮頭）都佔有一個特別的角度。例如在圖15中，第一宮的宮頭是巨蟹座十一度；第二宮的宮頭是巨蟹座二十九度；第三宮的宮頭是獅子座二十度，以此類推。我們必須將巨蟹座的原則應用在第一宮上面，但巨蟹座的原則也會影響第二宮（儘管巨蟹座只有一度留在第二宮，但兩者之間還是有所關聯，因為宮頭位置在巨蟹座），而獅子座的準則也會影響第三宮，依此類推。

然而，若我們仔細地推敲，就會發現當一個星座落入一個宮位時，可能會有不同的表現方式。

1. 一個星座的某些部分可能會落入某一個宮位中，即使這個星座不是落在宮頭的位置。在下面這個範例中，第二宮的宮頭是巨蟹座，但是獅子座也在第二宮佔有很大一部分。所以，第二宮不僅會受到巨蟹座影響，也會受到獅子座影響。通常是宮頭星座的影響最為明顯，即使下一個星座也出現在同一個宮位裡。

2. 在四分儀宮位制的系統中，同樣的星座可能連續佔據兩個宮位的宮頭位置，其他的星座則會被「劫奪」在另一個宮位內。這代表一個宮位的開始是某一個星座，緊接在後的星座被「劫奪」，或是被完全包含在這個宮位內，然後再由後面的一個星座結束這個宮位。在範例的星盤中，我們可以看到巨蟹座和摩羯座分別都佔據兩個宮位的宮頭，分別是第一宮和第二宮，以及第七宮和第八宮。因此，我們可以在其他宮位中看到被劫奪的星座。在這個例子中，第五宮的

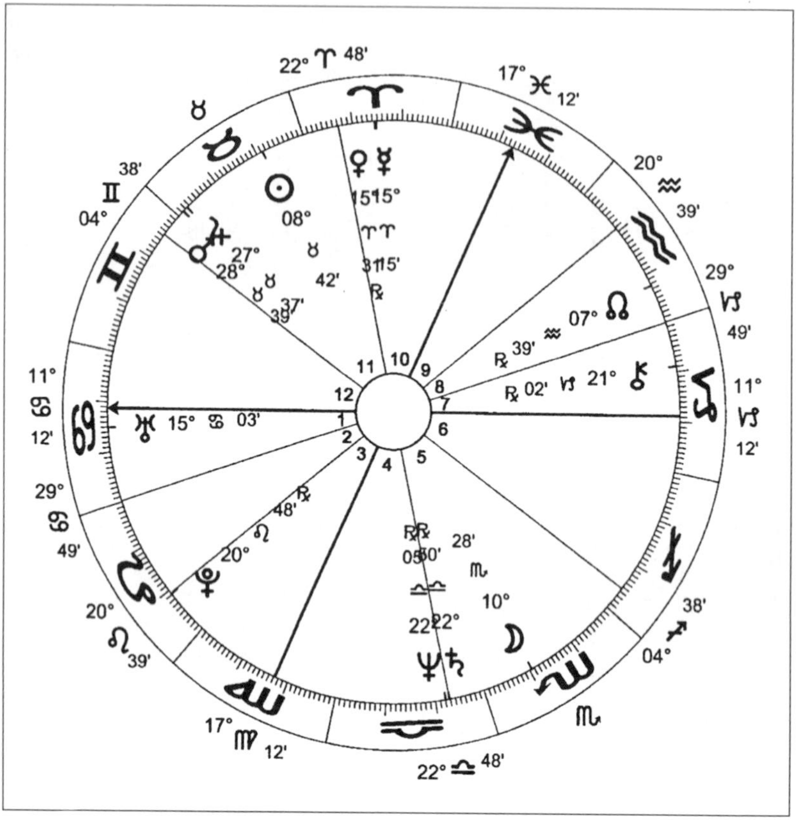

圖 15　伊略特生於一九五三年四月二十九日 09:00 CET
義大利，佛羅倫斯（43N46，11E15）

宮頭是天秤座二十三度，整個天蠍座都被劫奪在第五宮內，最後結束在射手座的前面度數。同樣的情形也存在於對面的第十一宮內。

星座（或是很多個星座）落入一個宮位的詮釋原則，與行星落入一個宮位的詮釋原則十分類似。僅有一個例外必須謹記在心，宮頭星座會比同一個宮位內的其他星座更具有影響力。

1. 落入一個宮位內的一個或多個星座，代表著這個星座最能夠在與該宮位有關的生命領域裡展現本質。
2. 一個宮位內的一個或多個星座代表的是經驗的類型，這類的經驗最能讓一個人領悟到自己在相關生命領域中所具備的潛能。
3. 一個宮位內的一或多個星座暗示著在該宮位代表的生命領域裡，一個人會傾向於展現的能量原型。

宮位的主宰行星

當我們分析行星和星座落入每一個宮位的情形時，還要考慮到另外一個因素，那就是當一個行星落入某個宮位時，我們必須去檢視這顆行星主宰的星座所佔據的宮位，這兩個宮位之間會產生關聯。例如，在範例的本命盤中，金星落入第十宮，金星是天秤座和金牛座的主宰行星，所以第十宮的金星也會影響天秤座和金牛座所佔據的宮位。在這個例子中，天秤座與第四宮（天秤座中有二十三度在此宮）和第五宮（宮頭是天秤座二十三度）有關，而所有的金牛座都被劫奪在第十一宮內。所以，第十宮（事業）的金星就會透過與金星主宰的天秤座和金牛座，對第四宮（家庭）、第五宮（小孩）以及第十一宮（團體）造成影響。

綜括而論，行星會影響以下的領域：

1. 行星所在的宮位。
2. 找出該行星主宰的星座，該星座落在宮頭位置的宮位。
3. 找出該行星主宰的星座，該星座任何一部分落入的宮位（即使該星座不是落在宮頭位置）。

我們大致上可以根據以上的順序，衡量各種因素的重要性。

空宮

在我教導占星學的入門學子時，他們時常一再地問我：「如果一個宮位內空無一物，代表了什麼意義？」有些學生對於空宮，也就是沒有行星佔據的宮位，感到十分困惑。「我的第五宮是空宮，是否就代表我沒有小孩？」或是「我的第三宮是空宮，是否代表我沒有想法？」

我們要知道，因為只有十個行星繞行十二個宮位，所以一定會有些宮位沒有任何行星停留，但這不意味在空宮所代表的生命領域裡不會有事情發生，也不代表與這個宮位相關的生命領域不重要。嚴格說來，我們不能說一個宮位是空的。即使沒有任何行星落在這個宮位內，但仍有星座（或是很多個星座）在此，會對該宮位所代表的生命領域造成影響。所以當我們詮釋空宮時，**第一步**就是將宮位星座的特質，與該宮所代表的生命領域產生聯想。**第二步**就是找出空宮宮頭星座的主宰行星，檢視一下這個主宰行星落在哪一個宮位？落在哪一個星座？相位如何？如此一來，我們就可以從中獲得許多有關空宮的資訊。**第三步**就是找出空宮內其他星座（不僅是宮頭星座）的主宰行星，這顆主宰行星落入哪一個宮位？落入哪一個星座？其相位如何？

在範例的星盤中，第六宮是空宮。按照上面的三個步驟，我們就可以對這一宮獲得更深入的資訊。在這個例子中，第六宮的宮頭是射手座，這意味著伊略特應該培養與射手座本質有關的技能，像是擴展他人視野的技巧。射手座的主宰行星是木星，落在代表團體的第十一宮，這代表他可以在團體中應用技能（第六宮的主宰行星落在第十一宮）。既然木星是落在金牛座又與火星合相，那麼就代表他的性格可以領導（火星）自己一手建立（金牛座）的團體。但我們也不能忽略第六宮內的摩羯座，土星的位置也會跟第六宮產生關聯。在這個例子中，土星落入天秤座，位置十分接近第四宮與第五宮的交界處。我們可以猜想他可能是在家裡（主宰第六宮摩羯座的土星落入第四宮）工作（第六宮）。再加上土星接近第五宮，所以第五宮也可能受到影響，而第五宮的其中一個意義就是小孩。綜合以上的資訊，我們可以回歸到原點，推論他的工作（第六宮）性質可能與小孩（土星主宰第六宮的摩羯座，接近第五宮的宮頭）有關。我們之前已經用同樣的方法，詮釋金星落入第十宮的意義及影響力（參見第180頁）。本命盤中任何一個重要的因素，都會以各種不同的方式呈現出來；這有時會被稱為「三的法則」（the rule of three）。

一個有許多行星落入的宮位當然很重要，但我們不應該忽略所謂「空宮」的重要性。空宮宮頭星座的主宰行星，應該被視為特殊相位圖型的焦點，例如提桶型星盤中的把手，或是火車頭型星盤中的引導行星。如此一來，與空宮有關的事件就會被凸顯出來。空宮也許包括了T型相位中的欠缺元素，而空宮所代表的生命領域，也可以幫助一個人的心理發展更趨近於平衡。

擁擠的宮位

這裡指的是一個宮位中有不止一個行星落入。有些宮位的確很「擁擠」，也就是說，可能有三、四個、甚至更多個行星落入同一個宮位內。在這種情形下，不同行星所暗示的原則、慾望、驅力或是動機，都會同時呈現在這個宮位所代表的生命領域中。有些行星的本質顯然是相互矛盾的，例如擴張的木星遇上謹慎又限制的土星，這會導致這個宮位所代表的生命領域變得更加緊張，更加複雜。任何有兩個或三個行星落入的宮位，對於一個人的生命安排或目標都顯得特別重要。

靠近宮位界線的行星

一般而言，若是一顆行星落入某宮位最後幾度的位置，很接近下一個宮位的宮頭，它就可能同時地影響著這兩個宮位，也就是它所落入的宮位和接近的宮位。如果這顆行星落入的星座與下一宮的宮頭星座相同，容許度就可以加寬到五度。

每一個宮位代表的生命領域，當然會與下一個階段有關係。當一個行星位於宮位的末端，又接近下一宮的宮頭時，那麼這兩個宮位所代表的生命領域會產生交集，這就會變成星盤的重點之一。舉個例子，如果一個人的金星落入第六宮的末端，接近第七宮的宮頭，就可能與工作場合（第六宮）認識的人相戀後結婚（第七宮）。如果水星是落入第十宮和第十一宮交界處，這個人在事業上的人脈（第十宮）便可能發展成友情，或是可以透過事業認識新的團體（第十一宮）。

占星家常會根據推算或是約略的時間，繪製一個人的本命盤，因此接近宮頭的行星有可能屬於緊連的下一個宮位。此外，根據不同的分宮制，一顆行星也可能會落入緊連的下一個宮位。基於以上的理由，有些占星家會認為，落入宮位中間位置的行星最能夠發揮影響力，因為這個行星在該領域的地位是十分明確的。

宮位的不均等

在四分儀宮位制的系統中，除非是出生在赤道的人，要不然每個人本命盤上的宮位大小都略有不同（尤其是出生在南北半球的高緯度區）。有些宮位可能橫跨六十度，有些宮位可能小到只有十五度，甚至更少。很多學生問我，是否比較大的宮位較重要。在某種程度上，這種推論可能是正確的，因為行運（行星每天持續的運行）會在比較大的宮位中停留較長的時間，就可能會在這段延長的時間內，引發更多與該宮生命領域有關的事件。然而，比較小的宮位仍然是非常重要的，尤其是有兩個或更多個行星落入這個宮位的時候。若是小宮位中沒有任何一個行星，小宮位宮頭星座的主宰行星就變得十分重要了，我們可以從主宰行星的相位或是位置來分析這個宮位。同時，因為行星通過較小的宮位停留的時間比較短，所以常會用比較壓縮或集中的方式「執行任務」，這也會讓這些任務變得更急速、更棘手。

劫奪星座

曾經有學生問我，與位於宮頭的星座互相比較，劫奪星座（不是位於宮頭，而是整個星座被一個宮位包圍的星座）是否比較不重要？位於宮頭的星座通常比較重要，但我們還是能夠感受到劫奪星座在宮位中所造成的影響。落入劫奪星座的行星，其重要性也不亞於落在其他星座的行星。有些占星家認為，當一個星座被劫奪時，星座的本質會向內呈現，但我並未在實例中發現這種特別的現象。

我們把這些原則牢記在心後，現在就可以更具體地檢視不同行星和星座落入十二個宮位的涵義，然後再以同樣的方法去討論月交點（南北交點）和最近發現的凱龍星。同時，為了節省篇幅和避免重複，除了第一宮和第七宮的軸線（或是第一宮和第七宮的界線），我並沒有單獨地去探討每個星座落入每個宮位的意義。但讀者應該要記住，行星落入一個宮位的意義，類似於這個行星主宰的星座落在這個宮位的意義。舉個例子，如果你的第八宮宮頭是巨蟹座，那麼你就可以參考月亮在第八宮的部分，藉此了解第八宮的巨蟹座會如何地呈現。或者你的第五宮宮頭是雙魚座，你就可以參考海王星在第五宮的部分，藉此得知與雙魚座有密切關聯的原則，會如何呈現在第五宮內。

這裡還有一個問題，那就是一個宮位內的行星與其他宮位內的行星形成相位的話，也會改變這個行星與宮位結合的影響力。舉個例子，如果金星落入第七宮，我們可能會期待一份輕鬆又感性的伴侶關係，但要是第四宮內的土星和金星形成四分相，金星的展現方式就可能被土星調和。我有時會觀察同一個宮位內的行星呈現良好相位和困難相位之間的差別。但是請讀者記住，困難相位的行星不一定會以負面的形式呈現出來，而是需要較多的努力和掙扎，才能正面地展現困難相位的力量。如果想要進一步地了解如何才能具體地利用困難相位，建議讀者閱讀克莉絲汀娜・羅莎（Christina Rose）的佳作《占星諮商》（*Astrological Counselling*, Aquarian Press, Wellingborough, 1982）。

正如她清楚地提醒我們的：

> 每一個相位（本命盤上的所有元素都應該可以同一而論）的背後都有一個人站在那裡。一個人累積至今的看法、哲學觀、訓練和經驗，都會影響相位的表現方式；他自己活出了每個相位，是他自己嘗試著這麼去做的，而他的實際經驗可能不會與教科書上的詮釋完全吻合。

第十七章
上升點的類型

我們可以從上升星座看出一個人在自我發現和揭露的過程中，必須有意識地去展現哪些特質。但我們不能只看上升星座，還必須將上升星座對面的星座，也就是落在下降點和第七宮宮頭的星座納入考慮，否則就會誤解其中的意義。上升點是覺察自我的觀點，下降點則是覺察他人的觀點。我們透過上升點去覺察自己，而下降點則代表我們對於其他人的觀察。從地平線升起，進入意識曙光的上升點，會因為隱藏在地平線之下，沒入黑暗的下降點而變得更為完滿。當一個人有意識地認定「我是誰」的特質之後，就可以很明確地辨識出「非我」的特質。我所認定的「我」的特質，會透過上升星座展現出來；而我所認定「非我」的特質，則會透過下降點的星座展現出來。

但我們要記住，人生是一場整體的遊戲：我們自身不「具備」的事物，終將會被我們所吸引而靠近自己。我們越去發展上升點的特質，就越容易在他人身上發現下降點所具備的相反特質。上升點和下降點是緊密相連成對的，如同兩極之間存在著必然的吸引力。沒有任何一個人能夠與世隔絕，而我們對於自我的認知（上升點）一定會受到與他人相遇的遭遇（下降點）所影響。下降點的本質會不停地嘗試修正和平衡上升點的特質，直到達成一種穩定、折衷或整合的狀態。所以當我們在討論上升星座的意義時，也必須對下降點星座的意涵有所認識，一併納入考量。

上升點落入牡羊座　下降點是天秤座

當一個人的上升點落入火象的牡羊座時，就會用一種直接、坦率又充滿活力的態度去面對生命，彷彿在說：「我在這裡，注意我，讓我們開始幹活吧！」他會渴望堅決和果斷，立即採取行動，並且「具備」創造或是掌握人生的力量。上升點牡羊座的核心價值就是從內覺察一種創造性的潛能，而非站在原地等待著事情發生。在他們眼中，生命應該被視為一場探險、追尋或是挑戰。如果本命盤中的其他相位顯示了退縮或懦弱的天性，他們就必須更加努力，才能發展出牡羊座的特質。如果無法將上升點牡羊座的特質展現出來，內心的挫折感經過日積月累，最後就會週期性地生病，爆發激動的情緒，不時地失控或發怒，或是表現出其他自我毀滅的行為。如果星盤中其他部分的火象特質已經十分明顯，上升點牡羊座的人就會隨心所欲地展現魄力和自信，但也有可能變得太過強勢或過度自我中心，最後可能落得弄巧成拙，一敗塗地。

如果上升點是牡羊座，牡羊座對面的天秤座就會落入下降點，這就是要提醒一個人多少得考慮他人的立場，藉此來平衡過度的自我意識。但如果上升點牡羊座的人必須在兩極之中做出選擇，較為明智的做法可能是與其為了維持和平而有所保留，或是為了他人的需求而改變自己，不如因為自作主張或是大膽冒險而犯錯。他們必須先找到自己的力量，大膽地活出自己之後，才能學會管理、調整並且緩和牡羊座的本質。到最後，才能將天秤座的優雅、深謀遠慮和考慮他人的觀點，融入到自己的本質中。

就身體的特徵而言，上升點牡羊座的人可能生來就五官鮮明，看起來朝氣蓬勃、充滿熱情，目光總是直視對方。他們的行動通常迅速又衝動，彷彿總是隨時準備好一頭栽入新的事物中。當他們與其他人溝通時，總是隱約地（或是不怎麼含蓄地）傳達出一個訊息：「別擋住我的路。」

極具爭議的作家亨利・米勒（Henry Miller）曾有幾本著作在美國被列為禁書。他就是上升點牡羊座，而牡羊座的主宰行星火星又落入第七宮的天蠍座。他在大膽無畏的自我探索之旅中（火星主宰上升點的牡羊座），融入了許多有關性的探險和剝削（火星落入第七宮的天蠍座）。

上升點落入金牛座　下降點是天蠍座

若是上升點落在土象的金牛座上面，這個人就必須用比較緩慢又從容的態度去面對生命。上升點金牛座必須規劃、組織，並且有條不紊地朝目標邁進，而不是衝動地一頭栽入。與上升點牡羊座的人相比，上升點金牛座的穩定性意味著此人必須花更長的時間，維持或停留在每個階段的經驗裡，但他們也可能會變得太過懶惰或是好逸惡勞。當他們確知某些純粹出自興趣、歸屬感或安全感的事物的確具有目的和實用性時，就很可能會執著於這些事物不放。上升點金牛座的人必須學會什麼時候該堅持，什麼時候該放手。

上升點金牛座的人必須在實際的物質生命領域裡感到舒適，努力地耕耘以獲得具體的成果，同時必須培養一種對於身體和生理需求的覺察能力。當他們過度地被本能所驅策或掌控，並不是一種最好的狀態，但與基本天性完全切割也不是一件好事。

當上升點落在金牛座，就代表下降點是天蠍座。這意味著他們在關係的領域裡時常會挑起強烈又極端的情緒（天蠍座）。忌妒和佔有慾時常是人際關係問題的本源，上升點金牛座的人必須去面對和檢視自己情感本質中的破壞性面向，並且學著操控它。換言之，落入第七宮宮頭的天蠍座，會強迫自己去觀察內心，探究其中隱藏的動機和潛在的因素。唯有如此，他們才能改變自己運用權力的方式。下降點天蠍座不允許一個人只看事物的表面價值。關係的問題會刺激他們從一成不變的生活中覺醒，定期地清除或淨化累積在內在的東西，改變老舊和陳腐的習慣模式。

我發現上升點金牛座會有兩種不同的體型。比較常見的是結實、穩重且壯碩：健康、有著如「乾草捲」般的「鄉村」模樣，或是有如福斯泰夫（Falstaffian，莎士比亞作品《亨利五世》中一個耽溺享樂、豐滿多肉的人物）般的外表，通常他們都會有金牛座的粗厚脖頸。另一種的上升點金牛座的外型較為精緻，有如雕刻般的容貌，展現了金牛座的守護星座金星的美感。女演員費雯麗（Vivien Leigh，電影《飄》中的郝思嘉）就是這一種類型的代表，她的上升點落入金牛座，而金牛座的守護行星金星又落入第十宮。

英國抒情詩人沛爾希・畢西・雪萊（Percy Bysshe Shelley）常被人形容是纖細又柔弱的，他的上升點落在金牛座，守護行星金星落入展現創造力的第五宮。美國詩人華特・惠特曼（Walt Whitman）的作品充滿了對大自然和生命的豐富賞析，他則是金星與落在金牛座的上升點合相。

上升點落入雙子座　下降點是射手座

如果上升點是落在雙子座，這個人應該是帶著好奇心和求知慾去面對人生，渴望能了解每個人、事、物是如何運作的。多才多藝和順應通融是雙子座的兩大資產，但他們最好不要興趣過於廣泛，否則可能落得「學百藝無一精」的下場。上升點雙子座的人痛恨失去其他的可能性，而專注在單獨一件事情上面，就意味著排除了其他的可能性。

他們可以透過發展寫、說或是其他形式的交換意見能力，來確立自我意識，並增加對環境的影響力。在某種程度上，他們必須散播資訊，也就是擷取某個地方的特定想法或態度，然後將這些東西沉澱之後，再應用在其他的地方。如果星盤中其他部分具有水象或土象的特質，他們就必須發展出分析、抽離和客觀的能力。但如果星盤中其他的部分已經具備風象和火象的特質，上升點雙子座的人就會更加浮躁不定，很難長時間停留在同一個地方，也沒有足夠的時間去真正深入地了解一個領域，而很難成為一個領域的權威。這裡的危險之處就在於，他們常會太快「進入大腦」，而與身體和情感失去連結。

如果上升點落入雙子座，第七宮的宮頭就會是射手座。這些人可以透過伴侶關係去了解另外一個人的哲學架構，藉此去認識、探索並詮釋生命。對他們而言，最好的伴侶應該是能扭轉雙子座的傾向，讓他們不會迷失在想法的迷宮中，或是一堆無關緊要的細節之中。射手座的寬廣視野和熱情抱負，可以幫助上升點雙子座的人鎖定目標方向，而非不停地繞道而行。簡單地說，另一半可以彌補上升點雙子座所欠缺的整體目標感。

上升點雙子座的人多半具有柔軟、敏捷的身型和修長的雙手，講話時常會加入手勢的表達，同時也很擅長將拆解後的東西重新組合起來。這種人時常對許多情形有「雙面看法」，也會隨時隨地注意形形色色的人，通常都很擅長模仿他人。

愛爾蘭劇作家蕭伯納（George Bernard Shaw）善用敏銳的心智和文學才華，將自己的哲學和社會理念發揚光大。他就是上升點雙子座、下降點射手座的極佳典範。《隱藏的說服者》（*The Hidden Persuaders*）和《攀權附貴者》（*The Status Seekers*）的作者范斯・帕克（Vance Packard）也善用了上升點雙子座蒐集事實資訊的能力，他在探討當代社會的著作中，覺察並揭露了更廣層面的潮流和趨勢（射手座）。

上升點落入巨蟹座　下降點是摩羯座

當上升點是巨蟹座時，這個人就必須精微地調整情緒，更加認識自己。有些上升點巨蟹座的人（尤其是本命盤其他部分以水元素為主，或者海王星被強化）在感情上非常容易受傷，所以必須學會建立一個堅硬的外殼來保護自己。其他上升點巨蟹座的人（本命盤中其他部分有大量的風元素或土元素）可能沒有意識到自己在冷靜鎮定的表面下，其實是波濤洶湧。這一類的人會吸引一些經驗發生在自己身上，提醒他們必須承認、尊重並釋放自己的感覺。

我們可以用螃蟹的天性，貼切地形容上升點巨蟹座的本質。螃蟹除了會隨時準備縮回殼內，也經常會採取迂迴或側面的路徑前進，這反映了上升點巨蟹座不喜歡正面衝突的本質。螃蟹一直待在水裡會不舒服，所以會到陸地上探險，然後又退回到水中。上升點巨蟹座的人也會展現這種有如跳舞般往前兩步、往後退縮一步的進退模式。巨蟹座落入第一宮的人，在內心深處往往能感受自己的生理時鐘和節奏，而他們應該學會尊重並「跟隨」這種感受。從這個角度看來，他們能夠「改變」生命的自然循環。但是別忘了，螃蟹有一種不屈不撓的特質，牠的大螯會緊抓著東西不放，絕不輕易鬆開。上升點巨蟹座的人會緊緊依附著自己的感覺，無論是喜悅或痛苦，都很難讓情緒過去，除非有一種更強烈的感覺超越它。對於風象上升星座的人而言，解釋、理由和理性化都是非常合理的，但這些特質只會讓上升點巨蟹座的人對你避而遠之，甚至拒之不理。

巨蟹座也與子宮和胸部有關。胸部提供養分，讓新生命得以維持下去，而子宮則是生物成長時的完美環境。上升點落入巨蟹座的人可以透過滋養來增加自我的覺知。無論是滋養一個家庭、支持一個商業計畫、甚至只是一個感同身受的目標，上升點巨蟹座的人都可以孕育它，讓它「成長為自身的模樣」。但如果他們拒絕扮演一個積極母親的角色，就可能轉換成另一個模樣，也就是找其他人來扮演他們的母親。如果他們過度地認同母親，就會傾向在家族根源的子宮內待得太久，或者會不停地尋找一個已經喪失或不曾擁有的**完美母親**，這些都是上升點巨蟹座的人最常遇到的問題。

巨蟹座對面的摩羯座，會落入第七宮的宮頭，摩羯座引發的特質可以平衡巨蟹座的極端傾向。上升點巨蟹座的人時常會被情緒或感情襲捲而遭到淹沒，如果想要維持一段關係，他們就必須學會分辨哪些情緒是適當且有用的，哪些情緒是必須經過過濾，然後加以控制的。他們可以透過伴侶關係，在自己反覆無常的感受波動中建立一種架構（摩羯座），也可以透過幫助他人得到成就（摩羯座在第七宮），完成自己今生必須滿足的需求。他們時常會尋找一位能夠提供保障、力量和穩定性的伴侶，但上升點巨蟹座的人必須從內發掘這些特質，而不是從其他人的身上獲得這些特質。

上升點落入巨蟹座的人時常有一張「月亮臉」，圓圓的，很祥和，也很討人喜歡。他們的身材通常是圓潤又豐滿的，很容易增加體重或是將水分存留在體內。他們的上半身時常特別突出，和身體的其他部分不成比例。

奧地利作曲家法蘭斯・舒伯特（Franz Schubert）就是上升點巨蟹座，而巨蟹座的守護行星月亮是落在第十宮的雙魚座，這貼切地反映出他可以透過音樂事業（第十宮）充分地流露情感。梵谷（Vincent Van Gogh）也是上升點巨蟹座，月亮和海王星、火星和金星都呈四分相。他飄忽不定的一生完全展現了上升點巨蟹座的混亂情感以及極度敏感的特質。

上升點落入獅子座　下降點是水瓶座

上升點獅子座的人會創造一個亟需發展權力、權威和創作力的世界，而這些都是增加自我獨特感的必要手段。我們可從太陽所在的宮位，看出上升點落入獅子座的人可以在哪一個特別的生命領域中，最自然地發現自己獨一無二的面向，而他們也會在這個領域中尋找愛、欽佩、掌聲和影響力。

但有一部分上升點獅子座的人會把感染力和效力混淆在一起。上升點獅子座的人之所以好展現自己、炫耀和誇張賣弄，主要是因為他們迫切地想變成大人物，很渴望自己是重要的人。對他們來說，什麼都比平凡無奇來得好。上升點獅子座的人最熱中的事，和大部分的人偶爾會有的渴望一樣——理所當然地展現自己的獨特之處。

這種人的危險就在於，他們的生命態度可能會過度驕傲。有些人會期待其他人把自己視為貴族，但是他們必須付出努力，來贏得想要的尊敬和地位。他們應該學著不要在沒有獲得自認為應得的榮耀時，馬上惱羞成怒轉身就走。他們有時候會害怕去證明自己而躊躇不前，以防自己會因為失敗而出醜。如果他們沒有替個人的權力、慾望和創造力，找到一個健康的發洩管道，有時就會因為這個世界不認同自己的才華，而變得尖酸刻薄又憤世忌俗。

獅子座與身體的心臟部位有關，所以這個星座可以付出無盡的愛。上升點獅子座的人就像太陽一樣，除了有高貴的姿態，還可以讓接受的那一方感受到一種大方、溫暖、具有療癒效果和生命力的能量。但上升點獅子座的人通常會期待對方有所回報，對他們所付出的一切表示感激和謝意。如果他們能學會付出而不求回報，那就代表靈魂成長已經到達另一個轉捩點了。

對於上升點獅子座的人而言，最重要的就是得培養一種正確看待權力、權威和價值的態度。他們的下降點位於水瓶座，所以可能會遇到一些與自己對立的情境或人，迫使他們必須跳脫自己的觀點，從別人的角度去看待生命。他們可能還是會受到尊重，但必須考慮到大環境的需求，畢竟自己也是其中的一分子。水瓶座落入第七宮代表必須透過分享和促進共同目標，來練習一對一的關係，藉此調和獅子座落入第一宮的過度自我中心或自負的心態。他們如果想要延續一段關係，不讓彼此任何一方的性格受到壓抑，就必須透過風象水瓶座的客觀和公平，讓火象獅子座的熱情平息下來，並且有所保留（而非完全地掩滅）。

世界前重量級拳王穆罕默德·阿里（Muhammad Ali）就是上升點獅子座，而獅子座的主宰行星太陽落入第六宮。他透過工作領域中的熟練技巧（第六宮），實踐崇高感和自我的價值（獅子座在第一宮）。心理學家安妮・狄克森（Anne Dickson）是一位肯定自我技巧的專業老師，她的著作《女性自決》（*A Woman In Your Own Right*），書名就充分展現了火星與上升點合相在獅子座，而主宰行星太陽又落入第十宮的特質。

就外表的特徵而言，獅子座通常會表現出一種權勢和驕傲的氣度，來贏得他人注意，但我們同時得考慮太陽的相位，有些人可能會有「陽光般」的臉蛋和閃閃發亮的雙眼。

上升點落入處女座　下降點是雙魚座

上升點落入處女座的人會透過智力的分析、辨認、自我批評，或是更加明確地確立自我，來培養自我的身分認同。這代表一個人必須在選定的工作領域，或是發揮創意的領域中，培養更加完美的技巧和熟練性。身為土象星座的人，他還必須有目的地應用知識，讓知識更富利用的價值、更具生產力，或是更能帶來幫助。

上升點落入處女座的人必須學會關心身體，注意身體的機能是否能和諧地運作。上升點處女座的另外一個功課就是，必須務實地管理每日生活中的世俗事務。

上升點落入處女座也與所謂的「正確地吸收經驗」（the proper assimilation of experience）有關。經驗就像食物一樣，必須被一再地咀嚼，然後被消化和吸收。身體內的新陳代謝就是在區別什麼是有吸收價值的，什麼是有毒害的。上升點處女座的人應該把這個過程應用在生命經驗的消化上。他們可以透過全面性地分析自我和生活，再從經驗中萃取出有利於個人福祉的部分。他們必須承認、並且辨識那些是不具助益的部分，再把這一個部分清除和毀滅。長時間的憤怒或消極的態度，常會導致精神呆滯、衰弱，並且中毒，遲早會波及到身體。

上升點處女座的人最大的危險之處就是對於秩序、正確和精準過於執著，以至於失去了自發性和流暢感。當處女座開始畫地自限，變得過度緊繃或嚴苛時，雙魚座就會以某種形式出現，在旁邊說著：「輕鬆點，不要執著，放下掌控性，偶爾讓自己耽溺一下。」下降點的雙魚座會鼓勵上升點的處女座，用一種更具同情心的方式與他人相處，學會多一點奉獻和接受，而非一味地批評與指責。上升點的處女座必須透過下降點的雙魚座，才能領悟到將心打開、接納一切時所獲得的知識。生命絕對不僅止於這些可以被度量、劃分和檢驗的事物。

上升點處女座的人多半是身材勻稱又結實，行為舉止很有效率。這類人的外表通常會比實際年齡年輕，即使到老年時也能夠保持青春。處女座的主宰行星水星的星座、宮位和相位，也會影響他們的外表和主要興趣。舉個例子，一九六〇年代的政治激進分子傑瑞・魯賓（Jerry Rubin）就是上升點落處女座，善於批評的水星則落入代表社會改革的第十一宮。占星家暨數學家的沃爾特・寇區（Walter Koch）竭盡心力地發明了一套複雜、精細、以他為名的占星分宮制，他就是太陽、月亮、金星與上升點合相在處女座，水星也落入第一宮。

上升點落入天秤座　下降點是牡羊座

上升點在牡羊座會表現出頑強、果決和自作主張的行為，但上升點落在天秤座則截然不同，反而會要求必須客觀公平地評估每一種狀況，在經過深思熟慮後小心翼翼地採取行動。換言之，其他人的需求和想法都必須列入考慮。上升點天秤座的基調就是反射性的判斷，意即在平衡中衡量各種的可能性，然後選擇最適當的生存方式或行為。但察覺他人的觀點或是從各種角度去考慮事情的傾向，有時反而會成為一種絆腳石，阻礙了他們採取行動的能力。因此上升天秤座的人大多以猶豫不決、優柔寡斷和觀望的態度聞名。

我們如果能有一套基礎的價值體系，就比較容易做決定。因此上升點天秤座肩負的最沉重功課就是建立一套價值、標準和理想。讓其他人替自己做決定是很容易的一件事，但即使天秤座是根據自認的真實和公誠去採取行動，就一定保證會有完美漂亮的結果嗎？我有一個英國朋友狂熱地迷戀日光浴，但是即使遇上英國少有的陽光艷麗的日子，她卻並沒有待在自家的後院花園中享受陽光，反而根據自認為比較正確的判斷，盡責地開車去上班。從鼓勵的角度來看，我們可以理性地期待「天神們」會給她一個微笑，肯定她做了一個如此高尚的決定。但為什麼她休假的時候總是在下雨？上升點天秤座的人應該學會如何做決定，同時為自己的決定負責。

上升點天秤座的人除了必須在生命的「陽性面」和「陰性面」之間取得平衡，也必須在神祕的渴望和實際的想法之間、理智和心靈之間、直覺和邏輯之間，還有自我的需求和他人的需求之間，找到一個平衡點。上升點天秤座的人追求完美的關係、理想的哲學觀，以及任何令人感到和諧和愉悅的事物。他們通常會對藝術或類似政治和數學的抽象理論感興趣，因為這些東西能夠展現一種對稱且完整的概念。很多上升點天秤座的人可能有過於崇高的理想或信仰，卻與現實的艱困面完全脫節，當一件事沒有達到渴望或預期的標準時，上升點天秤座的人可能會變得十分挑剔。他們往往非常強勢地說：「為了和諧，你最好看看我的角度或其他方法。」（這有沒有可能是牡羊座已經偷偷地潛入了？）

對於上升點天秤座的人而言，伴侶關係是非常重要的，而這也是他們成長的必經之路。當上升點是天秤座時，下降點就是牡羊座。就某種意義而言，在與伴侶有關的生命領域中遇到牡羊座，可以引發出天秤座的本質。如果伴侶是一位非常自我中心又果斷的人（牡羊座類型），上升點天秤座的人就必須調整或讓步。然而，當對方變得太不公平、太過於強勢或是要求太多時，上升點天秤座的人就必須學著為自己挺身而出，**要求**天秤座所講究的公平與和諧。別忘了，對立的事物總有辦法讓事情逆轉。當上升點天秤座的人不喜歡你的演出方式時，他很快就會讓你知道這一點。

大多數的占星教科書都會提到，上升點天秤座的人身材比例非常勻稱，體態迷人，但很容易因為懶惰或是過度耽溺而發胖。風象星座落在上升點時，外表通常都比較精緻而非粗線條。

根據希特勒（Adolf Hitler）兒時洗禮儀式的紀錄，他就是上升點落在天秤座，凸顯了天秤座會為了自己的哲學或政治理念而容許殘暴，甚至毀滅一切不符合自認為和諧或完美的事物。為了平衡一下這個偏頗的觀點，我在此必須舉出一些展現上升點天秤座正面特質的例子，在詩人卡爾・桑伯格（Carl Sandburg）的本命盤中，金星雙魚座落入代表創作表現的第五宮；溫斯頓・邱吉爾（Winston Churchill）的金星則落入負責溝通的第三宮。

上升點落入天蠍座　下降點是金牛座

希臘神話的英雄人物海格力斯（Hercules）在他的第八次任務中，必須找到一隻住在黑暗沼澤洞穴中的九頭蛇怪物海德拉（Hydra），並且將牠毀滅。他一開始試圖殺死這隻一直待在水中的怪獸，但每次當他砍掉牠的一個頭時，同一個地方就會再長出三個頭。最後，海格力斯終於想起老師的教誨：「我們必須先跪下才能站起來，必須先投降才能戰勝，必須先放棄才能有所收穫。」於是他潛入沼澤的底部，緊揪住海德拉的其中一個頭，並將海德拉的身體拋到空中。海德拉一離開水面，馬上就失去了力量，變得萎靡不振。海格力斯砍下牠所有的頭之後，便出現了第十顆由珍貴寶石打造的頭。然後海格力斯就將這個頭埋在石頭底下。

這個故事與天蠍座落入上升點的動力模式十分類似。上升點天蠍座的人無論透過任何形式，都必須去面對黑暗、禁忌、隱埋在深處或是破壞性的事物，而且必須使盡全力與這些事物搏鬥。有些上升點天蠍座的人會看到外在的怪獸，與「外邊」的黑暗勢力及惡魔對抗。致力於消滅世界苦難的人道主義者湯姆・杜利（Tom Dooley）博士就是上升點落天蠍座，而天蠍座的主宰行星冥王星落入第八宮。對於其他上升點天蠍座的人而言，海德拉會在他們的靈魂深處誘惑他們，這象徵著裡面埋藏了破壞性的情緒，例如忌妒、羨慕、貪婪、縱慾過度或權力慾過高。佛洛依德就是太陽落金牛座、上升點落天蠍座，他把海德拉視為「自我」(id)，也就是人性中原始、未經琢磨、本能的那一面。

海格力斯將海德拉高舉出水面後，又將牠拋到空中，才成功地將牠殺死。同樣地，上升點天蠍座的人也必須將意識的光芒引進內心黑暗的隱蔽處。如果天蠍座的能量被壓抑下來，這股能量就會在內心深處蠢蠢欲動，毒害心靈，最後發出惡臭，破壞了人與人之間的氣氛。但如果他們用一種冥頑不化的態度，將這股能量完全釋放出來，那麼其所產生的破壞性後果，也可能會讓人無法承受。

這裡還有第三種可能性，那就是與其壓抑天蠍座的本性，或是將它完全展現出來，上升點天蠍座的人不如學會承認這些感覺的存在，然後將它們轉化，改用另一種建設性的方式表現出來。就像海德拉被殺死時出現的寶石，負面的情結可能會轉化成寶物。很多藝術家都是將自己的熱情或憤怒轉化成創作性的表達，才成就了許多傲世佳作。偉大的德國作家哥德（Gothe）寫出了用惡魔去誘惑浮士德的故事，他就是上升點落入天蠍座。

我們都知道，一條蛇在成長的過程中，體內的壓力會一天天地增加，當舊皮變得過於緊繃時，牠就會開始脫皮。如火山般猛烈的上升點天蠍座也會累積內在的能量，直到全然地爆發，但最後必定也會獲得重生。無論是出於自願或是被迫，上升點天蠍座的人會清除一切舊有的形式和結構，重新建立全新的模式。印度聖哲甘地、蘇聯革命家列寧（Lenin）、義大利獨裁者墨索里尼（Mussolini）、前蘇聯領袖史達林（Stalin）和前英國首相柴契爾夫人（Margret Thatcher）都是上升點落入天蠍座。

上升點落入天蠍座的人天生具有一種深度，強迫他們去追根究柢，探索暗藏的意義和動機。他們不會接受任何表面的價值，就像法國民間故事人物藍鬍子的妻子一樣，他們一定會打開那扇應該關上的門。上升點天蠍座常會吸引下降點金牛座的人進入生命。當天蠍座必須挑戰、攻擊、破壞和改變時，金牛座就會表現出耐心、穩定、腳踏實地，並且維持現狀。金牛座有能力對付上升點天蠍座的猛烈攻擊，然後會沉穩地插上一句：「親愛的，別忘了今天晚餐是八點開飯。」上升點天蠍座的人必須在一段關係中發展出金牛座的特質，藉此平衡自己過度混亂又極端強烈的激情。

上升點天蠍座最明顯的外表特徵，就是一對能穿透人心的深邃雙眼，以及洞悉人性的表情。

上升點落入射手座　下降點是雙子座

射手座的符號是弓箭或一個半身是人、半身是馬的怪獸，上半身是人的軀體，手拿弓箭瞄準天空，下半身則是馬，馬蹄堅定地（或是雀躍闊步地）踩在地上。上升點射手座的人時常得在怪獸和天神之間，維持著一種不穩定的平衡，這也代表他們在面對人生時的兩難。他們天性中有一部分是渴望更高的境界、高貴的理想和崇高的成就，另一部分卻受到直覺的生物本能所驅策。生物本能可以和更高的夢想同步前進嗎？上升點射手座經常為了現實與可能性的差距而感到痛苦，所以必須找到一些創造性的方法，解決這種分裂的需求。

另外一種與射手座有關的形象就是追尋者，他們認為凡事都有前進的空間，總是還有其他的事物值得去追求。上升點射手座的人最好把生命視為一趟旅程或是朝聖之旅。有時旅程的本身會比最後到達的終點更為有趣。這也就是上升點射手座的古老座右銘：我看見目標，我達到目標，然後去追尋另外一個目標。

上升點射手座相當於一個火象星座落入角宮，這代表他們可以產生一種狂熱，同時需要找到一個管道或是重心，傳達自己的能量和熱情。上升點射手座的人天生就具有激勵他人的本領，前提是他們沒有將人群拋到腦後，過度地展現自己。他們也有能力賦予世俗的事件一種象徵性的意義和重要性，讓這些事件不再被視為是單一的存在，而是與更大的真相或宇宙法則有所關聯。

上升點射手座的危險之處在於過於自負、表現過度，或是浮誇不實。就像是希臘神話中的悲劇人物伊卡魯斯（Icarus），他們可能飛得太高，然後會直接墜落到地面。有些人可能會習慣地過著入不敷出的日子；有些人則是一直活在充滿可能性的世界裡，卻不曾將夢想具體地落實。我們還要參考星盤中其他部分的土元素和土星的影響，才能判斷問題會有多嚴重。

我們可以從射手座主宰行星木星落入的宮位，看出他們相信自己能在哪個生命領域裡實現夢想。他們可以在這個領域中擴展他人的視野，但也可能是自己擴張過度和毫不節制。

前太空人約翰・葛倫（John Glenn）就是上升點落入射手座，木星落入代表長途旅行的第九宮。作曲家歌手巴布・狄倫（Bob Dylan）的創作鼓舞了一整個世代的人們，他也是上升點落入射手座，木星則落入代表創作表達的第五宮。

對於上升點射手座的人而言，雙子座落在下降點是一種必要的對照。他們可以透過伴侶的關係，近距離地檢視自己的基本生存法則和模式，這些都是他們透過直觀所獲得的。雙子型的伴侶非常適合他們，因為雙子座可以找到精準的字眼，表達射手座廣泛的概念和感受。雙子座可以分析、質疑射手座的結論，迫使射手座更周詳地去思考一件事情。雙子座可以告訴射手座，如果想要實現目標和抱負，當下應該採取哪些具體的行動。射手座也許會決定周末一定要去度假，但很可能是雙子座拿起電話簿，找到旅行社的電話。同理而論，就像其他上升點和下降點的組合，我們可以從另一個人的身上獲得下降點的特質，或者為了追尋自我的完整性，而從自己的內在發展出這些特質。

在外表特徵上面，上升點射手座的人常給人一種浮躁不安的感覺。有些人的特徵是嘴闊或是「如馬般」的微笑，彷彿一定要有足夠的空間讓他們暢所欲言。基於這個星座的擴張本質，當一個人的上升點落入射手座時，也可能會有體重超重的困擾。

上升點落入摩羯座　下降點是巨蟹座

在神話學中，摩羯座的主宰行星土星具有分裂的人格。在某一方面，他把自己的父親去勢，還吞食了自己的小孩。從這個層面的意義看來，土星代表的是壓抑法則，也就是挑剔、冷酷和嚴厲。但是從另一個角度來分析，在羅馬神話中天神撒登（Saturn，也就是土星）統治了整個「黃金年代」（Gold Age）。當時的農神節（Saturnalia）是一個放縱、感官享受、豐餘和耽溺的慶典，因此也代表著豐饒的季節。

上升點落入摩羯座也反映出土星本質的雙元性。還記得我們可以透過發展上升星座的本質進一步地發現自我嗎？上升點在摩羯座就暗示了我們必須同時考量這兩種生命面向。

已經有許多文獻描述過摩羯座的第一個面向。上升點魔羯座的人時常會覺得有一位嚴厲的父親在監視著自己，期待自己會順從聽話，並且能有具體的成就。他們必須在一個明確、限制的範圍內，務實而有成果地利用前一個星座——射手座的精力和熱情，卻不任由自己隨波逐流，或是被突發奇想的熱情沖昏了頭。他們為了達到「內在父親」（father-in-oneself）的要求，必須謹慎地計畫人生，有邏輯地建構人生，然後緩慢地朝目標和抱負邁進，同時還必須斤斤計較能量的運用，而這一切都需要紀律和控制。魔羯座主宰著膝蓋，這意味著無論是內在或外在的形式，上升點魔羯座的人遲早都得向更高的權威屈服，而這個權威也會對他們有所期待。就像希伯來族長約伯（Job）一樣，上升點魔羯座的人往往必須經歷困難和挫敗，才能夠學會謙卑地接受法律、限制和結構。他們就跟基督耶穌一樣，也許會在最後一刻懷疑起這一切的犧牲是否值得。

簡單地說，上升點魔羯座的人需要「讓事物成為自己的財產」，並且獲得某種程度的集體認同和尊重。他們可能會反抗，試圖擺脫責任義務，但最後總是會發現唯有正視自己或他人的責任義務，才能讓自己覺得更好。

那麼土星的另外一個面向呢？那一位統治黃金時代的天神呢？作為一個土象的基本星座，摩羯座可以極有效率地運用物質世界的資源。上升點魔羯座的人可以透過發展一種熟練的處理現實事物的潛能，來獲得滿足和成就感。除了處女座，沒有一個上升點的星座可以像魔羯座一樣在混亂中建立秩序，或者找出讓夢想成真的可能性。

當然，我們不能忘記土象的摩羯座也代表「牧羊神」和「森林之神」（Pan and Satyr，兩者皆是下半身是羊、上半身是人的希臘神話人物），因此他們也具備了享受肉體感官和大自然的能力。也許是因為摩羯座能夠充分覺察到現實人生的殘酷，所以與其他星座相較之下，更能夠享受感官和美好的事物。

上升點落入摩羯座時，下降點就是代表感覺的水象星座巨蟹座。巨蟹座象徵的是柔軟、豐滿和圓潤，它會對抗且很自然地調和了魔羯座的嚴苛和缺乏彈性。上升點魔羯座的人在外面可能顯得嚴格又呆板，卻經常會奔回家中，接受另一半的寵溺或過度照顧。他們表面上看來很嚴格或怯懦，但卻能敏銳地感受到與自己親近的人的感覺，並且願意去改變自己以滿足對方的需求。這就像一位嚴格又喜歡評斷的父親，最後會被全然接受又無微不至的母親軟化。如果我們在某一個生命領域裡的某個方向發展得太過頭，生命就會在其他地方補償我們。

許多占星家相信，上升點魔羯座的人就像一瓶好酒會越陳越香，隨著時間的過去變得越來越好，越來越快樂。在外表上面，上升點魔羯座的人通常都很精瘦又苗條，臉部五官的線條尤其明顯。有時候他們就像是牧羊神的隨從，看起來有些邪惡又淘氣。

義大利政治家馬基維里是上升點魔羯座中比較嚴苛的代表。他利用自己對他人的敏銳覺知（下降點在巨蟹座），來操弄或控制眼前的情況，藉此滿足自己的需求。偉大的小提琴家葉胡迪・曼紐因（Yehudi Menuhin）則是摩羯座努力工作、自律甚嚴的代表，他把自己的天分才華獻給了全世界（主宰行星落入第七宮，與代表音樂的海王星合相）。

上升點落入水瓶座　下降點是獅子座

說來諷刺，上升點落入水瓶座的人必須退後一步，用客觀和超越自我的角度看待人生，才能夠更看清楚自己的獨特性。他們必須用一種抽離的觀點來看待事件、人和環境，甚至是自己，才能完整且全面性地了解世事的安排。他們對於「集體」有更高層面的覺知，同時能強烈地意識到自己身處的社會背景，而這些都凌駕於純主觀或個人性的參考架構。

正如我們在第十一宮所討論的，水瓶座是被土星和天王星主宰的。上升點水瓶座的土星面向可能是尋找一個團體，藉此加強自我的認同或重要性，而接下來他們就會在意自己是否屬於「正確的」

團體，是否正在做「正確的」事情。上升點水瓶座的天王星面向卻可能會認為，人生不應該只為了增加個人的權力或保障，個人的需求也必須納入考慮。

基於以上的理由，比起上升點落入其他星座的人，上升點水瓶座的人更能為了支持或改善集體的運作而付諸行動。水瓶座與普羅米修斯（Prometheus）的神話有關。普羅米修斯相信人類可以過得比現在更好，於是就從天神那裡偷走了火，把火的溫暖帶給人類。同樣地，上升點水瓶座的人在面對人生時，最好也帶著一種對於未來的新希望和憧憬：也就是相信透過應用正確的理論或概念，情況就可以獲得改善。但就像普羅米修斯因為自己藐視的行徑，遭受到掌權的天神處罰，許多現代的普羅米修斯也會因為自己的理論或行為踰越或威脅到現存的權威，最後遭到譴責、虐待，甚至是囚禁。但我們可別忘了，生命的本質就是汰舊換新，過時或是已無效用的舊結構或範型，都會被新的模式和理想所取代。上升點水瓶座的人通常都能掌握環境中最新的潮流和想法。

與上升點水瓶座最有關的理想就是平等主義，也就是所有人的兄弟情誼、姐妹情誼、團結、公平、平等和正義。為了這些目的，上升點水瓶座的人時常會認為現存體制中的譴責或壓迫，會導致社會的分裂（美國前總統林肯據說在日出時誕生，他的上升點落在水瓶座）。上升點水瓶座的夢想有時會太過於理想化，因而忽略了人性中比較貪婪、佔有或貪得無饜的那一面。同樣地，上升點水瓶座的人常會因為無法釋放內心深處那些較為自我中心或非理性的情感，而感到痛苦，同時也很難接受他人來挑戰自己崇高的烏托邦理想。德國哲學家伊曼紐・康德（Immanuel Kant）寫過一些關於道德和美學的著作，他的上升點就落入水瓶座。深具洞察力的神祕哲學家克里希那穆提（Krishnamurti）也是上升點落入水瓶座，而天王星是落入代表高層知識的第九宮。

下降點的獅子座代表了上升點水瓶座的陰暗面。獅子座追求個人權力和肯定的慾望，會在水瓶座的冷靜、客觀或平等主義的理想之下蠢蠢欲動。上升點水瓶座的人十分熱愛平等和自由，卻時常會被地位崇高的有力人士所吸引。他們可能會把其他人當成獲得權力、地位和重要性（獅子座在第七宮）的工具。因為他們缺乏一種自我中心的特質，所以要是有其他人讓他們在團體中顯得很愚蠢，他們很可能會惱羞成怒（這個人可能會被他們冷漠對待好一陣子）。獅子座通常會熱情又強烈地去感受一切，把自己的自我感、榮耀和聲望視為最重要的參考架構。為了避免獅子座的反作用力，我通常會建議上升點水瓶座的人無論在內心的想法或是外在的表現上，都不要過於譴責獅子座。上升點水瓶座的危險之處就在於對體制運作效率的要求，可能會超越個人的獨特性和人道精神，而且還會要求具有創造性的個人特徵，都必須符合體制的標準。更極端的結果就是，水瓶座的夢想可能會變成歐威爾*式（Orwellian）的夢魘。

就外表而言，上升點水瓶座的特徵往往是乾淨、精緻、明亮和開朗的外表。他們周遭的空氣中常有一種電力或磁性。

上升點落入雙魚座　下降點是處女座

因為雙魚座是個複雜又難以理解的星座，所以上升點落入雙魚座可能就會有各種不同的表現方

* 喬治·歐威爾（Gerge Orwell），二十世紀英國諷刺小說家、散文家。

式。就像在代表雙魚座的雕像中，兩隻魚是朝著相反的方向游去，這象徵著他們心中的衝突和對立，一方面想要建立一個堅定又具體的自我意識，同時又有一股力量鼓勵他們消融和超越自我的疆界。上升點雙魚座如果想要解決這個難題，就必須培養一種自我的身分，同時還必須意識到自己是屬於一個超越小我的整體。如果他們的性格過於刻板，可能就無法做到這一點，但如果自我的身分感過於消散，可能又會導致他們無法有效率地過日子。在前面一種的情形中，任何自我疆界之外的事物都無法融入到意識之中，而在後面一種的情形中，他們又會被自己的敏感和開放性所淹沒或覆蓋。他們的危險之處在於一方面太過僵化，另一方面又會帶來混亂和瓦解。

上升點雙魚座可能會表現在傳統上與雙魚座有關的三種層次：受害者、藝術家，或是治療者（救世主）受害者通常無法妥善地處理現實的艱困面，於是就會尋求逃避或依靠，也許會把藥物和酒精視為解脫的手段。曖昧不明又困惑的上升點雙魚座可能會隨波逐流，讓其他人來幫他們做決定。有些人可能會試著逃離傳統社會架構中日復一日的單調和圈套，轉而投入犯罪、地下活動或是犯下其他惡行。

上升點落入雙魚座的另一種表現方式就是藝術家類型。藝術家會被精神上的幻想激發出靈感，然後透過某一種媒介來展現自己的認知和覺察。第三種層次則是治療者或救世主，這些人會奉獻自己的生命去服務他人，努力將一種在擴張的意識領域中才能瞥見的生命憧憬，落實在現實的人生之中，而且他們會對「外在」世界的痛苦感同身受。按照程度的不同，這三種層次的上升點雙魚座都會被某種事物接管，藉此忘記或是取代較為世俗的形式或是狹隘的人生觀。

上升點雙魚座的另一種基調就是犧牲個人意志。在一些極端的情形中，上升點雙魚座的人可能會一再地創造機會，讓其他人來利用他們。他們不僅會經常性地陷在這種眾所皆知的困境中，也會欠缺明確的疆界和限制，這意味著他們會耽溺在情緒和喜好之中。從長遠的角度看來，這些都是一種過度耽溺和自我毀滅的模式。下降點的處女座可以提供他們平衡的分辨力和常識，同時也能教導他們如何健康地去看待謹慎和限制。上升點雙魚座的人當然可以從他人身上得到這些特質，但是他們最好能在自己身上找到這些特質。有些上升點雙魚座的人會沉浸在宗教的狂熱或是誇浮的使命之中，所以會需要一位伴侶，照料他們在日常生活中較為瑣碎或是世俗的必需之事（處女座落入第七宮）。有時候，上升點雙魚座的人會因為過於理想主義或是太過浪漫，沒有意識到自己總是在挑剔或是譴責他人，只因為對方不符合自己的期待。有些上升點雙魚座的人則會透過拯救或服務他人，發展出自我的認同感。

在外表上，雙魚座在第一宮的人臉龐常帶有種夢幻、浪漫或神祕的氣息。他們可能會有一雙水汪汪的大眼睛，給人的整體感覺就是柔軟圓潤。他們就像黏土一樣，可以將自己塑造成各種不同的模樣，言行舉止也會散發出一種感性和討好的魅力，足以誘惑他人，甚至迷倒他人。他們有時候會看起來十分無助，勾起他人的同情心而前去拯救他們。

知名指揮家列波德・史托考夫斯基（Leopold Stokowski）的上升點落入雙魚座，雙魚座主宰行星海王星則落入第二宮的金牛座。雙魚座在第一宮代表著他對音樂的包容性，第二宮的海王星落入土象星座的金牛座，則讓他能夠具體且完整地「表達」靈感。放浪不羈的青年詩人斯文本恩（Swinburne）用各種形式的詩投入「前拉斐爾派」（Pre-Raphaelite）運動，他就有上升點落入雙魚座，而海王星落入代表團體的第十一宮。

上升點的綜合整理

我們已經提過有些因素會影響上升點或是第一宮宮頭星座的表現，其中包括：

1. 上升點星座的主宰行星，以及該行星落入的星座、宮位和相位。
2. 接近上升點的行星（位於十度的容許度之內，無論是在第一宮或第十二宮）。
3. 上升點本身的相位。

主宰行星

第一宮宮頭星座的主宰行星時常被稱為上升點的主宰行星，有時也被稱為命主星，這暗示了上升點的星座會如何地被表現出來。我們應該仔細地檢視主宰行星的星座、宮位和相位。舉個例子，如果上升點落入牡羊座，而火星是牡羊座的主宰行星。我們就可以從火星的基本排列，看出什麼樣的事情會刺激到上升點牡羊座的人。如果火星落入火象星座，這就代表了容易被想像或直覺所刺激。如果落入水象星座，火星就會被情感和感覺所激發。如果火星落入風象星座，就會因為盤算或思考的事情而感到興奮，但落入土象星座時，則會因為想要獲得比較具體或實際的事物，進而去採取行動。如果上升點牡羊座的人的火星落入水象的巨蟹座或雙魚座，他們就不如火星落入火象星座（例如牡羊座、獅子座或射手座）的人來得精力旺盛。

上升點主宰行星所落入的宮位，意味著這個人可以在這個生命領域中獲得重要的生命經驗，而這也會直接影響自我的成長和覺知。我們還是用上升點牡羊座做例子，火星落入的宮位代表此人必須在這個生命領域中果斷地採取行動。如果火星是在第二宮，代表這個人應該培養處理金錢和物質世界的能力。如果火星在第三宮，則代表這個人應該加強自我表達和溝通的技巧，同時要發展智力，才能產生更完整的自我認同。

我們也可以從上升點主宰行星的相位，看出一個人會用什麼樣的態度、會朝什麼方向來展現上升點星座的特質。舉個例子，上升點落入牡羊座的人，如果上升點的主宰行星火星又與木星合相，那麼他展現牡羊座特質的方式或是發揮精力的方向，絕對不同於一個上升點牡羊座、火星與土星合相的人。

由第一宮所佔的幅度，可以看出一個人的上升星座從地平線上昇時所耗的時間長短。這與一個人誕生在哪一個半球有關，同時也與星盤採用的分宮制有關。有些人的第一宮可能非常地寬廣，弧度多達六十度，他們可能會有一個星座落在上升點，緊接的下一個星座會被劫奪，而第三個星座則會佔有部分的第一宮，然後透過第三個星座進入下一個宮位。在某些方面，這三個星座代表的特質都必須被發展出來，但最重要的仍是佔據宮頭的那個星座。我們可以用檢視上升點主宰行星的方式，檢視第一宮內所有星座的主宰行星。

接近上升點的行星

接近或落入上升點的行星（允許十度的容許度，無論落在第一宮或第十二宮），都會加強或修正上升點星座的特質。如果上升點落入牡羊座，但是與海王星合相，那麼牡羊座的自我堅持一定會被海王星的敏感和消融力所影響；但如果上升點是與木星或天王星合相，這個人的意志力和直率的特質就會被強化。

上升點的相位

如果有行星與上升點形成相位，就可以看出一個人是否會具備其他的特質，與上升點星座要求的表達方式產生衝突或互相調和。舉個例子，土星與牡羊座上升點形成四分相，就代表了一個人的恐懼、謹慎和保留（土星）會限制上升星座的完整能量。如果土星和上升點形成對分相，這個人可能會覺得受到他人的限制。如果土星與上升點的牡羊座形成三分相或六分相，則代表這個人知道應該在什麼樣的情境之下付出最恰當的努力，同時也會懂得自制和務實，進一步地去達成目標。簡單地說，在我們判斷一個行星對上升點的影響力時，行星和相位的本質都應該列入考慮。

第十八章
太陽和獅子座落入每個宮位的詮釋

太陽的符號是一個圓圈，圓圈中間有一個點。這個圓圈沒有起始點，代表了宇宙的浩瀚無界，而中間的點則代表每個人都是獨立的個體，也就是必須具備自我身分認同，但這種小我的身分仍屬於一個更大的整體。上升點的特質代表了我們發現自己的途徑，但太陽星座才是我們最終會發現的自己，或是想要變成的模樣。我們可以在太陽所在宮位代表的生命領域中，發展出太陽星座的本質，藉此更加了解自己今生的力量、目的和方向。

這個道理其實非常簡單。太陽所在的宮位代表了我們必須在這個領域中凸顯自我，也就是發揮影響力，努力地讓自己出類拔萃、挺身而出且與眾不同。我們會在這個生命領域中將自己與原型的「母親」區隔開來，進一步認清自己的獨特性，不再停留在與宇宙眾生融合的階段。當月亮因為深藏的本能和過去世的行為模式而搖擺不定時，太陽則可以在其所落入的宮位中發揮力量，挑起改變，實踐自己的選擇，並且創造嶄新的可能性。就像天上的太陽位於太陽系的中心位置，會對所有圍繞它的行星產生影響，本命盤太陽的位置也代表我們必須在那個領域中培養自我啟發的能力，而非只是被動地反應。

我們就像神話故事中的英雄一樣，太陽的宮位則代表了我們會在什麼領域中，與命運的猛龍纏鬥，勇敢地對抗生命，克服所有阻擋我們前進的障礙和力量。當我們在太陽落入的生命領域中擴張勢力、發展自我時，必須得經歷痛苦和掙扎。如果成功地通過考驗，就可以展現一個更堅定、更協調的「我」。

太陽落入一個宮位的意義，類似於有獅子座的宮位，無論獅子座是位於宮頭、被劫奪，或只是結束了一個宮頭是巨蟹座的宮位。我們接下來會逐一地討論太陽在每一個宮位中的情形，看出獅子座在每一個宮位的意義（舉個例子，你的獅子座位於第二宮的宮頭，或是第二宮內有獅子座，那你就可以參考太陽在第二宮的部分，更進一步地了解獅子座在第二宮的表現）。

我們也必須注意宮頭是獅子座的宮位（或是獅子座被劫奪、獅子座佔有部分空間的宮位），多少都與太陽落入的宮位有關。舉個例子，法國詩人尚・寇克多（Jean Cocteau）的太陽落入第三宮，太陽主宰的獅子座是第五宮的宮頭。他為了跟其他人溝通自己的理想（太陽在第三宮），會不停地去探索不同形式的藝術媒介（獅子座在第五宮），其中包括了電影、詩、小說、戲劇和舞台設計。他不斷地實驗創作的風格（第五宮），藉此徹底地表現自己（太陽在第三宮）。

太陽落入第一宮

太陽落入第一宮的人是在日出之前出生的，此時白天和日光的創造力漸漸凌駕了夜晚的黑暗。當太陽越過地平線時，行星就會開始甦醒運轉，所有隱藏的事物都變得清楚可見，許多活動也開始運作，人們此時會離開被窩進入眼前的世界。這個位置的太陽對於生命有種明顯的激勵作用，所以這個時間出生的人也具有同樣的影響力。他們注定要去影響其他人，吸引其他人的注意，然後展現自己的力量，其他人也會被他們的能量與溫暖吸引。他們應該帶著活力和熱情去面對生命，還要立志出人頭地。他們不應該依賴家庭背景去建立自我的身分認同，也不應該透過家庭背景來感受自己的重要性。相反地，他們必須替自己打造一個「太陽中的位置」，憑著自己所做的、一手創造或促使發生的事情，去贏得他人的讚賞和尊重。這些人不應該被忽略。他們必須在生命中占有一席之地，運用與生俱來的影響力，滿足想要被讚賞的慾望。

太陽在第一宮的人體格通常都是非常強壯的，但這還是要參照太陽的星座和相位。如果太陽與上升點落入同一個星座，占星家會把這一類的人稱為「雙重牡羊」或是「雙重金牛」等等。在這種情形下，他們一定會加強、同時具體呈現出該星座的特質。舉個例子，極力提倡解放和自由人權的阿布拉罕・林肯（Abraham Lincoln）就是日出時刻出生的，他的上升點和太陽都是落入講求平等主義的水瓶座。美國電視明星艾德・艾瑟納（Ed Asner，曾任電視影集 *Lou Grant* 的主角）的上升點和太陽都落入天蠍座。他一生都勇於公開發言，反對自認的政治不公平現象（太陽在第一宮的天蠍座），最後人生與事業幾乎毀於一旦（天蠍座太陽主管的獅子座落入代表事業和聲望的第十宮）。

如果太陽的相位良好，早期環境的影響力就會加強自我表達的慾望。這些人一出生通常就備受外界矚目，彷彿要滿足他們必須受到重視的需求。太陽在第一宮的人，負面表現可能是專橫霸道、極度自我中心，或是狂妄自大。他們如果沒有替自己的權威和力量找到一個健康的出口，或是適度地展現自己的權力，就可能變得尖酸刻薄又憤世嫉俗。其他人如果沒有毫不質疑地肯定他們的價值時，他們也可能會感到憤怒，但是他們應該認清楚一個事實：所有來自於他人的欽佩和讚賞，都是要靠自己掙來的。

太陽落入第二宮

太陽或獅子座落入第二宮的人應該用強韌又充滿生命力的態度，面對第二宮代表的生命領域：他們需要去發展個人的技巧、價值和資源，藉此展現自我的特質，同時要去發現、定義，有什麼東西可以帶來保障，而非仰賴他人。他們可以透過獲得金錢和財產，或是透過處理和安排物質世界的能力，增加自我的價值和權威。有些人會用追求地位、炫耀或鋪張浪費的方式，證明自我的價值，藉此穩固內在自我的不安全感。他們也可能對金錢和財產非常慷慨，但通常希望對方能回報某種程度的認同。太陽的位置代表一個人尋求認同的領域。無懈可擊的國際情歌歌手暨演員莫利斯・西瓦利（Maurice Chevalier）太陽處女座落入第二宮：他出生在貧民窟，死的時候已是百萬富翁。

第二宮內任何行星的本質都是非常珍貴的，因為這些東西可以為我們帶來安全感。因此，太陽第二宮的安全感就來自於培養、且擁有以下特質：力量、崇高、權威、獨特感和勇氣。太陽落入第二宮的人如果能發展出這些特質，就能獲得更多的安全感，而這與銀行存款多少是沒有絕對關聯的。

太陽落入第三宮

太陽落入第三宮的人應該發展、並且尊重自己對於事物的想法、觀點和洞察力，而非只是吸收或反映出周遭環境的態度和影響，同時還應該努力加強思維能力或溝通技巧，藉此獲得自我的價值和權威感。他們通常在學習事物，或者與他人分享、交換自己的理念和知識時，最能夠展現充沛的活力。太陽（或是獅子座）落入第三宮的人，需要感受到身旁人的關注和聆聽。所以他們與兄弟姐妹的對立，或是與同儕之間的競爭，也是很值得深入探討的議題。有些人可能將自己對於力量和權威的需求，投射在兄弟姐妹的身上，或者會把知識當成太陽一樣地崇拜。太陽落入第三宮的困難相位，則可能代表困難的早期學習經驗。如果學習的目的是讓心智更為開放，那麼我們就更應該去檢視早期學習上的問題。即使外界認為太陽第三宮的人非常聰明，這些人卻總覺得自己可以懂得更多，更善於溝通。美國暢銷書作家菲利普・羅斯（Philip Roth）以機智和詼諧出名，他的太陽就落入第三宮。愛爾蘭諾貝爾文學獎得主蕭伯納（George Bernard Shaw）透過寫作倡導自己的哲學觀，則是太陽在獅子座，落入第三宮。

太陽落入第四宮（或是天底是獅子座）

太陽落入第四宮的人必須深入內心去探索自己。對於他們而言，外在世界的成就，可能不如靈魂的成長或內在精神發展的實現來得重要。

這些人會在家裡掀起一場又一場定義自我的戰爭，戰況如火如荼。他們需要知道自我的身分並不等同於家庭的背景，可是又不能否認自己是這個家的一分子。他們的危險之處一方面是太過於仰賴家族血統，藉此來認定自我，而導致自己成為家族的複製品，或者只是呈現出家族如何塑造他們。另一方面的危險則可能是，他們會完全否定家族背景，藉此來脫離家庭的禁錮。第一種情形的人會否認自己的獨特性和原創性；第二種情形的人則會否認自己的「命運」，這裡指的是血緣和心理的根源。當務之急就是結合兩者：承認遺傳，認同自己與家庭根源的聯結，同時又能夠憑著自己的力量去發展自我。這些人可能會肩負家庭的傳統，但卻用自己的方法行事。

我們如果把第四宮視為父親，就會在這裡感受到父親的特質，或是投射在父親身上的能量。太陽落入第四宮的人可能會覺得父親極具權威性，而導致自己無法克服自我殘缺、渺小或自卑的感覺。他們可能必須與父親作戰，才能切斷父親的掌控。有些情形則是父親在此人的心理上或實際上長期缺席。對於一個小男孩而言，這可能意味著對於父親欠缺清楚的認識，也缺少一個塑造男性特質的典範，而這些人必須從內心找到男性的特質。對於一個小女孩而言，父親缺席的經驗可能導致她終其一生都在尋找一個失去的父親，最後也可能必須在自己的內心「找到」父親的特質。

太陽在第四宮的人非常需要建立自己的家庭，在家中展現權威和影響力，有時會花上非常長的時間，才能尋找到正確的落腳處。

太陽在第四宮意味著可以在後半段的人生中更貼近自己。他們可能在晚年展現創造力和生命力，或是感受到自我表達的喜悅。

太陽在第四宮的本質類似獅子座落入天底。這些人非常需要展現自己的獨特性，而這也是建構人生的重要基礎。

太陽落入第五宮

太陽落入第五宮是非常強勢的，因為第五宮是太陽的天生宮位。這種人可以透過全心投入一些體悟生命樂趣的事物，在其中找到自我的身分認同、力量以及人生的目的。他們非常需要表達自我，而且這對他們的身心健康都非常重要。他們如果失去了活著的目標，就很容易生病或情緒沮喪。當然，他們如果試圖在生命中塞入太多的東西，也會生病。太陽在第五宮的問題不在於能夠做多少，重點在於參與的**品質**以及從中獲得的滿足感。

我會建議他們從事某些形式的藝術表現，目標當然不是為了成為第二個莫札特（Mozart，太陽水瓶座落第五宮）或馬諦斯（Matisse，太陽摩羯座落第五宮），而是為了解放靈魂、釋放情感，藉此獲得一種發自內在的創作機會。他們也可以透過興趣、運動、娛樂、上戲院和畫廊等活動，讓生命更加豐富。

太陽落入第五宮的人心中都有一個朝氣蓬勃的「貪玩小孩」，他們總是不停地掙扎，想要活得自由自在。無論其他人認為他們是多麼地有創意，他們總認為自己可以做得更好。太陽的本質是擴張，在落入第五宮時，就代表此人會不斷地展現自己，持續地為自己開疆闢土。英國學者探險家理查・波頓爵士（Sir Richard Burton）就充分地展現了太陽落入第五宮的精神，他在自己的著作中描述經歷過的異國探險，他的太陽是落入第五宮，掌管第九宮（長途旅行）和第十宮（事業）的獅子座。

對於太陽落入第五宮的人而言，戀愛和羅曼史可以提升他們對生命的參與感，也可以加強自我的獨特感。生兒育女也是一種強化自我身分認同的方法，同時還可以擴張自我的權力或影響力。但太陽落入第五宮的父母最危險的一點就是，可能會過於渴望小孩替他們「活出」自我，如果他們沒有滿足自己對於名聲和榮耀的渴望，便可能將這種渴望投射到小孩身上。他們可能會把小孩當成一件藝術品來展示，希望自己「生產」出來的東西（小孩）可以獲得他人的讚美。

太陽落入第五宮的人非常需要成為眾人注目的焦點，也可能無法忍受其他人沒有將全部的注意力放在他們身上。第五宮太陽的困難相位可能會導致欺騙、操弄，或是一些想要獲得注意的誇張手段。對他們來說，即使是負面的「驚喜」，也勝過完全沒有「驚喜」。

太陽落入第六宮

太陽落入第六宮的人必須透過維持健康，認真地面對每日生活的儀式及工作，來培養出堅定的自我意識。這些人不能過度耽溺，必須特別注意有關自我改善的事物。他們常會有明顯的身心缺陷或弱點，迫使自己做出必要的調整。

最重要的是，他們必須跟身體建立起良好的關係，而且遲早得學會尊重身體這門功課。令人遺憾的是，很多人都要等到因過度忽略或虐待身體而生病的時候，才能體悟到照顧身體的重要性。然而，即使他們會在這個領域遭遇到困難，對他們而言追求健康和身心的完整性，仍然十分有助於凸顯個人的特性，這比其他的方式更為適合他們。同樣地，他們也可以啟發別人找到更好的保健之道。

太陽在第六宮的人應該培養一種技能，以確保自己能在就業市場上有所發揮，藉此增加自我的價值和獨特性，而他們也可以透過服務他人來「發現自己」。

他們需要有效率地安排每日的例行事務，確定生活能夠更順暢地運作，如果能學會讓實際的事物有效地運作，將有助於加強自我的身分認同。他們不應該整天坐著不動，沉思冥想。只要他們願意試試看，一定會訝於竟然可以從刷廚房地板或是洗襪子的過程中，獲得頓悟。太陽在第六宮的人必須接受一件事，那就是界線和例行事務可以賦予一個人力量，讓生活的藝術更加精煉和完美。這種態度不一定會帶來耀眼的成果，但卻可以讓一個人的言行蘊含著一種細微又雅緻的品味。這不禁讓人聯想到一句禪語：「在開悟之前，我們提水，開悟之後亦是如此。」

太陽落入第七宮

哲學家馬丁・布伯（Martin Buber）曾說過：「人是透過一個『你』而變成了『我』。」他指的應該是太陽落入第七宮的人。這其實是很違背常理的，因為這些人必須透過伴侶或夥伴關係，才能夠發現自己的力量、目的和獨特性。當他們與伴侶一同參與活動時，過程中遇到的問題，都將有助於他們更清楚地定義自己。太陽第七宮的人在試圖建立一種重要、誠實、又能保障生命的聯盟時，通常會經歷無數的起伏和糾葛，然後才能確立自我的身分，同時加強對自我的認同。在現實人生中，一件事物可以透過與其他事物的關係，更清楚地凸顯本身的意義，所以我們也可以從不同人格產生的關聯中，更加看清楚每一種人格的意義。當太陽照耀在天秤座的宮位時，就意味著「每一個我都需要一個你」。

世事總是無法盡如人意，有些太陽第七宮的人時常會試圖透過另外一個人的身分來逃避自我，或是替自己找一個強勢作風的人，讓對方來告訴自己應該如何面對人生。他們可能會先入為主地認為，只要與一個大人物攀上關係，就能夠提升自己的名望和權威。當然，他們也可能會去尋找一個能夠永久伺候、尊敬或崇拜的英雄。在一個人的本命盤上，太陽在第七宮可能意味著尋找一種「父親型」的人物。簡單地說，他們將自己「活出」太陽法則的企圖，投射在伴侶的身上。這跟透過另一個人的幫助來發現自我是完全不同的事，而這種投射通常效果不彰，也無法持續很久。

第七宮也代表我們與社會互動的關係。太陽第七宮的人必須和人群接觸，才能夠凸顯自己。英國黛安娜王妃在嫁給查爾斯王子之後，變成了世界矚目的焦點，晉身至名人之流，她就是太陽落入第七宮。太陽落入第七宮的人時常會從事處理人際關係問題的工作，例如婚姻諮商師，或是一些需要仲裁及外交技巧的工作。獅子座落入下降點的意義，類似於太陽落入第七宮。

太陽落入第八宮

每一個人的內心深處都渴望與超我重新產生連結，儘管我們很難覺察這些暗藏的動念，但是太陽在第八宮的人，卻會透過與他人結合或交流的形式來擴張自我，超越個人界線和隔離感。這些人可以透過不同的層次或手段，達到這個目的。舉個例子，有些太陽落入第八宮的人，會透過吸收他人的金錢或財產，來加強自己的身分認同和價值感。最糟糕的是，這一切不僅是經過設計的，而且還是被默許的（這就像是收到一封正式邀請函，邀請你前往吸血鬼德古拉伯爵的城堡享用午夜盛宴）。我們常常看到許多人會很自然地想要幫助太陽落入第八宮的人，像是送他們禮物、把遺產留給他們，或是把財產轉讓給他們。他們常會渴望將精力投入一個聯合或集體的企業中，所以往往會進入商業界、銀行業、保險業，以及各種與他人金錢或資源有關的領域。

金錢和財富不過是人與人之間一種表層的交流。太陽落入第八宮的人還得注意連接自我與他人間難以察覺的情感互動。儘管這些東西就像是一位看了太多肥皂劇的殘酷天神一手策劃出來的戲碼，但是對這些人而言，這齣肥皂劇中的人際關係不僅會揭露暗藏的激情，也時常會觸動內心的原始情感，讓童年時期未解決的複雜情結再度浮出檯面，而這些都有助於他們去發展或呈現太陽的本質。親密關係不僅可以將一個人從早年建立的奴役或重複模式中解救出來，同時也像是瓦解、重生和改變的催化劑。對於太陽在第八宮的人來說，親密關係可不是用腳趾頭沾一下水，偶爾提振一下精神，他們還必須學會如何在水中游泳。有些人可能會完全避免真正的親密關係，但這種做法只是用轉變來欺騙自己。

太陽在第八宮的人通常會對生命中隱藏的、難以理解的或神祕的事物著迷，有時也會被死亡或其他的社會禁忌勾起興趣，甚至是沉迷於其中。勇敢無懼的伊韋・奈維爾（Evel Knievel）不停地測試自己的力氣和能力，從事挑戰死亡的表演，就是有英雄主義色彩的太陽落入第八宮。美國電影導演山姆・畢京伯（Sam Peckinpah）的作品總是揭露生命中較為暴力的潛伏情緒，則是太陽雙魚座落入第八宮。《花花公子》雜誌是第一本在全球發行、公開談論性議題的雜誌，其創辦人休・海夫納（Hugh Hefner）就是太陽牡羊座在第八宮。

太陽落入第九宮

太陽落入第九宮的人應該擴展知識和人生觀，並且透過追尋哲學上存在的「理由和目地」，或是透過旅行、大量閱讀、放縱想像力，來達到這個目的。太陽落入第九宮的人十分能夠理解個人或集體生活運作的深層意義及型態，而這種理解能力可以讓他們展現力量且富有活力。

任何在本命盤上有濃厚射手座色彩的人，最好都將生命視為一場旅行或朝聖之旅。有些人的確會像西班牙作家賽凡提斯（Cervantes）一樣，相信「路上總比落腳處好」。與其全盤接受單獨一種的信仰系統，不如從探索不同的團體、哲學或宗教的過程中獲得洞見，然後淬鍊出自己對於真相的觀點，而與其他人分享或是交換自己的洞見，這也有助於他們去辨識自己。

他們的危險之處在於，可能會過度地關心「大藍圖」和生命的抽象議題，反而與日常現實面脫節。這些人往往太過於耽溺在未來的發展，反而不清楚當下該如何參與人生，或是總是忙著計畫人生，鋪陳未來，卻忘了讓未來一一地落實。有時候，他們可以給予其他人豐富的良言和忠告，卻對自己的困境束手無策。

太陽落入第九宮的人適合各類型的工作。他們可能非常擅長公關，發揚一些可以激勵他人的概念或夢想。這些人也非常擅長「銷售旅行」，可能會大肆鼓吹去非洲旅行的優點，但是自己卻從未到過那裡。也可能是優秀的經理人或教練，指導並組織他人朝共同的目標邁進，或是利用自己的熱情和先見鼓舞他人。這些人通常會透過教學、寫作或出版業去傳播知識。

太陽落入第十宮（或是天頂是獅子座）

太陽在第十宮的人的身分認同，通常與事業或專業的成就有關。第十宮代表了我們希望被其他人注意的特質，所以太陽在這個位置的人會努力不懈，希望能在太陽星座所代表的相關領域中，被他人視為光芒四射的權力和權威的象徵。舉個例子，太陽雙子座落入第十宮的人，會希望智力受到眾人的肯定；太陽落入雙魚座的人可能會渴望療癒能力、魅力或靈感受到他人的認同。

太陽第十宮的人深切地渴望能被其他人視為「大人物」，受到眾人的欽佩。他們如果想實現今生的目的，就應該「擁有」並且滿足某種程度的野心。這個位置的代表人物包括企業家約翰・迪洛林（John DeLorean，太陽摩羯座），他勤奮不倦地工作，就是要讓自己功成名就。另外一個例子則是演員米基・魯尼（Mickey Rooney，太陽天秤座）從童星發跡，一路打拼達到事業的高峰，而且維持了不墜的地位。隆梅爾將軍（General Rommel，太陽天蠍座），則是一位足智多謀的陸軍元帥，贏得「沙漠之狐」的暱稱。太陽落入這個位置的女人可能無法像男人或伴侶一樣，可以透過事業來滿足功成名就的渴望（這就是「好萊塢妻子」症候群）。我們可以從第四宮與第十宮太陽對立的位置看出，太陽落入第十宮的人無論性別，都時常面臨家庭、個人生活與外在事業成就之間的衝突。他們常會因為攀上成功的顛峰，不停地努力、奉獻和堅持不懈，但卻限制了往其他方向發展的自由和自發性。另一個危險之處在於，他們會太過於依賴外在世界的頭銜和地位，藉此增加自我的身分認同或重要性，一旦失去了名聲和地位，就會覺得自己被徹底擊敗而失落不已。

如果第十宮代表的是母親，太陽落入第十宮就意味著母親是十分重要的。太陽第十宮的小孩可能會將自己的身分認同和權力感投射在母親身上，意即母親的需求和慾望時常變成小孩的需求和慾望。相反地，這個位置也常意味著母親需要透過小孩來反映自己，還會把自我的獨特性加諸在小孩身上，就像「舞台母親」（我是個失敗的女演員，所以我的小孩要學會演戲）的經典例子。通常這裡都會出現一種矛盾：小孩崇拜又愛慕著母親，把自己的一切都奉獻給母親，結果就變成「你想要我是你的展示品，而我也想為了你這麼做」。太陽落入第十宮的人有時必須檢視一下，有多少事情是為自己而做，又有多少事情是為了贏得母親的愛才去做的。

獅子座落入天頂或第十宮內，與太陽落入第十宮有相似的意義。

太陽落入第十一宮

太陽落入第十一宮的人必須透過社會、慈善或政治活動，建立更切實的自我身分感。雖然「沒有人是一個孤島」這句話早已經是老生常談，但對於太陽在十一宮的人卻別具意義。

這些人的身分認同應該與一個超越自我的組織產生連結。他們通常會透過參與一個團體來獲得自我的身分認同。太陽在第十一宮的人時常成為各種組織中極具影響力的領導人物。我們可以從太陽的相位看出團體活動經驗的本質，看出他們是否能在這個領域中揮灑自如或是自我調適。這些人可能會成為展現集體新趨勢或新潮流的管道。美國專門揭發醜聞的「扒糞（Muckraking）」作家亞普頓・辛克萊（Upton Sinclair）為了制定保護工作的新法律，與大企業家們勢不兩立，他就是太陽和火星合相落入第十一宮。

他們的危險之處在於，自我的身分認同可能完全來自於自己與一種團體、信仰體系或理想的結合。在這種情形下，他們代表的並不是自己消化的食物，而是團體餵食他的東西。太陽在第十一宮的人必須非常小心地去分辨什麼是自己相信的，而什麼又是團體要求自己去相信的（你要知道，不是所有吃素、黑膚色的男同性戀都有一樣的想法）。

對於太陽落入第十一宮的健全發展來看，友誼是非常重要的一件事。他們對於親近的友人有明顯的影響力；相反地，朋友也可能為他們打開新的視野，幫他們達成目標。這些人如果太過於投入一些團體或信仰體系，可能會把神化的力量投射在朋友身上。

太陽落入第十一宮的人最好能有意識地為自己設定一個可行的目標，然後努力地朝目標邁進。他們對於目標的理解，將有助自己形成更穩固、更具體的自我身分認同、目的和力量，而在每一次自我療癒的過程中，最重要的就是找到活著的理由。

太陽落入第十二宮

太陽的準則和第十二宮的本質之間，存在著原型上的差異。太陽的任務是建立獨立的身分認同，並且讓這種認同感更加地清楚，甚至是永存不朽，但第十二宮卻會散發出一種威脅的力量，意圖消融、破壞、瓦解、戰勝個人自我的疆界。太陽落入第十二宮的人為了解決這種衝突，必須將「我」的意識延伸至正常或一般的意識範疇之外，他們必須學會讓自我扮演靈魂的僕人。

太陽第十二宮的人必須學會如何同時觀察個人與宇宙、意識與無意識、個人自我以及集體自我。這是一件極具挑戰性的事情，因為自我必須具有柔軟的彈性才能夠進入集體的無意識領域，但又不能太過於軟弱，否則就會被這些領域淹沒。

這種人可能會為了堅守自我的身分認同，而完全否定了個人或集體無意識的存在。他們可能會為了保持理智上的清明去畫清界線，禁止任何模糊不清、非理性、神祕或超個人的事物越線。他們的白天守衛非常恪守本分，完全遵照自我的規則行事，但夜晚的巡邏卻是聲名狼藉，常常怠忽職守，一不小心打了個盹兒，那些隱藏或被拒絕在意識範疇之外的東西就會悄悄入侵（這就是羅伯特・佛斯特 Robert Frost 所寫的「老天不喜歡牆」）。到了隔天早上，白天守衛重返崗位，入侵者又會被統統趕出去。這種情節會一再地上演，導致他們耗費了大量精神上的儲備能量，努力地將自我的不同部分區隔開來。當一個人的某些個人面向被孤立起來，肯定會因為心中的衝突、病痛而飽受痛苦，更不用提那種與人群隔離的感覺，是多麼令人難受了。然而，太陽第十二宮的人仍有機會去結合這兩個面向的自我，意即兼顧個人和宇宙、意識與無意識，只要他們努力讓兩者和平為友。

他們如果能將自我的力量，與靈魂中暗藏的較深層的範疇結合，這將會是非常有幫助的。無論是透過藝術、詩詞、音樂、舞蹈或某種形式的心靈工作，太陽落入第十二宮的人都可以做為一種管道或媒介，表達集體無意識中的神祕或原型意象。他們具備的敏感度和開放性，遠超過個人的需要，所以他們有能力去回應其他人的需求，成為極有幫助的服務者和治療者。而在集體的層次上，他們也可以做為引起改變的觸媒，甚至還可以讓個人的身分更廣泛、更普遍的整體交會，然後將自己融入其中。

正如第十二宮的傳統詮釋一樣，太陽第十二宮的人需要大量的獨處時間，因為他們對其他人的包容性，會讓自己不停地吸收環境的影響力，所以必須藉由遁居來休息片刻，擺脫已經「拾起」的東西，重新獲得自我的疆界感。有時候，他們會在覺醒和啟發之前經歷危機和自我監禁，也可能會對無意識或外在的世界感到困惑，甚至飽受其害，最後變成無法過著日復一日的正常生活。

他們一生時常會經歷不同形式的機構，可能會在醫院、監獄、博物館或圖書館中工作。部分的占星學教科書指出，太陽落入第十二宮的人可能在前世過於自私地運用權力，因此在這一世必須為他人展現力量，或是體驗一下被其他權威掌控的感受。他們內心隱藏了一種自負和狂傲，無意識中認為其他人應該供養他們，而且應該毫不遲疑地承認他們的獨特性，這些念頭都會導致問題產生。

太陽代表的「陽性法則」。當太陽落入渾沌不明的第十二宮時，可能意味著這種人對於父親或生命中其他男性的形象有些迷惑，或是必須為父親犧牲。有時他們與父親之間會有強烈的心靈感應。

第十九章
月亮和巨蟹座落入每個宮位的詮釋

天上的月亮本身並沒有光，只是反射了太陽的光芒。月亮不同於太陽，太陽代表的是我們應該在哪個生命領域付出努力，變成一個有意識的個體，月亮則代表一個人必須在月亮落入的生命領域中，具備一種融入現實、或是因應現實而改變的天性。月亮落入的宮位代表我們在這個生命領域裡，可以敏銳地感受到他人的需求和勢力，也最容易受到外界的影響。在這個領域中，一個人會比較容易受到習慣或是過去的訓練所影響，也可能被家庭或文化的觀念、期望、價值和標準所束縛。我們要知道，有些天生的模式可能頗具價值和建設性，但有些卻會阻礙或延誤新的發展。當一個人在努力凸顯自我、提升自我意識的過程中，偶爾需要休息一下或停下腳步的時候，就會退縮回到月亮所在的生命領域。

基於每一個人對歸屬感、安慰或安全感的需求，我們通常會被月亮落入的宮位所代表的生命領域吸引，因為這是我們可以找到或扮演母親的地方。我們會在這裡尋求安全感、包容或依靠，同樣地，也會在此滋養或支持他人。

天上的月亮會經歷不同的階段和循環，有時候是圓滿地開展，有時則是隱密又遮蔽，因此月亮落入的宮位也代表我們很可能在此遭遇波動和起伏，根據自己不時改變的情緒去「經歷每個階段」，有時會很開放，很容易受傷，有時又會封閉自己，退回到自己的世界裡。我們可能會在這個領域中表現出退化、幼稚或是缺少安全感的行為。從比較正面的角度來分析，這是和情緒或本能保持連結的地方，這裡也可以提供一些具有幫助的習性或記憶，作為我們生存的支柱。在月亮的宮位代表的生命領域裡，女性通常扮演重要的角色，因為月亮代表基本的女性或**陰性**（anima）法則。

當巨蟹座佔據一個宮位的宮頭位置（或是包含巨蟹座的宮位），就與月亮落入該宮位的意義相似。在某些方面，巨蟹座落入的宮位也跟月亮落入的宮位有關。舉個例子，哲學家伯特蘭・羅素（Bertrand Russell）的巨蟹座落入第九宮宮頭，月亮天秤座則落入第十一宮，他的哲學和世界觀（第九宮）就強烈地同情並支持（月亮）人道主義的理想和自由思潮（第十一宮）。

月亮落入第一宮

如果行星的能量與宮位的原則相輔相成，第一宮內的任何行星的特質都會被放大。根據第一宮的星座，月亮可能會激發個人的情緒、本能和情感反應。除非受到星盤中其他相位的強烈修正，月亮在第一宮的人時常會表現出月亮的特質：敏感、包容性和童真，而旁人也會很自然地被他們吸引。

太陽在第一宮的人會想要強勢地去影響環境，月亮第一宮的人卻傾向與母親或環境融為一體。所有的小嬰兒在本能上都知道，贏得照料者的愛才能確保生存無慮，所以他們會讓自己適應媽媽的喜好和需求。但月亮落入第一宮的人即使已經不再需要仰賴一個人而活，仍會習慣性地去適應他人，彷彿人生是建構在他人對自己的要求之上。因此他們會展現一種雷達般的偵測能力，不停地接受或解讀身旁的人所釋放出來的訊息，但是這種解讀常會因為過度的主觀而扭曲。月亮在第一宮的人時常會受限於自我的需求、感覺和情緒化傾向，而導致無法客觀地看待其他人或生命。最極端的情形是，他們只關心自己的需求，絕不輕易對他人付出，除非一切都符合自己的需要。

總之，他們具有一種動物性的直覺力，可以「嗅察」到機會、「感覺」到危險，或是「傾聽」到麻煩，本能地知道在特定的場合中該如何表現自我。

宮頭是巨蟹座或是有巨蟹座的宮位，情形也與月亮落入第一宮類似。戴瑞克・傑寇比（Derek Jacobi）以纖細、敏感的形象，成為英國史上最受尊崇的演員之一，他就是善感又具創造天分的月亮，天秤座落入第一宮，巨蟹座則被劫奪在代表事業的第十宮。

月亮落入第二宮

太陽落入第二宮的人可以透過金錢和財產，加強自我的身分認同或力量；月亮落入第二宮的人則會滿足於這些東西帶來的安全感。太陽在第二宮的人必須建立自我價值，月亮在第二宮的人則可能全盤接收家族或周遭環境的價值觀。太陽在此的人會將聲望投射到財產上面，月亮在此的人則會將感情投射到自己的財物上。他們可能對家族繼承來的東西，或是與生命中特定人、事、物的記憶有關的物品特別有強烈的情感，這些人時常會對傳家寶和骨董，或是任何來自過去的東西感到興趣。

就像天上的月亮有陰晴圓缺，他們的財務狀況可能也常會出現波動，通常會透過與月亮有關的職業來賺取收入，例如照料大眾需求的職業，或者會在餐廳、酒吧、旅館工作，也可能投身建築業或不動產業，甚至在海上工作。這個位置暗示著敏感和融通的內在資源，也代表出自本能地知道其他人的慾望和需求。

月亮落入第三宮

太陽落入第三宮的人會突然出現在一個環境裡，讓周遭的人印象深刻，月亮落入第三宮的人則會反映周遭的環境，並且容易受環境影響。月亮在第三宮的人能夠「感覺」到其他人正在想什麼，但卻很難將自己的想法與周遭隱藏的看法區隔開來。有時候，他們會認為自己十分地客觀又理智，但這其實只是根據自己的情緒所做出的反應。對月亮落入第三宮的人而言，情況會因為心情和感受而有所不同。當他們很樂觀時，就會用正面的角度去解釋所有的事情，一旦覺得很敏感又很受傷的時候，便可能用截然不同的角度去看待同樣的處境。

他們通常都有豐富的想像力，記性也很好。太陽落入第三宮的人會相信知識就是力量，月亮落入第三宮的人則是為了安全感而渴望知識，因為完全了解一件事物的運作可以帶來安全感。既然月亮與過去的影響力有關，他們可能會著迷於考古學、家譜學或歷史等學問。這些人非常能夠適應環境，但也可能會心不在焉，不停地轉移興趣。他們與兄弟姐妹的關係可以提供一些線索，有助於外人了解他們的心理結構，尤其是與女性親戚的關係，例如姐妹、阿姨或堂表姐妹。他們會從兄弟姐妹或親戚的身上尋求安慰和安全感，或是在成長的過程中必須充當身旁人的「母親」，而真正的母親則可能比較像是姐姐，不像媽媽。

古奎倫夫婦的研究指出，這個位置代表某種程度的寫作才華。除非月亮落入風象星座，否則會在寫作中流露充沛又真摯的情感，或是擅長描述個人的記憶和經驗。月亮在第三宮的公共演說家可以操縱群眾的情緒。這個位置的老師也可以感受到學生的需求和深層的情緒。

月亮落入第四宮（或是天底是巨蟹座）

太陽落入第四宮的人會亟欲掙脫對家庭的過度認同，月亮落入第四宮的人卻會從家庭中找到安全和歸屬感。當他們在一場又一場的生命搏鬥中，想要找一個避風港的時候，就會退回到家裡。即使他們已經建立了自己的家庭，但是遭遇困難時，仍會收拾包袱逃回原生家庭。這些人需要一個可以撤退或是休息的家，所以很容易就會感受到家中的情緒暗流和氣氛的改變，但他們可能很少流露自己的感受，只是每當生命的掙扎和痛苦已經超出負荷時，就會縮回到童年的行為模式。我曾見過一個月亮落入第四宮的人，每當他感到沮喪的時候，就會渴望吃一點巧克力餅乾，因為在他小的時候，他的媽媽為了讓他感覺好一點，總會給他吃巧克力餅乾。這就像是一種心理機制，彷彿在說：「好啦！我已經夠成熟了，現在讓我退化一下吧。」

小孩子通常都會向母親尋求安全感和慰藉，但月亮在第四宮的人卻可能會覺得父親比母親更讓人有安全感。有些人終其一生，都在不停地尋找一個能帶給自己安全感的父親。就長遠的眼光看來，我們必須在自己內在原型的層面上，培養出父母的特質。我們可以根據第四宮月亮的相位，看出自己從父親而非母親身上學到的呵護和滋養方式。

月亮在第四宮的人有時會不停地流浪，尋找一個最有安全感和歸屬感的家，甚至是國家，有些情形則是家庭狀況常會有波動。他們通常會對家族、世系、房地產或考古學有興趣。有些人則會渴望住在水邊。我們也可以從第四宮月亮的相位，看出晚年的生活環境。

巨蟹座落入天底的人會不斷地渴望著和平、安全和寧靜，而這些也是他們建構人生的根基。

月亮落入第五宮

太陽落入第五宮的人會透過追求興趣、愛情和創作，來加強自己的獨特性，月亮落入第五宮的人則會透過這些管道，尋找慰藉、放鬆和安全感。當太陽第五宮的人在創作中努力掙扎的時候，月亮第五宮的人反而能夠從其中獲得一種「在家」的感覺。對他們來說，創作是與生俱來又很自然的一件事。他們具備一種天生的自重和獨特感，非常地怡然自得，也不必急著去證明任何事情。當然我們必須檢視月亮的相位，才能看出在這個原則的運作下，他們會遭遇多少困難或輕鬆自處的機會。

除非月亮與土星或其他行星形成困難相位，這些人通常會很想要有自己的小孩。我們可以在月亮落入的宮位中看到母親。當月亮落入第五宮時，就可能會在自己的小孩身上，重演成長過程中母親所建立的模式。舉個例子，如果他們小時候覺得不受到母親的喜愛，他們就會擔心小孩不喜歡他們，或是害怕自己會不喜歡自己的小孩。月亮無論落入任何一個宮位，都可能勾起老舊的記憶和聯想。同樣地，這些人也可能會在戀愛的糾葛中，再度感受到與母親有關的心理議題。

月亮第五宮的人通常都很有公眾魅力，他們展現自我的方式一般都是令人愉悅又迷人的，而且對大多數的人都不具有威脅性，所以有一種讓人說不上來的親切感。最偉大的莎翁劇演員羅倫斯・奧利佛爵士（Sir Laurence Olivier）以擅長完美地詮釋各種不同角色享譽演藝界，他具備與生俱來的辨識力和熟練技巧，就是月亮處女座落入第五宮的表現。

月亮落入第六宮

月亮落入第六宮的人可以從每天的生活儀式中，或是照顧身體的需求中，獲得慰藉和安全感。像是早晨泡一杯咖啡、四點來一場下午茶，或是傍晚時分的泡澡，都可以為他們帶來一種延續的幸福感。

這些人的健康通常與心情有關，而心情也會影響他們應付生活偶發事件的方式。我們可以從月亮的相位，看出這些人是否能控制日常生活帶來的焦慮。舉個例子，月亮如果和土星形成三分相，就代表身體像是一具強韌的載具，能夠在其他人過度反應的時候保持鎮定。月亮如果是和火星形成四分相，則可能意味著稍有不滿就會「表現出來」，因為身體無法安靜地承受或控制壓力。他們的母親會如何應付日常生活的緊張，他們也可能會如法炮製。他們往往會有遺傳性的疾病，應該非常注意「家族中常見的疾病」，並且做好預防的保健。月亮在第六宮的人還應該注意飲食，也可能會在陷入情緒的困境時，出現進食或酗酒的問題。但這些人的身體也具備一種天生的智慧，很輕易地就知道該如何去尊重和認同身體。如果他們每一次進入一個房間，或是第一次遇見某一個人的時候，稍微注意一下自己身體的反應，就會發現原來可以透過身體和感官獲得許多的直覺和靈感。

月亮落入第六宮的人必須在工作中投入感情，從事一份與人接觸的工作，會比獨立的工作更為適合，他們有時還會介入同事或僕人的私生活。這些人很擅長滿足他人實際或情緒的需求，所以很適合從事任何能扮演「母親」角色的工作。他們可能會把與母親之間沒有解決的問題，投射在狗或貓的身上。從比較嚴肅的角度來分析，這些人如果能擁有一隻讓自己珍愛或照顧的寵物，當他們回到家時寵物就在家裡守候著，將十分有益於身心的健康。

月亮落入第七宮

月亮落入第七宮的人可能會對伴侶的需求過度敏感或太過於配合，時常會因為對方的要求而喪失自我的身分認同。

相反地，他們也可能在伴侶身上尋找一個母親，將早期對於母親的情緒模式投射到伴侶身上，導致自己無法客觀地看清楚眼前的實相。他們如果混淆了伴侶（無論是男性或女性）與母親的角色，就會有許多問題產生，例如怎麼可以和母親發生性關係呢？他們可能會在婚姻之中尋找一種安全感，確保會有一個舒適的家以獲得歸屬感。月亮並不想成為特立獨行的個體。對於月亮落入第七宮的人而言，結婚就是大多數人會做的事情，所以為什麼不隨俗呢？月亮如果與土星或其他行星形成了困難相位，這些人可能就很難從這些基本的慾望中獲得滿足。月亮在第七宮的人絕對會想要建立一份關係，但是自我的其他部分可能不會乖乖合作。

他們需要在伴侶關係中獲得一種對待小嬰兒似的滋養和呵護。基於月亮的變動本質，這種特性可能會以不同的方式呈現。月亮落入第七宮的人往往會感受到許多與伴侶有關的情緒和感情波動。有時，月亮落入第七宮也代表一位焦躁不安或情緒化的伴侶。建議月亮落入第七宮的人反觀一下，為什麼會被另一個人的某些特質所吸引？而對方又替自己「活出」了什麼？

月亮落入第八宮

月亮落入第八宮的人對於個人或集體隱含的操縱力量，天生就具有一種開放性和適應能力，這種能力可能展現在感受社會潮流的演變上面，尤其是微妙的經濟或商業趨勢。然而，月亮在第八宮的人有時也會被強大的無意識情結掌控或淹沒，甚至被「取代」而感到困惑。他們小時候就對家中暗藏的氛圍非常敏感，尤其是母親的深層情感、情緒和挫折，直到長大之後，他們還會將這些感覺「留在」心中。對於月亮落入第八宮的人而言，現階段的伴侶關係可能會喚醒早期的情緒模式，他們可能必須去探索過去，找出問題的本源。

早期的死亡或性經驗都可能會對性格產生強烈的影響。對他們而言，性或親密關係可能是為了尋求情感上的安全感，也可能是一種忘卻現實掙扎的方法。這個相位的人通常會積極地回應伴侶對於性或情感的需求，配合度也很高。最常見的情形是，他們天生就具備一種能力，可以幫助其他人發掘更深層的自我價值感。他們可能在實際上「照顧」其他人的錢，或是幫助其他人度過創傷和轉變。

第八宮的月亮如果有困難相位，那麼離婚、結束或分居可能都會變得一團糟，參雜了過度的憤怒，但他們在歷經崩潰和危機之後，通常可以獲得一些未曾發掘的資源和力量。

從較為世俗的層面去分析，他們有機會繼承土地或財產，很可能是來自於母親或伴侶。

月亮落入第九宮

月亮落入第九宮的人具備一種不可思議的能力，時常可以預言事件發生的結果，並且對哲學和宗教有一種天生的感受能力，能夠直觀地解讀概念和符號的意義。他們的感覺可以進入理智無法解釋的領域之中。儘管這個位置的人可能會依賴家族或文化延續的信仰，但自己的哲學觀卻能夠順應不斷改變的影響和條件。

月亮落入第九宮的人一生之中有些時候可能會居住在國外。他們的旅行時常與感情生活有關。有些人會渴望一個心靈的故鄉，或是覺得與異國文化特別有緣。旅行、探險、突發奇想或是哲學性的探索，都是逃避每日生活壓力或痛苦的方法。當他們深思生命的意義、在教堂禱告，或是準備搭飛機展開新的探險之旅時，最能夠獲得一種「在家」的感覺。

他們照顧其他人的方法可能包括分享哲學或精神性的洞見，或是用新的希望、願景、意義或方向，來激發他人潛在的信仰。他們眼中的上帝形象可能偏向女性觀點，但這一點仍然受到了月亮的星座和相位所影響。

在男性的本命盤上，月亮落入第九宮代表與異國女性的關係密切，或是女性可以擴展自己的眼界。月亮的困難相位暗示著與女性姻親之間有相處的問題。根據古奎倫夫婦的研究發現，月亮落入第九宮（在天頂之前）通常與從事寫作工作有關。

月亮落入第十宮（或是天頂是巨蟹座）

當我們還是小孩子時，幸福是來自於母親對我們的愛。月亮落入第十宮的人會將「母親」投射到外在世界，意即安全感和保障的需求都與事業和地位有關。他們對於聲望、公共形象及外界對自己的觀感，都非常敏感。無論他們外表看起來是多麼成熟又自足，但是在內心深處都有一個小男孩或小女孩，仰望著母親／世界，渴望著母親的愛。第十宮月亮的四分相或對分相，則代表會在其他的人格面向上感受到挫折，而這些人的所作所為也不一定要獲得他人的認同。最可怕的例子就是理查・史派克（Richard Speck），他的月亮巨蟹座在第十宮，與牡羊座的火星呈四分相，他在一九九六年六月謀殺了八名護士，當時行運的木星與他本命盤上的月亮合相，同時還觸動了四分相火星的能量。

月亮落入第十宮的人時常會透過態度和行動，表現出對母親的高度認同。在童年時期，母親的物質與感情生活特別容易影響他們。備受讚譽的音樂家范・克萊本（Van Cliburn）三歲開始學鋼琴，他的啟蒙老師就是同為鋼琴演奏家的母親。他的巨蟹座落入第十宮的宮頭，月亮落入獅子座的第十宮。月亮第十宮的人在步入晚年之後，甚至會變成母親的樣子。建議他們在某些時刻應該要畫清界線，讓母親退場，開始用自己的領域和現實生活來定義自我。

月亮落入第十宮的人的事業可能會反映出母性的特質，例如照顧或滿足其他人的需要，餵食他人、收留他人、滋養他人等等。他們的事業可能會勾動情感，讓自己流露真情，但也可能會把與母親（或與父母雙方）之間的問題，投射在老闆或權威人士身上。

這些人往往希望能透過福利國家的形式，獲得如母親般的照顧。他們對於群體的情緒極為敏感，同時也具備一種操縱群體感受的能力。

巨蟹座落入天頂或是第十宮內，與月亮落第十宮有類似的意義。

月亮落入第十一宮

月亮落入第十一宮的人會透過朋友、團體和組織，來尋求慰藉、安全感和歸屬感。他們可能非常容易受他人影響，所以必須小心分辨往來的朋友或圈子，除非月亮有明顯的固定星座元素，否則這些人很容易跟不同類型的人打成一片。

他們很可能「像母親一樣」地照顧朋友，同時也希望在自己有需要的時候，能夠從朋友的身上獲得某種程度的支持和滋養。有些人可能會與童年時期的朋友保持情誼。月亮如果落入變動星座，則會有許多朋友來來去去，很少能維持長久的友誼。月亮如果有困難相位，我們就應該深究他們早期與朋友之間的傷害或失望，因為這些問題也許會形成一些特定的模式。這一點很值得他們去一一地檢視，並加以釐清。月亮落入第十一宮又形成困難相位的女人，則時常會抱怨與其他女性的相處困難。這可能是把跟母親之間「未解決的事情」，投射在女性友人的身上。第十一宮的月亮如果相位良好，無論性別，都代表了這個人能夠與女性建立有利的友誼。他們的母親可能比較像朋友而不像真正的母親。

許多月亮落入第十一宮的人往往會把參與團體的社交活動，視為一種放鬆，或是一種脫離其他生命領域的痛苦的方式，有些人則會發起一些訴諸情感的理想。也有些人會在團體中扮演「母親」的角色，確定每個人都感到舒適，甚至會提供自己的家作為聚會的場所，而他們也有能力挑起群眾的情緒波動。

他們的目標和野心會隨著心情產生波動，這可能是因為他們很容易被其他人的建議所影響。月亮落入第十一宮的人天生就有熱切的情感，但並不會造成太多與他人相處的問題。他們可能會累積「一群親如家人的朋友」，而這種強烈的聯繫絕不亞於血緣關係。

月亮落入第十二宮

就像月亮落入其他的水象宮位一樣，這個位置代表了一個人天生具有精神上的開放度和易感性。他們很難將自己與身旁人群的感受區隔開來，兩者之間只有薄弱的一線之隔。他們就像靈魂的吸塵器，可以「吸收」環境的氛圍，有時候自認為正在經歷自己的情緒，但其實是吸收了其他人的情緒。他們如果不想捨棄天生的感受能力，最好能培養出一些強化自我界線的方法，藉此以保護自己，不要被過度地侵犯。這些人必須控制、同時利用自己的敏感度，而非被它淹沒，也可能需要階段性地遁世獨居，重新建立內在的和平與寧靜。

他們情感問題的根源可能深埋在無意識之中，很難進入有意識的記憶領域，而心理問題也可能源自於非常早期的嬰兒階段，甚至是在還沒誕生之前。月亮如果落入第十二宮又有有困難相位，則代表許多習性即使經過了輪迴轉世，仍然會留存下來，所以許多現世的難題可能與過去世未解決的情感問題有關。這些問題可能會表現在與母親、小孩或所有女性的相處上，也可能出現於巨蟹座所在宮位代表的生命領域中，無論巨蟹座是落入宮頭的位置或者在宮位內。

總之，這個位置經常代表與母親之間有複雜或不尋常的關係。月亮落入第十二宮的人完全不懂什麼是界線，他們小時候可能非常容易感受到母親的情緒，甚至日後實際上已經與母親分離了，這種聯繫仍會繼續存在。許多月亮落入第十二宮的人會透過夢境、靈媒或靈視，與早已去世的母親緊密相連。

月亮第十二宮的人可能有些鮮明的情感或夢境，但卻會很小心地隱藏情緒，因此會散發出一股神祕的氣質。有些人可能會基於各種的理由，隱藏一段祕密戀情或私通的感情。

他們天生就具備一種能力，會去照顧在某些方面受困或痛苦的人。他們就像太陽在第十二宮的人一樣，可能會被深藏的恐懼和複雜的情結所淹沒，因此無法過正常的生活。有些人可能會需要一個機構，「像母親一樣」地照顧自己，而人生早期在醫院或孤兒院的經驗，也可能在日後對性格造成顯著的影響。

整體而言，月亮落入第十二宮的人會強烈地渴望回到母親子宮內的極樂狀態。這些經歷過難產或幼年喪母經驗的人，必須先療癒傷口，才能夠如實地體現生命，最後學會接受人生。

從比較正面的角度來分析，月亮在第十二宮常代表一個人可以直接進入個人的智慧資料庫，可以在最需要的時候從資料庫中取得洞見和內在的資源。有些人可能會扮演一種媒介，替其他人傳達神祕的原型意象。月亮巨蟹座落入第十二宮的威廉・布萊克（William Blake）就是一個最好的例子。他相信藝術家才是我們與上帝之間最親密的連結，而非牧師。布萊克在自己的詩作「耶路撒冷」中，詳盡地解釋了自己的斡旋者角色：「我不是安息在自己的偉大創作中！這只是為了打開永恆的世界。這是為了開啟人類不滅的雙眼，進入內觀冥想的國度。」[1]古奎倫夫婦發現，月亮落十二宮的人時常會在寫作領域和政治舞台上大放異彩。

註釋

1. William Blake cited by Martin Butlin, *William Blake*, Tate Gallery Publications, London, 1978, p. 17.

第二十章
水星、雙子座和處女座落入每個宮位的詮釋

每一顆行星都與希臘或羅馬神話中的天神和女神有關。我們可以從希臘天神賀密斯（Hermes）和羅馬天神莫丘里（Mercury）的活動類型去解釋水星的意涵，以及水星落入不同宮位的表達方式。

在神話中，莫丘里是眾神之間的使者，負責蒐集事實和傳播資訊，所以本命盤上的水星也與心智、各種資訊交換的活動有關，例如寫作、演講、教學和旅行。羅馬神話告訴我們，莫丘里出生之後被安置在搖籃中，但沒一會兒就離開了搖籃，想找些新鮮事來做。因此水星在星盤上的位置，就代表我們最無法安靜下來、最想探索，或是最好奇的生命領域。水星就像是一個成長中的小孩，對世界上所有不同的事物著迷，很渴望去觸摸、定義、同時發掘事物，更想要了解生命是如何運作的。在神話中，莫丘里總是一副年輕的模樣，青春不老。所以我們可以從水星的宮位看出自己會在哪個生命領域中永保青春，並且抱持著一種開放和新奇的態度。

莫丘里是仲裁者和交易者，面對不同的天神時各有一套說詞。他出生後的第一件事就是向奧林帕斯山的十二位偉大天神提出交易。他還是一個惡名昭彰的小偷，他常從所有天神那裡順手牽羊（例

如阿波羅的牲畜和艾芙羅黛蒂的腰帶），同時也十分擅長模仿，可以從每位天神身上學到一些特質。所以我們也可以按照水星落入的宮位，看出自己在哪個領域中最具彈性和變化，同時又會有些善變或浮躁不安。每當你覺得總算逮到莫丘里時，他就會馬上溜走，然後又帶著另一套的說法出現。心智本身就像天神莫丘里，很會玩把戲。心智賦予了我們客觀和分析的能力，但也時常會扭曲事實，戲弄我們，讓事實看似合理。正如有人曾說過的：「世上有三種謊言：謊言，該死的謊言，還有統計數字。」

中世紀的煉金士曾經描述過一個名為「莫丘里斯」（Mercurius）的人物，他被認定是「創造世界的靈魂」和「隱藏或囚禁在物質中的靈魂」[1]。諷刺的是，他負責創造世界，但自己卻被困在其中。同樣的情形發生在多年之後，二十世紀德國科學家沃納・海森堡（Werner Heisenberg）畢生研究量子力學，發表了「測不準定律」，其中就提到：「觀察這個行為本身，會影響被觀察的事物。」[2]換言之，在某種程度上，是我們的心智決定了這個世界的狀態。

莫丘里將神的訊息傳遞給凡人。就某種意義而言，他代表著所有人都會經歷的一種過程，那就是在高層智慧和日常生活、意識和無意識，或自我和環境之間，搭起一座溝通的橋梁。心智雖然可以讓我們與其他人區隔，但也可以用來拓展意識，進一步地覺察萬物之間的相連性。心智可以用來切割，也可以讓我們與萬物融為一體。我們可以從水星落入的宮位看出，自己會在哪一個生命領域中畫地自限，**或是**會向外伸出觸角，更加了解自己和其他人。近兩千年前的哲學家伊比鳩魯（Epictetus）曾說過一句值得深思的話：「我們不是被事情困擾，而是被自己對事情的意見所困擾。」[3]在水星落入的宮位所代表的生命領域中，我們不見得能改變世界，但卻可以改變自己對世界的觀點。

水星與雙子座和處女座有關，這也代表水星的兩種互補特質。水星的雙子座面向就是擅長將零星的資訊拼湊起來，連結生命的不同領域；處女座面向則是將事情抽絲剝繭，仔細地分析其中的每一個環節。

有雙子座的宮位都會引出善變、善於溝通和浮躁的特質。在與這個宮位有關的生命領域中，我們會傾向於「隨時隨地」出發，凡事都是淺嘗而止，就像是四處採蜜的花蝴蝶一樣，很難安定下來。宮頭落在處女座或是有處女座的宮位，則會凸顯出水星精準、愛挑剔和注重細節的特質。雙子座對於許多事情都只是一知半解，處女座卻會對少數的事情有深入的認識。在雙子座落入的宮位中，我們會為了知識而追求知識，但是在處女座落入的宮位中，卻會為了能實際且有建設性地應用知識，才去汲取知識。

水星落入的宮位，也會與任何有處女座或雙子座的宮位有關。舉個例子，作家奧斯卡・王爾德（Oscar Wilde）的水星處女座落入第三宮，雙子座在第十宮的宮頭，這意味著溝通的行星和宮位（第三宮）與工作及事業（第十宮）產生關聯，但是他第三宮的水星也跟上升點有關，因為處女座位於第一宮的宮頭，所以他會用犀利的理解能力、略具威脅又一針見血的機智（水星天蠍座在第三宮）去面對人生（第一宮）。

水星落入第一宮

水星落入第一宮的人通常都有很強的好奇心，會不停地提出疑問，藉此來覺察自我與人生。他們是天生的發言人、觀念和資訊的散播者，也是連結法則的管道。他們通常非常擅長分析自我，也很擅長分析別人。

水星的特性之一就是擅長模仿，而且會吸收其落入星座的特質，或是包容與它產生緊密相位的行星特質，因此我們必須小心地檢視這些元素。舉個例子，水星如果落入火象宮位，或是與第一宮的火星合相，這個人的言行舉止就可能很衝動，常常還搞不清楚事情的來龍去脈，話已經先說出口了。水星如果落入水象宮位或是與土星合相，那麼這個人在親身參與一件事情之前，往往會比較謹言慎行，或是在行動之前會先與事情站在「同一陣線」。水星如果落入水象宮位，或是與海王星形成相位的人，則比較容易透過情緒和感情去覺察事情。至於水星落在風象宮位或與天王星有相位的人，則會以一種純客觀的角度來說話或行動，還會（通常是靈機一動）衍生出更寬廣的眼界。

水星在第一宮的人會以自己的想法，賦予這個世界一些意義。建議他們如果不喜歡自己所見到的事物，與其責備「外面的」世界，不如試著改變自己的態度，用另一種角度看待自己發現的事物。極具洞悉力的獨立思想家艾伯特・史懷哲（Albert Schweitzer）曾寫過一句話，也表達了這個重要的觀點：「任何一個世代最偉大的發現就是，人類的生活可以因為心態的不同產生改變。」[4]

水星落入第一宮的人，通常可以一輩子都維持年輕的樣貌。有些人會從小時候就開始不停地變換環境，彷彿要逼著他們從小就學會從不同的角度去看待生命。

水星落入第二宮

如果相位良好，水星在第二宮的人是非常善於處理金錢或財務的，尤其擅長仲裁或交易。他們可以透過銷售、寫作、演說、教學、祕書以及運輸業等職業賺錢。這些人可能非常關心貨物的搬運或分配，擅長發明新的生產技術，或是改善目前產品的品質，而且可以透過創新、隨機應變、彈性或是運用文字的才華，來發展自己的天賦。

廣義而論，水星落入第二宮的人可能對物質世界的本質十分好奇，亟欲想去探索它，所以像是沙灘上的小卵石，或是身體上細微的小毛髮囊，都可能讓他們眼光駐留，極感興趣。這些人可以透過知識或是了解事情運作的原理，來獲得安全感。除非水星是落入火象星座，否則他們通常必須花上好一段時間，才能將經驗轉化成知識，因為水星是落在土象的第二宮。

雙子座落入第二宮代表不只一種的收入來源或謀生之道。這些人可以將足智多謀當成銷售的資產，有些人還會與親戚一起工作。

處女座落入第二宮則會強調精準和注重細節，這些都是值得發展的內在資源。他們對於金錢和財產通常都非常精明謹慎，可能會比較重質不重量。有些這個位置的人會認為，健康的身體是生命中最重要的財產。

水星落入第三宮

第三宮是水星的強勢位置，因為在自然的黃道帶上，第三宮就是水星的宮位之一。水星在此的星座和相位可以看出一個人如何思考、學習，以及消化經驗。

第三宮的水星如果落入火象或風象星座，或是與木星、火星或天王星形成相位，就代表比較外向的思考方式或者心思十分敏捷；如果是落入土象星座或與土星形成相位，則代表會放慢腳步，深化思考；水星如果落入水象星座或與海王星形成相位，學習方式多半是透過同化、吸收、美學和情感的鑑賞能力，而非依循分析、按部就班的模式。所謂「健全的心智」通常指的是能夠理智且邏輯性地思考，但是在我們檢視了第三宮之後，往往會發現其他類型的心智模式，例如依照完全異於傳統教育體制的標準在運作，卻也能「同樣地健全」。我們也可以從第三宮的水星與天王星、海王星或冥王星的相位中，看到學習困難的問題，因為這種人的心智模式，通常不能獲得傳統教學技巧的認同。

整體而言，除非有不利相位的影響，否則水星落入第三宮的人大多具備了活潑、機智、敏銳的心智，擅長溝通和辯答，同時也非常注意細節。這個位置的人非常擅長篩選事實，藉此來支持自己想要表達的立場，讓一切看起來都合乎情理。（奧斯卡・王爾德的水星在第三宮天蠍座，他曾經寫過一句話：「真相很少是純粹的，而且絕不簡單。」）水星落入第三宮的人通常對任何事都可以表示一點意見。你如果不這麼認為，那麼不妨現在就問問他們，他們肯定可以講上一分鐘。

第三宮內的水星相位可以顯示與兄弟姐妹或鄰居相處的本質。水星如果和土星或冥王星形成困難相位，代表著一些深根柢固的問題可能與兄弟姐妹有關。這些相位很值得觀察，因為許多問題的模式往往會延續到日後的人生之中。我曾見過一位女士的水星和冥王星合相在第三宮，她的弟弟在她六歲的時候不幸夭折，她直到二十八歲時還認為是自己的言行導致了弟弟的早夭。

雙子座落入第三宮的人通常反應很快，很有警覺心，具備語言天分，但他們時常在對一件事情有通盤的了解之前，就大放厥詞，侃侃而談，所以總是一知半解。

處女座落入第三宮的人天生就有焦慮傾向，會試圖讓每天的生活都十分嚴謹有效率。這些人傾向挑選正確的字句，精準地表達每一種概念或感受，這更加凸顯了他們的批評和分析能力。

水星落入第四宮（或是天底是雙子座或處女座）

水星落入第四宮代表這個人的原生家庭有學術背景，或者父母是知識份子。這類人可能會為了表現水星所強調的明智和理性，而犧牲掉情感、溫情和肢體的親密性。他們可能有家族遺傳的高智商。如果第四宮指的是父親，水星的特質就會投射在父親身上：父親可能是表情豐富、口若懸河、性好批評，或是有些狡猾難解，總是「漂泊不定」。他們的思考模式可能會受到父親的影響，甚至有不只一個父親，也許除了生父之外還有繼父，或是有另一個人扮演父親的角色。

這些人早期的遷居經驗，展現了潛在的適應能力和靈活性，還有一些這個位置的人會偏好流浪的生活。第四宮的水星如果有困難相位，就代表早年或晚年的家庭生活中可能會出現過多的爭論、吵鬧和中傷。這些人也許會在家裡接受教育和心智訓練，而且即使到了人生後半階段，仍可以從進修或學習中獲益良多。

雙子座在天底代表好奇和不安的靈魂，同時有強烈的雙重性格。丹恩・魯依爾把這個位置的水星比喻成棕櫚樹或紅杉，這些樹的特色是盤根錯節，但不會扎根過深。[5] 這些人可能會迷失在想法和思考的迷宮中，或是受困在一堆矛盾、對立或瑣碎訊息編織而成的巨網中，因此「迷失了自己」。比較正面的情形是，他們可能會一直不斷地想要安排或是去認識自己與環境，而住家也可能會被當成交換想法的地方，或是鄰居聚會的場所。他們有時候會有兩個家，也許是一個在城市，另一個在鄉村。

處女座在天底則代表極度自我挑剔的天性。對於這些人而言，人生的主要根基就是精進或改善自己，具體的表現就是非常重視改善家庭，或是很有效率地持家。處女座在第四宮宮頭的人往往會把家當成工作場所，他們應該注意家族常見的健康問題。

水星落入第五宮

對於水星落入第五宮的人而言，從事創作、嗜好或是娛樂活動，都是更加認識自我及環境的方法。他們可能會透過某些形式的藝術去觀察、思考、感受或溝通。無可匹敵的莫札特（Mozart）、表達豐富的象徵主義詩人魏爾倫（Verlaine）、博學多聞的文藝復興時期畫家拉斐爾（Raphael）都有水星落入第五宮。這個位置的人比較能透過詩詞、繪畫、歌唱或舞蹈來理解經驗，讓經驗更加豐富，也更能融會貫通，而且可以讓自己的知識代代相傳下去。

他們可以透過知識來擴張心智，或是培養一種溝通或傳達理念的能力，這都有助於更進一步地實現自我。典型的水星第五宮很喜歡西洋棋、拼字遊戲，或是任何必須動腦或策略性的遊戲，他們也很喜歡體操和田徑比賽，以及需要精準團體合作的運動，像是籃球（哈林籃球隊的威特・張伯倫〔Wilt Chamberlain〕就是水星處女座在第五宮）。

水星的浮躁傾向，以及對於多樣性的追求，也會表現在愛情生活中（處女座在此會要求品質，雙子座則會像傳統的法國鬧劇一樣，同一時間與好幾個人調情嬉鬧）。對方如果能夠刺激他們的心智，愛情的火焰就可能會燃燒得久一點。跟水星第五宮的人調情時，要是能展現廣博精深的知識，或是用聰明的方法做事，他們肯定會手到擒來。

這個位置的父母通常會培養小孩的心智能力，並且能夠與小孩互相地學習。當小孩長大後，逐漸可以與人溝通或交換意見時，他們的親子關係就會更加豐富。水星落五宮的人通常都是年輕人的好老師或教導者。我常看到這個位置的人特別能與青少年愉快地共處。

雙子座落入第五宮之內或是位於宮頭的位置，都能夠加強寫作、演說、心智和體能的靈敏度。處女座在此則代表實際的創作技能，例如木工、美食烹飪、自己做衣服或製陶等。

水星落入第六宮

水星落入第六宮的人可以透過處理生活的事務，或是照顧身體的健康來增長知識。

這些人可以從身體學到很多東西，尤其是身體出現小毛病的時候，但他們必須學會在適當的時機問正確的問題，例如，「為什麼每次你進入這房間，我就脖子痛？」或是「為什麼每到週六夜晚，背痛就會惡化？」如果水星落入它自己主宰的第六宮，就時常會透過這種輕微的病痛，將無意識的訊息傳到意識層面。大部分的人都會把這種線索解讀成：該吃一顆阿斯匹靈了。此外，有關環境的種種訊息，也時常可以透過身體的氣象儀顯示出來，只要我們知道如何去解讀它。榮格經常利用直覺來治療病人，他的水星就是落入主宰感情的巨蟹座，與第三宮善於接納的月亮金牛座，形成六分相。心理學家亞瑟・傑諾夫（Arthur Janov）提倡一種「原始療法」（Primal Therapy），鼓勵病人透過哭泣、尖叫、踢打、咬等肢體動作，釋放內心最深藏的感覺和情緒，他則是水星處女座落入第六宮，處女座是第六宮的宮頭，雙子座則落入主管溝通的第三宮。

這些人的健康問題可能與緊張、過度擔憂、過度活動而休息不夠有關係。瑜伽、舒緩運動、冥想、或是將注意力放在呼吸上，這些方法都有助於紓解心智和身體的過度勞累。水星在第六宮有時也代表了「心」（水星）能轉「物」（土象的第六宮）。這些人如果能正面地肯定自己的身體健康，將有助於療癒疾病，甚至有預防疾病的效果。

第六宮代表如何利用自己的時間，水星在此的首要需求就是保持忙碌。這些人必須檢查時間的安排順序，問問自己到底有多少時間是浪費在無盡的追求和活動上，而且到頭來看不出有任何成果？

他們有利於從事四處移動或運用心智的工作（尤其是雙子座落入第六宮的宮頭）。處女座在六宮的人非常適合從事需要精準度或是注重細節的工作，也可能會以一種儀式般的狂熱，去執行日常生活的瑣事（所以他們可能會對一個特定品牌的肥皂產生拜物狂般的迷戀）。第六宮的水星如果有困難相位，就要注意同事之間的閒言閒語、造謠或中傷。這些人與兄弟姐妹之間未解決的問題，也可能表現在工作場合中。

水星落入第七宮

水星的雙重功能就是蒐集資訊，然後散播出去。當水星落入第七宮時，這兩個功能會明顯地發揮作用：他們可以從別人的身上學到許多知識，同時也必須去教導其他人，與別人分享自己的知識。水星落入第七宮的人，天生就想跟各種類型的人進行溝通或交換意見。他們最愛的消遣就是評估並了解別人的思考方式，分析其他人到底在想些什麼。聽取別人的想法或意見，可以稱得上是他們的第二消遣。

水星在第七宮的人會四處物色對象，尋找一個能夠刺激心智的伴侶。他們可能會發現每個人都有獨特的趣味，但卻很難跟某個人固定下來，最後可能會落入老套的結局，覺得每個人都不夠有趣。水星在第七宮的人當然也不能免於投射：有些人會希望另一半幫他思考、說話或做決定，但也可能吸引一個不願意承諾、不可靠、狡猾又花心的伴侶。這當然是很令人受傷的，但卻滿足了他們自我逃避的態度，不需要把心安定下來的慾望。

當他們小心翼翼地避免「從頭開始」面對脆弱又神祕的伴侶關係時，必須學著保持客觀和抽離的態度，才能讓一段關係長久地延續下去。水星落入第七宮的人，可以透過討論和分析「解決」許多問題。有些這個位置的人會十分公正地（或者我該說不公正）批評或評斷伴侶惹怒他們的「小事情」。好在天神莫丘里的譁眾取寵，會提醒我們對於這些評論要有點幽默感，而這將是很好的中和劑。

雙子座在七宮有時也代表一生中會有不只一段的親密關係，或是這段關係會經過轉化成嶄新的關係。處女座落入第七宮的人會比較謹慎地挑選伴侶，那些「需要被拯救」的人，或是想要拯救其他人的人，常會成為他們物色的對象。

水星落入第八宮

第八宮的議題會誘發水星的好奇心。水星落入第八宮的人會去探索生命中較為隱晦不明的事物，並且從中學習、挖出暗藏的祕密，深究其中神祕的事物，最後找到事物的底限。他們具備了偵探般的心智，通常是目光如炬，可以看透一些隱藏的細節。水星在第八宮的人就像一個窺視狂一樣，可以感受到人與人之間的種種交流，包括在銀行、股票市場、房間，或是任何關起門來的地方。他們會透過金錢和財務深入現實世界，或是將注意力轉移到心理學或神祕的儀式上面，對於性和死亡的奧祕也深感興趣。雖然這些人很善於溝通，或是擅長與其他人分享一些模糊、細微或深層的事物，但卻寧可隱藏自己的想法與動機。對於水星在第八宮的人而言，經驗不是在約會中匆忙吃兩口速食，而是要細細地品嚐食物，徹底地消化。

許多占星學教科書會建議水星落入第八宮的人（尤其是與海王星呈困難相位），在簽署所有的合約之前，都要特別注意是否有任何誤解，因為個人所相信的說法和承諾，其他人卻可能有不同的解讀。這些人對遺囑和遺產的處理也要特別謹慎。有些水星在第八宮的人會與親戚發生爭奪遺產的問題。他們在童年時期遭遇的困難，或者在青春期與兄弟姐妹鄰居之間的性探索，或是身旁親近的人過逝的早期經驗，都值得我們去深入探討。他們的死亡可能與呼吸道或神經系統有關，所以要特別注意這些部位。

水星、雙子座或處女座落入第八宮的人，非常適合從事調查或研究工作。這個位置的人在面對一些能激起他人熱情和恐懼的主題時，通常能夠保持冷靜和疏離的態度。處女座在此的人，性慾可能會特別固著在某個焦點上面，雙子座則是對有關性的任何事情都感興趣（也可能會堅持己見）。

水星落入第九宮

當天神莫丘里漫遊到第九宮時會展翅高飛，因為這是一個無限延伸的疆域。第八宮的莫丘里會挖掘最深層的東西，仔細地端詳一番，第九宮的莫丘里則會把「鏡頭拉遠」或是退後一步，從更高更遠的視野去看事情，藉此獲得理解和認知。水星落入第九宮的人都相信，可以透過心智去「理解」整個生命和宇宙，所以他們會嘗試著（或者說應該嘗試）去仔細觀察一種更大型的運作模式，才能發現、了解統馭萬物存在的法則。這個位置的人天生就渴望能透過學習、閱讀和旅行來擴展心智，所以也會盡可能地汲汲追求這些事物。

水星落第九宮的人通常會想把自己的認知和發現傳授給別人，或是與其他人分享，同時也會想用自己獲得的啟發來激勵他人。這些人很適合擔任哲學家、神職人員、作家、出版商或是公關的職位。

第九宮內的水星如果有困難相位，最危險的就是會狂熱地堅持自己的信仰，或是認定一些自以為是的真相。他們很容易接受那些可以支持自己珍貴信仰的事實，但其他的卻可能聽過即忘。

在我看過的部分案例中，住在國外的親戚往往會參與這些人的人生，或是一次長途旅行可能會讓他們的想法產生很大的改變。水星落入第九宮的問題就在於，他們可能會與姻親爭吵，或是閒言閒語不斷。

雙子座落入第九宮的人必須探索不同的哲學和文化，藉此來滿足自己對知識和經驗的渴望。處女座在此則代表會更深入地探究一種特定的哲學或文化。處女座落入第九宮的人可能會過度執著於法律條文中的每一個字，期待過著一種能符合嚴謹戒律的生活。他們只相信親眼所見或經過考驗的事物，卻沒有能力去辨識生命中那些不可言喻的神祕事物。

水星落入第十宮（或是天頂是雙子座或處女座）

當水星落入第十宮時，與水星有關的特質和準則會反映在事業的選擇上面。這些人的工作可能是寫作、教學、印刷、演說、銷售、媒體、電信、行政、祕書，任何有關靈巧手工的工作，或是貿易和仲介業，也就是將人和貨物從某一個地方搬運到另一個地方。他們可以在追求事業的過程中更加了解自己和整個環境。這個位置的人希望自己看起來很聰明伶俐或是很幹練，也希望在其他人心中留下這種印象。

第十宮如果代表的是母親，那麼母親的形象就會帶有水星特質。母親如果看似聰明又能言善道，小孩就會模仿並試圖培養出這些特質。這些人的母親可能會強調良好教育的重要性，或是強調必須具備智慧和口才。她可能讓人感到善變無常，不會一直待在小孩的身旁，或是人在心卻不在。我曾見過第十宮水星有困難相位的人，他們的母親往往有精神不穩定的問題。如果水星有困難相位，可能也代表親子之間有溝通的問題，或是很難理解及欣賞對方。

雙子座落十宮宮頭代表一生中會擁有不只一份的重要事業。他們的工作可能與兄弟姐妹或親戚有關，也可能會有兩個母親。處女座落入第十宮的人則會對工作的完美及精準性感到驕傲。如果是這種情形，他們的母親通常非常地勤勉、愛挑剔又條理分明，這一切還必須看水星的相位而論。

水星落入第十一宮

水星落入第十一宮的人可以透過友誼和團體的接觸，來擴展自我和對生命的覺知。這些人與其單獨地追求知識，不如透過一群有共同興趣的人來增廣見聞。舉個例子，你當然可以待在家裡讀一些書，學習占星學，但也可以和一群對占星學有興趣的人共同學習，透過其他人針對這個主題的態度、觀點和經驗，來增加自己的見地和理解。你們可以分享一些有用的暗喻，也可以表達自己的意見：「喔！是的，我之前沒有看過這種說法，但你是否考慮過……」水星落入第十一宮的人可能在團體中會有溝通和認知的困擾。

水星在第十一宮的人會加入提倡共同信仰、概念或目標的團體。對他們而言，一個人的聲音會變成眾人的心聲，一群人的想法也會比一個人的想法更具有力量。他們通常很重視社會的進步與改革，而且經常覺得與那些有同樣想法的人或團體關係親如家人。這些人有時候會成為團體的發言人，但也可能太愛高談闊論，讓人忍不住要他閉嘴，好讓其他人也有發言的機會。他們可能會參加帶有「水星特質」的團體，例如辯論社、寫作協會，或是能將人或團體串連起來的社交社團。

這種原則也會反映在友誼上。如果將水星投射到朋友的身上，這個位置的人可能會尋找一個足以替自己思考或做決定的人。他們的朋友可能十分不可靠，喜歡閒言閒語，或是言行不一。有些人會把兄弟姐妹當成最好的朋友，或是朋友如同兄弟姐妹一般地親近。

第十一宮是目標和理想的宮位。雙子座落入第十一宮宮頭的人，可能很難選定一個特定的目標，或是很難將注意力固定在同一個目標上。他們總是猶豫不定，今天想要的目標，可能到隔天又變了。雙子座第十一宮的人在團體中很容易交朋友，而且總有話可聊。處女座在這個位置的人，對於團體或朋友會比較有所選擇，但是一旦選定了，就會維持長久的承諾。比起雙子座，他們可能會用較為有邏輯或按部就班的方式，去達成目標和理想。處女座在此會對與自己有關的人或團體提供實質的服務。

水星落入第十二宮

天神莫丘里其實並不想去第十二宮遊蕩，但是他並沒有成功。他就像童話故事裡的愛麗絲一樣，發現自己進入了一個奇妙的國度，周遭的事物都讓她驚奇不已，覺得很有幫助又非常有趣。

基本上，第十二宮的水星很想在意識和無意識之間搭起一座橋梁。這些人想要把隱藏在心靈深處的東西，融入意識的覺知之中，而這可能包括兩個階段。首先，這個位置的人必須先去探索無意識的想像國度，即使一開始沒打算這麼做也無關緊要，因為無意識底下的東西遲早會逮住他們。接下來，當進入了這個國度之後，就必須四處觀察，做一些筆記，然後再回到現實世界。他們如果困在那裡，忘記回來或是回不來了，就必須向他人求救。

這些到底意味著什麼呢？水星落入第十二宮的人，無論是透過內省、靈魂的追尋、心理治療、優美的文學，或是白日夢，都需要去探索無意識的底端，找出那些讓自己存在的東西。按水星的相位而論，有些人的無意識中可能儲存了一些有幫助、有建設性的東西，十分值得將它們呈現出來，但其他的東西就可能需要經過篩選和分類，尤其是那些在過去已經熟知的印象或經驗，因為無論這些東西是否存在於有意識的記憶中，都可能扭曲或模糊了現在接收的資訊。為了看清楚眼前的東西，他們必須清除障蔽住眼前覺知的早期或者過去世的心理殘渣。

我們都知道垃圾一陣子沒有清理就會開始發臭。水星落在第十二宮的人如果不把一些「殘渣」變成肥料，那麼分解的作用就會表現在第十二宮內的行星上。換言之，管理心智活動的水星就會開始分崩離析。我之前曾經提過，第十二宮的水星如果不往下深究，底下的東西就會跳出來逮住他們。水星落十二宮的人有時會感受到一些妄念或是紛亂的念頭入侵，因此而深受其擾。水星如果形成困難相位，還可能會出現妄想症，擔心會被其他人談論或設計，讓自己無法招架。這些人時常為了支持自己的妄念，而曲解了一些無辜的人和事實。

第十二宮的行星都無法確定界線。水星在此的問題是：到底是誰在思考？他們可以開放地接收到周遭的想法和暗藏的事物，所以很難區分自己與他人的想法。事實上，有些水星落入第十二宮的人非常害怕「喪失理智」，這可能會讓他們變得極端理智，只相信經過統計證實或測試過的事情。這種位置也代表了隱密的心智活動，這些人往往會隱藏自己的想法，但是只要水星的相位不算太糟，他們通常都具備靈通能力、生動的想像力以及汲取智慧的能力。

想像力豐富的普立茲文學獎得主厄斯特・海明威（Ernest Hemingway），就是水星在獅子座落入第十二宮，主宰著上升點的處女座，雙子座則位於主管事業的第十宮宮頭。製片人兼演員奧爾森・威爾斯（Orson Welles）也是一個想像力豐富的代表人物，他的水星金牛座落入第十二宮，與第十宮雙魚座的木星恰好形成六分相。常有天賜靈感的演員勞倫斯・奧立佛爵士（Lord Olivier）也有水星落入第十二宮，主宰了上升點的雙子座，以及落在第五宮宮頭的處女座，而第五宮也與自我的創作表達有關。

我曾遇過一些水星落十二宮的人對自己的心智能力非常缺乏信心。這可能是因為他們領會到太多言語無法表達的事物，或是曾遭遇過學習或教育的困難。相反地，水星在十二宮的人有時也會去幫助一些有說話、閱讀、聽力或行動障礙的人。我們要記住，十二宮裡的任何能量都不能獨享，我們必須利用這些能量去幫助或服務他人。這些人可能必須為兄弟姐妹犧牲，或是會與兄弟姐妹有不尋常的關係。

第十二宮被稱為「忍耐或自我解構」的宮位。水星落此處代表了許多問題的根源可能來自於負面思考。他們必須學會正向地使用心智和想像力，這或許是將阻礙化為祝福的必修功課。

雙子座落入第十二宮的宮頭時，就是在警告一個人必須十分小心，因為他們清明的思考可能會受無意識情結影響而變得模糊不清，但是從正面的角度來看，他們卻可能像奧德賽（Odysseus）一樣巧妙地度過難關，順利脫困。處女座落入第十二宮的人則傾向妄想或強迫性的思考。他們擔心自己看起來很愚蠢，所以害怕鬆懈或放手，也常會用過度嚴苛的完美理想來評斷自己，然後將一些不舒服的感覺深藏在心中。這些人對於弱者或是有缺陷的人都十分敏感，他們可以轉化這種特質，不僅用來幫助自己，也可以協助其他需要幫助的人。

註釋

1. Sallie Nichols, *Jung and the Tarot*, Samuel Weiser, Maine, USA, 1980, p. 52.
2. Russell, p. 125.
3 Epictetus cited in Ferrucci, p. 105.
4. Schweitzer cited in Ferrucci, p. 105.
5. Rudhyar, *The Astrological Houses*, p. 164.

第二十一章

金星、金牛座和天秤座落入每個宮位的詮釋

金星與羅馬神話中代表愛和美的女神同名，也與希臘女神艾弗洛黛蒂（Aphrodite）有關，象徵著所有人對於結盟和關係的渴望。按照榮格的說法，艾弗洛黛蒂就像月亮一樣，代表一種平衡、協調、融合與真愛的陰性法則。我們可以按照金星落入的宮位，找出在哪個生命領域中，可以自然地感受到和平、寧靜、幸福和滿足，同時也會在這一個領域裡被挑起欣賞、尊重、愛人與被愛的能力。這是一個最令人愉快的領域，也是最能敞開心胸、被他人取悅的領域。我們可以在這裡展現最佳的風格、品味以及對他人的體貼。

這聽起來挺不錯的。但是在你急著查看自己的金星落入哪個宮位之前，請牢牢地記住：這位女神也有一些令人不太愉快的本質。首先，她不能忍受他人無法達到自己的理想和標準。基於艾弗洛黛蒂對於完美及和諧的高度期許，金星落入的宮位也代表我們無法達到理想時，就感到失望和幻滅的生命領域。然而，就是因為受到這種不滿意的刺激，所以金星落入的宮位也代表我們會在這個生命領域裡被迫採取行動，讓世界（或者是我們自己）變得更公正、更公平，也更美好。

其次，艾弗洛黛蒂很討厭競爭。她指派年輕漂亮的公主賽姬（Psyche）去做一些極為卑賤的工作，只因為她覺得賽姬踰越了本分，得到女神才配擁有的關注，這裡的女神指的當然就是艾弗洛黛蒂她自己。此外，當天神派瑞斯（Paris）想要從艾弗洛黛蒂、雅典娜（Athene）和賀拉（Hera）之間選出最美麗的女神時，艾弗洛黛蒂也毫不害臊地脫下衣服，想要藉此左右派瑞斯的看法。我們可以按照金星落入的宮位，看出自己會在哪個生命領域裡，對一些先天條件勝過自己的人感到敵意或忌妒。在這個生命領域裡，我們會為了要達成目標而施展魅力，佈下甜蜜的騙局，或是使出其他狡猾的手段。據說艾弗洛黛蒂有一條神奇的腰帶，能夠讓男人為她著迷，心甘情願地被她奴役。

艾弗洛黛蒂為了確保派瑞斯不會選擇其他兩位女神，進一步地去收買派瑞斯，將迷人的海倫（Helen）送給他當妻子，完全不管海倫其實才剛剛成婚。對於她而言，贏得選美才是比較重要的事。這個安排掀起了特洛伊戰爭，讓數以千計的民眾陷入悲慘和動亂之中。艾弗洛黛蒂（金星）這位代表愛和美的女神，有時也會讓人們的生活變得一團糟。

艾弗洛黛蒂偶爾也會去調解一下不平衡的事情。例如，她曾經鼓勵兒子艾若斯（Eros）用他最有名的弓箭把普魯托（Pluto）扯下來，讓年輕的波西鳳重獲自由。在她看來，波西鳳實在太過於純真又無知，不懂得為自己著想，所以她必須出手介入，沒想到卻因此而嚴重地擾亂了波西鳳的生活。金星落入的宮位有時也代表某種程度的痛苦、衝突和苦難，因為當我們太過於偏向一個方向時，就必須經歷苦痛，才能重新找到更好的協調或平衡。

金星主宰兩個星座，分別是金牛座和天秤座。金牛座代表金星中比較原始和感官的一面。金牛座落入的宮位代表我們會在這個生命領域中，直接滿足生理或本能的慾望，例如耽溺於食物、性愛或其他舒適和安全的基本需求之中。天秤座落入的宮位則代表我們會在這個生命領域裡，實現對於愛情、公平、對稱和均衡的浪漫美學理想，追尋生命的真、善、美。

金星落入的宮位會影響任何一個有金牛座或天秤座的宮位，無論這兩個星座是落入宮頭或宮位內都一樣。

金星落入第一宮

我們已經知道，第一宮內的元素代表著展現自我獨特身分的最佳方式，因此金星落入第一宮就意味著我們應該敞開雙臂，擁抱生命。這個位置的人天生就渴望用一種敏感、優雅和善意的態度，與其他人相處。儘管他們可以從友善和親切之中發現自己，但危險之處也在於，他們所做的一切都是為了別人，反而因此失去了自我。金星在第一宮也意味著應該愛惜和尊重自己。

事實上，如果我們想要去愛一個人，想要更清楚地認識一個人，那麼自重和自愛就十分重要。能夠珍惜自己的價值，才能懂得珍惜他人的價值。如果我們先接受自己，才比較容易去接受其他人。金星落入第一宮的人若是沒有先學會愛惜和接受自己，便可能會去操縱他人，讓其他人來彌補自己的缺口。他們會像賣弄風情的女子一樣，四處調情來吸引其他人的注意，藉此證明自我的價值和重要性。有些金星落入第一宮的人從未脫下過艾弗洛黛蒂的腰帶：她們會公然展現魅力，利用魅力為自己贏得利益，甚至可能會為達目的不擇手段，做出公然的背叛行為。

金星落入第一宮的人時常會展現一種外表的美感，或是能夠吸引他人的「特質」。她們可以具體呈現金星落入的星座代表的最佳特質，就算外表不合乎傳統的美感標準，仍然會具有一種令人欽羡或讚賞的特色，使她們顯得獨具魅力，吸引力十足。

在第一宮代表的生命領域中，我們需要讓其他人知道我們的存在。金星的甜美調情能力可能會非常迷人，但也可能導致過於懶散，所以這些人經常會坐著等待別人把事情做好。如果相位良好，這個位置就代表早期成長環境的氣氛十分融洽，這可以賦予一個人正面的自我意識和樂觀的人生態度。

金星落入第二宮

無庸置疑地，金星落入第二宮的人很愛錢，這不是因為錢能夠帶來安全感，而是因為可以用錢買下所有美麗和有價值的東西。當他們被自認為漂亮又有品味的事物包圍時，就會覺得很幸福。這個位置的人很懂得鑑賞東西和物質世界的美。有些人可能會完全抗拒自認為醜陋或不協調的事物，有些人則能夠更精微地培養出金星落入第二宮的特質，洞悉物質的美、存在的理由和目的，而有些人卻可能對這些東西感到鄙夷。

他們的天生資源包括了公平意識和得體的老練應對，而且非常擅長吸引自己所需要或重視的東西，除非是過度浪費，否則錢對他們來說通常都不是問題。這些人也可能透過「金星型」的工作賺錢，例如藝術產業、模特兒、販售、推銷美感，或是銷售美容產品的工作以及公關服務等等。

金牛座落入第二宮的人，有時候會對人和物質有過強的佔有慾。他們多半都非常喜愛大自然、身體的舒適感、生活中的感官享受，以及實際的金錢事務。天秤座落入第二宮的人則會重視高貴、精緻和上流社會的優雅，這些都可以從嗜好的美感和精巧性之中獲得滿足，這比起花時間去從事一項嗜好來得更重要。天秤座在第二宮的人比金牛座在此的人更重視公平、均等地分配金錢和財產，金牛座只關心是否有足夠的金錢和財物供自己使用。

金星落入第三宮

如果沒有困難相位，金星在第三宮的人可以用一種輕鬆、流暢又不帶威脅性的態度與人溝通。他們對於別人的需求十分敏感，有時會太刻意地說一些取悅他人的話。金星在第三宮的人可以讓環境中瀰漫著一股接納的愉悅氣氛，人們如果能感受到這種氛圍，就會容易「敞開心胸」，和他們愉快地溝通。這些人通常會喜歡或欣賞自己的兄弟姐妹，但是有些特別的相位（例如與冥王星的相位），就可能意味著與兄弟姐妹激烈地競爭，甚至是手足亂倫。除非金星有困難相位，要不然這些人的教育經驗通常都非常愉快，而且熱愛文字、知識和語言，或是可以透過某些藝術形式表達自己。此外，他們也十分享受周末的短途旅行。一般而言，金星落入第三宮的人可以很容易地融入不同的情境之中。

金牛座在第三宮的人會放慢思考速度，不過一旦學會一件事情，就可以牢記在心。他們比較容易透過感官來消化經驗，例如某個東西的「氣味」和「觸感」，對他們而言遠比對這個東西的實際想法來得重要。天秤座落入第三宮的宮頭或宮位內，則可以加強處理周遭事物的說服力和影響力，但又不失圓滑和老練。他們會以和諧公平的名義，去「衡量」其他人的言行。天秤座在此的人會注意到被其他人忽略的美。

金星落入第四宮（或是天底是金牛座或天秤座）

第四宮代表深藏於心中的特質，所以金星落入第四宮的人，基本上很重視、也很渴望周遭環境的寧靜與和諧，往往很難忍受充滿衝突、緊張或爭吵的環境，也會竭盡所能地化解問題或弭平差異。這些人可以從建立家庭，或是在烹飪、家居佈置、園藝等家務事中，獲得滿足和成就感。金星落入第四宮的相位如果不算太糟，通常意味著此人能過著舒適的晚年生活。

金星代表著心愛的形象，而且希望所有的事物都是美好的。一般通常都會將第四宮內行星的特質投射到父親（或是「隱性的父母」）身上，所以對於金星落入第四宮的人而言，父親就是一個美男子，小男孩則可能會感受到與父親之間的競爭和忌妒，同時也會想：要如何才能夠像父親一樣好？父親是如此地迷人又優雅，母親也是如此。小女孩則可能會愛上迷人的父親，結果母親就變成了自己的競爭對手。無論如何，金星落入第四宮代表正面的家族遺傳，無論是在心理或物質層面都是一樣。有時也代表家族性的良好品味，讓他們可以在充滿藝術氣息的環境中成長。這些人通常會對探索血統和族譜很有興趣。

如果金牛座落入天底或第四宮內，人生的根基就是對於安全感的需求。這些人內心深處有一種本能的疆域感，通常都亟欲建立自己的家庭。無論本命盤的其他部分顯得多輕浮，他們基本上仍然是謹慎又保守的。這個位置的人很不喜歡改變現狀，除非是為了建構整體的「正確」作法。他們需要一點時間才能完全領悟事情和經驗。對於金星落入天底或第四宮的人而言，只要多花一點時間在大自然中放鬆一下，或者是看著綠草盎然成長，感受一下雙腳踩在土壤上的紮實感，都可以增加自我的力量和穩定性。

當天秤座落入天底或第十宮內，幸福與平靜都取決於良好的家庭環境或充實的伴侶關係。他們的家庭充滿著分享和創造性的交流氣氛。這些人也非常渴望建立一套清楚的價值觀、理想和標準，並且希望整個世界都能依此來運作。

金星落入第五宮

金星落入第五宮的人渴望用創造或其他的藝術形式來表達自我。他們如果沒有從事與藝術相關的工作，就會透過其他創造性的抒發管道，獲得更多的成就和滿足感。當他們遇到壓力時，只要拿起畫筆或坐下來寫作，都可以重新感受到平靜與和諧。金星落入第五宮的人的座右銘就是，「一件事如果值得去做，就要做出它的風格」。

這些人的個人風格和品味通常都很討人喜歡，除非金星與其他外行星形成了非常困難的相位。舉幾個例子，演員李察・張伯倫（Richard Chamberlain）和歌手葛倫・坎貝爾（Glen Campbell）都極有群眾魅力，他們都是金星落入第五宮。迷人的女演員艾娃・嘉娜（Ava Gardner）充分展現了金星天蠍座的美感，她在一九四八年的電影《愛神的魔法》（*One Touch of Venus*）中飾演一位降臨人世的女神，讓每一個遇到她的人都陷入愛情和混亂的風暴中。

這個位置的人常會為了談戀愛而戀愛，因為對他們而言，追求浪漫愛情是生命中很重要的一件事。某些人甚至只有在和世上「最神聖」（當然得如此）的人談一段轟轟烈烈的戀愛，而飽受煎熬的時候，才能夠有一種活著的感覺。嗜好、娛樂活動、上劇院、電影院或藝廊，都有助於他們的人格「完整地發展」。簡單地說，這些人熱愛玩樂。

如果金星的相位良好，小孩就可以為他們帶來喜悅和成就感。這個位置的父母無論是任何星座的人，都會鼓勵小孩發揮創造力，尤其是小時候對藝術的追求曾經受到壓抑的父母。但最後的情況往往會變成小孩禮拜一拖著腳步去上舞蹈課，禮拜三要上戲劇課，禮拜五則是鋼琴課。第五宮的父母必須特別小心，不要只是為了證明誰是最美麗或最有才華的，而無意識地讓孩子之間互相競爭，或是導致小孩和他們競爭。

金牛座落入第五宮的人很重視感官享受，也會展現實用導向的創作才華，或是園藝、烹飪等嗜好。他們可能很難放下自己的小孩或創作成品。天秤座落入第五宮的人則會強調對美的鑑賞力，並且追求一切出色又有美感的事物。他們通常可以和小孩或年輕人維持良好的關係。

金星落入第六宮

金星落入的宮位代表一個人最關心、最受吸引以及最欣賞的事物，而第六宮關心的就是日常生活的例行事務、工作和服務議題，以及如何維持身體的健康。如果金星落入了第六宮，我們就會搖身一變成為樂於打掃客廳的人，而且很容易與同事墜入愛河，還能夠從每天的生活儀式中獲得極大的滿足。

金星在此的人除了關注瑣事之外，也喜歡讓自己的才華、技巧和能力更加精進與完美。對於他們而言，只把一件事情完成是不夠的，還要做得很漂亮。我看過很多金星在第六宮的人從事與健康、美容及健身有關的工作，也有很多人會實際地應用自己的藝術才華，成為設計師和製圖員，而其中一個比較特別的例子，就是設計兼具美觀和實用的廚房用品。一般而言，他們渴望一個友善的工作環境，而他們也能夠讓工作氣氛變得十分融洽。

這些人都能夠體悟到與身體好好相處的重要性。他們如果出現健康問題，可能是因為過度耽溺、飲食失調，或是整體的生活不均衡，這些都是很值得注意的議題。

金星落六宮的人很懂得享受生活中世俗的一面，或是每日生活的例行之事，但也可能會對日常細節太過於偏執，例如只要菸灰缸太滿，就沒有辦法做愛。他們通常會從事一些強調精準和細節的工作，也可能將「愛人的形象」投射到僕人、同事、牛奶工、修理電話工人、牙醫，甚至是寵物的身上（我的確看過一位金星在第六宮的女士，會在每個月的第三個禮拜五帶獅子狗去修剪毛髮）。

金星落入第六宮可以增加一個人的耐力，他們會以一種務實又堅定的態度面對每天的生活。這些人天生就懂得享受肉體和大自然的各種風貌。天秤座在第六宮的人則會強調要圓滑有技巧地與同事相處，偶爾也會因為要求同事必須達到自己的標準，而惹怒了同事。他們如果工作壓力過大時，就有可能生病。

金星落入第七宮

金星落入第七宮的人會將「愛人的形象」漂亮地落在親密伴侶或是合夥人的身上。他們只有處在一份關係之中時，才能感受到活力、快樂、滿足或是完整。這些人最容易從他人反映出的特質，看清楚自己的美和價值。換言之，金星在第七宮的人會把艾弗洛黛蒂的腰帶送給伴侶，並且把愛人視為完美和愛的化身，這可以讓他們的自我感覺更美好。

凡事皆有利弊，我們如果用一種非常正面的心態去看待一個人，就可以從對方的身上獲得最好的回饋，但是沒有一個伴侶能夠永遠達到金星第七宮的人的期望。對方可能「完全」沒有金星的特質，可能會做一些不美麗或是有失優雅的事情，如此一來，金星在第七宮的人就會非常失望，然後開始百般挑剔。但愛情不可能永遠充滿甜蜜和鮮花，金星在第七宮的人必須學會接受現實的一面（尤其是與土星或冥王星形成相位）。

第七宮代表我們與社會互動的方式，金星在此意味著這種人對於豪華的交際場所，或是二十世紀早期的巴黎沙龍都感到非常自在（作家普魯斯特就有天秤座在第七宮宮頭）。第七宮也可以看出我們給予其他人的東西，而第七宮的金星往往可以提供藝術品、美感、外交和時尚給社會。這個位置也代表能夠在法律事件中獲得成功。

金牛座在第七宮代表對關係的堅貞、忠實和奉獻，但通常會有佔有慾和忌妒的傾向。這些人結婚可能是為了獲得安全感，可以在財物或肉體親密地結合。天秤座在第七宮的人會非常渴望一段關係，但卻比較需要培養維持關係的技巧，適當地調整自己，而不是只為了參與一份關係，就對別人有過多的要求（別忘了當天秤座在第七宮時，上升點是牡羊座）。他們很可能把伴侶「理想化」，也可能會不停地尋找「完美先生／完美小姐」，而非真正合適自己的另一半。

金星落入第八宮

金星落入第八宮的人很「關心」人與人之間發生的事物，同時希望所有能分享或交換的事物，都是美好、恰當、有益或是有價值的。這個位置有利於商業上的合夥，或是透過婚姻和繼承獲得金錢和財產。

進入臥室之後，艾弗洛黛蒂的神奇腰帶馬上變成了挑逗的緊身內衣（金星如果與冥王星有相位，可能是黑色皮革內衣），她誘人的魅力完全展現在枕邊絮語和親密的愛撫中。金星在第八宮的人具有包容和回應他人的特質，可以讓人放鬆，讓伴侶覺得很有安全感，願意拋開所有的禁忌和限制。金星落入天蠍座宮位的人，無論是不是出自於天真無邪，總能夠誘使他人為自己付出。當對方敞開心胸、把祕密曝光後，接下來就會把銀行帳戶改成他們的名字。

他們十分喜愛神祕又難以理解的事物，同時也想要探索任何隱密或細微的東西，彷彿可以從這種層次的事物中，讓自我感覺更加完整（參加降靈大會，與死去的愛人或親人溝通的人，可能有許多都是金星落在第八宮）。

金牛座落入第八宮很有利於金錢處理和商業交易，這類人通常可以透過婚姻獲得實質的財物，也可能會把性當成一種操弄或欺騙他人的手段。天秤座在第八宮則會用美麗去吸引別人。這類人天生就渴望與別人緊密地結合，同時也會珍惜他人給予的東西。無論是金牛座或天秤座落入第八宮，都代表對合夥關係有種第六感的洞悉能力，相當善於運用策略和時機。

金星落入第九宮

對於大部分的人來說，坐下來思考存在的意義和目的，是一件令人頭痛的事情，但金星在第九宮的人不會跟宗教和哲學做永無止盡的纏鬥，反而可以從信仰中獲得更多的快樂、寧靜和幸福。對於金星第九宮的人而言，將任何骯髒的事物投射到上帝身上，是完全錯誤的事情。在金星的眼中，只有公平、美好、正義的事物才值得崇拜，所以我們也可以從金星的相位和第九宮內其他的行星分布看出，這些人的上帝是否能達到自己的高標準（例如才華洋溢、極具權勢又飽受折磨的德國哲學家尼采〔Nietzsche〕，他的金星是落在第九宮，但第九宮宮頭的獅子座以及獅子座的主宰行星太陽，與冥王星形成了對分相，又與土星形成四分相）。

他們通常很喜歡旅行和冒險，而且在過程中時常會有一些有利或愉快的經驗。這些人天生就懂得欣賞不同文化和習俗所展現的各種生活面貌，很可能會愛上另一個國家，喜愛的程度甚於自己的國家，還會仿效那個國家的品味與風格。有些人則有可能和外國人結婚，也可能與在旅途中或國外認識的人步入禮堂。這個相位的人很適合擔任老師和教學者，他們可以將自己對於知識領域的愛，傳達給學生。金星落入第九宮的人很容易對自認為有價值的東西產生熱情。這個相位的作家和藝術家可以透過創作與他人分享哲學觀。金星落入第九宮的代表人物還包括探險作家傑克・倫敦（Jack

London）、美國爭議作家諾曼・梅勒（Roman Mailer），和詩文造詣傲人的德國作家托瑪斯・曼（Thomas Mann）。

從比較輕鬆的角度來分析，第九宮的金星如果相位良好，通常代表與姻親的關係融洽。如果一個宮位內的行星代表的是我們在此的遭遇，那麼金星在九宮就暗示著善於用外交手腕來對待姻親。

金牛座落入第九宮的人，可能會在哲學信仰中追尋實際的印證，也需要一種可以落實在日常生活的哲學。對他們而言，離開家總會有些不適應，所以必須為旅行找一個好理由。天秤座落入第九宮的人則會有強烈的公平感和正義感，他們需要一種以他人的愛為前提的哲學，或者是一種可以激發人類活出更高理想的哲學。任何一個有外國口音的人，都會非常吸引天秤座第九宮的人。

金星落入第十宮（或是天頂是金牛座或天秤座）

如果第十宮代表自己想要呈現在外人面前的樣子，那麼落入第十宮的金星就絕不可能衣衫不整地出門（換言之，不能忘記穿戴她最信賴的腰帶）。這個位置的人想要外人看見他們的美麗、品味、優雅或風格，所以會選擇一些有機會展現美麗或以上特質的工作，多半會選擇藝術領域、娛樂圈、社交服務或時尚界等。娛樂圈中有兩個金星落入第十宮的例子，一個是演員傑克・尼克遜（Jack Nicholson），他儼然就是中年的性感偶像，他的耽溺享樂更是家喻戶曉；另一個例子是布魯克・雪德絲（Brooke Shields），這位偶像可以說是金星列車中的前導，恰如其分地被稱為「漂亮寶貝」。金星落入第十宮的人無論選擇哪一種行業，都很需要氣氛融洽的工作環境，從事一份自己看重的工作，並且與自己喜歡的人共事。我們可以從金星的相位看出他們是否能輕易達到這個目標，或是會困難重重。

金星第十宮代表與母親保持親密又溫暖的關係，儘管偶爾會有一些困難出現，但基本上問題不大。他們如果將金星的特質投射到母親身上，就會認為母親擁有所有的性魅力、品味和風格。這樣的母親在身旁，小女孩可能會覺得手足無措又笨拙，於是會把母親視為吸引注意力的競爭對手。小男孩則可能把母親的性表徵當成母性特質，所以母親就具備了「愛人的形象」，導致另外一個女人必須與他的母親競爭。

金牛座落入天頂或第十宮的人，會想要對外展現權力和地位。他們對於地位和權威都極具佔有慾，而且在追求事業的過程中一旦鎖定目標，就會非常堅持和果斷。我發現金牛座落在天頂的人通常會從事景觀園藝、建築、營造、按摩，或是與身體治療有關的工作。

天秤座落在天頂或第十宮的人最適合合夥，或是與其他人一起為目標奮鬥。他們可以為工作付出很多，但可能會太過於嚴格地要求他人，期許其他人也能付出同樣程度的服務、精準性和貢獻。天頂是天秤座的人往往會成為外交官、律師和政治人物，但我也看過有些人在藝術、美容和時尚等相關領域工作。天秤座落在十宮的人通常能敏銳地知道如何讓別人進一步地幫助自己，以促成事業上和社會上的成功。

金星落入第十一宮

行星落某個宮位的意義，代表的是一個人面對人生的最佳方式，所以金星落入第十一宮的人應該勇敢地發揮一種天性，就是在友誼和團體中與他人團結合作。

他們能夠正面地影響自己參加的團體，也能夠獲得同樣的回饋，雖然金星的其他相位也可能代表別種狀況。這些人通常都很喜愛社交生活，或是富有文化氣息的出遊。金星如果和木星或海王星形成困難相位，就可能會浪費太多的精力在社交生活上，在這一點上他們需要多加分辨。

他們可能會把愛人或美的形象投射在朋友或團體上面。有些金星在第十一宮的人只有在跟「正確的」團體或人群相處時，或是被其他人接受時，才會覺得自己是美好的。他們想要提升自己的社會地位，所以會對朋友和團體有所揀擇，藉由他人來達成自己的人生目標和理想。金星與海王星是不一樣的，這些人絕對不會無緣無故地穿上腰帶，他們會要求有所回饋。

有些人會對一些推動美好生活的團體或組織感到興趣。金星在第十一宮的人願意付出，但也會對友誼或團體抱持高標準的期待，其他人如果沒有同感或是無法活出這些理想，他們就會感到失望。他們有時會在團體中或是與朋友相處的時候，出現對立和競爭的情形。

金牛座落入第十一宮宮頭或是宮位內的人，則可能會過於依附朋友，但是過度依賴會讓朋友感到窒息。他們對友誼非常忠實，一旦付出，友誼就會維持下去。這些人可以透過朋友和自己所屬的團體獲得一種安全感，而他們為別人提供的服務，也多半具有實際的本質。

天秤座落入第十一宮的人喜歡被他人取悅，也喜歡取悅他人。他們會跟有類似品味或心智相容的人變成朋友。這些人不像金牛座在第十一宮的人那麼依賴，他們會小心地替別人和自己保留空間。他們的友誼可能會變成愛情，但相反的情形也可能會發生。金星或天秤座落入第十一宮的人，都有可能在團體中結識戀愛的對象，或是經由朋友的介紹而認識戀愛的對象。

金星落入第十二宮

根據希臘神話，艾弗洛黛蒂的出場方式十分特別。撒登（Saturn）將父親烏拉諾斯（Uranus）去勢之後，把割下來的陰莖丟到大海中。被切斷的陰莖漂浮在海面上，最後產生了一個白色的大泡沫，艾弗洛黛蒂就是從這個泡沫中冒出來的。乍聽之下，這個神話有些奇怪，一位代表愛和美的女神竟然是來自於一場可怕又卑劣的衝突，但這就是第十二宮顯示的金星樣貌。我們有時必須經歷痛苦、受傷、磨難和損失，才能變得更美麗、溫柔、沉靜及迷人。

任何超越自我和融入更大整體的渴求，都必須經過第十二宮的洶湧波濤。金星在此意味著一種不執著的愛，也代表我們必須放下自我，臣服於一種具有精神性、不受拘束又具神性的事物（冥府之王普魯托曾說：「愛就是追求一體性。」）在第十二宮中，金星會強烈地渴望一種無法定義或無法衡量的美，一種可以體驗一體性的美，或是能夠讓我們回憶起過去的賜福。

金星落入十二宮的人會為了壓抑這股強烈的渴望，試圖在另外一個人身上找到這樣的愛和美。他們渴望將自己奉獻給愛人，就如同把自己奉獻給天神一樣。這些人除了會對愛人有很多的要求，在內心深處還會不停地挑剔，認為一個愛人根本無法滿足自己的思慕之心。金星落入十二宮的人需要透過愛情去體會萬物無界的意涵。精神整合療法發明人羅伯特・阿沙鳩里（Roberto Assagioli）曾說過一句話，也許可以幫助金星在十二宮的人脫離困境：「你如果能欣賞萬物，就能保有自由。」[1] 換言之，你如果失去了一個人，或是無法即時擁有鍾愛的事物，總還是有其他的東西可以讓你享受。也許這就是金星落入海王星和雙魚座的天生宮位的功課：要對宇宙萬物付出愛。

金星落入十二宮的人喜愛任何細微、隱藏、無法觸碰或難以捉摸的事物。你不妨試著在一個下雨的午後，聆聽德布希（Debussy，金星獅子座在十二宮）的音樂，就可以稍微體會到這個位置的本質。有些金星在十二宮的人會一直愛上自由受限的人，按照第十二宮的真實本質，這些人必須隱藏這種情感，處處都受到限制，或是最後只能放棄這份戀情（金星在十二宮的人喜歡為愛犧牲）。第十二宮的金星也代表會愛上被他人拒絕的人，他們可能會愛上受迫害的人、失敗者或是犯人，其實這些人也都有一顆如黃金般的心，但卻沒有人能理解。

從較為世俗的層面來看，金星在十二宮裡代表與監管機構很有緣分。有些人可能在藝廊或博物館工作，或是在醫院中照顧不幸的人。我曾經見過兩個金星在第十二宮的例子，其中一個人是擔任戲劇治療師，另一個人則是藝術治療師，都是幫助人們在遭逢鉅變之後復原的人。我曾看過另外一位金星在第十二宮的女士的星盤，她告訴我說她在精神病院療養的三年，是一生中最快樂的時光。這些人有時能在監獄或牢房的幽閉之中，發現繪畫、寫作或雕刻的才華。金星落入十二宮的人也很適合擔任幕後的場景或服裝設計工作，或是幫明星化妝。

第十二宮的能量總是搖擺不定：如何運用這些能量，決定了我們會在人生中承受多少的快樂或痛苦。金牛座如果落入第十二宮的宮頭，可能會過於物質導向或是十分固執，這些傾向都會造成一些問題，但是不夠務實或欠缺實際的常識，可能也是一種不幸的缺陷。天秤座落入第十二宮的人如果對於他人太過敏感，可能會為自己帶來麻煩，但不把他人的需求或觀點列入考慮，也是十分危險。十二宮金牛座的人如果在需要的時候緊緊掌握住，在適當的時候灑脫地放手，那就代表已經學會了人生最重要的功課。十二宮是天秤座的人則需要去愛和包容別人，但是為了讓自己的情緒能維持平衡，也必須留一點空間給自己。

註釋

1. Assagioli cited in Ferrucci, pp. 191-2.

第二十二章
火星和牡羊座落入每個宮位的詮釋

火星與羅馬神話中的戰神馬爾斯（Mars）同名，也與希臘神話的戰神艾瑞斯（Ares）有關。在希臘神話中，戰神艾瑞斯一向令人懼怕，而且因為易怒和難以控制的性格而被世人厭惡。在神話故事中，女神賀拉（Hera）非常不滿丈夫宙斯（Zeus）自行產下了雅典娜（Athene，據說她是從宙斯的頭顱中誕生的），所以也不靠宙斯自己製造出了艾瑞斯。由此可知，艾瑞斯是源自於憤怒和惡意，他就是母親狂怒的象徵。艾瑞斯在戰爭中有三個隨侍，分別是戴莫斯（Deimos，恐懼）、弗伯斯（Phobus，驚恐）和艾利斯（Eris，衝突），這當然不是一個愉快的組合。艾瑞斯在戰場上的表現常出人意表，他非但沒有所向無敵，反而很少獲勝，甚至顯得很愚蠢。當雅典娜輕鬆地用一顆石頭擊中他時，他笨拙地墜落到地上，就像凡夫俗子般地尖叫大哭，甚至有兩個凡人設法把艾瑞斯抓起來，將他囚禁在一個瓶子中長達十三個月的時日（就像我們封鎖或壓抑自己的憤怒）。他不只在戰爭中表現得荒謬又可笑，在愛情的戰場上也很糟糕。當他去誘姦艾弗洛黛蒂時，很難堪地被她的丈夫賀斐司特斯（Hephaestus）發現，甚至還被賀斐司特斯設下的金網困住。之後賀斐司特斯還邀請其他的天神前來，嘲笑偉大的艾瑞斯也有動彈不得的一天。（按照希臘口語的意第緒語，他們稱艾瑞斯是「笨蛋」）

相較之下，羅馬戰神馬爾斯（Mars）就十分受人尊敬，他在萬神廟的地位甚至高過於偉大的天神朱彼特（Jupiter）。羅馬人非常崇拜馬爾斯，不僅因為他是戰神，也因為他是春天之神，代表了植物的生長和繁殖。他名字的拉丁文字根是mar或mas，意思就是「照耀」和生殖力，他同時也被稱為馬爾斯・葛瑞戴維斯（Mars Gradivus），源自於拉丁字grandiri，意思就是變大和成長。當時他身旁的隨侍是荷諾斯（Honos，榮耀）和沃特斯（Virtus，美德）。

希臘天神譴責艾瑞斯的粗俗和殘忍，羅馬天神卻把馬爾斯尊為榮耀和美德的代表。這代表侵略性有兩個基本面向：我們如果想要存活下來，而且成長茁壯，就必須宣告某些東西是不適用的，同時也無法推卸責任。火星代表野蠻、盲目的憤怒、衝動和魯莽，讓自己顯得很愚蠢，也代表一種健康的侵略性，亦即認識和掌控外在世界的正向衝動。健康的侵略性是一種想要表達自己動物性的慾望，也是一種讓種子發芽的力量。正向的火星可以讓我們獨立，使我們具備堅持立場的力量，並且能按照自己的意願做出決定。健康的火星可以刺激我們去學習新技能，而這也是成功人生的基本要素（我們**對付**一件事情，**攻擊**一個問題，然後**掌握**一種困境）。

火星所落入的宮位代表了我們是否能同時間展現侵略性和魄力，還是只能發揮其一。侵略性和魄力的界線常常很模糊：小孩憤怒地反抗權威，這可能是一種侵略性，但也可能代表一種想要獨立的慾望，而這種慾望對成長來說是非常重要且必要的。我們可以從火星的宮位看出必須在哪個生命領域採取攻勢、冒險而又大膽無畏，同時還必須確立自己的主權、自由性和獨立性。我們在這個生命領域裡，也可能遭遇戰鬥、過於激動、意外、過度競爭、暴力，以及對權力貪得無厭。火星如果被「封鎖」在一個宮位內，這個生命領域的經驗就會讓我們感到絕望、無助和沮喪，而我們也可能會在這個領域裡挑釁惹怒他人。

包含牡羊座或牡羊座落入宮頭的宮位，其意義都類似於火星落在那個宮位。一個人應該在這個宮位代表的生命領域中展現勇氣和活力，如此才能揭露自己獨特的潛能，實現生命的安排和計畫。當我們很沮喪或是心情低落時，往往會將注意力轉移到宮頭是牡羊座的宮位，做為一種「重新開始」的手段。

火星落入的宮位可能會與牡羊座在宮頭（或是在宮位內）的宮位有關。舉個例子，火星落入第十二宮，牡羊座落入十宮的宮頭，那麼這個人就可能會透過事業（牡羊座在第十宮）來培養自己的權力和進取心，也可能會在機構中工作（火星主宰牡羊座，落入第十二宮）。

早期的占星學教科書認為，火星也同時主宰著天蠍座，因此天蠍座所在的宮位可能也會受到火星相位的影響。但我個人認為，冥王星比較適合作為唯一主宰天蠍座的行星。

火星落入第一宮

根據神話，艾瑞斯是從賀拉憤怒的身體中完整地蹦出來，所以火星落入第一宮的人也時常覺得自己的憤怒、怨恨或是行動，會在任何阻礙出現之前就「跳出來」了。最糟糕的情形是，他們可能會對任何一點的阻礙都極為不耐煩又憤怒，然後又需要不停地證明自己的權力。他們與其把身體變成戰場，或者不停地侵犯身旁的人，不如規律地運動，或是參加競爭性的鍛練，這些活動都對他們很有幫助。太極拳、瑜伽、跆拳道，或是各種治療身體的運動（這些活動可以淨化憤怒和緊張，或是透過這種創造性的活動紓解情緒）都是值得推薦的。

在最佳的狀況下，火星第一宮的人都很坦誠和自然，令人耳目一新。他們只要不是太過魯莽或直率，通常都十分誠懇、很有主見，能勇於尊崇自己的優先選擇，不會為了他人而裝模作樣。他們注定要與人生「正面相迎」。這個位置的人應該先採取行動，而非坐著等待事情發生。

第一宮的火星如果落入了火象星座，最能夠展現火星的能量，但如果落入了水象星座，則即使不發一言，仍然會給人一種強烈的感覺。火星在第一宮的人如果顯得很害羞或退縮，本命盤上的其他相位就會被烙上火星的表達方式，這是很值得注意的一點。有時，我們必須提醒他們，不妨問問自己想要什麼樣的人生，而不是祕而不宣地操弄著他人，讓其他人來幫自己達成目標。

這種人通常會強烈地渴望掌握自己的命運，也會把握住每一個機會，滿足自我的慾望。溫莎公爵（The Duke of Windsor）放棄王座，娶自己選擇的女人為妻，就是火星牡羊座落入第一宮。美國作家海明威（Ernest Hemingway）亟欲向世界證明自己是「真正的男人」，則是火星處女座落入第一宮。

火星第一宮的人必須具備相當程度的耐性、力量和鬥志，通常在人生的早期就已經獨立自主了。

火星落入第二宮

我們如果了解落入一個宮位的行星，代表的是一個人在這個生命領域中最能展現潛能的方式，那麼火星落入第二宮的人，就必須用一種具有侵略性、果斷又大膽的方式，去追求金錢和財物。他們也許需要冒一點險，好好地把握住機會，才能夠獲得自己極度渴望的東西。很不幸地，他們如果操之過急、缺乏耐性又魯莽，這種「用行動去爭取」的特質，可能帶來反效果。

比較常見的情形是，這個位置的人天生帶有一股迫切的強烈渴望，亟欲享受物質和感官的世界。金星在第二宮的人會施展一點魅力，誘迫他人拿出自己想要的東西，火星在第二宮的人則會以「我想要這個東西，而且我現在就要」為原則。火星落第二宮的人如果沒有在一開始就主動爭取自己想要的東西，最後可能會使出他們最愛的一招：發牢騷。他們會喊著：「給我，帶來給我，買給我，帶我去！」他們會把侵略性展現在擁有物上面，也可能會在吵架時為了強調自己的立場，把價值不斐的花瓶往牆上扔。

從比較正面的角度來看，這些人天生就具備勇氣和進取心，可以在需要這些特質的工作上有良好的表現。他們會捍衛自己珍惜的事物，為此挺身而出，但也會強迫他人去重視自己珍惜的事物。

對火星落入第二宮的人而言，金錢和財產是權力和力量的具體表徵。事實上，如果他們向全世界展現自己可以有效地採取行動，得到自己想要的東西，其實不過是想要確立自己的存在、活力和生命力。我們如果能了解這點，就能更深入地認識他們（即使如此，在哈洛百貨公司大拍賣第一天，我仍然會盡量遠離他們）。

火星落入第三宮

火星在第三宮的人會確立自己對環境的影響力（通常是透過文字、意見、知識或觀點），藉此來證明自我的權力、生命力和存在。我們大多數的人都害怕說出真正的想法，而這也正是火星落入第三宮的人應該學習的事情。當然，如果可能的話，他們必須運用一點技巧，這是矯正火星缺點的萬靈丹。

有些火星落三宮的人會擔心清楚和直接可能變成粗魯或魯莽，所以非但沒有說出自己真正想說的話，反而透露了大量的暗示，或是不停地唉聲嘆氣。很不幸地，火星落入的宮位就像是一個倉庫，在整個倉庫爆炸造成災難之前，只能存放特定的量、沒有表達出來的想法、感受或行動。所以火星在第三宮的人最好不要壓抑過久，而是要說出自己的感覺和想法。

這些人的心智通常很積極、熱切，也很機靈，同時思維敏銳、用詞強烈、口才犀利，這些都是他們勇往直前時的必要武器。雖然火星第三宮的人有時會把自己的想法「頂」到他人的腦袋裡，但他們的話語也能激發他人採取行動。當然，這些人也可能會浪費許多時間和自己的想法搏鬥，或是挑戰別人的想法。他們也可能狂熱地攻擊別人感興趣的主題，而且渴望談論一些讓自己感到興奮的事情，或是動筆將其寫下來。有些人可能會把自己的想法和感受寫下來，藉此「消散壓力」。建議他們，最好的自我治療方法就是，寫一封憤怒的信給生氣的對象，然後再把信撕掉。

火星落入第三宮的人會在人生早期的階段中，與其他人大玩權力遊戲，這可以讓他們發現自己的主動權，並且學會如何去確立自我，所以這是與兄弟姐妹、老師或鄰居發生衝突的主要位置。但是當他們做壞事被逮到時，可能不會自己認錯，反而會說自己讀的淫穢小說或錄影帶，都是兄弟姐妹的東西。

這些人的神經系統時常處於高度緊繃不安的狀態，所以他們應該培養謹慎的態度和自制力，尤其是在任何形式的旅途中。火星落入第三宮的人必須透過運動和操練「抽掉」過度的精力，有些人則可以從銲補汽車或修理機械中獲得放鬆。

有句古老諺語說：「思想是有翅膀的。」火星第三宮的人具有強烈的心智能量，所以他們會深深地感受到一個道理，那就是：無論是否直接地說出口，或是實際地去採取行動，思想都是可以影響環境的。就某種意義上，心智就像一種銳利的器具或工具，如果能正確地使用，就可以非常有效地切割物品，但如果使用不當，也可能會為自己和別人帶來危險及破壞。無論火星的相位如何，最後都還是要他們自己決定，如何使用這種工具。

火星落入第四宮（或是天底是牡羊座）

任何落入第四宮的東西都可能會被隱匿不見，但落入第四宮的火星所潛藏的自我表達慾望，遲早會無法壓抑，迸發出來。就像把一件物品長時間地鎖在地下室裡，當你終於把它拿出來時，多半不是非常好看。這個位置代表一個人必須將隱藏的侵略性和憤怒展現出來，經過理智的分析之後，讓這些能量與性格整合，再有意識地導出建設性的結果。火星剛出現時，可能是憤怒至極，滾滾怒流如火山爆發般蔓延至所有的地方，讓自己和周遭的人都大吃一驚，可是一旦火星獲得了「釋放」，這個位置的人就會懂得更適當優雅地表達自我，同時也會尊重內心深處的所有東西，而且承認即使是最骯髒的碎片也是好的。火星與第四宮重新連結的過程，就像是喝一杯經典的啤酒，能夠點燃其他行星無法觸及的部分，但最重要的是，豐沛的生命力必須先滲入人生的絕大部分之中，才可能真正存在。

當大多數的人經過一天的辛勞工作，回到家裡休息時，都只想脫掉鞋子，調杯飲料，把腳翹起來看電視，但是對於火星第四宮的人而言，「打卡之後」才是一天的開始。他們很可能會在家中或個人的生活裡，展現強烈的慾望和進取心，當然免不了盛氣凌人，侵略性十足。從這個角度看來，他們就像是一種棘鰭類熱帶魚。這種好戰的魚需要去欺凌其他的魚隻，發洩侵略性的衝動。如果將一對棘鰭類熱帶魚單獨地飼養在一個魚缸內，公魚就會開始攻擊自己的配偶和小孩。同樣地，火星落入第四宮的人也會將一些沒有對別人表達的憤怒，轉移到無辜的家人身上。他們在工作的時候，可能是很有禮貌又溫馴的，回到家之後就會很想吵架，也有可能把侵略性表現在其他地方，例如，在花園挖土、加蓋房子、挑釁他人對自己發火，或是從樓梯摔下來等等。

這些人的父親（或是隱性的父母）可能會被視為非常有權力、善於支配、很有衝勁、好辯、性感，又帶有暴力傾向的人。他們可能必須與父親對抗，才能重新獲得自主權和表達的自由。有些這個位置的人也許無法戰勝父親，所以即使到了成家之後，還是會想要與父親對抗。火星落入第四宮的人往往是「存活者」的後裔，或是擁有一種極大的抗壓性，可以長時間地忍氣吞聲，最後才開始採取反擊。

牡羊座落入天底或第四宮的人，不能仰賴家族的傳統和模式，反而非常需要靠著自己的力量找到自我。火星或牡羊座落入天底的人只要深入探索自己的內心，就會發現一些未曾利用的能量和創造力，然後渴望找到一個有目標的出口。有時，他們必須等到人生的下半階段，才能從限制和束縛中逃脫，開始認真思考一個問題：「我到底想要什麼呢？」

火星落入第五宮

第五宮是一個玩樂的宮位。火星在第五宮的人熱愛競爭，一定要當沙堆遊戲的老大，如果你堆了一個城堡比他的城堡更大更棒，那可得小心了，最後你可能眼睛裡面全都是沙。是誰說比賽輸贏不重要，過程才算數的？這個人絕對不是火星落入第五宮的人，因為第五宮就是獅子座的天生宮位。同樣的模式會表現在生活、愛情和創造力上。對火星第五宮的人而言，只去做一件事情是不夠的，重點是要大張旗鼓地做，全心全意地投入。從正面的角度來看，他們具有一種天生的生命力和熱情，會在做過的每一件事情上留下深刻的個人印記。他們也許不是另一個畢卡索（Picasso），但畫作一定非常特別，至少對於他們自己而言是如此的。即使他們最後否定了這一點，至少會有好幾天的時間，或是在發自內心創作的當下，可以更加地感受到自己，或是因此而加強自我的身分認同、權力感和生命力。

這些人通常很喜歡競爭性的運動或技藝，其中參雜著一定程度的膽量、冒險或是激烈的體力。他們會帶著同樣的熱情和衝勁，投入最偉大的一種運動，也就是愛情和羅曼史的競賽。這種人不只想要零星的愛情火花，而是一場熊熊的森林大火。火星在第五宮的人如果沒有因為過於激烈而把對方嚇跑，不然就是愛的火焰很快就熄滅，或是快速地蔓延到其他領域，主要視火星的相位和星座的位置而定。

我們可以在他們的小孩身上看到火星的投射。他們一開始可能會興匆匆地建立一個家庭，但是日常生活的沉悶和犧牲卻讓人很掃興，如何在繪畫、上網球課、做愛、看歌劇之餘，還有時間去養育小孩呢？所以這種位置的人常會培育出非常獨立的小孩，這一點也不讓人意外。小孩必須學會立即表達自己的立場，培養出堅強的意志力，這樣才能達到火星第五宮父母的要求。

火星落入第六宮

如果比對一下希臘天神艾瑞斯和羅馬天神馬爾斯處理第六宮事務的方法，就可以更清楚地了解火星落入第六宮的展現。

首先，想像一下艾瑞斯正在家裡發動攻勢。他可能在十分鐘內快速地清掃所有的房間和每一個角落，不過希望在這個過程中沒有打破太多東西。他的座右銘就是，「三兩下能做完的事情，才值得去做」。也有可能他又輸掉了一場與姐姐雅典娜的戰爭，而立即展現出第六宮式的憤怒：猛刷廚房的地板，對僕人大吼大叫，或是踢狗幾下。

火星落入第六宮的人時常會過度地使用身體，除了不停地追逐日常生活的事務，把自己弄得筋疲力盡之外，也常會因為粗心或心浮氣躁而導致意外。

這些人如果跳脫了艾瑞斯的模式，真正地控制了自己的憤怒，便可能會時常頭痛，或是將侵略性轉移，改而對付自己的身體（火星落入第六宮時，身體內的感覺和衝動一定非常強烈，如果他們不想要電線短路走火，就一定得找到表達的出口）。

當然，火星在第六宮的人也可能在辦公室掀起驚人的風波。他們無法忍受被人掌控，也可能會對同事非常殘暴又無情。這些人最好選擇從事獨自完成的工作。

另外一個強烈的對比就是，馬爾斯式的火星會用完全不同的方式，去處理第六宮的事務。他會認為自己所做的每件事情都可以反映出自我，所以會帶著強烈的榮譽心做好每一個細節。這些人會為了日常生活能夠獨立運作又自給自足，而願意去學一些新的技能，並且能從一些挑戰自我的項目之中，獲得極大的滿足感。

他們有時會過度迷戀身體的健康和運作，花許多時間去維護，這是因為他們把身體當成了一種展現自己、證明自己力量的工具，所以很自然地會希望維持好身材。

第六宮的羅馬天神馬爾斯多少帶有希臘同伴的殘餘影響力，加上他們堅持事情都有一定的做法，所以有時會遭遇一些困難，或是對同事很沒耐心。通常在某些正確的情況下，大家一起努力確實能促進事情的完成，不過火星第六宮的人往往只喜歡獨自把事情做好。火星在第六宮的人也可能會去爭取勞工的權益，或是為了某一個他認為受虐待的同事挺身而出。他們也有可能支持動物福利團體。

整體而言，第六宮內的火星相位良好時，就會傾向於展現出羅馬天神馬爾斯的特質，但是第六宮的火星如果出現了困難相位（例如與太陽、木星、天王星，尤其是冥王星），就比較會表現出希臘天神艾瑞斯的特質，至少在一開始是如此的。

火星落入第七宮

按照火星落入的宮位，我們可以看出自己應該在哪個生命領域裡採取行動，然後確立自我的身分認同。火星落入第七宮代表強烈地渴望透過與其他人建立一份關係，來定義自我的身分，同時獲得一種權力感。我看過許多這個位置的人在很年輕的時候就一頭栽入婚姻，通常都是因為初嚐性愛的熱情，因此沖昏了頭，也有可能是想要逃脫艱困又壓迫的原生家庭。他們相信藉由婚姻可以找到自我的成就，但最後卻會發現自己只是從一個暴政，轉移到了另一個暴政。一開始的性吸引力會逐漸消失，但是權力的遊戲還在繼續著。

有些這個位置的人會用十分強勢的方式出現，常常把別人嚇跑。相反地，他們也可能吸引具備明顯火星特質的人，也就是大膽、直接、充滿活力的英雄或女英雄，因為這種人可以減輕他們的負擔，或是替他們決定人生。但是過了一陣子之後，他們會對另一半的領導作風感到憤怒或怨恨，開始試圖拾回自己曾經慷慨交出的權力。一味地指責火星第七宮的人總是讓關係充滿著衝突和爭吵，其實並不公平，儘管有些人的確會把怒氣當飯吃，越吵越起勁，活得精神奕奕。但也有許多火星落入第七宮的例子顯示，這些人能夠維持一種充滿活力、富刺激性的關係，彼此正向地去「挑釁」對方，而仍然能讓對方保有個人的自由。我要提醒一下，這裡的危險之處在於，他們可能會將侵略性用在自己最親密或最重要的人身上，擺明地要惹怒對方，替自己找一個名正言順的藉口來抒發怒氣。火星在第七宮的人需要不斷地透過別人的看法，來肯定自己的價值。當他們覺得有人受到不公平的指控時，可能會是第一個為他人捍衛權利而挺身而出的人。

火星落入第八宮

火星落入第八宮的人通常在聯合企業中最能展現活力，因為這樣可以盡可能地獲取和給予。雖然愚魯的希臘天神艾瑞斯有時也會不小心露出衝動的本色，一頭栽進詐欺交易之中，但比起其他的宮位，火星在第八宮的陰影其實是比較淡微的。某些火星第八宮的人會為自己的信仰挺身而出，並且從中獲得榮譽感，提升自我的德性，或是會去挑戰那些與自己想法不同的人，試圖去改變他人。某些火星第八宮的人則會覺得，佔用另外一個人的價值和財產，是比較能獲得回報，也比較吸引人的做法。火星如果有困難相位，則代表可能會與婚姻伴侶為了共同的財產而爭吵，甚至為了遺產的鬥爭，與緊迫釘人的查稅員糾葛不清，或是與一夕致富的合夥人發生衝突，他們對這些事情都應該多加留意。

他們會在純屬私人領域的臥房中，清楚地展現火星的本色。這些人通常都非常熱情，但是性的表現方式比較像在紓解累積於體內的壓力。對於許多火星在第八宮的人而言，性就像是一場競賽，而他們一定得是贏家。當然，我們如果知道他們只是想要確立並定義自己的身分和主權，就比較能理解他們的行為。太陽的準則讓我們與他人區隔開來，但我們還需要火星去證明自己的立場。無論第八宮的立場是什麼，火星都會想主掌大權。我們不難理解，對於火星在第八宮的人而言，感官的性行為遠比眼神的交會來得重要，而且在臥房內通常都很具侵略性。對於其中的某些人而言，激烈的性是一件幸運的事，但對其他人卻可能不是那麼一回事。他們有時會因為罪惡感和猶豫的心態，而使出火星最愛的第二招：推卸責任。他們會搖旗吶喊地說：「是他們讓我這麼做的！」，而且還會責怪他人讓自己陷入某種情境中，其實這多少都是他們自己一手策劃的。

火星落入第八宮的人會透過與他人的相處或是透過自己，發現自己盲目的情慾、羨慕、貪婪或忌妒等較為黑暗的情緒，他們必須學會應付這些情緒，但最後是否能夠或是否需要替這些激情的感受找到建設性的出口，絕大部分要視火星的相位而定。火星如果與其他外行星形成了困難相位，就會迫切地需要將火星的原始能量，透過其他管道抒發出來。

這些人有時會對神祕或玄奧的事物非常狂熱，但是當他們探索或體驗帶有通靈色彩的事物時，必須特別小心。這裡的危險之處在於，他們可能會將自己的憤怒和侵略性，投射在「那邊的」東西上，然後覺得這些被自己否認的特質轉過頭來緊咬自己不放。雖然火星很難被冠上隱蔽的名號，但火星在第八宮的人的確具備一種偵探般的能力，可以持續且細微地探索一些隱藏的事物或祕密。他們一旦感覺有事情不對勁，或是覺得某個人或某件事扭扭捏捏的，無論結果是好是壞，都很難置之不理。

天蠍座的狄倫・湯瑪斯（Dylan Thomas）曾說過：「不要溫順地進入美好的夜晚。」在生理或精神本質的死亡和轉化過程中，火星落入第八宮的人必須將這句話謹記在心。

火星落入第九宮

我們可能認為火星進入第九宮的領域之後，終於有機會呼吸一些新鮮空氣了，因為第九宮是代表宗教、哲學、長途旅行和高等教育的領域，但是諸多的史實證明，這裡可能成為一個紛爭不斷又最血腥的殺戮戰場。

火星落入第九宮的人不只會追尋上帝，還會追捕上帝。這個位置的人通常會去追求或支持強烈的哲學觀或宗教信仰。他們相信的真相只有一種，然後會帶著十字軍戰士般的狂熱去宣傳、捍衛這個真相。有些火星在第九宮的人會說，既然生命中最深藏的慾望和狂熱，都可以從這個真相中獲得支持和證明，那理所當然就應該這麼做。雖然在他們的眼中上帝的形象是憤怒又狂熱的，但上帝可能跟自己有相似之處。當他們必須打破上帝的紀律時，上帝也會支持、同時縱容他們這麼做。對於少數這個位置的人而言，上帝甚至可以接受以祂為名的殺戮、強暴和掠奪。從這個角度來看，有些火星落入第九宮的人，在將自己的殘忍慾望付諸行動之後，把自己應該承受的譴責都推給上帝。一般而言，他們在開始一件事情之前，會用更高的法則來證明自己的作法都是正確又合理的。

然而，有些火星落入第九宮的人卻會對上帝感到憤怒。就像電影《屋頂上的提琴手》（*Fiddler on the roof*）裡的父親提弗耶（Tevya）一樣，他們可能會在天堂，或者更高層的境界中揮拳弄舞，告訴上帝應該如何導演這一場表演。

他們通常都非常渴望旅行，有時一受到刺激就會「收拾行李，馬上出發」。火星落第九宮的女人會培養出一種強烈的吸引力，吸引異國男性或是一些能拓展自己視野的人靠近。她們也會對某種特定的文化產生高度的熱情。

火星在第九宮也會影響一個人的高等教育。他們可以從對一或兩種主題的廣博知識中，獲得力量和權威感。火星在此的人可能會將想要對抗的形象，投射在高等教育學府或是特定的教授身上。

火星第九宮的人可以從職業獲得宣揚真理的機會，例如寫作、教學、出版或是牧師等職業，都會很吸引他們。古奎倫夫婦發現，在許多運動冠軍選手、高層主管、軍事將領和醫生的本命盤上，火星時常落入了第九宮。

最後從較為世俗的角度來分析，火星落入第九宮也可能代表一個人與姻親的關係。關於這點我就不用多做解釋了，情節就像民間故事中描述的（可怕）丈母娘或婆婆。

火星落入第十宮（或是天頂是牡羊座）

第十宮是火星最能展現野心的宮位。火星落入第十宮的人需要被他人視為有權勢、強壯和果斷的代表，並且會尋求能夠展現這些特質的職業。他們希望從事一些值得被他人注意的事情，如果允許的話，還希望因此而受人尊敬，但如果情況不允許，也可能造成不同的後果。有時候，火星落入第十宮的人會為了攀上成功的巔峰，狠心地不顧一切，或是為達目的不擇手段。美國前總統尼克森的內閣成員之一約翰・米歇爾（John Mitchell）曾經陷入水門案醜聞之中，他就是火星雙子座（負責溝通的星座）落入第十宮。

第十宮如果代表的是母親（或者是塑型的父母），那麼火星的原型法則就會延伸至親子相處的模式之中。從正面的角度來看，母親可能會被視為很有權力的人，能夠掌控大局，所以她也會教導小孩要堅強地面對人生。火星的困難相位則代表激烈且不穩定的親子關係。母親可能非常堅持己見又好辯，因此小孩在成長過程中可能會厭惡她的權勢，或是害怕她的憤怒。等到小孩長大成人之後，與母親相處的早期經驗往往會影響他和外界的相處方式。他們可能會認為必須與整個世界抗爭，才能生存下去，或是應該爭取一個獨立自主的地位，才不用再對人奉承卑屈。在人生的某些階段之中，火星第十宮的小孩必須與母親對抗，才能脫離母親的控制，獲得自由。有些人可能會矯枉過正，讓整個情形逆轉，最後反而變成掌控母親人生的人。火星在第十宮的人在成年以後，常會與老闆或權威人士發生問題。

牡羊座在天頂，意義就類似火星落入第十宮。依此看來，這個位置的火星可以在大眾面前表現出類似牡羊座的特質。建議他們從事具有開創性、領導性或是有某種程度自主性的工作。

火星落入第十一宮

火星落入第十一宮的人，可以透過積極地參與朋友、團體或組織的事務，抒發熱情、精力和果斷力。我們也可以從火星落入第十一宮的相位，看出別人是否歡迎他們的參與。

火星是個人動機的重要元素，但卻很古怪地落在講究團體意志的第十一宮。火星在第十一宮的人可能會努力讚揚團體合作的重要性，直到自己氣得滿臉通紅，才發現有點不對勁，因為他們很難調整自己強烈認同的想法和意見，也很難就此與別人妥協。當金星為了和平和愛，不費吹灰之力地就讓一個團體和樂融融，火星則會不顧一切地展現「自己的」的方式。正如天神馬爾斯迫切地渴望戰鬥，而這一次他們選擇了一個最適合的宮位掀起戰火。

火星落入十一宮其實代表每個人都會面對的矛盾。按照人類的天性，我們雖然是社會性的動物（第十一宮），但仍強烈地渴望確立自己是獨立的個體（火星）。我們會依照共同的興趣、理想和目標組成一個團體，但往往會投入最強調身分認同的團體，也最容易在其中出現激烈的糾紛（早期的基督教會就是一例）。我們一旦發現彼此的身分是如此貼近，就會覺得自主權受到威脅，極度地渴望離開、分裂或是瓦解這種集體的身分，重新感覺到自主權，而擅長侵略藝術和自我確立的火星，通常就是負責去做這件事情的人。無論如何，火星在第十一宮的竅門就在於為了共同的目標與一群人結合，但又不會因此失去了自主性。

火星在第十一宮的人也可以在團體中扮演其他的角色。這個位置的人時常可以激勵別人去採取行動。相反地，當他們身為一個團體或群眾的一分子時，就可以為自己所做的事情找到合理化的藉口，而他們平常是絕不允許自己做這些事情的。依此看來，火星第十一宮的人可能會把自己的責任推給團體。火星在這個宮位的人可能會以追求改善社會或是為被壓迫者而戰為目標。他們應該注意的是，這種聖戰不一定要掀起戰鬥，因為好鬥所帶來的傷害往往多於善果。

火星第十一宮的人與團體相處的模式，也可以應用在個人友誼的層面上。他們可能是第一個站起來捍衛朋友的人，但也可能會以自主性為理由，成為第一個攻擊或擋開朋友的人。有些這個位置的人會專制地直接干涉朋友的人生，有些人則可能控訴朋友試圖操縱或欺壓他們。火星在第十一宮的相關討論，可以參考第二部中討論第十一宮的內容。

第十一宮的火星如果相位良好，這些人通常都很清楚要如何達成人生的目標和理想，但要是有其他的行星影響了火星的判斷力，尤其是木星或海王星，可能會導致火星追求一些不切實際的目標，或是毫無建樹地消耗精力。土星和冥王星與第十一宮的火星形成相位時，也會構成許多阻礙，火星必須學會用迂迴的方式去達成目標。

火星落入第十二宮

第十二宮的火星是最狂躁又矛盾的。正如古奎倫夫婦所發現的，有時候他們會全副武裝地站出來，讓所有人都看見，有時候又會隱身不見。如果這種情形還不夠讓你困惑，那麼他們還會三不五時地戴著不同的面具出現。火星應該不是這麼難以捉摸的，有些時候他們不過是從海王星那裡借來幾套把戲罷了。

在第十二宮的領域中，火星天生的侵略性會偽裝成一種對生活的模糊和不滿，而在其他時候，火星則會使出最愛的一招：發牢騷。這些人就像是「難以置信的怒漢」，不停地抱怨每件事情都不對勁，但又不願意去做一點有幫助的事情。他會讓身旁的所有人都加入抱怨的行列，但就在他快要抓狂發飆的時候，又能神奇地讓別人替他表現憤怒。火星落入十二宮的人在意識上會否定自己的憤怒和武斷，但又很享受別人來替他展現暴力。他們的夢想和幻想通常也會帶有破壞性的色彩。這些人的內心深處隱藏了一種點燃裝置，一旦點燃了，就會突然出現行為失控的情形。比較複雜的情形是為了替身旁其他人表達隱密不宣的紛擾和憤怒，最後變成為其他人而戰。

火星需要去確立個人的主權和身分認同，但在第十二宮的領域中，這是十分矛盾的需求，因為他必須將個人的意志交付給其他人，或是必須投入更高的理想之中。許多成功的運動員火星都落入第十二宮，他們會一馬當先，贏得金牌。沒有一個領域可以像第十二宮一樣，讓火星慷慨地為了他人把自己放在一旁。當火星落入第十二宮時，與火星有關的「我優先」態度可能會變成「你優先，而且我會幫你的」態度，或者是「與其為了我自己這麼做，我願意為大家而做」的態度。這種出發點聽起來是很高貴，但卻時常會演變成更高的目的，否認了個人應負的責任，最後時常會導致災難性的結果。不屈不撓的商界成功人士約翰・德洛倫（John DeLorean）曾經不計一切成本地推動大規模的計畫，就是火星牡羊座落入第十二宮。

火星落十二宮的真正問題不在於缺少戰鬥力，而是他們常把火力部署錯誤。這些人不會把精力用在「正面迎對」人生，反而會規劃最有效率的全面撤退方法，使出的手段就是逃避現實或是自我毀滅。火星無論落入哪一個宮位，都會想要走出去，得到自己想要的東西，但是在第十二宮時，他們最渴望的目標卻是消融或超越人生的限制和界線。金星落入十二宮的人總覺得愛得不夠多，火星在十二宮時則覺得怎麼做都不夠。根據路易斯・魯登（Lois Rodden）在《占星資料庫 II：美國星盤手冊》（*Astro-Data II: The American Book of Charts*）的記載，演員喬治・桑德斯（George Sanders）的火星巨蟹座落入第十二宮，他在三十六年內演了九十部電影，最後卻自殺身亡，理由是他覺得很無聊。

火星在十二宮的人可以積極地去深究和詮釋夢的意義，這對他們會很有幫助。就像火星落入第四宮和第八宮的人一樣，他們也會隱密地行事，或是為了一些旁人當下無法察覺的理由去採取行動。機構會在這些人的生命中扮演重要的角色，儘管他們可能會將憤怒和敵意發洩在護士、獄卒或可憐的圖書館員身上，只因為他找不到想要的書。火星在十二宮的其他影響，可以參考本書第二部中討論第十二宮的相關內容。

第二十三章
木星和射手座落入每個宮位的詮釋

木星與羅馬天神朱彼特同名，與希臘天神宙斯也有關聯。在希臘神話中宙斯是最高的天神，掌管著廣袤無界的天國。他住在蒼穹之上，奧林帕斯山的山頂上。據信宙斯是無所不能的天神，能夠洞悉萬物，他從最高處觀看地上的眾生，然後將萬物分為善與惡。在大部分的時候，宙斯都是憐憫又慈悲的。他每天的工作就是保護脆弱又無辜的人，山雷劈惡人，防止任何即將發生在天上或人間的大災難，此外就是與善妒的妻子賀拉鬥嘴，他總覺得賀拉限制他太多。當然，他還設法在忙碌的行程中撥出一點額外的時間，去發展婚外情。宙斯的熱情總是一觸即發，彷彿每天都吞下劑量六千的維他命E一樣，總是興致勃勃，熱情地追求不同的女神和凡間女子，有時甚至是細皮嫩肉的小男孩。他雖然不是每一次都成功，但還是樂此不疲地尋歡。他為了求愛，今天把自己變成公牛，明天變成天鵝，隔天又化為黃金雨，就像一位演技高超的演員，很樂於扮演各種角色。但是他在出軌製造了一堆小孩之後，又把教養小孩的工作留給其他人。

這裡的問題在於，我們如何將這麼多的特質融入一個宮位中？無須贅言，本命盤裡有木星的宮位，意味著我們在這個宮位所代表的生命領域中，需要極大的空間去成長和探索。我們在此無法滿足於平凡和規律，反而會感受到一股驅策的力量，想要更完整、更全面地體驗人生。也許我們對於現有的一切並無不滿，但卻總是想要更多，總想要再往前探索。朱彼特對於周遭事物，總是比對手中擁有的更感興趣。

正如你想像的，木星落入的宮位的問題就在於，會在這個領域中過度擴張自我。無論木星落入哪一個宮位，我們在這個領域裡總是不知滿足，直到發現還有一些能讓自己更加滿足的事物為止。此外，由於朱彼特是從遠處看著人間，他並沒有很盡責地仔細觀察每一件事物，所以木星如果形成了困難相位，也代表我們會根據錯誤的判斷或期望採取行動，往往對於可能發生的事情過於樂觀，或是過於熱情。就像雜交的天神一樣，可能會在這個領域裡灑下許多創造的種子，卻不會留下來，好好照料它們成長茁壯。我們容易對任何事情都感興趣，但總是在了解它之前，又被其他東西吸引了。

我們不能忘記朱彼特的另一個重要角色，他是法律和宗教的守護神，也是人類的崇高守護者。平民百姓會向他祈求援助、指引、靈感、仁慈和維護現狀。他所落入的宮位，會讓我們在這個生命領域裡感受到希望、積極和期待，彷彿有他在的地方，就會感到愉悅和受到保護，如果能在此享受這種正面的情感和美好的能力，很自然就能成功地實踐理想。然而這裡的危險之處就在於，當我們熱烈地期待一件事情，結果卻不如希望那般美好，便可能覺得被背叛了。不過即便在木星的領域中感到失望，朱彼特仍然會讓我們安全地落地。

木星也代表精神上創造象徵符號的能力，我們對於木星落入的宮位發生的事件和經驗，通常會賦予重要的意義。這可能有點裝模作樣，不過我們也可以從木星的宮位，略觀生命更高層的型態、秩序和意義。每個人都會在木星落入的宮位裡，追求生存所倚賴的更高規律或法則，藉此指引自我存在的方向。無論是有意識或無意識地，人們都會在這裡追尋上帝，或者努力地在現存的經驗架構中，發現「最真實的」真相。

朱彼特被尊崇為生命的**偉大保護者**，同時也是免於戰爭和災難的**解放者**。一個人的生存能力，有時候完全取決於他是否能賦予一個事件象徵性的意義，或是否能夠以一個更寬廣的觀點，理解事件的意義所在。人性心理學家維克多・法蘭克（Viktor Frankl）根據自己在集中營的親身經驗，確認了木星的功能。他被關在奧斯威辛集中營時發現了一件事：能夠將苦難賦予意義的人，比較容易存活下去。

儘管木星的相位可能會影響我們是否能清醒且理智地看待「真相」，但木星落入宮位的相關事務，通常都可以讓我們相信有一個更偉大的東西，並且期待事情會更好，同時會體驗到生命有其意義和目的，並非只是一連串突發事件的集合。當我們退縮或猶豫時，不妨轉向木星所在的生命領域，也許可以從中獲得靈感，然後繼續人生的旅程。

木星會影響任何一個有射手座的宮位。同樣地，包含射手座的宮位也會影響木星落入的宮位。

在早期的占星學教科書中，木星和海王星共同主宰了雙魚座，因此木星也可能會影響有雙魚座的宮位。我個人認為，海王星不需要木星的參與，就能充分地主宰雙魚座。

木星落入第一宮

第一宮的木星是在敲鑼打鼓中閃亮登場。這個位置的木星代表對於更高的靈感敞開心胸。木星落入第一宮的人是天生的哲學家，他們嘗試著回答一些關於存在的「偉大」問題，無論做任何事情，都可以激發新的生命力和興趣，同時還會帶著一種宛如新生的崇高熱情，全心地投入一件事情。有人會成為社會、教育或宗教領域的重要思想家，有人則會展現木星的好動面，變成冒險家或賭徒，還有一些人會很喜歡「趕時髦」，總是穿上最新的服裝款式，在最新的場合出現。有些木星落入第一宮的人愛好大自然，喜歡爬山或是欣賞更壯闊的景色。對他們而言世界就像一座遊樂場，可以任自己四處流浪，遇見一些人，與他們分享自己擁有的一切，然後再繼續前進。

如果說一個宮位中的行星代表的是面對該生命領域的最佳方式，那麼木星落入第一宮時，就應該用木星所在星座的方式擴展自我。舉些例子，木星落入雙魚座，就應該去探索一些放開情緒的方法；木星落入水瓶座，則能夠透過對自我的了解而成長；木星落入獅子座，則是透過增加自我表現的能力來成長。再舉一個例子，根據推測的誕生時間，誇大而傳奇的超級巨星米克・傑格（Mick Jagger）就是木星獅子座落入第一宮。他透過音樂和創作表現（木星在第一宮，掌管被劫奪在第五宮的射手座，第五宮掌管了創造力）來延伸自我，並且用他強烈的存在感填滿了場地遼闊的音樂廳。

木星落入第一宮的人會想要走得更遠、更快，同時還想像一個更高遠的目標。我們可以從木星的相位看出這個人的其他人格面向，判斷他在這個過程中會不會有所保留，或是受到阻礙。他們最好將生命視為一場旅行，即使必須用一種慢於自己期望的速度前進。

我們可以從一些例子看到，這個位置的危險之處就在於過度擴張自我的身分認同。木星第一宮的人以為自己可以提供許多貴重的、大量的、值得的東西給別人，所以總是毫不保留。他們總是太過高估自己，以致於很多事情都辦不到。這些人時常會有一些了不起的夢想和靈感，但是卻欠缺紀律和專注力來持續地執行到最後一刻。因為他們如此渴望脫離所有的限制，所以當生命落陷時，就會找一條最容易走的路。

第一宮的木星如果相位良好，早年的環境將有助於成長和正面的自我發展，同時也可以加強創造力和玩性。這個位置有時也代表很小的時候就經常在旅行，或是居住過許多地方。因為木星有膨脹和擴張的傾向，所以這些人也可能會有體重問題。

木星落入第二宮

木星落入第二宮的人可能會把增加資源和財產，視為一種讓人生更豐富、更愉快的手段。在比較極端的情形下，他們會把財富視為存在的本體，或是賦予金錢和物質一種宗教或精神性的價值。有些人則可能會把金錢和財產視為存在價值的象徵，他們會珍藏一些可以帶來靈感的物品，同時相信這些物品可以傳達訊息，或是象徵了某一種重要的意義。他們的價值系統（第二宮）通常與哲學和宗教信仰（木星）有關。有些木星落入第二宮的人在大自然中到處可見上帝的信息，這個位置的木星讓我們可以透過物質世界，看到潛在的形式和法則。

木星落入第二宮會強化永不滿足的天性，不過正因為他們的動機是如此地強烈，因此經常可以在物質領域中有所斬獲。這些人時常在獲得金錢和財物之後就馬上花掉，十分豪氣又慷慨。木星如果有困難相位，可能代表對金錢和財物的揮霍無度，或是傾向於冒險和不理智的投資。但是，每一次當他們快要徹底花光時，卻總是可以重新「擄獲」金錢，而且總是在最「窮途末路」的時候，就會有新的機會出現。

第二宮也代表建構安全有保障的事物。木星落入這個位置的人可以透過物質層面的豐足而意識到安全感，也有些人會覺得安全感就意味著擁有更高層的知識，或是完整的宗教信仰，矛盾的是，當這些人知道自己隨時可以放手就走時，反而能夠意識到最充分的安全感。他們天生的資源包括與生俱來的熱情、激勵他人的能力，同時能為生命賦予實質的意義。這些人的天生慾望非常強烈，總是認為自己急欲追求的事物背後，一定有「更高層」的正當理由，所以不會為了自己的貪得無饜而感到罪惡。他們通常可以透過木星型的工作賺錢，例如教學、工作、法律、進出口貿易和傳教等。

木星落入第三宮

木星落入第三宮時，天神朱彼特總是有一堆話要說。最佳的情形就是可以將能量和靈感所引發的文字和想法，傳達給其他人，與其他人溝通。接收的那一方則會因為木星第三宮的人所分享的事物，而感到一種被「點燃」的盎然生氣。最糟糕的情形則是他們不停地胡說八道，只在意自己講了多少話而非話中的意涵，雖然他們偶爾也會停頓一下，說出一點罕有的真知灼見。

木星落入第三宮的人會去拓寬見聞。他們可能對某個主題產生豐富的想法，或是把心智的觸角延伸至四面八方。這些人同時也具備一種覺察能力，可以將身旁發生的所有事情，融入到更大的架構或角度之中。當他們專心在特定的事物上時，永遠不會忽略背景和周遭發生的種種。有些人會盡快地讀完一本書，然後才能讀下一本；有些人則會感覺只需要一句話，就可以讓自己移身至其他的世界，所以幾乎不曾把一本書讀完。當然，他們有時可能太過於深讀，有時只是匆匆一瞥。

木星最在意的事情之一就是：發現更多的成就感。在第三宮裡他們可能把知識當成神一樣地崇拜，因為知識可以帶來更多的歡樂，增加人生的駕馭感，所以這個位置的人常會對學習貪得無饜。這個位置的人常被稱為「終身學生」，對他們而言人生就像是一幅大拼圖，如果能找到越多的拼圖片，就能夠把人生拼湊得更好，每當他們把兩個拼圖片湊在一起時，往往能感受到心智上的高潮。有些人會認為必須環遊世界十六次，才能獲得最後的解放；但也有些人發現，光是從自家大門到最近一家旅行社之間所發生的事情，就已經夠多了。

木星在第三宮的人會透過身旁的事物來擴張自己，所以他們通常都與兄弟姐妹、鄰居等人維持友好的關係。有些人會有很多的兄弟姐妹。木星在此的困難相位則意味著兄弟姐妹之間的激烈競爭，或是會把兄姐當成英雄一般地崇拜，但如果他們對兄姐期望過高，最後又會感到失望。在童年和青春期具有豐富的旅行經驗或是不停搬家的人，常常有木星落入第三宮的位置。這些人早期的求學經驗通常不會太糟糕，時常能在家庭所能提供的範圍之外，獲得一些拓展人生視野的機會。寫作、教學、演說、學習、旅行和語言知識，都是很值得發展的天分。

木星落入第四宮（或是天底是射手座）

乍看之下隱密又與世隔絕的第四宮，似乎很不適合朱彼特這樣的天神，但朱彼特要是能夠忠於本性，就可以在第四宮所代表的生命領域裡自得其樂，前提是家庭生活不能讓他過於封閉。

我曾經看過許多木星落入第四宮的人出生於貴族世家，或是有幾個出名的祖先。他們父親的族系通常有外國血統，即使不是英國的路易十六、俄國的最後一個沙皇，或是吉普賽國王的後代，他們仍然會透過早期的家庭環境，繼承宗教、哲學或是旅行的天性，他們就像是被鎖在瓶子內的精靈。木星深藏在第四宮的人，擁有強壯又極具擴張性的靈魂，迫切地渴望自由。

他們可能會投注大量的精力，打造夢想中的家庭，但最好確定家裡面有足夠的空間可以任意四處遷移。這些人最好住在遠離人群的地方，像是比較自然又遼闊的鄉野，視野可以一望無際（我總是想像他們住在大牧場）。有些人可能會周遊列國，尋找靈魂的故鄉，或是致力於追求靈魂和內在的成長，而不會把人生的目標放在群眾和職業的肯定上。我認識一個木星射手座落入第四宮的女人，她誕生於貴族世家，目前住在加拿大的靈修社區裡。她一開始受到家族價值和精神導師教誨的侷限，不停地奔波於英國和加拿大之間，時而享受一下皇家花園的下午茶，時而在靈修聚會所中洗大麻葉，但最後她不僅帶給家族一種新的精神視野，同時也讓那些靈修信徒懂得欣賞一些較為務實、根基深厚的英國傳統價值。

木星落入第四宮也會影響與父母的關係。在一些例子中，他們會把父親和神的形象混淆，認為父親是高貴又具有威嚴的，甚至是比生命還偉大的人。這些人的父親會反映出宙斯的特質，總是充滿著潛力和靈感，懷抱無窮的希望，但又心性不定，時常背著一袋野生燕麥四處旅行。在一些例子中，這類人的父親會為了眾人的期待而壓抑自己的木星本性，以提供旁人某種程度的架構和保障。如果情形果真如此，那麼木星在這個位置的小孩，在成長過程中就會有一種無法抗拒的渴望，試圖展現父親沒有活出的那一面。

第四宮的木星如果相位良好，就會特別重視樂觀主義和信仰，而且在步入人生的後半期之後，信仰會顯得更加重要。一般而言，他們的老年生活會充滿著許多興趣和消遣，當同年齡的人已經落伍了，木星在第四宮的人仍然是活力無窮，不停地前進。

射手座在天底的人，通常都會將人生建構於一個清楚的道德或宗教架構之上。有些人在童年時期會四處旅行，或是成長於一個帶有宗教色彩的家庭。當生命停滯不前時，他們可以透過積極的信仰獲得重生，或是透過想像一些新的追求和目標，讓自己煥然一新。

木星落入第五宮

威廉・布萊克（William Blake）是太陽射手座，與第五宮的木星合相，他曾寫過一句話：「超越之道是通往智慧的殿堂。」對於木星落入第五宮的人而言，生命永遠都是不夠的，任何事情都是越多越好。

第五宮代表樂於展現自己，但木星落在這裡可能會有點虛張聲勢。木星會透過各種創造性的自我表現，進入一個寬廣的境界，這種境界或許只是他們自己「神性」創作的複製品。換言之，他們是透過創作找到了心中的「上主」。

第五宮是玩樂的宮位，沒有人可以比木星玩得更加放肆，對他們而言，沙堆總是不夠大（馬里布海灘可能更好），而且堆積的城堡一定要比隔壁的更龐大、更有創意。他們跟火星是不一樣的，你如果擋住了火星的路，他一定會把你趕出沙堆，但木星在第五宮的人卻樂於與玩伴一起合作，只要你讓他主導大權，畢竟他的點子的確是最有趣的，只要是他喜歡的，通常都是所有人的最佳選擇。即使是一個朋友給了他一點意見，木星第五宮的人也會將這個點子擴大，最後變成了他自己的想法。

這個位置的人總能讓生活充滿著樂趣和藝術創作，只要投入的時間夠久，就能培養某種程度的專業能力，然後從中找到刺激和滿足。他們喜歡測試自己的人生，有時也很喜歡冒險性的運動、賭博性的遊戲或是股票市場，這些都是讓他們最能感受到生命活力的事情，而且每次的新挑戰一定要比上一次更具規模。

木星落入第五宮的人非常喜歡愛情遊戲。他們與生俱來的浪漫天性會在關係和愛情中找到出口。一九八〇年代的安德魯王子（Prince Andrew）就是一個例子，他的木星射手座落入第五宮，每天就搭著直升機四處飛、追求女演員，樂於接受新的冒險，巧妙地躲避記者，他簡直是最佳的宙斯現代版。但木星如果有困難相位，就可能會因為自己的主觀、興奮和過度熱情，減損了接觸第五宮事物的可能性。

這個位置的人通常與小孩相處融洽，小孩的成長過程可能帶有哲學或精神性的色彩，或者小孩會強烈地希望透過旅行和探險來擴展眼界。有些這個位置的父母會把自己未能實現的流浪渴望，投射在小孩身上，在某些案例中，這或許可以刺激小孩達成更高的成就，但在其他案例中，若小孩想要自己做主，就必須背叛父母的理想。無論如何，這些人的親子關係通常都能經得起考驗，最後毫髮無傷。木星被尊為人類的保護者，這裡有一個有趣的例子，「拯救孩童基金會」的主席安妮公主（Princess Anne），就是木星雙魚座在第五宮（木星也掌管馬，她的騎術才華也展現在這個位置上）。

木星落入第六宮

天神朱彼特落入掌管健康、改善日常必需品、安排生活瑣事的第六宮時，顯得有點綁手綁腳，但無論他如何利用時間，總能為自己的安排找到意義。木星落入第六宮的人會試著（或者說，應該試著）透過工作和替他人服務，體驗到人生的意義，他們可以從自我淨化或是精益求精的過程中，領悟到更多的幸福和滿足感。

就像落入第三宮一樣，木星在此可能會有許多不同的表現。他們可能會想要為自己或是其他人，盡量多做一點事情。有些人可能會匆忙地完成一個任務，只為了趕緊展開下一個工作；有些人則可能極度關注任何一件小事，就如傳統的日本茶道所認為的，一個小細節就具有無限的意義。

他們會以自己的工作為榮，通常都會耗費極大心力應付任何一個工作。木星認為任何事情都有最好的處理方式，而且他們通常都能與同事維持良好的關係。

他們有些人會背負過多的責任，忙到沒有時間照顧自己的身體；有些人則可能會過度迷戀保健身體，想讓身體成為更好的心靈載具。這些人可能會嘗試任何保證能化腐朽為神奇的鍛練、運動或飲食方式。事實上，他們一整天的行程可能是七點起床，做六次深層淨化呼吸，慢跑兩英哩，來個冷熱水交替的沖澡，接著再練習瑜伽或冥想，然後吃一些麥麩、葡萄柚和一顆核桃當早餐。儘管木星落入第六宮通常與飲食過度有關，但我也看過一些極端的例子，他們會用另一種方式來展現，例如長達一個禮拜的禁食，除了葡萄什麼都不吃。

我曾經看過一些木星落入第六宮的人罹患了癌症，但大多能康復痊癒。木星具有過度生產的本質，而癌症就是一種細胞的增生繁殖，我們都知道心智和身體、靈魂與軀體之間存在著密切的關係，而任何一個落入第六宮的行星都會對身心造成影響。例如，一個人若是花了太多時間替其他人服務，體內可能會產生一種隱藏的憤怒：「什麼時候才輪到我？」或是「那我呢？」而疾病可能是一個人最理所當然能引起他人注意的方法。木星會要求我們在生命的不同領域中成長、擴張和發展，如果為了任何理由不這麼做，體內的細胞就會替我們做這些事，開始生長和擴張。幸運的是，木星第六宮的人能夠了解疾病的象徵意義，並將它視為生命的一部分，而且在接受治療的過程中，原本的生活型態和生存哲學可能會產生明顯的轉變。木星落入第六宮的人，可以激勵其他人用比較正面的態度去幫助自己。相較之下，木星落入第六宮如果相位不好，有時也代表會在放假或異國旅行時生病。

木星落入第七宮

讓我們來觀察一下宙斯的婚姻生活，這將有助於了解第七宮的木星會如何運作。他在與賀拉安定（只能說是口頭承諾）下來之前，曾有過幾段婚姻，賀拉是他名義上的妻子，以下一段文字描述了宙斯對賀拉求愛的過程。當時正值隆冬，宙斯化身成一隻杜鵑，出現在賀拉面前，杜鵑因為嚴寒而凍僵，賀拉就把杜鵑放在她的胸前取暖，就在那一刻，總是善用機會的宙斯馬上變回原形，意圖霸王硬上弓。機靈的賀拉一開始是百般抗拒，最後就開出條件：只要宙斯願意娶她，就同意讓宙斯得逞。木星在第七宮的人通常會用各種詭計或是偽裝，逮到想要的伴侶。

這段婚姻維持得並不容易，主要是因為宙斯的博愛，還有賀拉的善妒，而這種動力模式時常出現在木星第七宮的關係之中。其中一方會非常地忠實順從，另一方則是不停地為自己的脫序行為解釋。這種角色互動有時也會互換，有幾次賀拉決定去享樂一下，宙斯馬上就趕回家，抱怨妻子不在家。木星落入第七宮也會面臨一種自由與封閉的矛盾難題，他們想要獨立不受拘束，探索生命的不同面向，但又想要有安全和保障（在原型層面上，木星象徵的靈魂本質，就是要擺脫賀拉代表的物質限制，然而靈魂又需要透過物質來表現自我）。最理想的情形是，木星落入第七宮的人希望能在婚姻關係之外擁有其他的興趣，並且與伴侶分享自己的渴望，他們的伴侶最好能了解這一點。

木星落入第七宮的人可能會有各種不同的表現。他們會將木星投射到伴侶的身上，尋找一個伴侶來扮演自己的上帝。他們通常很容易被那些承諾給他們全世界的人所擄獲，但如果最後只得到英國的黑潭市時，就會感到失望。他們的伴侶也可能反映出木星的其他特質，或許是外國人、地位崇高的權威人士、宗教人士、哲學家、放蕩不羈的浪子，也可能是一個討人喜歡的無賴，總是說一套做一套。從正面的角度看來，伴侶可以帶來溫暖、慷慨、良好的信仰、物質的富足、樂觀，還可以延伸他們對生命的體悟，相反地，木星落入第七宮的人也可以回報同樣的特質，讓這段關係對彼此的人生都有助益。對這些人而言即使一段關係失敗了，他們仍會期待有一段更好的關係出現。木星在第七宮的人如果終生不結婚，通常是因為不想被綁死，不想因此失去其他的選擇。

第七宮也代表我們與社會的整體關係。木星在此的人通常喜歡把和社會公眾的互動，視為一種擴展人生視野的方法。落入第七宮的木星如果相位良好，通常很容易在法律事務上獲得成就。

木星落入第八宮

木星落入第八宮的人可以透過他人的金錢，逐步地擴充自己。我認識一個木星獅子座（與冥王星合相）落入第八宮的女人，一九七〇年代初期，她在好萊塢的迪斯可舞廳裡擔任熱舞女郎，認識了一位白手起家的中年富翁，這富翁把她當成女兒一樣對待，他們之間沒有性交易，但他卻替她在時髦的羅拉峽谷區買了一棟房子。木星會在其落入的宮位中保護並看守著我們，當木星落入了第八宮時，就會透過其他人的資源來善盡其責。

木星落入第八宮代表有利於財務的婚姻、良好的商業合夥關係、意外的遺產，或是定期與你打高爾夫球的查稅員願意放你一馬。木星的相位如果不算太差，這些人可以憑著對於市場潮流的敏銳度，也可以憑著直覺預估投資或商業活動的趨勢來大發利市。

若從非世俗的角度去分析，木星落入第八宮的人可以將財產、信仰和珍惜的事物，與其他人所擁有或珍視的事物互相分享和交換。他們可以從分享的過程中擴張自我，同時發現更高層的人生意義。這些人可以從另外的人身上，發現一種真相或美感，而這些特質也許會被其他人視而不見。木星第八宮的人會表現出一種信賴和開放的態度，旁人通常也都會很自然地放下自我與他們相處。

當木星落入天蠍座的天生宮位時，這個人可能會將伴侶關係視為一種超越自我界線和疆域的方式。對於木星第八宮的人而言，性的親密象徵著兩個人融合為一個超越自我的整體，但木星如果相位不佳，可能就代表過度耽溺於性愛之中，或是像西班牙的荒誕貴族唐璜一樣，不停地需要新的性愛經驗。此外，我曾看過木星落入第八宮有困難相位的人，很難在性慾、哲學和宗教的信仰之中取得調和。木星在第八宮的人往往對性有很高的期待，但如果每次做愛不能像移山倒海般偉大，就會感到失望。

第八宮的木星會追尋隱藏、神祕或禁忌事物背後的意義，他們的宗教和哲學信仰通常帶有超自然或神祕的色彩。一扇門後面如果隱藏了人生的答案，就算其他人都不願意打開，他們也一定會推開。

這些人通常能夠怡然自得地度過崩潰和轉化階段，展現他們天生的信仰和樂觀主義。他們可能會從生命轉化的角度去看待一場危機，認為危機是一個可以帶來改變和成長的轉捩點或機會。他們就像彼得潘一樣地相信，即使是死亡，也是一場偉大的探險。

木星落入第九宮

根據神話，宙斯的第一任妻子是智慧女神梅提絲（Metis）。當她懷著雅典娜時，天神曾經預言警告宙斯，說梅提絲產下的小孩會奪去他的王位，宙斯為了自保，一口就吞下了梅提絲和尚未出生的雅典娜。正如諺語所說的：「吃什麼，就是什麼。」宙斯也因此而擁有了最高的智慧，最後，宙斯感覺一陣頭痛欲裂，便自行產下了雅典娜。雅典娜不只是宙斯最鍾愛的小孩之一，也成了智慧女神。

這個故事讓我們知道，木星如何在第九宮之中展現最好的一面。第九宮是木星自己的宮位，也是射手座掌管的領域。在宙斯的眼中，智慧第一的女神梅提絲會帶來威脅，所以不能讓她產下任何後代。第九宮的木星只有在將梅提絲收回之後（經過消化和深思熟慮之後），才能夠產生更偉大的智慧，如此一來才能安心地去愛，且繼續生存下去。

換言之，木星落入第九宮的人如果不能將少許的智慧，正確地與人格的其他面向整合，他們的智慧就可能帶來危險。有些極端的例子是，這個位置的人認為自己無所不知，往往會用「上帝如果不想我這麼做，就不會把這些想法放入我的腦袋」為理由，為自己想要做的任何事情合理化。暗殺馬丁・路德・金（Martin Luther King）的刺客詹姆斯・厄爾・雷（James Earl Ray）就是木星牡羊座落入第九宮。殺人魔理查・史派克（參見第十九章）則是木星雙子座落入第九宮。被稱為「倫敦上流男孩」（The Mayfair Boy）的搶匪，把搶劫倫敦的卡地亞珠寶店當成開玩笑，他也有同樣的相位。簡單地說，木星回到了自己的天生宮位，會做任何自認為理所當然的事情，同時還會瘋狂地崇拜自己的哲學和信仰，將這些視為自己適用的法律。

宙斯因為吞下了智慧女神，便擁有了智慧，所以木星落入第九宮的人也可以展現賦予意義和重要性的卓見，這讓他們即使在面對最難以承受的痛苦時，也能安然度過危機。他們可能會到遠方四處旅行，追尋基本的法則和真相，依此來指引自己走過人生的朝聖之旅。只要他們不躲在抽象思維的象牙塔中，就可以用自己的夢想和洞見去激勵他人。木星在第九宮的人可以讓心智延伸到最遠處，甚至進入外太空之中，但是除非他們能夠重回人間，實際地應用自己所學到的東西，否則這些東西就沒有太大的用處。

除了哲學和宗教，這些人也可以透過旅行和高等教育擴張自我的覺知能力，同時找到生命的意義。鼓勵他們朝這些方向發展是很明智的做法。如果星盤中的其他相位可以穩定木星的能量，他們也可以成為優秀的教師、作家、律師、管理者、教練或是公關。古奎倫夫婦發現一些成功的演員，都是木星落入天頂旁的第九宮內，這些人可以把經驗生動又清楚地傳達給其他人。費雯麗、威廉・荷頓（William Holden）和勞勃・瑞福（Robert Redford）都是木星在第九宮。如果相位和諧，代表他們會與姻親維持良好而有利的關係。

木星落入第十宮（或是天頂是射手座）

古希臘人相信，宙斯如果化為肉身，穿上他所有的華麗服飾和全套的行頭，可憐的凡人只要一看到他散發出來的光采，就會立即化為塵土。同樣地，木星落入第十宮的人想要世人看到他們的權力、才華和領導能力，當他們踏出家門，現身在公共場合時，絕對不想被他人忽略或漠視。

這些人可以透過事業、地位和認同，尋找到生命的意義和成就感，有些人會把名譽當成精神性的聖物來崇拜。他們經常可以在一些備受尊重的行業裡出人頭地，例如法律、教育、銀行、政治和企業管理等，也可能和旅行或是國際間的聯繫有關。有些人則會當演員，或是宗教和哲學的宣揚者。他們對工作有許多不同的選擇，但無論在哪一行，都會有高度的精力、熱情、夢想、洞見，以及激勵他人的能力。他們可以跟其他人合作良好，但最好在工作上能夠有相當程度的自主權，同時有極大的發揮空間。這些人在求職時通常很受歡迎，不會遭遇太多的阻擾，就能獲得成就。兩度贏得普立茲獎的歷史學家施勒・辛格（Arthur Schlesinger Jr.），就是木星位於聰明的雙子座落入第十宮。奧地利作曲家法蘭茲・舒伯特（Franz Schubert）則是木星位於掌管音樂的雙魚座落入第十宮。其他國際間木星第十宮的成功例子還包括，以人道主義哲學聞名的法國作家維克多・雨果，他是木星獅子座落入第十宮；天才雕刻家羅丹（Rodin）的作品《雙手》（*The Hands*），賦予我們仰望天堂的靈感，也有同樣的相位。作家赫爾曼・梅爾維爾（Herman Melville）的木星在水瓶座，落入第十宮，他一生的旅遊和探險，以及在《白鯨記》（*Moby Dick*）中獵捕大白鯨的過程，都象徵著對上帝和一體性的追尋。

第十宮的木星特質也會反映在母親的形象上。我曾看過一些例子，他們的母親通常是很誇張又戲劇化的人，善於透過戲劇化的情緒去操弄他人。有些人的母親則對宗教和哲學有廣泛的興趣，讓人覺得她不是真實世界的一部分。他們的母親往往會是外國人，或是出身名門世家，小孩可能非常地崇拜她，認為她比生命還偉大。有些這個位置的女兒，則會覺得與自己的母親處於競爭和對立的狀態。從正面角度看來，母親可能是鼓勵和指引的來源，能夠提供有用的人生建議，又不會淪為巧言安慰或過度保護。在這樣的教導之下，小孩通常能夠有自信地去面對外在世界和權威人物。

射手座落入天頂或第十宮內，也和木星落在第十宮有類似的意義。

木星落入第十一宮

天神宙斯的職責就是照顧凡人的福祉。同樣地，木星也會將個人的意識延伸至火星的自我中心之外，提醒我們身處於更大的社會架構中，就必須扮演好自己的角色。依此看來，木星在十一宮可說是如魚得水。

人們向宙斯祈求幫助、指引和保護，以對抗傷害。木星落入十一宮的人的朋友和團體，也會向他們尋求同樣的鼓勵和支持。相反地，他們也可以透過這樣的社會互動，擴展並延伸個人的視野，更進一步地領悟人生的意義。木星第十一宮的人可能是朋友或團體眼中的導師、英雄或女英雄，或是會把朋友和團體視為自己的保護者和救贖者。

木星落入十一宮的人時常會去參加推動人道主義或平等主義的團體，或是讓所有成員都能夠成長並擴展自我的社團。他們的想法通常都能合乎最新的潮流，跟得上進步的社會趨勢。木星的困難相位則代表期望或理想過高，但是當團體無法解決所有的問題，或是無法快速消滅世界上的敵人時，他們就會感到失望，但不會因此一蹶不振，反而會轉移到下一個目標或是組織中，希望藉此能夠找到新的方法解決問題。

木星在第十一宮代表不停地擴張社交圈，朋友會來自不同的文化或國籍。對有些人而言，則是必須把行程表排滿，看是要去參加米克・傑格的生日派對，還是受邀去瑞士聖莫里茲度個周末，非得有這樣緊湊的行程表，才能讓他們感受到生命的意義。有些人可能會過度參與社交活動，或是生活圈與朋友有複雜的牽扯，導致他們浪費了太多的精力，無法好好投入其他的生命領域。

木星和第十一宮都關心如何超越自我，因此這個位置的人通常都不缺乏人生的理想和目標，總是將目光放在前方。他們一旦達成一個目標，下個目標馬上會出現，如果不想讓自己分身乏術，就必須學會減少目標，或是仔細地辨識哪個才是真正值得追尋的。他們如果把箭射得太高，箭可能會反彈回到自己身上；如果一次瞄準了太多方向，可能就不知道該射向何方，因為光是盯著那些目標就夠讓人眼花撩亂了。無論如何，這些人通常都有一種強烈的信念，認為自己能夠、也應該能達到想要的目標，所以生命也就不由自主地、一步步支持他們去達成目標。他們通常都能與朋友和團體分享自己的信仰及目標，而這將有助於理想的實現。

木星落入第十二宮

德國十八世紀詩人荷德林（Johann C. F. Hölderlin）曾寫過：「黑暗降臨的地方，拯救的力量也會隨之而生。」這種解釋就是木星落入十二宮的一種重要呈現方式：當事情陷入絕望的深淵時，木星就會憑空出現，拯救一切。木星落入十二宮的人會覺得有一個守護天使在自己身旁，總是在最關鍵的時刻出現，亮出一張全新又閃閃發光的「脫離囚牢自由卡」。

但我們應該把這一切歸因於好運或是美麗的童話嗎？對於木星落入第十二宮的人而言，真正的鼓舞和救贖是因為他們深信生命的仁慈和意義，同時也願意開放地接受生命帶來的際遇。木星無論落入哪一個宮位，都會去追尋生命的意義，但落入第十二宮時，生命的意義就不存在於外在事件或現實之中，而是從心中醞釀而生。木星落入十二宮的人會替一個事件，賦予自己選擇的意義和重要性，藉此將負面的遭遇轉化成正面的經驗，將挫折化為祝福。

我們會在木星落入的宮位中追尋真相。木星落入第二宮時，可能是在價值觀、金錢或財產中找到真相；落入第七宮時，可能是透過關係而找到；但是落入第十二宮時，則可能是從內在無意識的層次上找到真相。木星在十二宮的人如果願意將注意力作個一百八十度的大轉彎，探索夢境和符號內涵的想像空間，將有助於他們找到自己追尋的真相，也可以讓自己與內在的「智者」產生聯繫，而這位智者就存在於他們的內心。他們可以在靈魂深處的浩瀚國度中，發現最渴望的宏景，同時見識到無邊無際的世界，並透過冥想、定靜、禱告、閉關、音樂或藝術進入這個國度。不難想像他們終於抵達那裡時的喜悅心情。

當人們拼命地往不同的方向追尋生命的喜悅時，許多木星落入第十二宮的人會向內追尋生命的成就感。魯莽的行為、過度耽溺於酒精和藥物、戲劇性的狂躁、偽善、漫不經心和其他負面的特質，可能也都是第十二宮的木星「放鬆自我」的方式。

木星落入十二宮的人可以作為傳遞靈感和治療能量的管道，所以有很多這個位置的人都會在醫院、監獄和慈善機構內工作。他們在經歷生命的困境時，會勾勒出一個更寬廣的人生視野，這不僅能為自己帶來希望和鼓勵，也能指引他人度過困境。我曾經在許多極有天賦的諮商師、靈媒和治療師的命盤上，發現這個位置。木星落入十二宮的良好相位，也代表在收容機構中的良好經驗，無論他們是為了什麼理由被收容，都可以從獲得的照顧和保護中受益，並且能將經驗轉化為正面的體驗，否則他們如何停留在一個受限的情境裡這麼久。

第二十四章
土星和摩羯座落入每個宮位的詮釋

木星會為一個宮位帶來擴張和樂觀的氣氛，土星則會引發幾乎完全兩極化的感受。在土星落入的宮位所代表的生命領域中，我們不相信生命的本質是仁慈又值得信賴的，反而會期待困難、失望和限制的發生，因此會戒慎恐懼地進入這個生命領域。我們在木星的宮位裡，常會沉浸在自由和無限的可能性之中，到了土星的宮位卻會面臨許多限制，還會感受到一種無法擺脫的責任和義務，以及一些生命中「應當」去做的事情。

土星的面貌之一就是古老的暴君。希臘神話中代表土星的天神克羅諾斯（Cronus）擔心會被自己的小孩篡位，竟然就把小孩吃掉了。由此可知，我們在土星所在的宮位中會因為保守的心態或是恐懼，而無法放任創作的衝動恣意奔馳。我們懼怕未知的或任何未嘗試過的事物，所以即使現存的一切已經不美好了，仍會在這個生命領域中維持現狀。在土星的領域裡，我們會自我批判、自我抹煞，總是擔心自己會出錯，所以為了安全起見，往往會嚴格地限制自己的行動。我們就會像克羅諾斯一樣，不停地限制、判斷和審察自己，然後將象徵個人創意表現的小孩，狼吞虎嚥地吞下肚。

克羅諾斯的形象總是揮舞著一把鐮刀，他的一生會讓人聯想到一句古老的諺語：「種瓜得瓜，種豆得豆。」他先閹割了父親烏拉諾斯，然後篡位，隨後又在兒子宙斯一手策劃的叛變中被推翻下台。所以我們可以知道，星盤中的土星代表的是不偏不倚的正義法則。我們如果忽略或逃避了土星的要求，就會感到不安又痛苦，但如果願意付出努力，堅持不懈，展現無比的毅力，土星就會給予我們應得的回報。如果沒有落實土星的宮位代表的生命功課，往往會感到痛苦，但卻會為了掩飾或減輕這種痛苦，一口否認這個生命領域的重要性。但是這種生命的殘缺不全，遲早會給我們迎頭痛擊，而且會不偏不倚地正中要害。

土星除了會讓人聯想到暴君，其實也與智慧老人的原型有關。他就像是天國的學校老師，會用痛苦來提醒我們有哪些方面需要注意和發展，如果逃避這些功課，只會讓痛苦有增無減。所以我們應該用心聆聽土星想要教導或意圖展現的功課，同時逐漸地將這種不舒適感，轉化成與日俱增的完整感、堅定感和價值感。只要我們能面對土星的挑戰，就可以讓自己變得更強壯，從中獲得更多的知識和成就，最後反而可以在那些曾經難以掌握的生命領域中變成導師。無與倫比的德國詩人歌德（Goethe，上升點土星在天蠍座）曾用一句話精闢地點出了土星的意涵：「大師都是在自我的限制中展露鋒芒的。」土星就如芒刺在背，會不停地刺激我們去發展一些才能和特質，而這些通常都是我們不願意花精神去培養的東西。

山羊是土星的另外一個象徵，我們會在土星落入的宮位中展現山羊的特質。山羊努力地爬上山頭，中間會經過許多上下坡，但最後一定能夠抵達終點。山羊會先確定這一步已經站穩了，然後才踏出下一步，所以我們可以在土星的領域發現以下的正向特質：慎思、老練、責任、義務、堅忍不拔及正面地接受現實。

土星落入的宮位，意義類似於摩羯座落入這個宮位的宮頭或是宮位內，而土星所在的宮位也會影響任何一個有摩羯座的宮位。舉個例子，伊莉莎白・庫伯勒—羅斯（Elisabeth Kübler-Ross）博士的土星天蠍座落入第八宮，摩羯座在第十一宮的宮頭，她最為人所知的就是創立了一個有關死亡和臨終關懷（第八宮）的深度工作坊（第十一宮）。

土星是水瓶座的雙主宰行星之一（另外一個主宰行星是天王星），所以也可能會對任何一個有水瓶座的宮位造成影響。庫伯勒—羅斯的水瓶座落入第十二宮的宮頭，她的先驅性事業大多是在醫院和機構中進行的。但是就整體而言，天王星對於水瓶座的影響仍然勝過土星。

土星落入第一宮

土星落入第一宮的人通常都是心不甘情不願地去面對人生。他們會小心翼翼地向外探索，內心總是期待最壞的事情發生，不停地擔心自己無法達到標準。然而，他們必須去挑戰自己，就好像有一個小人站在他們的肩膀上，不停地斥責：「很抱歉，這還不夠好，你知道你能做得更好的。」這些人經常想像別人在不停地討論或評價他們，實際上最大的問題是來自於自我的批評。

土星落入第一宮的人可能覺得身體很笨拙、粗重又不自在，或是覺得自己的個性很不得體，社交也有欠優雅。因為他們很難覺得放鬆和自在，所以時常給人嚴肅又內向的印象。他們也會擔心自己只要一不小心就會顯得很愚蠢，所以總是擺出一付高貴又有尊嚴的姿態。這些人表面上看起來也許十分輕率又不在乎，但這可能只是想要掩飾心中的質疑和不安全感。外人也許會把他們的缺乏自信和沉默寡言，解讀成冷漠和不友善。

他們通常都很有（或是可以培養）責任感，願意為人生努力地付出，因為他們需要向全世界證明自我的價值，也渴望自己的「適切表現」可以獲得集體的肯定。基於這些原因，他們往往會野心勃勃地展現出鋼鐵般的意志，努力地出人頭地。

他們的早年生活通常都很困難，而且會受到限制。這些人在小時候就會覺得環境不夠安全，導致自己無法自在地表達意見，也無法展現個人的創造力，好像他們每次一跨出界線，就會遭到嚇阻。他們當中有些人可能會背負著一些超齡的憂慮和責任感，不過到了人生的晚期，通常能夠彌補童年時期錯過的歡樂和自發性。

就外表而言，土星在第一宮的人身材都比較苗條，臉部骨骼的線條十分明顯。土星如果與上升點只有幾度以內的差距，就代表他們誕生的過程中可能遭遇過一些困難，彷彿在抗拒化為肉身。他們會用一種謹慎的態度，帶著創傷和恐懼，去面對人生的每一個新階段，但如果能夠合理又務實地制定目標，通常都能達成人生的目的。

土星落入第二宮

土星在本命盤上的位置，代表我們在該宮位對應的生命領域中，可能會遭遇困難、限制和考驗。土星落入第二宮的人往往會對金錢、財產、價值和資源沒有安全感，或是覺得不恰當。這些人會認為其他人無法提供自己價值感或保障，所以迫切地想要「靠自己來達成」，即使可以從婚姻或繼承中獲得金錢，但仍然會自己賺錢，以獲得更多的滿足感。查爾斯王子就是其中一個例子，他的土星處女座落入第二宮。有些人就算含著金湯匙出生，仍然會覺得自己的職責受到「監視」和考驗，這裡的職責指的就是如何明智、又有效率地使用金錢。

儘管財務壓力會讓人不太愉快，但有時的確可以刺激一個人去發展更多技能和潛力。我曾經看過一些土星落入第二宮的人即使已經累積了巨大的財富，仍然覺得焦慮，覺得安全感受到威脅。所以土星在這個位置的人常會被稱為「囤積者」，他們擔心財物會突然失去價值，因此會努力保護它們，盡量讓財物維持價值。

從比較深的層面來分析，土星落入第二宮的人通常不確定自我的內在價值，或是缺乏自信心、擔心自己無法應付物質世界。他們有些人會出自於彌補心態，努力地透過傳統的外在成就來證明自己。例如，「如果我在好的社區買一棟房子，車庫內有兩台車，我就萬事妥當了。」有些人反而會輕視金錢和物質生活的重要性，藉此來掩蓋內心的憂慮。

土星落入第二宮的人的內在資源包括：謹慎地策劃、圓滑、老練、耐心和堅持不懈，發展這些特質可以讓他們證明自己的生產能力。無論土星落入哪一個宮位，都代表我們可以在這裡將困難化為力量。所以土星落入第二宮的人能透過面對物質世界的挑戰，去發現自我的價值，這不僅可以刺激他們達成更多的成就，也能夠幫助他們更深入地欣賞生命。

這個位置的其中一個例子就是印度聖哲馬哈拉吉（Guru Maharaji），他在十四歲時從印度前往美國，靠著在外國（射手座）傳授宗教和哲學賺錢，他就是土星射手座落入第二宮。

土星落入第三宮

土星落入第三宮的人通常都會面臨一個很重要的問題：如何用其他人能夠了解的方式來表達自己。他們小時候可能會覺得周遭環境是有威脅性或危險的，所以無法輕鬆自在地與其他人交流。這些人可能會有一些想法，但沒有人聽得懂他們在講些什麼。他們也可能會隱藏自己的感覺和想法，因為擔心自己會被別人誤解，或是別人可能會拿這些感覺和想法來對付自己。土星落入第三宮的人看起來很害羞、冷漠、自大，甚至愚蠢，但其實只是無法自在地與他人溝通。

土星在第三宮的人對於自己的咬字、發音和智力缺乏安全感，這可能會導致不同的問題。他們往往會為了彌補自己這一方面的不足，努力地培養出一種精準又明確的口語或心智風格，藉此來證明自己。土星落入第三宮通常都代表嚴謹有條理的思考過程，而這與代表邏輯和理性的左腦有關。有些人會為了掩飾對於第三宮事務的笨拙，而變成了反知識分子，或者會去奚落那些「太執著於想法」的人是偽君子，嘲弄這些人總是緊張兮兮的。他們可能很擅長「閒聊」或者時常喋喋不休，這是因為他們害怕洩漏了自己腦袋中真正的想法。

木星落入第三宮的人通常能夠很輕鬆又愉快地融入環境，急著想看看下一個街角有什麼東西在等著自己，土星在第三宮的人卻會限制住自己的行動。這可能是因為童年時期的經驗和環境讓他們感覺不安全，也可能是缺乏彈性。這些人在成長階段中有時會意識到一種受限的癱瘓感，或是覺得非常孤寂。一個小孩如果在某些發展的階段（第一時期）裡受到過多的限制，那麼天生的好奇心、探索的慾望，以及模仿和學習技能的能力，就會大幅地降低。[1] 土星落入第三宮的人可以透過治療或是一些技巧，重新體驗到早期因為某些原因而受限的活動或流暢性。

我曾看過許多土星落入第三宮的人沒有兄弟姐妹，因此在童年時期有種被剝奪和孤立的感受。有些這個位置的人則會覺得兄弟姐妹是一種負擔或限制。某些土星落入第三宮的人如果是身為年長的兄姐，就必須背負起照顧弟妹的責任，或是必須作弟妹的好榜樣。

根據上述的理由，土星落入第三宮的人在早期的求學過程中可能會遭遇問題，或是很難適應學校。對於他們而言寄宿學校可能像是一種驅逐或流放。他們在短途旅行中也常遇到延誤、困難或挑戰。木星落入第三宮的人會「拎起背包馬上出發」，土星落入第三宮的人則會事先預定好所有的細節才會出發。木星第三宮的人找一個周末去訪問朋友時，可能正好遇到狂歡派對，等到下一個周末，土星第三宮的人去拜訪同一個朋友，卻可能會遇到朋友的父親生病了。

這裡必須再次提醒土星落入第三宮的整體意義，我們絕不是要責怪一個口齒不清的可憐蟲，拄著拐杖四處跛行，最後還搭錯火車。這個位置的人應該發展出一種有深度又沉穩的思維習慣，提升自己的表達能力，與其他人清楚地溝通，同時還能夠發現學習事物所帶來的樂趣。第三宮的土星如果相位良好，就比較容易自然展現這些特質，或是遭遇較少的問題。

土星落入第四宮（或是天底是魔羯座）

第四宮就像一個作戰基地，我們自此展開了人生。這裡通常指的就是家庭，但也代表家庭背景、根源和種族。土星落入第四宮意味著與這些領域有關的困難和限制。

土星落入第四宮的小孩可能覺得早期家庭環境給予的支持不夠，家中的氣氛很冷漠、缺乏愛，或是被剝奪了一些東西。我在有些例子中發現，在他們的成長階段中，原生家庭是非常貧窮的，或是在物質方面很艱困。有些例子則是金錢並不成問題，但是家庭中缺乏一種情感的親密性，因此模糊了小孩的歸屬感和幸福感。不管是哪一種情形，土星落入第四宮的小孩都會覺得自己是多餘的，或者覺得生命不是站在自己這邊。他們沒有獲得一些基本的愛和安全感，所以就會開始想像自己出了什麼問題。當他們飢餓的時候沒有人提供食物，在最需要被緊緊地擁抱的時候，四周卻沒有一個人伸出雙手，因此他們會開始覺得這都是自己的錯，都是因為自己有缺點或是沒有做好一些事情。土星第四宮心中的「我」都是「不夠好的我」。

簡單地說，土星第四宮的小孩很難從外在資源中找到安全感或「一切都妥當」的感覺。相反地，他們必須從內在發掘自己的力量、完整性、支持和可愛之處。他們如果真能夠做到這一點，土星落四宮就會變成一種披著困苦外衣的恩賜：因為我們一旦能從內心建立價值，外在世界就永遠無法將它奪走了。這是土星賜給第四宮最珍貴的禮物。

一般而言，他們與父親之間都會有些問題。有些人的父親根本不在家，有些則是父親雖在家，卻心不在焉。土星落入第四宮的人可能會覺得父親很冷漠、傳統、挑剔、物質主義又死板，也有可能父親會因為健康不佳或個人的問題，成為他們的負擔和責任。這個位置的小孩會覺得自己在某些方面讓父親失望，或者更糟糕的是認為自己不只違背了父親，還違背了整個家族、種族、學經歷，甚至是上帝。這些人在成長的過程中會一直被罪惡感所困擾，認為自己不夠好，甚至覺得身旁有些人總是在評論他們，不珍惜他們，最後就會對這些人壓抑了極大的憤怒。要解開這種心結並不容易，若要完全地解開，可能需要很長的時間。不過他們如果能夠捫心自問：「我真正需要的是什麼？」最重要的一步就已經達成了，而且還會發現，與其認為嚴厲的父母總是硬把東西塞進自己的嘴裡，不如問問自己：「我到底需要什麼？」這些人如果能夠發現自己需要什麼，就可以自行發展或是靠自己獲得，然後就能放下那個不停剝削他們的父親或任何人，而不再因為得不到某些東西，就緊抓著父親的錯不放。從比較正面的角度來分析，第四宮的土星如果相位良好，代表父親是一個很有力量、深度和耐心的人，同時也很懂得適應物質世界的苦樂。

土星落入第四宮的人會面臨一種難題。他們內心深處時常覺得別人是不合格或無法信任的，但又渴望能在生命中找到一些穩定又持久的東西。有些人可能會透過購買土地或財物，來彌補內心的不安全感。如果從較為世俗的角度來分析，土星第四宮代表的是家庭責任和義務，而在建立自己的家庭時，也很容易遭遇困難。通常無論土星落在哪一個宮位，都代表必須努力突破，堅持不懈，讓一個處處受限的情形最後能獲得解決和報償。

這個位置的人可能要花上很長的時間，才能建立內在的力量和自我的身分認同，然而一旦做到了這一點，這種力量和認同感就會變得非常穩固和持久。我研究過一些土星落入第四宮的年長者的星盤，發現這些人通常能夠在人生的後半階段，發現自己真正想要的工作和任務，並且會全心全力地學習，或是追求一個目標。

就許多方面而言，魔羯座落入天底的意義與土星落入第四宮十分相似。這些人的人生根基就在於對安定感的深度需求，以及追尋真正的自我價值、目的和重要性。他們如果向外去追尋這些東西，就會感受到無常和失望。

土星落入第五宮

當火星和木星落入第五宮的人一馬當先衝到沙堆中開始堆城堡時，土星落入第五宮的人卻會猶豫不前滿臉憂鬱地自問：「如果我的城堡不夠好怎麼辦？其他人會喜歡我的城堡嗎？我應該堆一個城堡嗎？我應該去堆一個，因為其他小孩都在堆。每個人都喜歡約翰的城堡，也許我最好堆個一模一樣的。」當火星人堆完了城堡，木星人也差不多完成的時候（木星人的城堡一定會比火星人的大），土星人還在反覆地思考：「這是最好的鏟子嗎？蓋沙堆城堡的基本原則是什麼？我必須先把每一件事情都安排好。」火星人和木星人這時候早已經離開沙堆，開始盪鞦韆了，直到太陽快下山時，土星人才剛穩穩地堆好城堡的根基……

土星落入第五宮的人即使在長大之後，也很難自在地表達自我的獨特性和個人的創造力。他們非常渴望自己的獨特性和創意能受到他人喜愛，但又會覺得就是因為自己的與眾不同才會遭人奚落。這中間到底出了什麼問題？

不管出自什麼原因，這些人內心的那個「愛玩的小孩」曾經遭到制止。心理學家凱倫・荷妮（Karen Horney）相信，這就像梨子的種子會長成梨子，只要沒有各種反效果的情境阻礙發展，人類也會很自然地發展內在的潛能。然而，比較常見的情形卻是，小孩通常只有在活出父母的期望時，才能感覺自己是被愛的、被接受的。所以他們情願為了配合父母的期望，而掩飾自己的獨特性，也不願意冒險地展現自己，最後就會把這股能量用在所謂的「應該表現的形象」之上，反而不能自由地發揮創意。這會讓他們與真我之間產生一種疏離感，而自發性也會被刻板、懷疑和不安全感封鎖起來，最後就會像自己在看著自己，看著自己真正的光芒被隱藏在烏雲的後方。這種真我與人為身分認同之間的差異，都會讓他們對於自己創造的東西感到不快樂，或是不確定。土星落入第五宮的最後挑戰就是釋放自己被囚禁的創造靈魂，感覺自己不再受到爸爸和媽媽的監督。土星在第五宮的人必須允許自己，偶爾也要讓隱藏在心中的那個隨性又貪玩的小孩出來玩耍一下。

他們通常都欠缺興趣和閒暇娛樂，而這些東西可以讓生活增添一點樂趣，也可以凸顯個人的特質。這些人也會對愛情感到不安，我們都知道愛情可以為生活增添許多趣味，讓自己覺得很獨特、很重要，但土星落入第五宮的人甚至不允許自己去享受一塊蛋糕，更何況是愛情了。他們很害怕被人排斥，所以會過度地保護自己，他們也擔心如果太過於放鬆，會顯得很愚蠢。對於土星落入第五宮的人而言，所謂的玩樂就是努力工作。

土星落第五宮的人也很擔心自己生產出來的東西不被外界接受，因此他們通常不太想要有小孩或是有親子問題。他們可能擔心小孩不喜歡自己，或是相反地擔心自己不喜歡小孩。這個位置的人會強烈地感受到撫養小孩帶來的考驗和限制，所以最好仔細地考慮成家的時間。他們很可能從小孩身上學到很多，就像小孩也能從他們身上獲益良多。

有趣的是，我曾見過幾個專業藝術家和演員的本命盤，他們的土星都落入第五宮，彷彿這些人一定得努力地創作和表現。有些人則在管理藝術的組織中工作，或是從事與小孩或年輕人有關的工作。

土星落入第六宮

這個位置通常代表一個人具備組織、管理和極度注意細節的能力。也許是出自於一種對生命的質疑和深藏的恐懼，他們的心中經常會有一種強迫性的渴望，想要去安排周遭的一切。這些人認為生命是必須接受檢視和認可的。

土星落入第六宮的人會覺得日常生活和例行事務，都是很沉重又吃力的。對他們而言，繳電費、熱車、讓公寓保持乾淨這些瑣事都變成了複雜又迫切的事情，彷彿在策劃和執行一項重大的軍事戰略似的。他們需要規律和儀式，但這麼做可能又會帶來一些麻煩，最後往往會陷入自己一手打造的架構中動彈不得，處處受到限制。

土星落入第六宮的議題都是與健康和身體運作的效能有關。他們的個人自由可能會因健康問題受到限制——特殊的飲食方式或是體能運用上的限制。土星在第六宮的人應該把身體疾病的徵兆視為一種象徵或訊息，迫使自己要帶著覺知去做些改變，因為身體會透過不舒服或疾病的形式，具體地呈現體內系統的不平衡，讓我們看出在整個生命架構中，是否有哪一個部分正在失衡。他們可能會出現一些與土星相關的疾病，像是皮膚、骨骼、膝蓋和關節的問題。有些醫生發現那些想要有所作為卻又躊躇不前（土星的特徵之一）的人，最容易罹患關節炎和風濕。在有些病例中，帕金森氏症則可能是源自於壓抑的恐懼，而這也是土星的另一個特徵。土星落入第六宮的人可以透過飲食或運動來維持健康。除此之外，調整並檢視一下自己過度緊繃或恐懼的心理狀態，也會對健康有所幫助。他們如果能克服這些挑戰，不僅可以變得更強壯，也會更具有智慧。這個位置也代表「養生狂」，這類人會特別注意飲食和身體吸收的東西，有時也會從事健康或與醫療相關的工作。

土星如果有困難相位，工作上則可能會出現一些問題。他們往往過度批評同事，或是害怕自己無法得到老闆或同事的肯定。他們會將自己這種模糊不清又殘缺的心理狀態，投射在工作場合遇到的人身上，或是替自己服務的人身上。有些土星在第六宮的人可以透過發展或精微地調整自己的行銷技能，在體制中贏得一席之地。他們必須付出奉獻和努力，或是經過謙卑的學習之後，才能夠達到這個目標。

對於土星落入第六宮的人而言，與寵物和小動物的關係對他們的意義很重大，失去一隻信任的狗或鍾愛的貓，都可能會打開充滿心理和哲學議題的潘朵拉盒子。

土星落入第七宮

對於土星在第七宮的人而言，伴侶關係不是一件輕鬆的事情，這也正是他們會面臨挑戰的生命領域。他們可以透過這個領域的考驗，促進自我的成長，同時檢視自己。這些人可能為了擺脫困境，不停地抱怨那個對的人從來不曾出現，或是抱怨伴侶的缺點才是問題的根源。在此建議他們，與其抱怨自己倒楣選錯了對象，不如探索自己的內在，才能找出親密關係令人沮喪的原因。

土星所在的位置都會讓人心存恐懼。這些人的關係受到阻礙，時常是因為他們害怕與別人太過於親密，也懼怕一段關係所需要的承諾，或是擔心自己會太過依賴另一個人。他們既有期待又怕受傷害。我們都知道人在真正的親密關係中難免會受傷，但這些人卻不敢冒險面對這一點。我們若是想探究土星落入第七宮的複雜情結，就必須檢視他們早期的關係。

首先，他們是否曾經向父母敞開過心胸，卻覺得受傷、被拒絕或是被誤解？如果答案是肯定的，那麼他們長大之後就可能有一種預設立場，認為自己無法被他人接受，也無法獲得別人的愛。此外，父母的婚姻是否糟糕透頂，而讓他們忘記了兩人的結合可以是快樂的？如果答案是肯定的，那麼他們自己有沒有從父母的錯誤中學到教訓呢？這些人可以透過找出以上問題的答案和解決之道，讓自己變得更有智慧，足以去面對自我、一段關係，甚至整個人生。這就是土星賜予第七宮的禮物。

我曾經見過許多土星落入七宮的人抱怨配偶的限制太多，彷彿若不是因為配偶，他們就能完成更多的事情。有時的確是如此，因為他們常常有意識或無意識地選擇一個表面上很專制的人當伴侶，這些人總認為都是伴侶阻礙了他們，這其實是一種自欺，事實上，他們只是將自己內心的阻礙和恐懼投射到了伴侶身上。許多土星落七宮的人即使擺脫了口中「限制自我發展」的丈夫或妻子，還是會替自己找到其他的理由，不去向前探索，不去擴張自我。其實為什麼不先檢查一下自己內心的阻礙呢？

土星落七宮的人可能會找一個安全又可靠的伴侶，有時會選一個最不危險的對象，讓自己不要對他產生過多的熱情。這就像一種自我保護的策略，刻意選擇一個在某些方面不適合或有些不足的伴侶。如此一來，如果關係失敗，對方離開了，也不會覺得惋惜，未來自己一定能過得更好。有些人會選擇一個跟自己有同樣弱點的人，然後就拿那些對自己不滿意的事，去猛烈地批評對方。

土星落七宮也代表會尋找一個能提供安全感和穩定性的伴侶，所以這個位置的人也經常與年齡較長、具有父親或母親形象的人結婚。這種婚姻可能行得通，但是他們也要付出代價，那就是讓自己變得依賴又渺小。這樣的婚姻如果失敗了，也可能是一種潛藏的恩賜，因為這會迫使他們發展內在的力量和支持，雖然這過程並不容易，但結果一定是值得的。

土星落七宮的人可能會晚婚，或者必須等到年紀較長的時候，才能在兩個人的結合中找到更完整的滿足感。在他們尚未形成真正和諧且健康的關係之前，「時光老人」一定會給他們一點考驗的。從較為世俗的角度來看，這類人的法律訴訟可能會拖很長的時間，建議最好是庭外和解。

土星落入第八宮

土星落入第八宮會替親密關係、分享及共同資源的領域，帶來恐懼和困難。這個位置的人可能會對必須付出而感到侷促不安，或是在接受其他人的付出時，會遭遇一些困難。比較常見的情形是，他們很害怕把自己敞開，也很恐懼與另一個人融為一體。與一個人真正地融合，代表獨立的自我死亡。對於土星落入第八宮的人而言，這是一件很恐怖的事，因為他們想要緊緊地掌握住自己重視和擁有的東西。此外，如果得在一段關係裡放下自我，就可能會被一些原本嚴加控制的感覺淹沒，例如憤怒、忌妒、羨慕，以及帶有原始本能色彩的熱情。他們極度渴望一種親密的結合，但又害怕會被這種強烈情感所征服，因此退縮不前。他們很難放鬆下來，也很難敞開心胸去信任別人，這些都可能導致性的問題。（在神話學中，生之神艾洛斯〔Eros〕和死之神塔納托斯〔Thanatos〕是兄弟，性的結合就像是某種自我的死亡）。這個位置的人可以透過深究抑制背後的根本原因，更加豐富且深入地認識自我。

除了性的問題，他們在與別人分享資源時，或是在關係裡調整自我的過程中，也可能會產生一些衝突。伴侶的信仰或價值觀往往會與自己互相矛盾，他們也可能會選擇一個造成某些負擔的伴侶。但對於土星落八宮的人而言，這正是發展自我必須要做的功課，他們必須用別人的資源來擺脫困難。這些人也可能會有遺產、稅務和商業合約的問題，離婚手續的過程也可能十分冗長。有些人會從事處理他人金錢的工作，例如銀行家、投資顧問、股票交易員或會計師。

一般而言，他們對於探索生命表層底下的事物會感到躊躇不前，但為了讓自己更加深化、更成熟，就必須這麼做。當他們遇見一個試圖嚴密掌控自己的人、接觸到肉體死亡的可能性或死後出現的隱微景象，這些恐懼都可以讓他們去深入探討這個領域的知識。最好的例子就是伊莉莎白・庫伯勒－羅斯博士，她是土星天蠍座落入第八宮，她用崇高和平靜的心態面對死亡，這項先驅研究幫助了數以千計的人。

土星落入第九宮

土星落入第九宮的人會在宗教、哲學、高等教育和旅行的領域中，感受到土星的嚴肅、井然有序、保守和憂慮。他們通常會對宗教和哲學感到興趣，也需要為一些基本的問題找到明確的答案，例如關於存在的意義和形態的問題。他們不像木星在這個位置的人可以合理化自己想要做的每件事。土星落入第九宮的人會認為所謂的神是帶有一點古老暴君的色彩。在他們的眼中，上帝是武斷的、嚴厲的，可能會因為自己犯下一點小錯就施以懲罰。他們通常都在傳統或正統形式的宗教枷鎖下成長，而且具有十分強烈又壓抑的「精神超我」（spiritual superego）。土星落入第九宮的人會覺得上帝是好惡分明的，而且有一種嚴格的規則和法律指引著人生，一旦踰矩，就會招致災難，因此他們的哲學觀通常都是很實際又功利主義的。有些人可能會被宗教的外在裝飾所吸引，有些人還會執著於法律條文的每一個字，卻忘記了這些形式背後的內涵和意義。

相反地，有些土星在第九宮的人很害怕一些帶有宇宙意義或更高法則的東西，所以會躲在懷疑和憤世嫉俗的面具之後。他們可能只相信那些可以被看到、經得起考驗和證明的東西，也可能會嚴肅地研讀哲學、神學或形而上學，只為了能「逮到」更高的真相，然後闡述這個真相，讓真相具體地呈現。古奎倫夫婦在許多成功科學家的星盤上都發現了這個土星的位置，這些人的工作就是「認知」，將統馭生命的法律和準則分門別類。

土星落入第九宮的人會擔心自己在上帝眼中不夠好，也會擔心上帝沒有善盡其責，所以會幫上帝分擔責任（他們對姻親可能也有同樣的感覺）。

土星落入第九宮的時候也會引起榮格所謂的「飛行的恐懼」。當第九宮的木星在反覆思量想要做一切他能做的、即將做到的事情，土星則可能會擔心自己的能力，不敢向外去冒險。這個位置的人每次想要舉起手伸向天空時，都會感受到一種束縛。對於成功的冒險而言，這種負面的期待並不是很好的預兆。但只要慢慢地堅持下去，便可以釐清這些懷疑和遲疑，最後還是會抵達終點的，有時甚至比木星還要早到，因為木星早已改變心意，朝完全不同的方向飛去了。

從世俗的層面來分析，土星落入第九宮的人會在許多旅行中遭遇困難，或是感覺不舒服。有些人會因為需要而住在國外，有些人則會因為工作而旅行，但他們的樂趣通常不在於四處閒晃，也不會去期待下一刻有什麼新鮮事發生，反而認為把行程都規劃妥當，是比較令人放心的做法。但很諷刺的是，每當他們被迫把行事曆空下來，必須依賴或相信明天發生的任何事情時，往往也就是突破和成長的最佳時機。

土星落入第十宮（或是天頂是魔羯座）

土星回到了自己的天生宮位，加上這是一個擢升的位置，因此可以在這裡發揮極大的能量。不管這類人願不願意承認，他們對於外人的眼光是十分敏感的。土星落入第十宮就像個人的自我一樣，想要被別人視為強壯、穩固又持久的表徵。他們通常會用傳統的價值和標準來評斷成功，例如事業的地位、所住的房子和體面的婚姻等等。他們通常（這當然有些例外）需要在一些社會可以接受的工作之中，獲得地位和認同，也可能會批評或譴責那些在「正統」社會認可之外冒險的人。土星落十宮的人會認為如果他們必須限制自己，為什麼別人不需要如此，也可能會對不這麼做的人感到生氣和忌妒。

他們必須非常努力才能夠達到自己想要的尊敬和地位。如果土星的相位良好，就可以透過努力按部就班地一步步往上爬，實現人生目標。要是土星的相位不好，一路上就可能遭遇許多延誤和困難。有些人可能會為達目的不擇手段，因此向自己妥協，或者為了一己之私去利用他人，也可能在抵達一定的水平後就覺得自己被卡住，受到了阻礙，無法再往前走。有些人可能會快速地爬升，濫用權力，然後很快地垮台。我們通常可以安全降落在木星的宮位中，但是在土星的領域裡如果一不小心，便可能會雙膝跪地。土星落入第十宮最佳的當代案例就是約翰・米歇爾，他是尼克森總統的內閣成員，因為水門案醜聞遭起訴坐牢。在歷史上，土星在這個位置的例子還有希特勒和拿破崙。

有些土星落十宮的人可能會試圖打破規則，對抗自己對於社會規範和價值的過度敏感（別忘了，克羅諾斯也是從反抗現存的權威，也就是他的父親，開始了自己的一生）。有一個例子是奈森・利波德（Nathan Leopold），儘管他出身富豪世家，仍不可抑制地想要犯下最完美的罪行：他與朋友理查・利柏（Richard Loeb）謹慎地合作策劃，殘忍地謀殺了一個無辜的年輕男孩。就像俄國作家杜斯托也夫斯基小說《罪與罰》（*Crime and Punishment*）中的英雄一樣，利波德挑戰了土星和社會的限制，試圖證明自己是高於法律之上的。因為土星在第十宮的人會感受到社會規範的壓力，所以會盡可能地去踢開它。巴布・狄倫（Bob Dylan）在一首歌中貼切地為這個位置做了個總結：「如果要活在法治之外，你就必須誠實。」也許正如那句老話所說的：「自由是紀律的奢侈品。」

當然這個位置也與母親有關。土星落十宮的人常會覺得母親代表了嚴厲的社會化力量，就像是制定法律的人，由她來決定什麼是可以接受的，什麼是恰當的。這個位置的小孩在內心裡可能會被她的規則所同化，長大之後則會認為應該像順從母親一樣順從社會。他們可能會覺得母親是挑剔、冷酷、要求很高又沒有愛心的人，無論小孩怎麼做都不夠好。也有可能覺得母親像是一種負擔和責任，小孩需要去照顧她，程度勝過於一般人對母親的付出。比較令人期待的是，母親也會展現土星的正面特質：耐心、紀律、持續、務實以及果斷。

土星落十宮的意義類似於摩羯座落在天頂。土星和摩羯座落十宮的人往往是優秀的規劃者、管理者、執行者、經理、科學家、建築商和老師。

土星落入第十一宮

土星本質上與第十一宮的主要渴望是相互矛盾的，第十一宮想要超越小我，變得更好。土星一方面會被任何能提供更多保障和聲望的事情所誘惑，一方面又很害怕必須門戶大開，擴張自己小心保護的疆界。

土星落十一宮的人可能會迫切地覺得自己必須加入人群，成為團體或是朋友圈的一分子，但是當他們身在人群中時，又會覺得自己很笨拙或是受到威脅。有些人因此而避免與社會接觸，但是這麼做又很容易在這個重要的生命領域裡，喪失了成長和學習的機會。

即使他們小心翼翼地只挑選了幾個朋友，仍然會有問題發生。朋友可能只是一個帶來刺激的因素，讓自己必須面對最具挑戰的問題。舉個例子，我認識一位土星落十一宮的男士，他每遇到一個女人，就忍不住要跟對方調情，但他又總是喜歡跟對妻子佔有慾很強的人做朋友。當朋友一個個地與他絕交之後，一頭霧水的他這才找出自己這種強迫性行為的原因及理由。他當然可以責怪朋友忌妒心太強，但為什麼他一再地製造同樣的處境，已婚女人到底有什麼致命的吸引力？

土星落十一宮的人通常會非常努力地培養一些能夠贏得「益友」標籤的特質。他們不像前面所舉的例子，時常會用過度死板或正式的方式與朋友相處，彷彿害怕自己會做錯什麼或是被熟人利用。他們很擔心會遭到朋友的排斥或拒絕，而他們自己也會讓人覺得冷酷又武斷。這類人有時會選擇較為年長、成熟的人當朋友，因為這些人在此領域中可能比較有經驗，可以做自己的模範或老師，教導自己該怎麼做。有些人則會因為朋友很少，覺得孤單和寂寞，但是他們如果能夠發現，並且去面對自己的問題，就可以培養出忠實又持久的友誼。

他們在團體、社團或組織中可能也會有類似的經驗。雖然土星落十一宮的人在團體裡面不太自在，但這也是他們最能了解自己或別人的領域。這些人可能會加入一個在某些方面限制或約束自由的團體，也可能在社團或組織中背負重責大任或管理的職責。當土星落入第五宮時，很需要得到他人的允許，才能讓自己與眾不同，但土星在十一宮如果形成困難相位時，就必須學會如何與別人一起共事。他們必須問問自己在人類大家庭中的地位和目的是什麼？該如何透過一些方式去推動社會的成長和進化？

這類人可能會被自定的嚴苛理想所牽絆，也可能覺得團體的關係太過密切，或是會因此而受到限制，所以害怕投入任何目標。他們向前邁進時偶爾會受到阻礙，而會想要完全放棄。這些人最好階段性地檢討人生的目標，重新評估這個目標，甚至重新做一個選擇。土星落十一宮的人不應該忘記自己的吉祥物——山羊。山羊總是一次只踩一小步，耐心又有毅力地往目標邁進。他們往往不是一步登天的人，但是一定會抵達終點。

土星落入第十二宮

就像土星落入第八宮的人一樣，土星落十二宮的人時常會對潛藏在意識底層的東西感到害怕，擔心要是一放鬆對自己的控制，便可能被排山倒海的情緒淹沒。

新佛洛伊德派（neo-Freudian）相信，在安全和適應社會的前提下，我們會壓抑一些別人（或是自我）可能無法接受的慾望、衝動和愛好，但是有些土星落十二宮人會更加地壓抑。他們不僅會跟存在於無意識中的東西切割，還會壓抑一種存在於每個人心中、非常正面又迫切的需要：希望餘生能與整體（at-one-ness）再度連結。他們不敢去體驗與超我融合的喜悅，也非常恐懼自我的消融。法國心理治療師羅伯特・迪索爾（Robert Desoille）曾為此創造了一個名詞，稱它為「昇華的壓抑」。

在一些例子中，這類人會感受到一種罪惡感或是失落感，好像體內有一個聲音在告訴自己：我是無法完全展現能力的。有些人可能飽受偏執狂所苦，覺得某些人、或是某些事情將要摧毀自己。傳統教科書將第十二宮的土星解釋成「被隱藏的敵人消滅」，然而最常見的情形是，所謂的敵人不過是無意識自我的另一個面向。他們對這個自我感到憤怒，故意將它掃到一旁置之不理，但只要他們能夠跟自己抗拒的事物和平相處，就可以感受到心靈的寧靜，晚上也比較容易入眠。這些人如果不能跟自己否認的自我達成和解，就不能保護自己不被入侵。最後他們可能會在門上鎖兩道鎖，不與外人往來，強迫自己要忘掉所有的夢境。

難以追溯的深層心理恐懼，可能會衍生成自我懷疑和缺乏自信。有時候，這些人的問題可以回溯至出生前的困難。子宮應該是我們沉浸在萬物生命之水的地方，但如果有任何原因，導致生命之水出了差錯，我們之後就會抗拒類似的經驗。若想了解土星落十二宮的人的問題，母親懷孕期間的情形很值得去深究。也許母親不是那麼確定是否要這個小孩，也許母親正在擔心錢或是父親的婚外情，無論是什麼情形，發育中的胚胎會透過臍帶的連結，感受到生命有些不太對勁，日後也會導致小孩在成長期間對所有事情都抱持一種模糊的憤怒，甚至對活著這件事感到罪惡，也無法與其他生命產生良好的連結。

這些人無論是出自於罪惡感，或是天生就覺得應該為別人的問題負責，往往會覺得自己虧欠了這個社會，必須透過服務來償還。他們有時會在醫院、監獄、慈善或政府機構工作，用各種方式與有問題或是有需要的人相處。其他土星落十二宮的人可能會活在一種無所不在的拒絕感中，最後可能會在監獄中度日，或者藏身於醫院的病房內。

有些土星落十二宮的人會非常害怕親密感，這可能源自於一種被吞噬的恐懼，或者擔心會失去獨立的自我身分認同。他們可能會認為遠離人群是唯一能保住自我主權的方式，也可能擔心無論自己做了什麼，最後的結果都是壞的，因此拒絕與人或物產生連結，或是拒絕做出承諾。他們需要去探索這種隱藏的無益感，並將它挖掘出來。當他們這麼做時，可能會害怕這整個情緒和感受的領域（第十二宮），然後尋求庇護，最後只能「活在自己的腦子裡」。

任何第十二宮的法則都會支持我們，但也可能會擊垮我們。正面的土星特質可以幫助土星十二宮的人度過困境，例如認清天生的局限、接受責任和義務，或是發展出直接又清楚的常識。有些土星落十二宮的人能夠展現一種深層的內在智慧，指引自己度過難關，但要是他們與生命的其他部分過於疏離、有過度的物質傾向，或是拒絕檢視自己的心理問題，都可能會造成痛苦和折磨。有時當生活的壓力過大時，甚至會導致他們的自我分崩離析。這時他們就必須主動地從日常的活動中退出，也可能強迫性地需要隱私和獨處，讓自我的碎片重新拼湊起來。他們偶爾也會向觀護機構尋求支持或援助，或是向「信仰的神」求助。向外界求援對他們而言是十分困難的事，但是當危機突如其來時，他們如果能這麼做，就會發現自己並不如想像中的孤單，也不是獨自一人地活在這個世界上。德國詩人哥德的土星天蠍座落入第十二宮，他曾充滿感情地表達了類似的感受：「那些未曾嚐過麵包混著淚水滋味的人，那些從未徹夜不眠痛苦低泣的人，永遠無法領略天堂的力量。」

總括而論，土星落十二宮的人必須嚴肅地看待無意識的領域。這個位置的人可能非常害怕探索生命之水的源頭，但這正是他們必須做的事情。只要能夠克服恐懼，踏上自我探究的精神之路，努力一定會獲得豐富的回饋。最後他們不僅能和自我的其他部分重新連結，也可在這個過程中重拾已經喪失的眾生一體之感。

註釋

1. Jean Houston, *The Possible Human*, L. P. Tarcher, Los Angeles, California, 1982, p. 101.

外行星落入每個宮位的提醒

與其他的內行星相較之下，天王星、海王星和冥王星這三顆外行星無論落入哪個宮位，都會讓我們在相關的生命領域裡感受到更多的分裂、激進和轉化的本質。我們不會用平凡、慣例或是簡單的方式，去處理與這個宮位有關的生命事務，反而會用一種略為突兀的方法，與這個生命領域產生更複雜的關係。

土星會藉由其落入的宮位，讓我們發現自己軟弱、無法勝任或是不完整的部分，並凸顯出我們需要努力和加強的領域，但外行星的影響力更勝於此。外行星會在落入的宮位代表的生命領域裡，定期地挑戰已經建立的架構，考驗架構的穩定度和存在性。外行星除了會讓相關的生命領域變得更為複雜，同時也象徵著某些形式的衝突、矛盾、緊繃和創傷，無論我們喜歡與否都必須做出重大的改變，或是轉變自己的角色。崩潰是為了突破，希望最後的結果能讓我們更寬廣、更深入、更精微，更加延伸地去體驗自我和整個生命。

在一段長時間內，所有人的外行星都會落入同一個星座，因此天王星、海王星和冥王星對個人產生的影響，往往會表現在它們落入的宮位裡。

第二十五章
天王星和水瓶座落入每個宮位的詮釋

神話學中對於天神烏拉諾斯（Uranus，即天王星）的著墨不多。身為第一位天神的他，除了要統治無垠無盡的宇宙，也負責大自然的創造和設計。他完成了不少極有創意的事蹟，例如為蝴蝶的翅膀塑形，讓每隻蝴蝶都有獨一無二的印記。我們可以從天王星落入的宮位，看出自己會在哪個生命領域裡，產生嶄新和獨創性的想法及行動。在天王星的領域中，我們不需要遵循普遍和傳統的行為模式。

烏拉諾斯和大地之母蓋婭（Gaea）結為連理。每到夜晚，天空覆蓋大地的時候，他們就不停地孕育小孩。這對多產的夫妻產下了巨人族的泰坦（Titan）、幾隻獨眼巨人（Cyclopses），還有一堆長有一百隻手臂和五十顆頭的怪獸。烏拉諾斯對自己小孩的外表感到憎惡，於是就不讓他們活下來。每當小孩要誕生時，他就把小孩塞回蓋婭的子宮，也就是大地的最深處。在占星學上，這意味著在天王星的宮位裡，我們可能會醞釀一些自以為很好的想法，但是將想法付諸行動，具體化地呈現之後，結果卻可能不太好。當我們將一些看似十分吸引人的事物落實之後，實際的結果可能會讓人失望。我們就像天神烏拉諾斯一樣，有時必須埋葬自己的原創想法，然後再試一次。

蓋婭的子宮中塞滿了這些被趕走的小孩，她當然不太開心，所以她在胸內生產了一些鋼，然後打造出一把巨大的鐮刀，她懇求小孩用這把鐮刀閹割父親烏拉諾斯。她的小兒子克魯諾斯（Cronus，即土星）非常有責任感，自願去執行這項任務。烏拉諾斯被閹割的陰莖噴出鮮血，射入蓋婭的子宮內，於是就產下了「復仇三女神」（Furies），而當烏拉諾斯的陰莖被扔入大海後，與大海的泡沫融合時，艾弗洛黛蒂（即金星）就從中誕生了。

這則神話意味著天王星會為其落入的領域帶來複雜的影響。我們較為原始或土星的一面，也就是克制、謹慎、保守、尊重傳統和懼怕未知的傾向，都會「扼殺」天王星的創作衝動。當一個宮位內的天王星遭到抑制時，就會產生「復仇三女神」。從字義上分析，她們的名字可以翻譯成「忌妒的憤怒」、「報復」以及「永無止盡」[1]。在天王星的領域裡，如果太過於依附老舊陳腐的「腳本」或行為模式，那麼復仇三女神就會緊追不捨。當對該生命領域的狀態感到憤怒時，常會責怪是他人帶來了不幸，然後就會在心靈產生有害的、痛苦的遺毒。我們需要極大的能量，才能抑制自己不去做出必要的改變，最後可能會因此而感到筋疲力盡、生病或是孤獨。因此，也許在天王星落入的宮位中，我們應該勇敢地採取新的行動，並且試圖去找出其他刺激或獨立的生存之道。即使如此，我們仍然會引來復仇三女神，不過這一次卻是由別人來幫自己解開束縛，因為我們的行為也會讓這些人感受到挑戰、侵犯和威脅。無論是從個人或集體的層面分析，在天王星的宮位裡，我們必須特立獨行、嘗試新的趨勢或思潮，同時以進步和革命為名，冒險地瓦解自己和周遭的一切事物。

慶幸的是，艾弗洛黛蒂也會從痛苦中現身。她的存在意味著當我們尊重土星的限制和傳統、並依此運作時，也可以嘗試用一些最和諧、最具創意的方式（金星）創造新生命。我們有時會不全面地推翻舊有的制度，但仍然可以努力地挪出一點空間給新的想法和興趣，藉此呈現出一些改變。這就是天王星賦予其落入宮位的考驗。

天王星大約是在西元一七八一年被發現的，當時正值美國和法國大革命，工業大革命也即將來臨。相互呼應的是，天王星這顆行星與真相、正義、解放、結盟以及平等的理想有關，也關係著任何挑戰現狀的集體進步潮流。天王星要我們超越過去、成長的背景和生物的限制，甚至超越命運的侷限，就像是出身貧困家庭的人，不一定就得當農民。天王星最純粹的理想是，許多個人結合成為團體，每個人都可以表達自我的獨特性，但仍然支持自己隸屬的大團體。

天王星也傾向於帶來某些扭曲。在天王星宮位有關的生命領域裡，我們需要自由和真相，同時又非常害怕被自己創造的事物所綑綁，因此而受限。如果我們總是為了改變而改變，就沒有任何事物能在這個領域中落地生根了。如果我們總是在瘋狂古怪和天才之間搖擺不定，就會非常想要特立獨行，目的只不過是造成一些崩裂，或是引起別人的注意。天王星落入的宮位也是一個人對「人性」限制最不屑一顧的生命領域。只是一味地假設我們可以超越體能的極限，或是超越天性的本能反應，就如同犯下了「傲慢」的罪行，終會招致懲罰的。如同靈機一動的弗蘭肯斯坦博士製造出科學怪人，我們也會用同樣的手法以進步和發展為名，解開世人的恐懼。當烏托邦理想家（就像法國大革命的那些人）無法考量到人性的真實面時，最後就會將自己顛覆，反過來對付自己，有時甚至會在過程裡連累扼殺了所有的人。

水瓶座位於宮頭、或是有水瓶座的宮位，其意義都類似於天王星落入這個宮位。任何有水瓶座的宮位，可能都與天王星落入的宮位有所關連。

天王星落入第一宮

天王星落入第一宮的人在面對人生時，最好能勇敢地為自己決定真理，如果前方無路，就必須打出一條路來。他們非常具有原創性和創造力，能夠為自己各種感興趣的領域，提供新的洞見和想法。發明電話的亞歷山大・葛拉罕・貝爾（Alexander Graham Bell）就有天王星在牡羊座落入第一宮。創建基督教科學派的瑪莉・貝克・艾迪（Mary Baker Eddy）是天王星在摩羯座落入第一宮，她是史上唯一創立宗教教派的女性。南斯拉夫出生的科學家暨發明家尼可拉・泰斯拉（Nikola Tesla）則是天王星在金牛座落入第一宮，她一生的遭遇都記錄在《揮霍的天才》（*The Prodigal Genius*）一書中。按照傳統的說法，天王星與電有關，而泰斯拉是第一位能有效利用交流電的人。很顯然地，天王星在第一宮的人最好扮演領導者的角色，他們不太善於追隨別人。當極有個人特色的天王星落在牡羊座和火星的天生宮位時，他們也的確不該如此。

講到電，天王星在第一宮的人通常都會帶電，尤其在眼睛、臉或是頭髮周圍——他們有一種會放電的特質。天王星如果有困難相位，則往往會非常頑強、極度地愛唱反調、故意特立獨行，只為了與眾不同。

無論如何，他們都必須擁有極大的自由去發現自己。大多數人的自我意識都來自於身為某個人的妻子、母親、小孩、老闆或愛人等等，但是對於天王星落一宮的人而言，這些傳統的集體身分表徵還不足夠，他們總覺得自己可以更好，或是更加與眾不同，所以很難安於任何單一的身分表徵。他們有些人會覺得這種心態很令人興奮，但也可能為此痛苦又煩躁。

基本上，他們只想要獨自進行自己想做的事情，不為其他人打擾，反正別人也無法打斷他們。這些人不想遵守傳統的形式或行為標準，也會「省略」任何虛假的部分，或是迅雷不及掩耳地將虛偽消滅，常常令人震驚不已。

天王星如果很接近上升點，那麼誕生的時候或是在早期的成長階段中，可能會有一些不尋常的事情發生。其中一個例子就是路易斯・魯登在《占星資料庫II：美國星盤手冊》一書中提到，一個巴西小男孩的天王星在處女座落入第一宮，水瓶座則佔據了大部分的第六宮，他出生時有兩個頭，每個頭都能獨立地進食和呼吸。我曾經見過一個天王星落入上升點的小男孩，他出生一天之後就被帶離還是少女的母親身旁，被人領養。天王星的人不管是用哪一種方式，絕對不會平凡地度過一生。

天王星落入第二宮

天王星落入第二宮的人必須用異於傳統的方式，去面對金錢、財產和資源有關的生命領域。這個位置代表了一種挑戰，他們會想要去克服傳統的價值制度，或是想要用較為不同的眼光去看待物質世界。這些人不想被物質保障和財產束縛，可能會避免與一般人最想追尋的事物產生連結。他們如果尊重金錢的價值，是因為金錢能夠帶來自由，並且可以利用它完成自己真正想做的事情。

他們有時會用不尋常的方式賺錢，或透過研發新的領域、現代科技和一些極度個人色彩的努力來獲得收入。有些人會支持比較激進的經濟或政治制度，而這些制度分配財富的方式，往往與自己原生社會的制度有所不同。天王星在此也意味著物質和財務狀況時常會突然出現變化。他們可能會憑著天生的直覺投入金錢的冒險遊戲之中。我們可以從天王星的相位看出這些人到底是會獲得相當的「回報」，或是落得身無分文。

天王星落入第二宮的人，時常在個人的領域裡感受到變化、崩潰或瓦解，迫使他們必須重新評估這個領域。舉個例子，他們如果採取了較為規律或傳統的方式進入物質世界，可能就會成為集體的勢力或變動的受害者，而中斷了收入來源或是生存的保障。這些人可能因為公司重組或經濟不景氣，被列入裁員名單之中，也可能因為一些無法控制的理由必須逃離祖國，必須把所有的一切都拋下，然後重頭開始。他們在人生的某些階段中，必須發展出一些完全不同於之前使用過的新技能，並且靠著新技能維生。

更常見的情形是，這些人無意中會有一股強烈的渴望，迫使自己與過去依附的一切斷絕關係。他們如果沒有意識到自己對自由的深層渴望，便可能會選擇一些自以為能提供保障的情形，但到頭來卻是變動不安（在每一場顯意識慾望和無意識慾望的戰爭中，無意識總會獲勝）。有些人可能會相信「心智高於物質」的準則，指的就是有一種更高的場域，可以影響或改變物質層面。

他們應該發展的內在資源包括：原創性、發明才能、對新潮流和進步趨勢的開放性，以及對局勢的洞見。天王星落入金牛座的天生宮位時，會比落入其他宮位更容易將天賦「具體化」地呈現。舉些例子，曼紐因（Yehudi Menuhin）七歲就開始公開演奏，利用音樂的天賦賺錢（他是天王星水瓶座落入第二宮）。發明無線電磁性檢波器的古哥列牟・馬可尼（Guglielmo Marconi），則是天王星在獅子座落入第二宮。被尊崇為「宇宙天才」的米開朗基羅（Michelangelo）則是水瓶座落入第二宮宮頭。

天王星落入第三宮

天王星落入第三宮的人會不停地用自己的方式，了解身旁發生的事情，而不是按照他人教導的方式去看待事情。換言之，他們是具有創意、原創性和直覺性的思考者。天王星型的心智能夠領會整體的概念，進而揭露生命、人類、事件和情形的真相，或是產生頓悟。這些人會用不同於他人的角度去解讀環境，而且時常能展現一種超然又清楚的思考能力，迅速地解決問題。當其他人正努力地找出解決方法，成立各種研究計畫，以求更完整地了解問題的時候，天王星第三宮的人只要一出現就知道答案了，他們會說，「這很明顯，你應該試試這麼做。」偏向理智和邏輯思考的人，時常會對天王星「憑空找到答案」的能力感到困惑。有時天王星的想法會超前於時代，讓其他人無法馬上揣摩清楚。但是過了幾天或是幾年之後，他們就會明瞭天王星自然又迅速地推估出的想法。愛因斯坦的天王星落入第三宮，其主宰的水瓶座落入第九宮（第九宮掌管存在的律法和準則），這些都不令人意外。

天王星落入第三宮的人可能會焦躁不安，神經高度緊繃，需要四處地移動、探索，同時體驗各種不同的生命層面。他們時常很快地轉換思緒，讓其他人完全不明白發生了什麼事。這些人也是心智的體操選手：看似不停地變換主題，談一些沒有邏輯的東西，實際上卻能快速地將不同的主題連結起來，令心智思考速度較慢的人跟不上腳步，不懂他們到底在談論什麼。天王星通常是非線性或是「側面」式的思考。

天王星在第三宮也代表了早期環境的變動，有可能是住家的重大改變導致個人生活的鉅變。他們可能在很小的時候就覺得自己與周遭環境裡的人不同，而且有一種疏離感。這些人與兄弟姐妹的關係可能很不尋常，也許是生活在一個複雜的家庭裡，例如有父母一方從前一段婚姻帶來的同父異母或同母異父的兄弟姐妹。我曾見過本命盤有這個位置的人，與兄弟姐妹的年齡差異很大。他們的兄弟、姐妹、阿姨或叔叔等，也可能會展現明顯的天王星性格。

天王星落入第三宮的人可能很難適應傳統的教育體制，在求學階段往往會遇到一些阻礙或改變。他們通常可以在任何一種類別的學習中，付出極具原創性的貢獻。我也曾在這個位置的本命盤中，發現一些教育和溝通領域的佼佼者。

第三宮主管短途旅行，天王星落入這個位置，也意味著旅途之中可能會有意料之外的事情發生。他們會用最不尋常的方式，從一個地方旅行到另一個地方。我最愛舉的例子就是不怕死的依維．克尼韋（Evel Knievel，美國六〇至八〇年代著名的機車特技專家），他就是天王星落入第三宮，主宰上升點的水瓶座。

天王星落入第四宮（或是天底是水瓶座）

丹恩・魯依爾對天王星落入第四宮的描述是，「建設性地連根拔起」[2]。天王星落入第四宮的人無論是出自個人的選擇，或是受到不可避免的外在因素所影響，都不該受到傳統原生家庭的束縛。他們可能會覺得自己是家族的局外人、陌生人或是被放逐的人，也可能是基於其他的原因，早期家庭的生活顛沛流離，家人分散在各地。這個位置的人需要找到真正有歸屬感的地方，而家庭或種族的根源似乎無法提供這種融入感。他們內心深處時常會感到浮躁不安，需要空間和自由，追尋真正的「心靈」故鄉或是家庭。

他們很害怕會失去其他的選擇，所以有時會不情願扎根在任何一個地方，而且總會認為也許附近還有更好、更適當的落腳處。我在一些例子中發現，這種流離失所彷彿是命中注定的，時常是外在因素所導致，例如會出現某個外在因素，迫使他們遷移或是必須離開故鄉。也可能家中的一切看起來都非常安穩，直到第四宮的天王星被推進的行星所「觸發」，一切就在一瞬間風雲變色，而必須收拾包袱離家遠行，家庭也可能因此而崩解或改變。

這個位置也代表了不尋常的家庭生活。他們的家可能會被用來當作團體或組織的聚會場所，讓不同的人交換不同的意見，也有可能會住在一個烏托邦式的社區裡，或是參與一些非傳統的住宅投資計畫。他們的父親（或是隱性的父母）可能會帶有天王星的特質，也是超脫傳統或是有些古怪，常常在家中神出鬼沒，父親可能會覺得受到父母角色的限制。有些情形則是父親雖然在家，卻很難與家人建立親密的情感連繫。我偶爾會在天王星落入第四宮的本命盤中發現，這些人在成長階段時常看著父親深受精神崩潰的困擾。比較正面的分析則是父親非常有原創性，具有發明和自由思考的能力，而且喜歡無拘無束地生活。

天王星落入第四宮的人可能要到人生的晚期，才會感覺到自己極度不傳統的一面。另外一些例子則顯示他們可能一直過著某種生活方式，直到天王星開始壓迫到自己的宮位時，就會突然改變了生活型態，而且可能隨著年紀的增長，開始對玄學、哲學和政治制度產生興趣。

天王星落入第四宮，意義類似於水瓶座落入天底或第四宮。這些人必須仰賴有別於原生家庭的事物，找到自我的身分認同。在人生的某些階段，他們可能會想要參與能夠有利於或提升全體人類福祉的活動。

天王星落入第五宮

天王星落入第五宮的人不應該依賴一般傳統的表達方式，而是該讓自己所做的每一件事情，都散發出個人的光彩。他們就像天王星落入第一宮的人一樣，會不由自主地想要創新，變得與眾不同。貓王艾維斯・普利斯萊（Elvis Presley）用令人瞠目的搖擺身體方式，為一九五〇年代的音樂引入新潮流，他就是天王星在牡羊座落入第五宮。天王星落入第五宮的人對於自己創作的東西永遠無法感到滿意，總覺得還可以更好或是更加完美。他們的創作靈感常如電光石火般出現，就像身體突然被閃電擊中似的。

我們曾經將一些第五宮的行星擬人化，比喻成小孩子在沙堆裡面玩耍，那麼天王星會有什麼表現呢？一如前面所說的，實在是很難預測。他可能會先加入大家，最後覺得非常無聊，也可能覺得堆城堡是非常簡單的一件事，而且實在平凡到了極點，但是要把休士頓太空中心建在一度空間的沙堆上，又實在很令人挫敗。講起新的電腦遊戲，有誰能比他們更厲害？他們可能會讓木星人和火星人跟在後頭，騎著剛買的特技腳踏車，練習一些驚人的動作，然後忍不住給仍然在沙堆裡做最後雕塑的土星人一點意見，指點土星人該如何改善城堡的結構（參考土星落入第五宮）。

這些人長大之後會對別人覺得怪異和反常的人事產生興趣，也可能會追求一些不尋常的嗜好。他們的愛情也是如此，可能很不傳統，而且常是閃電般地開始，又迅速地結束。當一開始的興奮和熱情消退之後，或是一段關係已經了無新意或帶來限制時，天王星第五宮的人就很容易感到厭煩。在這種時候，他們往往會找個藉口，讓關係突然結束。

一般人會在傳統的血源基礎上創造孩子，但天王星落五宮的人必須找到其他非單純生物性的方式來表達自己。他們即使有了自己的小孩，也無法從父母的角色中完全滿足自己的創造慾，他們如果過於依附小孩，試圖要孩子為自己「活出」未發揮的潛能，小孩就可能會反抗、想盡辦法地逃離家庭。我曾見過一些天王星落入第五宮的女人，對於當母親這件事不太感興趣，或是必須因為各種理由與小孩分開。第五宮的天王星似乎不能**單獨**靠著撫育小孩這件事，來滿足自我的創作需求，另外還得找到其他的抒發管道。這些人養育小孩的觀點可能很先進，或是不同於社會主流的想法。英國詩人雪萊（Percy Bysshe Shelley）就是天王星落入第五宮，天王星主宰的天秤座落入第十一宮。他在喪妻之後因無神論而失去了小孩的監護權。

天王星落入第六宮

天王星落入第六宮的人注定要用更深入的方式，來探索內在的感受與外在身體之間的關係。我們每天創造的生活其實與內心世界之間存有一種關聯性。第六宮的天王星了解，想要改變外在的生活，內在必須先有所轉變。他們的日常生活或是身體上的任何困難，都可以用下面這個方式來解決：我的哪些內在模式導致了這些問題，我該如何改變？這些人可以根據自己創造的解放想法來進行自我檢視，並且為自己的現實生活負責，這就是天王星落入第六宮最正面的體現方式，否則他們一生之中往往會遭遇許多大大小小的變動。舉個例子，他們如果沒有在一開始就承認自己被工作困住了，然後針對工作去做些改變，就有可能突然生病，而不用再去做自己不喜歡的工作。

事實上，他們可以用一種非傳統的方式去就業或工作。這些人很難適應朝九晚五的工作，也很難只為了責任或安全感就安於一份工作。他們必須對眼前的事產生興趣，並且持續地投入，所以工作最好能允許改變、多元性、創造力或活動的渴求。這些人通常很難在別人的管理下工作，因為他們需要用自己的方式做事，甚至是用一些自己都沒有試過的方式。無論如何，天王星的相位如果不算太糟糕，他們與同事交換意見的方式通常都很生動，又具有啟發性。

這些人通常對新科技都很感興趣，其他像是占星學、玄學和心理學，或是任何一個能提供架構的主題，也都很能勾起他們的好奇心。他們會藉此去觀察人生，然後面對人生。天王星落入第六宮的人很適合當「智囊團」。

一般而言，這些人不喜歡被生活瑣事或例行事務限制，很可能會製造一點變動，讓生活更刺激、更有趣。同樣地，他們如果能有意識地承認自己不喜歡什麼，然後作出一些改變，生活就會比較容易一些，而不是無意識地挑釁外在的力量，打亂自己的一切。

他們對心智和身體的關係很感興趣，可能會去研究各種另類或補給的藥物，有時也會嘗試特別的飲食和運動方式。健康的問題可能是因為壓力過大或是神經緊繃，導致身體的免疫系統衰弱。第六宮的天王星如果過度地壓抑，就會引來復仇三女神。這三位女神可能會在身體內興風作浪。我曾經看過許多本命盤，發現天王星落六宮往往與各種過敏有關。很有趣的是，某些醫學研究專家認為，過敏和未表達出來的憤怒及憎恨有關，這代表了「易怒」的人比較容易過敏。伊琳・諾曼（Eileen Nauman）在她的醫療占星著作中提到，天王星與「兩條神經之間突觸的實際衝動」[3]有關。天王星落入第六宮的人，顯然可以從一些讓自我解放的活動中獲得幫助，例如體能運動、瑜伽、冥想等。從正面的角度來看，天王星代表一種快速復原或是從疾病中解脫的可能性，也意味著可以透過正確的心智和態度，獲得明顯的療效。

我們如果按照邏輯來結合天王星和第六宮的意義，就可以知道他們可能會飼養不尋常的寵物。我認識一位天王星落入第六宮的女士，她把老鼠當成了寵物來養，想當然爾，她並沒有把老鼠關在籠子中。

天王星落入第七宮

天王星落入第七宮的人，必須完全超越傳統伴侶關係的框架。當其他人為了安全或保障維持著一段關係時，他們無法只是因為這些理由，就守著一段死氣沉沉的陳腐關係不放。一段關係如果已經失去了創意，無法再令自己感到興奮，彼此不再能坦然相對，他們可能就會讓關係斷然終止，然後去尋找更好的一段關係。

在一段關係裡，他們其中的一方或是雙方都會需要更多的空間及自由，遠超過傳統婚姻或親密伴侶所能包容的。這些人不會滿足於被歸類為某人的伴侶，反而更需要從這種親密關係之外，增加自我的身分認同和活力。

這個位置的人如果沒有主動地表現出天王星的渴求，就會吸引或選擇能夠為自己代勞的伴侶。他們如果不承認自己的浮躁不安，也不承認自己需要一個較不傳統的伴侶形式，便可能希望對方去改變現有的關係。天王星落入任何一個宮位的通用法則就是：我們越能承認天王星的存在，內在也就越能被天王星的本質同化，也比較不會有外力來顛覆現有的一切。

如果本質上渴望安全、保守或親密的行星，例如月亮、金星或是土星，與第七宮的天王星形成了困難相位，問題就會因此而生。在這種情形下，這個人一方面會渴望關係帶來的安全感和親密性，另一方面又害怕失去獨立的自我，或是被關係限制。他們就像是木星落入第七宮的人一樣，最好找一個內心有同樣衝突的伴侶。這些人必須不停地意識到這分公開的矛盾性，然後再依此需要建立一段關係。雙方如果能自在地交流或公開地討論自己的感覺和心情，又不會認為對方是針對自己，那麼這種氛圍將有利於關係的發展。他們必須知道每個人都是憑自己條件存在的獨立個體，而不只是為了在特定時刻、滿足他人的需求而存在的。很顯然地，他們需要相當的成熟度才能達到這個境界，所以往往要等到年紀漸長，更有智慧地面對自己和整個人生時，才能擁有一段最好的關係。

天王星落入第七宮的人有時會體驗到真相被揭露的狀況，而突然改變了想法和態度，然後完全放棄一段現有的關係。他們可能會再尋找一個完全不同的伴侶，反映出自己心態上的改變。一般而言，他們需要階段性地重新刺激目前的伴侶關係，並且替關係注入活力，通常這會發生在推進的行動觸動了天王星能量的時候。

第七宮代表我們會在伴侶身上尋找的特質，也代表自己潛在或是尚未發展出來的特質。天王星落入第七宮的人會尋找一位具有原創性、活力充沛、精悍堅強、有發明才能、迷人又有魅力的伴侶，也就是一位能帶來啟發、新視野和改變的伴侶。但具有這種特質的人通常很難讓一份關係維持一定程度的安全和保障。

我們的社會給予人們過大的結婚壓力，讓那些不結婚或是沒有進入親密關係的人，覺得自己可能有些可怕的缺陷。這些獨自生活的人必須提醒自己，無論是否處於一段關係之中，都具備了**自我的價值**。第七宮也代表與社會的整體互動，天王星的法則也會應用在這個領域中，這個位置代表天王星必須透過自己本身或是工作，為社會整體帶來新的看法、深刻的洞見和突破。

天王星落入第八宮

第八宮是天蠍座的天生宮位，我們在此常會因為憤怒以及對愛的痴狂，產生一些情緒和感覺，如性慾、忌妒、狂怒、羨慕、佔有慾和惡毒之類的激情反應。天王星可能會用不同於一般人的方式進入這個領域。天王星落入第八宮的人迫切地渴望能超脫這些基本的人性，避免自己被情緒操控。他們會不停地接受挑戰，力圖超越這些情緒，並且與人性的本能保持距離，希望藉此能培養出一種更廣闊、更包容的認知，例如共夫共妻或是換夫換妻的婚姻制度，而不是任由糟糕的情緒氾濫成災。他們有些人會去嘗試這類的解放關係，但往往下場都很悲慘。

他們也可能透過其他方式來展現人性，目的不僅僅是交配和生殖，因此這個位置的天王星常以某種程度的性好奇或性實驗聞名。也有些人會去尋求一些技巧和制度，透過其他管道來紓解性衝動，讓自己超越本能慾望的侷限。

我曾見過一些天王星落入第八宮的人，經常在極度熱情和無人性的冷酷之間變來變去。舉個例子，當他們熱中於一種理想時，只要可以促進這份理想的達成，可能會毫不猶豫地在百貨公司放置炸彈。納粹領袖之一約哈・方・賓特洛甫（Joachim von Ribbentrop）最後因為殘暴的戰爭罪行被吊死，他就是天王星天蠍座落入第八宮，主宰著上升點的水瓶座。

天王星第八宮的人會很想探索生存表象之下的東西，進而發現更精微的生命基本運作法則。他們可能會對占星學、心理學、煉金術、神祕學、巫術、量子物理學或是現代化學感興趣。恩瑞科・費米（Enrico Fermi）不停地探索生命深層的變形和爆炸的可能性，他就是天王星在射手座（探索的星座）落入第八宮，他不只發現了核裂變，也製造了世界第一座受控的核子鏈式反應爐。天王星落入第八宮的人會對死亡議題十分著迷，也會試著透過較不傳統的方式去認識死亡。這些人可能會有通靈和心電感應的經驗，儘管這些經驗發生時他們也許不太能控制眼前的狀況。

從比較世俗的角度去分析，他們的人生可能會因為婚姻、繼承或是商業關係，突然發生大逆轉，人生的某個階段也可能突然畫下句點：彷彿一夜之間某個章節就結束了，另一章節就此拉開序幕，或是因一件預料之外的事情就完全改變了人生方向。

天王星落入第九宮

天王星總是在追尋「真相」，沒有任何一個宮位比第九宮更適合做這件事，這是射手座的天生宮位。天王星落九宮的人不該遵循傳統或正統的觀點，而是要獨立地發掘一套有意義的信仰，或是一種規劃生命的哲學系統。按照天王星的本色，這類人可能會為了發掘或嘗試一些更廣博、更具包容性的制度，而不斷地摧毀自己創造的一切。

這些人心目中的上帝往往與天王星有些類似，就像繁星密布的天空一樣，遼闊無邊、難以掌控，但在這之中又會有一些法則指引著星體的移動，而且必然有一個整體性的制度存在（愛因斯坦的第九宮宮頭是水瓶座，他曾說過：「上帝不會和宇宙玩骰子。」）。天王星如果有困難相位，他們在人生的某些階段就可能會去追隨一些怪異或狂熱的教派。這些人的哲學觀太過於抽象，也許很難落實在日常生活中。他們有時會有一些靈感或洞見，並將其視為神性或宇宙意識的傑作。根據路易斯・魯登的記載，神智學者蓋・波洛德（Guy Ballard）的本命盤上有獅子座天王星落入第九宮，與第六宮的金牛座冥王星形成四分相。彼洛德發起一種名為「偉大如我」（Mighty I am）的宗教運動，他宣稱可以接收來自「法身大師」（Ascended Masters）的訊息，回溯到自己七千年前的前世。甘地則是比較務實地利用天王星落入第九宮的能量，他的天王星在巨蟹座落入第九宮，掌管天底的水瓶座（故鄉），他根據自己強烈感應的哲學（天王星在第九宮），引導人民從殖民地主義邁向自由（天王星掌管的水瓶座在第四宮）。思深的聖哲暨神祕學家克里希那穆提則是天王星在天蠍座落入第九宮，掌管著上升點的水瓶座。有趣的是，他主張人們應該靠自己找到實相（第九宮的天王星掌管第一宮的自我），而不是追隨任何特定的導師或教派的教誨。

天王星第九宮的人通常會抱持著先進的教育觀點，可能會去追尋一種傳統學術架構之外的教育方式，例如自學計畫或是英國的開放式大學。他們也可能在追求學位的階段，隨時決定改變學習的方向。第九宮的天王星可以為任何領域帶來新的想法、概念或洞見。

他們往往會在旅途中經歷一些不尋常或意料之外的事，也可能在拜訪其他國家時接觸了一些人或想法，因此而獲得啟發，進而打破舊的人生架構，甚至連姻親都可能激發他們產生全新的想法。

天王星的相位如果不是過度地不利，可能會具備一種不可思議的洞見，可以看到未來的趨勢，彷彿可以感受到社會的脈動。科幻小說作家朱勒・凡爾納（Jules Verne）的故事中常有未來的情節，他就是天王星魔羯座落入第九宮。

天王星落入第十宮（或是天頂是水瓶座）

天王星落入第十宮的人需要對社會作出一些具有原創性或先進的貢獻。他們代表了一股追求改變、反抗或革新的力量，不願意被外界視為平淡無奇的人。因為第十宮是魔羯座的天生宮位，所以他們可以透過具體的管道，傳達新的觀念或洞見。這些人的政治觀點通常都非常自由，甚至是激進。馬克思用新的世界觀啟發了其他人，就是天王星在射手座落入第十宮，主宰上升點的水瓶座。天賦異稟的藝術家暨發明家米開朗基羅（Michelangelo），則是天王星在射手座落入第十宮，主宰著第二宮的水瓶座。英國史上唯一的一位猶太裔首相班傑明・迪斯雷利（Benjamin Disraeli），也是天王星落入第十宮。他的水瓶座在第三宮宮頭，因此也以極端的言論和服飾聞名，甚至還寫了幾本小說。

我認識一些這個位置的天王星人，時常因為不滿意事情運作的方式而辭去工作。也有一些人會不停地變換工作，只是為了追尋更有意義的事情。他們就像神話中的烏拉諾斯一樣，有時會毀掉自己創造的東西，然後重新開始。艾德蒙・羅斯丹（Edmond Rostand，他的天王星在巨蟹座落入第十宮，主掌第五宮的水瓶座）一開始是律師，之後當記者，最後變成一位詩人和劇作家，寫出令人動容的《大鼻子情聖》（*Cyrano de Bergerac*）。有些天王星落十宮的人會從事不尋常的工作（某位有這個位置的女士主持一個研究計畫，研究舞蹈和高蛋白飲食對於女性體脂肪的影響）。他們也可能一早醒來獲得了天啟，然後就完全放棄了眼前的工作，有時則是事情會超出控制之外，讓職業生涯因此而中斷。就如之前所提到的，他們如果不承認自己的浮躁不安，或是不承認自己必須在這個領域有所改變，就可能會用一些方式來挑起改變。某些人會因為裁員或是政治勢力的輪替，成為集體潮流的犧牲品，因此而粉碎或改變了既定的人生方向。

這些人的母親可能會帶有天王星的色彩。他們會認為母親在某些方面十分怪異，或是很反傳統。她可能會在母親的角色之外，還擁有一些其他的興趣，或是覺得受限於為人母的職責。小孩可能會感受到她的不安，彷彿她總是很想離開，去另一個地方。母親如果非常離經叛道，小孩就可能被迫學習更加地獨立，不能像其他小孩一樣依賴母親。小孩一開始可能會覺得憤怒，但之後會很慶幸自己有機會自由地成長，並且能夠學會用自己的方式去面對人生。有時候母親表面上非常傳統，但私底下亟想要獲得解脫。小孩如果感受到了這一點，就會「活出」母親未實現的願望，而且會小心地避免擔負太多為人母或家庭的責任。在有些情形下，天王星型的母親會對自己缺少典型的母性本質而感到罪惡，反而忘記了自己的優點，那就是不令人窒息的愛。也許對於小孩而言，她們就是自由思考的榜樣和表徵。天王星落入第十宮的女人在滿足貢獻社會的自我需求之後，比較能快樂地扮演母親的角色，撫養小孩。

天王星落入第十宮，意義類似於水瓶座落入第十宮。水瓶座落入天頂的工作，必須盡可能地造福他人，而且能展現天性中的創造力和理想主義。

天王星落入第十一宮

天王星回到了自己的天生宮位，是一個相當強勢的位置。天王星落入第十一宮的人，能夠將團體成員的概念延伸到極致。這些人背負著深遠的任務：拓展個人的身分認同，並且將宇宙萬物容納於其中。他們可能永遠無法徹底達成這個目標，但只要努力往目標邁進，就能夠獲得解放。

天王星落十一宮的人最終都會感受到，自己與整體人類本是同根生。他們不會從種族和國家分類來看世界，因為在這種分類之下，人們總是在彼此攻擊和互相指責。他們反而會認為整個地球就是一個大家庭，人們應該努力去解決其中的問題和衝突。這兩種觀點之間的差異很細微，卻是十分重要。

天王星落十一宮的人應該尋找一些能夠合作、追尋共同目標的夥伴。一般人的朋友都是鄰居或是工作上遇到的人，但天王星落入第十一宮的人會覺得與有相似理念的人特別契合。他們不需要依賴緊密的地緣性去組成團體，最重要的是必須有相同的理想和目標。有人曾說：「團體是利他主義者的自我。」這句話對於天王星（或是海王星）落十一宮的人而言特別地中聽。當然，許多天王星落十一宮的人可能從未有過這種想法，但的確可能有這種傾向。

一般而言，天王星落入第十一宮的人很喜歡與各種不同想法的人相處，像是科學家或占星家的團體。他們往往會在許多團體中發揮「天王星的功能」，如提出挑戰和激進的想法，擔任魔鬼的代言人，或是與其他成員爭辯，讓討論的氣氛更加活潑。天王星如果有困難相位，則可能會發表一些衝擊很大或過度極端的革命性想法，也可能為了某個原則而與其他成員分道揚鑣。就如火星落入第十一宮，在某個層面上團體中的天王星人也常會面臨一種矛盾：他們可能很喜歡分享，樂於身為團體的一分子，但又怕在過程中會失去自我和自由。

就個人的層面來看，這些人通常都非常重視友誼，也希望他人不要辜負自己對於友誼的期許。有時從較為自私或人性本質的角度去分析，他們的高度理想也許是不切實際的。這個位置代表朋友可能是促進改變的重要因素，同樣地，他們也可能為朋友帶來全新的經驗。有些天王星落入第十一宮的人喜歡跟有點古怪的人當朋友，因為這些人表現出自己不願意承認的天性和特質。有時候他們會有各種不同類型的朋友，而朋友彼此很難打成一片。

如果某一天醒來他們心中產生了一種必須追尋的嶄新夢想，那麼人生的理想和目標就可能在短期內產生鉅變。

天王星落入第十二宮

第十二宮代表我們誕生的集體海洋。天王星在第十二宮的人必須深吸一口氣，躍入海中，同時不要忘了帶著最好的潛水裝備和研究器材。他們可以透過探索無意識的領域，重新感受到演化和歷史過程的連貫性，同時看見指引生命的基本形態。這可能不是一般的大眾口味，但無論天王星落入哪一個宮位，我們都必須冒險，讓自己與眾不同。

天王星在第十二宮的人可能會用一種創造性、獨創性或是直覺的方式，進入無意識的領域。他們可以進入祖先的智慧寶庫，其中包含了過去累積的閱歷，或是從上一代傳承下來的經驗。有些人可能會透過藥物找到打開寶庫的鑰匙，有些人則可能是透過冥想，或是任何形式的藝術表現，與這些古老的經驗紀錄「融為一體」。

精神病學家萊恩（R. D. Laing）主張的哲學和激進的心理學，就清楚地展現了天王星在第十二宮的所有特質。萊恩是天王星在牡羊座落入第十二宮，主宰第十二宮宮頭的水瓶座。他曾寫過一句話，「（每個人）都必須認識人類最深層的根源」[4]。他質疑現存的每一種社會機制（包括家庭），同時相信意識的神祕狀態，是讓一個人脫離壓迫的唯一救贖。他主張人類如果能用自己的方法和步調，深入到無意識裡的精神情態，就能讓退化獲得彌補，從中得到重生，變得更加完整。他還以此為基礎創立了一個機構（天王星牡羊座在第十二宮），讓人們可以在那裡展開「自我內在之旅」[5]。

美國心理學家楊諾夫（Arthur Janov）是天王星雙魚座落入第十二宮，主宰第十一宮宮頭的水瓶座，他也是一位頗具爭議性的知名心理學家。他就像萊恩一樣，自己創立了位於洛杉磯的楊諾夫原始療法中心，他鼓勵人們深入地挖掘自己的無意識領域（第十二宮），釋放早期的創傷經驗。在原始療法的過程中，他會幫助病人體驗一些剛開始不敢嘗試的感受，目的是將累積在內心深處的痛苦發洩出來，並與這些痛苦產生連結，藉此自己可以從伴隨多年的緊繃和症狀中獲得解脫。他跟萊恩抱持同樣的原則，就是人們可以透過釋放無意識層面的東西，獲得重生和解脫。

天王星落入第十二宮的人通常可以在集體潮流顯現之前，就已經緊密地融入潮流之中（第十二宮不僅蘊含了未來的種子，也保留了過去的殘留物）。麗茲・格林在她一系列針對外行星及週期循環的論文中提到，天王星落入第十二宮的人「對政治運動和意識形態都極感興趣，但通常有種強迫性的意味，而非一種反省式的思考」[6]。希特勒的天王星在天秤座落入第十二宮，主宰位於第四宮（代表祖國）宮頭的水瓶座，就是這種論調的代表。他的理想完全沒有經過理智和邏輯思考，反而像是「在自己的頭腦中放大到極致」[7]。天王星通常會在事情發生之前，就聽到了隆隆的雷聲。

根據我的觀察，天王星在第十二宮如果相位良好，通常可以給予他人許多不錯的建議，彷彿隨時都有洞見和知識可以任人取用。但如果有許多強硬的相位，就可能會因為個人的精神官能症或複雜的情結，而削弱了洞察力。這些人必須先「徹底掃除」一番，才能感受到這個位置的正面益處，但也可能會受到環境中的負面氛圍影響，產生脫序的行為。無論天王星的相位如何，往往會對靈性議題和唯心論感興趣。

這些人的內心深處非常不願意放棄自主權，導致他們很難安定下來扎根。他們一方面非常渴望親密和保障，另一方面又會設法阻止這些事情發生。天王星落十二宮的人可以透過探索自己的無意識動機，來解決這個難題，同時也可以減輕一些揮之不去的孤獨和疏離感。

他們可能會參與祕密社團，或是加入團體的「幕後」工作，或是一些先進及不尋常的機構。有些人可以扮演一種管道，確立新的想法和趨勢，也可以在自己參與的機構中大刀闊斧地展開改革，或是破壞一個機構的既有成就。

對天王星落入第十二宮的人來說，階段性的獨處和監禁，可能會帶來許多意想不到的效果。我曾見過一些例子，這類人如果不承認自己需要暫時從人生中退場，就會吸引一些「意外」或是疾病發生，迫使自己不得不這麼作。這些人的命運可能會出現一些大逆轉，有些表面上看起來不利又具威脅性的事物，最後可能會與自己的期待完全相反，或是反之亦然。

不妨詢問一下他們的母親在懷孕期間是否有不尋常的事發生，這可能對他們助益良多，從某個角度來分析，這些事情往往會影響發育中胚胎的精神狀態。

註釋

1. Jane Malcomson, ‘Uranus and Saturn: Castration and Incest, Part I’, *The Astrological Journal*, The Astrological Association, London, Summer, 1982.
2. Rudhyar, *The Astrological Houses*, p. 198.
3. Eileen Naumann, *The American Book of Nutrition and Medical Astrology*, Astro Computing Services, California, 1982, p. 9.

4. Laing cited in Shaffer, *Humanistic Psychology*, Prentice-Hall, New Jersey, USA, 1978, p. 50.
5. Laing cited in Shaffer, p. 56.
6. Liz Greene, *The Outer Planets and Their Cycles*, CRCS Publications, Reno, Nevada, 1983, p. 57.
7. Liz Greene, *The Outer Planets and Their Cycles*, p. 57.

第二十六章

海王星和雙魚座落入每個宮位的詮釋

海王星與同名的羅馬天神納普頓（Neptune）、希臘天神波賽頓（Poseidon）有關。波賽頓象徵著水，也是掌管海洋、湖泊、河流和地下伏流的天神。他雖然已經在海底佔據了一個廣大的宮殿，但仍然非常忌妒宙斯在陸地上擁有的廣闊領土，十分渴望能夠在世上獲得更多財寶。波賽頓為了爭取雅典（Attica）的主權，與女神雅典娜互鬥，結果輸了。他又為了爭取阿爾戈利斯（Argolis），與女神賀拉開戰，最後仍是失敗。除此之外，他也無法從宙斯的手中奪下愛琴娜島（Aegina）。最後，波賽頓在憤怒和絕望之下，用水淹沒了所有無法贏得的土地，又惡毒地讓河流乾涸。我們反覆無常的情緒就會像波賽頓（海王星）一樣，時常渴望那些無法擁有的東西。

占星學中的水元素與感情領域有關，在某些方面與波賽頓的作風十分類似。當波賽頓從海中現身時，海水會歡悅地替波賽頓開路，豪氣萬千地圍繞著波賽頓，有時他的出現又會伴隨著狂風暴雨。同樣地，我們的感覺有時可能會帶來滿足感，充滿著神聖的啟發，有時又可能像浪潮般地將我們淹沒。

海王星就像月亮和金星一樣，也是一種「陰性」能量，代表一種想要消融、適應、反映，同時與他人融合的自我面向。母性的月亮是透過他人的反射，來獲得自我的身分認同。迷人的金星則是藉由付出來獲得回報。靈性的海王星則渴望擺脫自我，與一個更偉大的東西合為一體。

孤立的自我（土星）主要的任務就是自我防衛，海王星則渴望能消除孤絕的疆界感，與眾生融為一體。我們已經在第十二宮的討論中提到過這兩種法則，但不知道你是否還記得土星和海王星並不是最好的朋友。事實上，天神撒登（即土星，代表了自我建構法則）很怕被天神納普頓（海王星）推翻，擔心自己一出生就會被吞噬掉。對於許多人而言，瓦解個人意識是一種很恐怖的想法，因此會將海王星（與眾生重新連結的渴望）放逐到無意識的領域裡。然而（在此借用麗茲・格林的比喻），所有被堆積在地下室的東西，一定有辦法鑽出地面，出現在家門口的草坪上。被過度壓抑的海王星能量是不會就此消失的，反而會偽裝成另一個模樣來偷襲我們。在海王星落入的宮位裡，可能會不經意地「設下」一種情況，讓自己沒有其他的選擇，只能犧牲個人的追求和渴望，臣服於更大的力量之下。它會讓我們無法改變，也無力去緩衝這一切，然後藉由這種方式，清除自我意識中至高無上的優越感和隔絕感。經過這一番的淨化之後，更高的境界就會敞開大門，歡迎我們的到來。

事實上，是木星將海王星從土星的暴政中拯救出來的：擴張自我的慾望（木星）最後會打破個人的疏離感，讓海王星重獲自由。同樣地，許多人與其害怕自我的瓦解，不如去擴張自我，追尋一種與無限量的存在產生連結的至樂狀態，積極地促進這件事的發生。我們可以透過一些方法，建設性地達成這個目標，例如冥想、信仰和禱告、藝術創作，或是對其他人或理想的無私付出，也可能尋求一些危險的管道，例如藥物、酒精，或是忘我地投入各種激情中。

如果依稀還記得那失落的伊甸園，就會在海王星落入的宮位裡，尋找人世間的天堂。我們會認為海王星應該提供一切，並且會對海王星所掌管的領域懷抱著至高的希望，彷彿救贖就在那裡似的。我們會在那個宮位裡追求一種至樂和至福，當外在世界無法賜與這些美好的事物時，我們當然會感到失望，甚至覺得受傷和怨恨，於是就在這個宮位尋求其他的安慰，通常都是去翻酒櫃或是藥箱。但是對某些人而言，由於海王星無法滿足慾望所導致的幻滅，反而可以引領自己走向另一個經驗領域。換言之，不再是只從外在的現實世界中追尋快樂，反而會向內觀照。我們最後會發現自己追尋的至樂和至福，其實早已經存在於內心之中，就藏在納普頓堅毅不搖的海底城堡裡。

木星拯救了海王星脫離苦海，而我們也常會在海王星的宮位裡尋找救星。我們會在與海王星宮位相關的生命領域裡，扮演受害者或劣勢者的角色（同時也可能放棄個人應盡的責任和努力），渴望能有一個人出現，替自己照料一切。相反地，有些人則可能扭轉這股動力，企圖在這個領域裡扮演其他人的救星。他們不像土星是出自於「應該」或「必須」的壓力去這麼做，他們是因為對其他人的痛苦感同身受。有些情形下，我們甚至會在海王星的領域裡變成一個流行的形象或是完美的化身，例如成長為新天神或新女神的超級巨星、但也可能是醜聞人物，或是人們的代罪羔羊。

我們只要稍微想像一下海洋之神的面貌，就知道海王星是難以捉摸的，所以在這個生命領域裡所追求的事物，也可能會離奇地迴避或消失。有很多情況是我們不願意面對現實，反而會像電影《慾望街車》（*A Streetcar Named Desire*）的女主角布蘭琪（Blanche Dubois）一樣，創造出一個美好的幻象，選擇性地只看到那些支持自己幻想的部分。我們遲早都會被現實擊垮，然後可能重蹈覆轍，或是學到教訓：我們永遠無法確定在海王星的宮位裡會發生什麼事。

海王星和以太次元（etheric world）的事物有關，這是一個無法捉摸、度量或是被看見的次元。它是潛藏於形式之下的本質而非形式本身。我們可以透過海王星的宮位一窺更高層或另類的意識狀態，或瞥見超越時空的永恆與無限。從另外一個層次來分析，海王星也與霧、水氣和星雲有關。在海王星落入的宮位裡，我們總是對自己的理想和目標感到困惑又模糊不清，或是習慣性地隨波逐流，會以為萬物如果本為一體，那麼發生什麼事，對我們而言都沒什麼差異了。

酒神戴奧尼索司和耶穌都與海王星有關，他們都宣揚要放棄孤立的自我意識，與更具精神性和靈性的整體合而為一。戴奧尼索司採集了一堆花朵，再利用酒精的輔助，透過感官至樂轉換到另一種狀態裡。這些人對於世俗生活往往不以為意，最後可能會放棄自我，臣服於更大的事物之下。他們一點也不在乎車子停在雙黃線上，或是應該回家替丈夫準備晚餐。依此看來，他們已經超越了時間、界線和形式。

有些人認為基督耶穌是「海王型大師」，他既是受害者，也是救贖者，他教導人們要「放下」自我，將一切都交給神。但凡人的自我意識很難把戴奧尼索司或基督耶穌看成是神。他們都曾歷經過被支解的痛苦，他們都曾經死過，然後又獲得了重生，在某種程度上，我們可以在海王星的宮位裡體驗到這種神性。在海王星的領域中，我們可能會先經歷瓦解，然後才能用另一種面貌重返人間，藉此來揭開超越自我境界的真相。心甘情願、接納和信仰，都有助於這個過程的進行。在海王星落入的宮位之中，我們有時候會別無選擇，一定得這麼去做。

有雙魚座的宮位，無論是位於宮頭或是宮位內，其意義都類似於海王星落入這個宮位。海王星落入的宮位一定會影響有雙魚座的宮位。瑪麗蓮夢露（Marilyn Monroe）的海王星落在第一宮，雙魚座位於第八宮的宮頭，她就成了性感（雙魚座落入第八宮）的化身和偶像，但是在這個過程裡，也犧牲了對自我的認同（海王星在代表自我的第一宮裡）。

海王星落入第一宮

在第一宮的領域中，海王星會消融掉自我與他人的界線。在極端的情況下海王星落一宮的人就像是一面鏡子，完全沒有自我，只能映照出眼前的人事物。這些人的自我往往來自於他人的希望及要求，所以人們經常會向他們尋求救贖，接受救贖的這一方會想：「終於有人真正了解我，珍惜我了。他天生就具備了我要尋求的一切。」他們一旦發現海王星人不只是對他們如此，而是對身旁所有的人都敞開雙臂，用類似的態度去調整自己配合他人，兩人的蜜月期就結束了。我們可以很中立地去欣賞海王星人對於其他人的精微敏感度，但也會擔心他們缺乏清楚的身分認同和人生方向。他們沒有將自我的身分認同具體化，只挪用了別人的自我意識。

整體而言，第一宮與海王星的本質是相互衝突的。第一宮亟欲將自我發展成獨一無二的個體，海王星卻渴望自我消融，進入無二無別的一體性之中。每當他們想要建立一種實在的根基時，總會有事情破壞或侵蝕這些基礎，而剛建立起的結構也會隨之瓦解。無論是什麼原因，海王星落入第一宮的人都必須犧牲，或是放棄孤立的自我意識，而這種無私或無我的境界，是許多神祕主義追隨者的目標。從這個角度來看，這個位置的人在這方面是「天賦異秉」的，但也許會有人抱持合理的懷疑，質疑海王星落一宮的人並不是一開始就有獻出自我的打算。

他們的問題可能源自於與母親的早期關係。我們無法成長為一個獨立的個體，也無法自給自足，除非另一個人非常愛我們，讓我們覺得自己可以變成「某個人」，而這個過程的第一階段，就是與母親的緊密共存。我們在人生早期階段，需要一個親密、有愛心或是合格的母親，才能培養出勇氣和力量，發展成一個獨立自主的個體。如果沒有經歷這個過程，不僅會害怕做自己，而且還會不停地追尋與另一個人的「完美結合」。因為童年時期並沒有這個人的存在，所以我們會盡可能地調整自己，達到這個目標。但問題就在於：**如果我們無法自足，那麼無論任何人也滿足不了我們**。

我們小時候總是固守著母親的愛，但後來都會意識到：即使少了一點母親的愛，自己還是可以有所作為。當我們意識到這一點之後，就會想要摸索周遭的環境，向外去探險，也想要體驗新的事物。到了這個階段母親就得放手了，否則就會因為追求獨立的念頭，而覺得有罪惡感。

海王星落入第一宮的人，在共存和分離這兩個重要的階段中，常會有些扭曲的事情發生。他們如果與母親之間的安全感不足，便可能害怕去發展強健的身分認同，如果受到了母親的限制而無法分離和獨立，就可能永遠沒有機會發現自己的本質。不過他們可以透過成年後的治療和協助，或是藉由各種形式的自我探索來解決這個問題。千萬別忘了，任何時候開始都不嫌晚。

海王星落一宮的人無論是個性或行事風格，都有著海王星的色彩。這些人的消融天性可能會讓他們顯得很神祕或是難以理解。有些人可能會漫無目的地過完一生，也有人不小心就成了殉難者，但是知道自己被其他人利用時，又會憤怒不已。還有的人會公平地回報他人的協助或救贖。少數人則會耽溺在酒精和藥物之中，試圖減輕現實生活的殘酷所帶來的痛苦，但到頭來卻發現這只會讓一切變得更糟。

海王星也有許多正面特質，因為他們可以感受到超越一般自我的領域，所以可以透過某些形式的藝術媒介，來表達集體的感受和意象。這些人的洞見的確可以啟發他人，因為一般人無法輕易地看見這些場域和空間。海王星落入第一宮的人往往是優秀的諮商師和治療師，可以透過海王星的消弭疆界與他人「融合」，進而去幫助別人。有些人可能會終其一生都奉獻於提升或實現海王星的正面特質。

一個人的海王星如果十分接近上升點，則可能會打從生命的一開始，就完全不想來到這個世界。他們必須學會「肯定」生命，讓自己持續想要重返萬物一體的海洋的渴望能夠獲得平息。他們也可能會將這種渴望投射到靈性的層面上，進而引起另一種神祕的渴望，力圖去追求更高層次的意識領域。

海王星落入第一宮的人，誕生時和人生的早期可能都有些混亂。我看過一些有這個位置的人的誕生過程就像是一道謎題，或是不為外人所知的祕密。因為他們往往必須犧牲掉正常的新生兒應得的愛和關注，所以人生的早期經歷無法為他們帶來對生命的信任和安全感。這些人在早期罹患的疾病，可能會更加凸顯他們對身體的無力感。

海王星落入第二宮

就像天王星落二宮的人一樣，海王星落入第二宮的人也必須更深入地去認識和體驗這個有關金錢、財產和資源的生命領域。無論海王星位於星盤中的哪一個宮位，都會為相關的生命領域帶來消融的作用力。當海王星落入第二宮時，任何現實面或外在形式的保障，可能都會受到消融作用的影響。這個位置的人會無意識地對賺取金錢或擁有財物感到罪惡，他們會認同錢財是大家共有的。相反地，他們也可能覺得世界虧欠了自己，或者別人的東西也應該屬於自己。無論他們樂意與否，水一般的海王星都會為第二宮帶來變化和波動。

我曾見過這個位置有各種不同的呈現方式。有時這類人的財務和投資處理混亂不清，好像有一股看不見的力量暗中破壞了他們的判斷能力，讓一些看似很穩當的投資，結果卻變成被詐欺。他們的住家也可能會遭竊，深夜小偷進門來肆意地搜括。有時他們會先拿到一張金額龐大的支票，然後又收到了同樣金額的帳單。這些人會對詐騙非常慷慨，因為他們很容易對於任何不幸的故事感到心軟，然後就會不停地翻口袋，掏出剩餘的錢，也可能為了一個自認是值得的理由，就拿出支票簿捐錢。

波賽頓在海底擁有豐富的寶藏，但仍然非常渴望宙斯在陸地的勢力。海王星落入第二宮的人也可能永遠不滿足於現有的一切。他們總是想要更多，尤其是當別人擁有著他想要的東西。他們可能會把金錢和財產視為打開人間天堂的鑰匙，或是非常看重金錢，因為金錢可以讓自己活出夢想。這些人一旦達到了自己想要的物質成就，往往會發現這一切和自己想像的並不一樣，甚至還會覺得總是少了點什麼東西。

他們最終還是無法在自我之外的範疇中找到幸福和保障，反而必須重新考慮自己的價值觀，向內觀看什麼才是「高層精神領域」的成就感。海王星落入第二宮的人有時會無意識地「設計」一些事件，讓自己失去一些已經賺到的東西或珍惜的物品，彷彿意識到把一切都分送出去，就可以獲得重生和救贖。

我發現這些人時常不確定自己內在的價值和重要性，也不懂得珍惜自己的天賦，例如他們的敏感和同理心、藝術和創造性的想像力，以及治療和舒緩他人的能力。他們可能透過「海王星的職業」來賺錢，像是演戲、模特兒、繪畫、詩歌、舞蹈、時尚、攝影、治療，以及販售酒精或藥物等等。化學家、神職人員或船員等職業，也與海王星落入第二宮有關。

最後要提的是，這些人可以賦予物質世界一種情感和象徵性的意義。一件物品或財產的價值可能不在於物質本身，而是這些東西所帶來的情感啟發。他們時常可以洞悉潛藏在形式之下的本質和實相。

海王星落入第三宮

在海王星落入的宮位中，我們希望能重新感受到生命的一體性，但典型的第三宮心智狀態，卻是著重於分析、比較、辨識和觀察萬物之間的關係。海王星落入第三宮的人還是可以（盡量）這麼做，但卻會將心智運用在其他「更高」的目的上。他們會把心智當成一種載具或是眼睛，讓靈魂可以透過心智向內觀看。海王星在第三宮的人深深明瞭：**若是脫離了愛，心智就會像一把剪刀，把生命剪成殘破的片段**。

從某一種層面來看，第三宮的海王星可能會讓心智紊亂或消散，導致思緒模糊且混亂，但在其他時候，海王的心智卻可以神奇地洞察到環境中細微的暗潮。他們可以感受到「超越形式的訊息」，或是隱藏在言語背後、意見交流之間的細微情緒及意義。這些人可能沒有精準的分析能力，卻能夠更清楚地看見更大的意象。

海王星落入第三宮的人必須將一些危險謹記在心。他們總是期望周遭的一切都是美好又富靈性的事物，但這可能會導致一種選擇性的認知，讓他們只看見好的一面，對於那些不符合標準的部分就視而不見了。這些人會敞開心胸接收其他人的想法和意見，誤以為這些都是自己的想法，其實他們不過是擷取了身旁人的觀點罷了。他們有時會擔任其他人的代言人，有時則會覺得可以從知識中獲得救贖，因此會去積極地學習，但卻總覺得自己懂得不夠多。還有些人會渴望從別人的話語中獲得啟發。

海王星落入第三宮的人不太習慣用一般的溝通方式來表達自我。他們想說的、想要表達的一切，比較適合透過舞蹈、詩詞、歌曲、繪畫或攝影的形式。這些人在早期求學階段大都很羞怯，我曾見過許多這個位置的人有識字的困難。他們可能會弄錯赴約的日子、記錯電話號碼或地址，也可能在短途旅行中不停地迷路，或是遇到突發事件。有些比較極端的例子顯示，這個位置代表精神不穩定、幻覺和妄想，他們會想像「外邊」發生了某些事，但其實是自己內心世界的投射。

我們必須在海王星的領域中作出犧牲。在第三宮裡可能代表兄弟姐妹之間在相處上有些問題或是會遭遇困難，讓這個位置的人必須為了手足而調整自我，同時必須敏銳地留意他們的需求。我曾見過一個例子，個案死去的手足的鬼魂一直騷擾父母，而父母卻把死去的手足和個案混淆了。海王星在第三宮的人如果有兄弟姐妹過世，可能會覺得有罪惡感，而認為應該為他們的死負起一部分的責任（海王星會消融自己與他人的界線，如果落入第三宮內，這個人就會覺得應該為周遭發生的一切事物負責）。父母可以幫助海王星落入第三宮的小孩尊重自己的想像力，同時讓他們學會盡可能地誠實、清楚地解釋事情，隨時提醒他們不要忘了自己的年齡，更不要去承擔超出年齡負荷的責任。

我也曾見過一些海王星在第三宮的小孩是獨生子女，卻極度渴望有兄弟姐妹的陪伴。有些人可能為了紓解寂寞、為了感覺更加完整，而創造出一些想像的玩伴。有些海王星在第三宮的人是被認養的小孩，這些人往往無法確定自己到底適合或是屬於哪裡。我也曾在一些例子中發現，他們必須犧牲早年的教育，可能是為了替家裡工作而輟學，或是因為家中的經濟拮据，而必須讓其他兄弟姐妹先接受教育。

我曾看過一些海王星落入第三宮的人成為優秀的老師，尤其是教導有學習困難的小孩。他們能夠理解這些小孩，且知道如何與這樣的孩子溝通，而其他的老師可能不得其門而入。

海王星落入第四宮（或是天底是雙魚座）

有一位海王星落入第四宮的女士曾告訴我一句話，她覺得自己好像吞下了一面鏡子。海王星第四宮的人在內心的最深處，會吸收並反映周遭環境對於自己的影響。如果可能的話，他們應該謹慎地選擇居住的環境。當然，辨識和自由選擇的本能，往往跟海王星的本質大異其趣。

這是一個很難判斷的位置，我曾見過許多不同的情形。無論海王星的相位如何，有些這個位置的人會告訴我說，他們在田園詩歌般的環境中度過一個快樂的童年——小孩在花園中嬉戲、家人的感情融洽又親密，生活中充滿著媽咪做的麵包、爹地的擁抱、爺爺的故事等。對他們許多人而言，正面的第四宮海王能量代表的是充滿愛與支持的家庭背景，這是往後人生發展的良好基礎。但有些人會在晚年時沉浸於緬懷過去，渴望回到童年，還會拿成年後遭遇的問題與苦悶，與往日的美好做比較。有些人則可能完全融入家庭中，終其一生都沒有發展出個人獨立的身分認同。他們的思考方式、感覺、品味、意見和氣質，都只是反映了早期的家庭生活，一切都停滯而沒什麼進展。這些人可能來自於家庭治療師所稱的「糾結的家族」（enmeshed families）：家族中的每個人都緊密地結合在一起，活在一種封閉的制度中。家族裡有許多不成文的規定，每個人的行為都應該合乎別人的期待，避免讓任何人失望，或是造成不必要的分歧。當海王星逗留在像是這種安全的家庭架構中時，其所付出的代價就是失去自我的身分認同和自由。

有些這個位置的人一開始會告訴我他是如何度過一個快樂的童年，然後就會垂下頭低聲地說：「不過當父親失業後，一切都變了，兄弟罹患了重病，母親有了婚外情……」這代表海王星又開始玩弄他的老把戲希望他們能做出犧牲和調整。我曾看過一位海王星落入第四宮的女士，她對我敘述童年的歡樂，她說：「一切都是如此地美好，我真希望能重回到那些快樂的時光，除了有些時候放學回到家裡，看到父親喝醉倒在地上，母親被毆打……」在海王星的宮位裡，每個人都會將自己最愛的情景，渲染上玫瑰般的色彩。

我們很難合理地解釋這些現象，但是海王星落入第四宮仍然會有一些具體的特點，例如必須為家庭犧牲。舉個例子，這個位置的人在小時候可能會被要求必須非常地安靜和聽話，避免打擾長期生病的父親或母親。我也曾看過一些海王星第四宮的人是在集體的環境中成長，例如寄宿學校或孤兒院。有時候他們的家就是父母工作的場所，所以儘管父母在家，卻不能陪伴他們，小孩經常看著父母將時間和注意力放在別人身上，這會讓他們感到忌妒、沒有安全感，又很受傷。

海王星的困難相位可能也代表家庭的破裂，或是某種形式上的瓦解。有些海王星第四宮的人甚至得犧牲或是放棄祖國。佛洛伊德為了逃避納粹的迫害離開了奧地利，他就是海王星雙魚座落入第四宮（土星在雙子座落入第八宮，與第四宮的海王星呈四分相，我們都知道他對早期家庭環境中的暗潮的想法）。海王星落入第四宮也可能代表放棄自己的傳統和家庭模式，溫莎公爵（Duke of Windsor，他的海王星在雙子座落入第四宮，主宰第一宮的雙魚座）就是最好的例子。有些人則會追尋「靈魂的故鄉和家庭」，而這並不一定與血緣有關。他們的住家可能是冥想團體或心靈研討會的聚會所，或是常有藝術家和音樂家出沒。海王星落入第四宮的人可能非常喜歡住在海邊。

第四宮如果是代表父親（隱性的父母），他就會帶有海王星的投射。有些人的父親會非常敏感、柔弱、充滿詩意和浪漫，他們可能會將父親過度理想化，直到自己步入晚年之後，用比較務實的角度去檢視父親時，才會對父親感到失望。這有時也代表父親不在或失蹤了，讓小孩對他們只有殘餘的模糊印象。我曾見過有些人的父親只屬於全世界而非小孩獨有的，他們的父親可能是神職人員、忙碌的醫生、名聲樂家、政治家、名演員或是外交家。在這些例子中，小孩必須犧牲自己的父親，必須從自己內心深處找到父親無私地給予他人的愛和支持。

海王星落入第四宮也代表不可外揚的家務事：酗酒、藥物成癮或心智失常的父母或近親。我曾看過一些這個位置的人，他們不知道誰是真正的父親，也曾經有兩個例子顯示，他們到了晚年才發現親生父親其實另有其人。

這個位置也代表到了人生的後半期，會開始出現深層的精神渴望。作家赫曼・赫塞（Hermann Hesse）在小說《流浪者之歌》（*Siddhartha*）中，將精神的追求化為不朽，他就是海王星在金牛座落入第四宮，主宰第三宮的雙魚座，而第三宮與寫作和溝通有關。

根據許多教科書的記載，海王星在第四宮的人到了晚年通常會過著寧靜的隱居生活，安靜地結束生命，但也存在著另一種危險，因為他們也可能退化成一個無助的小孩，尤其是如果他們覺得自己小時候沒有受到真正的照顧。我們如何展開人生，通常也會用同一種方式結束人生，除非能察覺到童年時期的無意識模式，然後做出一些改變。海王星落入第四宮的人不應到了晚年才開始有意識地做出改變。

雙魚座落入宮頭或是第四宮內，意義類似於海王星落入第四宮。雙魚座落入天底的人，會努力地追尋一種更寬廣、更包容的身分認同，這可能是他們建構人生的最佳根基。

海王星落入第五宮

海王星落入第五宮時有失也有得。一方面，這個位置的人具備了豐富又生動的想像力和創造的才華，還可以用一種華麗又栩栩如生的方式，很自然地把情感化為具體的創作。另一方面，他們則時常會陷入一種無法隨性而為的情境中，必須變成其他人期望或要求的模樣，或是依他人的需求而付出。這些人如果能讓人我的需求達成共識，也就是說，他們想要付出的正是別人想要的或需要的，那麼這個位置帶來的滿足和喜悅，絕對是無可比擬的。

讓我們回到沙堆遊戲中來瞧瞧。海王星落入第五宮的小朋友會面臨的第一個問題是：到底可不可以出去玩耍。情形可能是，「可憐的媽媽在家努力工作，我應該待在家裡幫她的忙。」可憐的媽媽則可能會說：「不，不要考慮我，你最好跟朋友出去玩，我真的不在意（嘆氣）。」海王星的小朋友聽了就會又興奮又帶著一點罪惡感，想像著自己在沙堆可以玩得多麼開心，但結果卻是根本沒有人在沙堆裡玩。這時他就會對自己說，「真奇怪，他們都去哪裡了呢？（遲疑不解）我到底錯過了什麼？不過我還是可以自己玩。」他會走進沙堆，滿腦子想像著該如何堆一個城堡，就在這個時候，水星小朋友出現了，然後對他說：「海王，很抱歉，你媽媽叫我來找你，她要你現在就回家。你的鏟子可以借我嗎？」

有時當海王星在第五宮的人越想去追求享樂，樂趣越是會躲開他們，當然情形不會總是這麼糟糕，但是在創意的領域裡，他們經常必須有所犧牲。有些人可能必須為了較為安穩或規律的生活，而放棄藝術工作；也有可能是為了藝術工作，放棄了安穩或規律的生活。但無論他們是否從事與藝術相關的工作，如果能在閒暇時從事任何形式的創作，都將有助於表達自己的感受、情感和超凡的想像力。

這些人的感情時常會太過豐沛，往往會將愛人神性化，隨時隨地的墜入愛河。作家史考特・費茲傑羅（F. Scott Fitzgerald）的火星與海王星合相落入第五宮。他與賽兒妲（Zelda）的一段情可說是美國當代最偉大的戀情。他除了透過創作來表現感受，同時也公開表明自己（第五宮）有酗酒問題（海王星）。另外一個酗酒的例子則是歌手暨喜劇演員丁恩・馬汀（Dean Martin），他也是海王星落入第五宮。就像是費茲傑羅和賽兒妲（在費茲傑羅的例子中，她帶有一些海王星的色彩，非常令人難以掌控）的戀情一樣，海王星會為第五宮帶來複雜的愛情。其中一種情形是跟得不到的人墜入愛河，被愛的那一方常會被絕對地理想化，被遠遠地崇拜著，或是他們理所當然地被犧牲了，那種偉大動人的情操只有《茶花女》（*Lady of the Camellias*）的女主角足以媲美。他們的愛情經常帶有一種目的性，「這個人需要我去拯救或滿足他／她」。或者是相反的情形，「我愛的人可以拯救我」。海王星落入第五宮的人也會有較為正面的表現方式，他們可以藉由廣博又溫暖的愛，展現救贖或治療他人的天賦。

這些人可能必須為了小孩而犧牲自己。如果有困難相位，也許就會覺得為人父母是一種犧牲，他們會想，「如果不是為了小孩，我可以做……」但也可能會把小孩理想化，或是把小孩變成救贖的來源，他們會想，「如果小孩不顧一切地愛我，如果小孩很出色或是有成就，我的人生就能獲得救贖。」無庸置疑地，有這個位置的父母必須學會放手，讓小孩去過自己的生活。他們的小孩可能會展現海王星或是雙魚座的特質，具備了非凡的創作或藝術才華，也可能會表現這個行星或星座的棘手面，也就是心智、身體或情緒的殘疾。但最重要的一點是，他們可以在撫養小孩的過程中獲得「靈性的成長」。海王星無論落入哪個生命領域裡，都代表某種方式的犧牲可以讓一個人軟化。那些失去或是被迫放棄小孩的父母，往往可以透過海王星的教誨，產生重大的轉變或影響。有些海王星落入第五宮的人，可以與殘疾或是有問題的小孩和青少年愉快地共處。

很顯然地，落入第五宮的海王星如果有不利的相位，就必須對賭博和投機行為特別小心。海王星的本質就是無法保證事情能順利進行。

海王星落入第六宮

海王星（雙魚座）和第六宮的準則之間，存在著基本的衝突。海王星渴望的是整體、無限和無垠無界，但是第六宮（處女座的天生宮位）卻會將每一件事按照元素去細分區隔，一次只檢視一個部分，清楚地劃分相互對照的事物。當海王星不停地在瓦解和分裂，希望能用一種更好的新方法重新回歸整體時，第六宮卻努力地將所有的東西都貼上標籤，井然有序地安置一切。我們顯然不可能同時做到這兩件事情，一定有其中一方必須屈服。有時，第六宮對於秩序和效率的要求，會勝過海王星對於放鬆的渴望，而壓抑了海王星想要隨波逐流的慾望，但有時海王星的消融力量會破壞日常生活和身體的組織結構。海王星落入第六宮的人最終都得面臨一種挑戰，就是如何在限制和疆界之內運作，同時又能與周遭的事物維持關聯。

海王星落入第六宮代表敏感又脆弱的神經系統，有些作者將此稱為薄弱的乙太體或是「靈光圈有漏洞」，所以這個位置的人特別容易受到外力的入侵，或是受到周遭病毒和疾病的影響，最好透過運動或其他技巧，來強化自己的神經系統。他們應該謹慎地注意身體無法接受哪些食物，在飲食和生活方面也必須學會分辨什麼是耽溺（毫無界線），什麼是過度地愛惜（過多的界線）。通常他們對酒精和藥物都非常敏感，必須少量地攝取，避免影響過甚。

這些人的疾病通常源自於情緒，很難清楚地診斷出病因。我曾見過一些海王星落入第六宮的人時常會被誤診，拿到錯誤的處方箋，接受一些不必要的治療。有些人可以從另類治療或補品來獲得幫助，例如順勢療法、自然療法、針灸等。就整體而言，與對抗療法相較之下，這些方法可以透過一種更精微的方式來預防疾病，發揮療效。

相反地，海王星在第六宮的人也可能具備治療的天賦。有些人會透過工作展現這種天賦，有些人則可以深切地體認到身體就是靈魂的載具。如同其他第六宮的相位一樣，疾病就像是一種訊息，提醒生活中有些事情並不恰當，必須有所調整。這些人的信仰和態度是決定身體復原的重要因素，有時也會因為疾病而獲得心理或精神上的覺醒和體悟，進而完全地改變了他們對生存的看法。

儘管我們不能從單一的行星位置來判斷癌症的發生，但是海王星落六宮的難題和身體壞細胞造成的問題，兩者的確有相似之處。人們可能因為X光、各種毒素，或是身體基本機能的小失常，而在體內產生一些無法符合整體機能需求的細胞。通常一個健康又強壯的身體可以對抗這種缺失，但如果身體衰弱或是承受了過多的壓力，細胞的功能就會持續地失常，然後無止境地增生，產生更多的壞細胞，這些壞細胞都無法適當地發揮功用，讓身體維持完整的運作。這種惡性生長最後可能破壞整個身體。細胞與身體的整體關係，就如同海王星落入第六宮的難題一樣——如何以獨立的個體運作維生，同時又能夠針對周遭的需求，做出調整和讓步。

這些人可能在工作上做出犧牲，而且對工作的氛圍十分敏感。在少數的情形下，他們會變成事情出錯的代罪羔羊，或是成為老闆或同事詐騙的受害者。另一方面，同事也可能會向他們尋求救贖和支持。如果相位良好，他們通常能夠與同事維持密切又和諧的關係，同時扮演著振奮人心的角色。有些人會努力尋找一個能夠帶來生命樂趣的工作。我曾見過少數的例子是，他們會非常努力地工作，卻沒有得到應有的認同或報酬。這些人可以在工作上應用海王星的治療天賦，例如醫藥、治療和化學領域，也可以從事與藝術想像力有關的工作，或是在酒吧、俱樂部及海邊工作。

他們對於日常生活的例行事務通常不太感興趣，而且會用各種理由去逃避單調的差事，像是清理灰塵這種不優雅的事，或是準時付帳單這種令人乏味的責任。相反地，少數人會極度地迷戀日常生活的瑣事，彷彿可以透過井井有條的生活，找到人間的天堂（說出「整潔與神聖是密不可分」這句話的人，可能就有海王星落在第六宮）。有些人會從事一些實際的工作，譬如服務他人，或是透過打理家務來逃避其他需要整頓的人生領域。我建議他們要謹慎地選擇幫傭，甚至是修車工人。我們很容易在海王星落入的宮位的生命領域裡受騙，但海王星領域帶來的幻滅和痛苦，也可以幫助我們認清自己的極限和缺陷，用一種更寬廣、更包容的認知，來看待自己和整個人生。

就正面的意義來看，海王星在第六宮的人可以將神靈啟發的願景，具體地展現在生活裡，也可以在萬物之中發現神性，如同一句充滿哲理的話：「一沙一世界，一葉一如來。」

海王星落入第七宮

海王星落入第七宮的人在個人關係的生命領域裡，往往會經歷錯綜複雜的遭遇，這些遭遇可以改變並轉化他們對於生命的意識和體悟。他們也可以透過親密關係帶來的喜悅和痛苦，或是任何出現在關係中的幻滅和失落，在另一種意識層次中獲得重生。

這個位置有許多不同的表現方式。有些人可能會追尋一位可以愛慕和崇拜的天神或女神，進而獲得救贖，而且常會為了紓解寂寞和疏離感，而渴望與另一個人融合。他們不想靠自己的力量變成一個完整的個體，卻期待一位伴侶能夠讓自己更為完整。依此看來，他們之所以會去愛別人，是因有所求。最極端的情形可能是，對方變成了他們穿的一件衣服，或是他們用的一件物品，這也就是猶太裔哲學家馬丁・布伯（Martin Buber）所稱的「我—它關係」（I-it relationship）。但海王星對於這種情形並不是十分滿意，因為在海王星第七宮的人眼中，最理想又高貴的愛應該是付出不求任何回報。海王星落入第七宮的人如果過於依賴伴侶，伴侶就會在某些方面讓他們失望，或是這段關係就會因此而中斷，所以他們要學會從內在去培養自己在伴侶身上追尋的特質，同時學會在關係中付出一種更無私的愛。不要忘了，無論海王星落入星盤的任何一個領域，生命都會對我們有很多的要求。

海王星另一種的多變性則是，他們喜歡尋找一位讓自己扮演救贖者的伴侶，同時認為所謂的關係就是拯救和救贖對方。因此這個位置的人以吸引受害者類型的人聞名，例如酒鬼、藥物成癮者、罪犯，或是一些因為充滿黑暗及坎坷的過去而造成精神不穩定的人。有些人則會吸引藝術家或靈感充沛的人，例如音樂天才或宗教先知，而這類型的人往往需要超乎常人所需的照顧和淨化。在這一種關係中，負責照顧和救贖的那一方，最後往往會覺得自己被犧牲了，或是覺得自己不被珍惜。

有些海王星在第七宮的人會無意識地相信，只要付出就可以獲得洗滌和淨化，基於這種隱晦的心態，他們可能會愛上一個不自由、或是完全無法靠近的人，像是已婚的人。很顯然地，海王星落入第七宮的那一方就會開始調整自我，或是完全放棄這段關係。我曾見過有些例子，最後會發展出柏拉圖式的關係，「超越」對肉體的慾望。

在一段關係中，這個位置的人常會因對方的要求真心地付出，也可能為了對方做出許多犧牲，或是接受對方無法輕易解決的侷限。他們有時會展現一種非常神聖、又值得尊敬的愛，但許多時候，這些人也會在關係中任由對方糟蹋，彷彿自己是微不足道的。在海王星的領域裡，真正的無私包容與任人踐踏之間，往往只有一線之隔。

不難想像海王星第七宮的人，經常會對關係抱持著非常羅曼蒂克又理想化的想法，完全不考慮其中的困難。他們渴望在伴侶和關係之中尋找完美，在實際上反而很難與人相處。他們會無意識地對另一半極度地挑剔，武斷地評論另一半的缺點，只因對方不符合自己對於伴侶的想像，或是沒有達到自己對於「愛情」的理想。有些人可能會對外展現一段完美的關係，實際上卻離理想非常地遙遠。比較正面的狀態是，他們可能是精神層面結合的靈魂伴侶，而且兩人之間存有不可思議的心靈感應，但無論兩人的結合是如何地命定又神聖，他們仍然必須調整因為個人習性所產生的差異。到頭來這對靈魂伴侶還是會為了擠牙膏這種生活小事而爭吵。

當我們除去對愛情的幻想、美化、心醉神迷和浪漫想法，海王星還給了我們什麼？海王星最終代表一種疏離的愛，一種不會依附、不會將彼此吞噬的愛。這不是一種基於「應當」和「必須」的愛，而是一種互惠的結合，**這必須出自於接受且尊重對方的需求，而非出自於自己的認可**。就像美國作家瑪麗琳・弗格森在《寶瓶同謀》一書中提到，「愛是有因果脈絡的，而非單一的行為」[1]。海王星所期待的愛情存在於一種微妙的索求之中，彼此都願意為對方去調整自我。

除了婚姻和親密關係之外，第七宮也代表面對社會整體時的態度。海王星落入第七宮的人可能會採取一種慈愛、敏感又具開放性的姿態，或是戴上一張可以適應任何情境的假面具。我曾見過許多藝術家和音樂家以及幫助他人的諮商師，他們的星盤上都有這個位置。第七宮的海王星如果有困難相位，這些人就可能會捲入醜聞，或是有公共訴訟的麻煩，也可能會成為代罪羔羊，也就是必須為了別人的罪惡而受到公開的懲罰和譴責。

海王星落入第八宮

海王星除了自己的宮位第十二宮之外，第二個最愛的宮位應該就是第八宮了，因為這是他的好兄弟冥王星的地盤。海王星最主要的慾望就是擺脫疆界和隔離感，還有哪一個宮位比主管性、分享和親密性的第八宮更加合適呢。第八宮與死亡的關係，也可以讓海王星永無止境的神聖思鄉症獲得紓解。

佛洛伊德告訴我們，許多看似不正確的事情，也許象徵著一個人對性的慾望和愛好。舉個例子，如果你夢到了自己正在抽雪茄，你想的真的是雪茄嗎？無論如何，性的本身也是一種象徵。當海王星（雙魚座）落入第八宮時，性不只是一種單純的享受，同時也是一種紓解其他迫切的心理問題的手段。

海王星落八宮的人會將性視為與另一個人融合的手段，藉此來超越自我隔離的疆界。他們可以透過失去自我的疆界，或是吞沒他人的界線，來獲得遠勝於釋放生理壓力的解脫感。這讓人聯想到酒神戴奧尼索司的儀式，他們可以在肉體情慾的痛苦中滿足忘我的需求，性也可以鬆開自我控制和自我責任感的枷鎖。這些人可能會被對方蠱惑、被對方俘虜，但也可能是被一種超越自我的力量所掌控。對於海王星落入第八宮的人而言，性變成了一種崇拜和敬畏，也是一種神性的誘惑，帶領著他們重返超越自我的國度。

對於海王星落入第八宮的人而言，肉體的親密有如一種擺脫寂寞的緩刑，有關這個位置的雜交傾向和輕率的行為，往往是源自於這個動機。有些人會覺得性是一種服務、取悅甚至治療他人的方式，而且性也是一種很方便的手段，可以讓他們逃避人生的其他問題。

我曾見過許多這個位置的人對於性的身分認同深感迷惑。因為海王星是如此地消散，如此地配合、又如此地多變，時常會因應外在的環境展現不同的面貌，所以海王星落八宮的人很難清楚地知道自己到底想要什麼。反過來說，海王星的困難相位（例如與土星）也代表他們很難放手，時常會在界限的收放之間產生一種緊繃和衝突。有些人甚至覺得自己必須完全超越這種本能的慾望，才可以對抗其他方向的能量。有些人則會對性感到失望，覺得這根本不像電影和小說的情節，也不像朋友說的那般美好。還有些人則會認為，如果能夠與強烈吸引自己的人保持一種柏拉圖式的關係，犧牲了性的享受，就可以獲得淨化和救贖。我曾見過一些例子，他們會不停地對一些沒有關係的人產生渴望和幻想，反而對於現實關係中的對象視而不見。海王星永遠不會滿足於現有的一切。此外，如果我們太過於了解一個人，對方的吸引力就會減少。

這些人在與其他人交換利益和價值的過程中，也會發生同樣的情形。他們通常會想從伴侶的身上獲得許多物質的利益，但結果往往是遙不可及，與伴侶共有的金錢及財物，也會受到一些奇怪的阻礙，或受欺騙事件所影響。他們有時會被他人影響過深，甚至是被別人的價值觀所蒙騙，或是幻想自己能擁有別人的財物。到最後他們最大的滿足並不是來自於獲得別人的財產，而是去幫助別人發展自我的價值和資源。

建議他們在商業交易中盡可能地直接且清楚，同時要慎選商業的合夥人。海王星會帶來混亂，所以在簽下合約時，務必要明確地釐清協議的內容。經濟上的損失或收獲都會造成重大的心理後遺症，最後這也會驅策他們在自我的內在價值中，尋求安全感和救贖，而非透過物質來獲得滿足。無論如何，我會建議他們在投入任何金融投資之前，若是在關於繼承和稅務的問題上，最好去諮詢他人的意見。

無論海王星落入哪一個宮位，都會對環境中的情緒浮動非常敏感，也很容易受到影響。根據海王星的相位，這種無形、非物質的經驗可能會帶來建樹，也可能帶來破壞（希特勒的海王星和冥王星合相，就是落入第八宮）。在正面的例子中，這些人可以憑空獲得靈感和指引，或是透過夢境得到寶貴的指示。當他們需要擴大覺察的範圍時，彷彿可以進入一個無形的領域，取用其中的視野和知識，因此當其他人歷經危機時，他們可以成為安慰和鼓勵的來源。但這個位置所具備的開放靈性，同時也會出現負面的影響。在少數的例子中，有些人可能覺得自己被「佔據」了，彷彿被一種超越自我的力量所操控，有時也會接收到來自其他次元的欺騙或誤導的指引。

海王星渴望回歸心靈的故鄉，而第八宮又是死亡宮位，這個位置的人在生命遭到磨難時可能會耽溺在自我毀滅的想像中，也可能濫用酒精或藥物。（瑪麗蓮夢露的第八宮宮頭落入雙魚座，這不僅跟她的死因有關，她一生的混亂和不安也都反映了雙魚座在此的影響力。）因為他們是如此地渴望超越界線，所以除非海王星跟土星形成了困難相位，通常這些人是不懼怕死亡的。依此看來，他們往往會對形上學或神祕學感興趣。

海王星落入第九宮

海王星落入第九宮的人會透過信仰去追尋救贖或拯救，並且渴望藉由對哲學、宗教、異教或導師的奉獻，與超越小我的事物融為一體。這些人對於任何承諾能夠開啟天堂之門的人事物，都毫無招架之力。他們信仰的哲學或宗教，通常需要某種形式的犧牲和讓渡，也就是讓出自我、讓出財產，或是放棄之前的執著。許多這個位置的人可以因為遵循這類的教條而受惠良多，也可能會參加一些非常奇怪、隱密或「異教風格」的團體，藉此來放開自我。有些人則會相信，必須完美地仿效自己信奉的導師，才能夠獲得開悟。他們很容易變成「佛陀症候群」的受害者，食衣住行和想法都想跟導師一模一樣，但卻忘了必須做自己。這些人時常誤以為只要言行舉止像一個已經開悟的人，便能獲得啟悟，根本忘了行為只是意識的副產品，除此之外別無其他的意義。換言之，他們只是「情緒化地」自認為已經開悟了。第九宮海王星如果形成困難相位（尤其是與第十二宮），就代表「精神上的膨脹」，他們可能會相信自己是神的使者，或者認為世上只有自己信仰的教派能洞悉人生的真相。

海王星落九宮的人可能會對哲學體系感到失望，他們如果渴望一種哲學可以提供所有問題的答案，就很容易感到幻滅。我曾經替一個特別的冥想團體進行諮商，其中許多信徒的本命盤上都有海王星落九宮的位置，而他們的導師居然是一名酒鬼。整體而言，在海王星落入的生命領域裡，我們如果將獲得拯救的希望寄託在外物之上，那麼就算是一種極具啟發性的哲學或信仰系統，都可能令人失望，除非我們能在自己的內心中找到向外追尋的一切。

海王星落入第九宮代表了一種非常開放又敏感的心智、豐富生動的想像力，同時也會對馬斯洛所謂的「人性更寬廣的面向」深感興趣。他們意識到，若是能更全面地擴展和利用天賦的潛能，就能超越目前的自我。

這些人可能會對高等教育的領域感到迷惑。我曾看過許多例子，個案對於自己的主修領域感到茫然或是搖擺不定。也有些人會認為教育是一切問題的答案，或是把某位教授當成了特別的「精神導師」。還有些人則可能對大學或主修的課程感到幻滅，或是發現自己變成了教育體制的受害者。我知道有些這個位置的人在大學階段出現過藥物和酒精上癮的問題。

浪漫派詩人濟慈（Keats）曾說過：「我無法感受到任何真相，除非能清楚地覺知到真相的美。」「美即是真，真即是美」這個概念，非常貼切地點出了海王星落入第九宮的特質。同樣地，這個位置的人的創作表現，可能源自於宗教、超自然意像或精微次元的經驗，或者他們本身就是一種管道，可以將這些意象和經驗傳達給他人。舉些例子，哲學作家歌德就是海王星落入第九宮。巴布・狄倫的歌曲啟發了一整個世代，也是海王星落第九宮，主宰落入第三宮（負責溝通）宮頭的雙魚座。海王星在此也代表具有國際知名度的演員、藝術家和音樂家，例如馬龍・白蘭度（Marlon Brando）、畫家亨利・馬諦斯以及美國搖滾吉他天才吉米・韓瑞克斯（Jimi Hendrix）。

海王星也會在旅遊和長途旅行中發揮影響力。有些人可能會將旅行視為一種逃避或避開周遭事物的手段；有些人則可能會為了尋求開悟而展開朝聖之旅，前往一些特別的國度。對於這些人而言，那些地方具有如麥加聖地般的吸引力，但也可能把某個地方想像得太好，結果，前往當地後，才發現事實並非如此。另外有些人會覺得與外國有種靈魂上的連結，遠勝過於自己的國家。他們在國外時要小心受騙上當。

海王星如果有困難相位，則容易跟姻親形成複雜的關係，或是自覺在某些方面必須對姻親負責。

海王星落入第十宮（或是天頂是雙魚座）

在代表事業和公眾形象的第十宮內，海王星可能會有各種不同的表現。海王星落入這個位置的人可能會發現自己被社會大眾理想化，還可能受到眾人的崇拜。在某種程度上，他們的確可以捕捉到集體的想像力，或是代表一種襲捲社會的潮流或勢力。這裡有許多有趣的例子：馬克思發起了生命和歷史的整體哲學，幻想一種存在於共產主義下的理想國度，他是海王星在射手座落入第十宮。美國前總統約翰·甘迺迪（John F. Kennedy）為美國帶來了新的視野和夢想，還被許多人視為英雄，則是海王星在獅子座落入第十宮。他在任職的期間被暗殺，也代表海王星犧牲和受害者的特質。就某種意義而言，馬克思和甘迺迪都是犧牲了個人的身分，化身為一種超越小我的形象，為更大的集體奉獻小我，這裡指的就是集體對於救贖的渴望。

第十宮的海王星還含括了其他法則，包括任何被認為是美麗、流行或者有品味的事物，或是被放逐和鬧社會醜聞。完美的硬漢英雄克林·伊斯威特（Clint Eastwood）以及功夫大師李小龍都是海王星在處女座落入第十宮。除了政治和演藝界，其他海王星類型的工作還包括社會工作、藝術、流行、攝影、音樂、舞蹈、宗教工作和治療。

無論如何，朦朧的海王星也代表選擇事業的模糊感或困惑。有些人可能會對工作很不滿，覺得工作沒有吸引力，也欠缺啟發性。我見過一些例子則是，他們非常努力地為工作奉獻，但是未獲得應得的認同或報酬。我曾見過一位在這個位置的男士，他所任職的公司從事了許多不可告人的貪污交易，但卻只有他為了這些罪行被捕坐牢。有些海王星第十宮的人會覺得自己必須找到正確的工作，或是為他人服務，才能獲得救贖。在有些例子中，他們可能會因為一些超出自己控制範圍的影響力，而被迫放棄自己的事業。海王星時常透過這種方式將我們推上精神成長和擴張的道路，彷彿必須放棄過度執著的東西、犧牲一切，才能獲得淨化和救贖。

我們如果將第十宮歸為母親，母親就會帶有海王星的特質。她可能會被視為一個殉難者或受害者，為了照顧家而犧牲了自我的身分認同。我曾經觀察過，這些人的母親多半具有藝術或創造天分，卻因為家庭因素而中斷。母親如果感到非常挫折、不滿和悲慘，小孩就會對自己的快樂產生罪惡感，或是小孩可能為了母親的狀況而自責不已。另一種情形則是，母親過於敏感和脆弱，小孩最後必須像母親一樣地照顧她。儘管服務的慾望會投射在目標上，但許多海王星落十宮的人往往會在晚年發現，自己之所以會選擇服務他人的志業，其實是和童年時期與母親相處的經驗有關。

在其他的例子中，父母可能被視為救贖者、拯救者，或是一個理想化的形象，讓小孩覺得不能辜負這個形象。海王星可能會要求母親以任何原因離開或是被犧牲，母親也許是離家或生病，或者為了家計必須長時間地工作，甚至是死亡，如此一來，小孩就必須「放棄」母親，至少在形式上是如此。小孩長大之後可能會尋找一個失落的理想母親，或是因為自己的母親被剝奪了，感到很不自在。比較正面的表現是，他們的母親可能非常溫和優雅，對小孩而言就像是溫柔和憐憫的理想典範。

雙魚座落入天頂或第十宮，意義類似於海王星落入第十宮。

海王星落入第十一宮

存在主義派心理學家（existential psychologist）維克多．法蘭克認為，一個人想要服務或幫助他人的慾望，不需要任何的辯解。舉個例子，我們沒有必要認為一個人是因為小時候對某件事有罪惡感，所以長大後才想要做些有價值的事。我們倒不如說這個人是把服務視為一種賦予生命意義的誠實手段。[2] 此外，照顧別人是我們最自然又立即的真情流露，代表自己與地球上其他生物之間的連結和團結感。第十一宮的海王星會出自於本意，去激發此類的利他主義行為。

海王星落入第十一宮的愛因斯坦，為這個位置的挑戰做出一個漂亮的結論：「我們的任務就是要擴大同情心的範圍，包容萬物，才能讓自己掙脫這個牢籠。」[3] 許多海王星落十一宮的人都有烏托邦的夢想，同時會加入促進人道或社會理想的團體。他們覺得必須加入他人，才能將真善美的理想落實在現實人生中。海王星雙子座落十一宮的伽利略（Galileo）在追尋真理的成就中，就十分強調這個基礎。發明救命靈藥盤尼西林的蘇格蘭生物學家亞歷山大•佛萊明（Alexander Fleming），也是海王星落入第十一宮，而主宰著負責治療和照料的雙魚座，則落入代表事業的第十宮。許多海王星落入第十一宮的人，也會為了失敗者的理想而奮鬥。如果有人正在受苦或是遭到虐待，他們是非常能夠感同身受的。有些人會被祕密社團、藝術團體，或是關於心靈和精神性的小圈子所吸引。海王星如果有困難相位，則可能有很高的理想，但從來不曾將理想完整地落實。

海王星落十一宮的主要驅力就是放下自我，把自己貢獻給團體。有些人可能會尋找一個特別的團體或是教派，將此視為獲得救贖和解脫的手段，同時為了它而做出許多犧牲。有些人的政治意識會較為淡泊，反而把團體活動視為逃離世俗例行事務的手段。這些人可能會在一連串的社交活動中迷失自我，不停地追尋更有魅力的朋友和團體。地方酒吧也可能成為他們團體活動的一部分。

海王星的相位如果良好，朋友就會非常支持他們，而且很體貼。海王星落入第十一宮的人也總是願意伸出援手，照顧遭逢困難的友人。但海王星如果有困難相位，就可能在友誼中感受到幻滅或欺騙，也可能很容易就覺得同志情誼的理想遭到背叛。有些人往往會很巧妙地去操弄朋友，讓朋友對他感到抱歉。海王星落入第十一宮的人應該運用辨識力，正確地選擇朋友和團體，他們很容易因為「壞」團體的影響而不負責任。這些人的朋友也會帶有海王星的特質，可能是藝術家、治療師、浪漫的夢想家，或是其他脫離正軌的人。

有些這個位置的人會不停地追求一些永遠難以捉摸的理想，或是建立一種完全不可能實現的慾求模式。就如前面所提到的，在海王星落入的宮位領域中，我們可以透過正視幻滅、意識到自己的極限，來提醒自己還有更偉大的力量在主導這一場人生大秀。但我們還是要建議他們，盡可能清楚又實際地制定目標，彌補海王星在選擇方向時的猶豫不決和模糊傾向。

海王星落入第十二宮

海王星在自己的宮位中是十分強勢的，可能會在這裡展現最好或是最壞的特質。海王星落十二宮的人對環境中的暗潮或看不見的力量，都會十分敏感，有時對這些層面的覺知，更勝過於實際發生的事物。法國天主教耶穌會教士德日進用他對生命整體的神祕洞見，激勵了無數的世人，他最極致的論點就是所有的生命最終都會達到合一境界。他曾寫過人類的意識終將歸於這個完美的終點，在此「所有物質的根源都會消失不見」[4]。海王星落十二宮的人有時會提出一些不可思議的洞見，令人感到相當不解：他們也許看到了或被告知一件事情的存在，但卻可以感受到有截然不同的事情正在發生。

某些人可能會成為自己無意識的受害者，換言之，他們可能會階段性地被情緒或感受淹沒，其他人卻可以輕鬆地保持距離。老牌男星蒙哥馬利・克里夫（Montgomery Clift）的海王星落入第十二宮，他擁有了海王星所有的演戲天分和魅力，但也因為一些無法控制的嚴重罪惡感和沮喪而飽受折磨，所以最後轉向耽溺於酒精和藥物的世界，把這些視為逃避現實的手段。我曾見過少數這個位置的人體驗到自我疆界的消融，但日常生活的「鏡頭」也因此失焦。對於某些人而言，這是一個令人樂於接受的神祕或高峰經驗的發生領域，但是對其他人而言，這種經驗時常伴隨著一種混亂，或是外力入侵帶來的恐懼和無力感。

海王星的相位如果不算太差，這些人的無意識心理往往可以成為天啟和靈感的來源，帶領自己進入「智慧的本我」（inner, wise person）。早期進化形式的古老智慧會對他們敞開大門，而他們也有利用這種智慧的本領，彷彿不需要任何第一手的知識，就能擁有一種深刻的洞見。這個位置的人可能會對因果輪迴的哲學感興趣，而且這些信仰可能會讓他們接觸到自己的前世，但有些人也往往藉由沉溺在過去世中來逃避眼前的事物。當然，想像自己曾經是埃及豔后克麗奧佩托拉（Cleopatra）

或聖女貞德（Joan of Arc），或許可以為無聊沉悶的今世增添一點魅力，但仍然要看他們是否能建設性地利用這種想像力。

海王星落十二宮可能有非常強烈的避世傾向，會被白日夢和幻想完全吞沒，也可能會逃避現實人生，活在自己創造的小世界裡。這個位置的人大部分都很需要獨處或隱退，藉此重新找回自我，同時也可以讓自己吸收或累積的「精神污染」獲得淨化。

海王星落十二宮的另一種極端表現就是，覺得完全無法控制發生在自己身上的一切（有些心理學家將此稱為「外在控制源」（external locus of control））。海王星要求我們承認更高權威的存在，但無論海王星落入哪一個宮位，都要隨時提醒自己一件事，那就是完全背棄自我的力量和責任，並不是一種健康的做法。許多的研究都顯示，當人們覺得無法控制人生的方向時，就容易意志消沉，並且會出現各種形式的精神錯亂。[5]

就像金星落入第十二宮的人一樣，海王星落十二宮的人也常會因為世界無法達到自己的期望而痛苦。他們可能因為這個世界欠缺美而感到受傷，但也可以將自己對美的敏感性，作為一種自我療癒的工具。美可以讓靈魂重生，他們如果能坐下來欣賞夕陽，或是在海邊消磨一個星光閃爍的夜晚，或是當陽光穿透教堂的彩色玻璃窗灑落一地暖意時，靜坐在教堂中沉思，或是去畫廊欣賞自己最愛的一幅畫，這些都可以為他們厭倦俗世的靈魂，重新注入生命力。正如義大利哲學家皮耶洛・費若奇（Piero Ferrucci）在《明日之我》（*What We May Be*）一書中寫到，那些勝利的時刻發生在「超越沮喪的當下，以及積極堅定地對抗自我物化和死亡的過程中」[6]。換言之，那些海王星落十二宮的人的確是有選擇權的，端看他們是否願意去看生命的美了。

美也具有一種超越自我和揭示的力量，這可以為海王星落十二宮的人開啟嶄新的世界，意識到其他人無法窺見的可能性。他們善盡其責地追尋生命之美，儘管這無法神奇地抹滅一切問題，但卻可以為自己照亮前方的道路，盡量不要在不滿意的那一面留下汙點。德日進（海王星在金牛座落十二宮）曾說過，進化的目標就是「用一種更完美的眼光觀看這個世界，其中總會有一些東西是值得欣賞的」[7]。

服務則是另一種讓自我從痛苦和不幸中解脫的方式，也可以為生命賦予意義。我再提醒一次，這些人需要一點常識。某些這個位置的人會完全拋下自我，為他人而活，藉此來逃避自己，但也有許多海王星落十二宮的人可以在醫院和機構中有所作為。某些人可能會在博物館、圖書館和藝廊工作，而這些地方都保護並存放著智慧、美，以及過去和現在的寶藏。

海王星落十二宮的人不妨想想榮格的看法。榮格認為有些人生問題是「永遠無法被解決的，只能在成長中超越它們」。他們可以透過這種較為寬廣的觀點，產生一些新的看法和興趣，而那些無法解決的問題，也就不再如此迫切了。從某一個層面來看，我們可能正困在一場暴風雨之中，但是如果從不同的層面來看待這件事，就可以轉換視野，如同站在山頂上看著山谷中的暴風雨。暴風雨仍然在那裡如實地發生，但我們已經超越了它。[8]海王星在第十二宮的人必須學會接受壞中的好，不完美中的完美，還有醜陋中的美。哲學家維根斯坦（Ludwig Wittgenstein）有一句格言，「人生問題的解決之道，存在於問題的消逝中」[9]。海王星在十二宮的人如果能將這句話謹記在心，細細琢磨，一定可以獲益良多。

註釋

1. Ferguson, p. 435.
2. Yalom, p. 444.
3. Einstein cited in Russell, p. 129.
4. Teilhard de Chardin cited in Ferguson, p. 201.
5. Yalom p. 262.
6. Ferrucci, p. 188.
7. Teilhard de Chardin cited in Ferguson, p. 71.
8. Jung cited by Jacobi in *The Psychology of C. G. Jung*, Routledge and Kegan Paul, London, 1968, pp. 134-5.
9. Wittgenstein cited by Yalom, p. 482.

第二十七章
冥王星和天蠍座落入每個宮位的詮釋

就像天王星和海王星一樣，冥王星代表了另一種「瓦解」的法則，無情地推動著人生的除舊納新。就像蛇脫皮一樣，彷彿內心深處有股力量在催促著，逼著我們必須脫離老舊又陳腐的人生階段，進一步地成長和演化。新的事物最終也會變老，也必須退讓出場，讓下一個階段接手延續下去。

特別是海王星和冥王星這兩顆代表地面之下的天神的行星，經常會顛覆性地破壞老舊的結構，強迫我們高舉雙手，俯首稱臣，但是他們的行事風格相當不同。海王星就像白蟻或蛀蟲啃食房屋的根基，慢慢地瓦解堅硬的老舊結構。冥王星卻會像突然倒塌的屋頂，千百噸重的磚瓦砸落在頭上。冥王星比海王星更加強勢，它會不斷地增加壓力，讓壓力漸漸累積到頂點，然後再將我們毀滅。海王星會一步步地誘惑我們，讓我們相信自己可以透過犧牲和痛苦，來獲得淨化和純淨；冥王星則會**確定**我們一定得完全消滅老舊的事物，不留一點殘餘。冥王星確保一個週期循環的結束，或另一個循環的開始，除了改變和死亡，沒有任何其他選擇的餘地。

有一則古老的神話「依安娜的墮落」（席維亞・裴瑞拉在著作《屈尊為女神》（*The Descent to the Goddess*）中，再一次美麗地描述了這個故事），非常清楚地刻劃了冥王星在一個宮位中的表現。依安娜（Inanna）是天上的女神，她總是充滿喜悅、活潑又光芒四射。她有一個性格陰鬱沉悶的妹妹伊瑞席克葛（Ereshkigal），這個名字的意義是「偉大地府的女神」。伊瑞席克葛住在地府裡，代表冥王母性形象。伊瑞席克葛的丈夫逝世時，依安娜決定造訪地府，參加妹夫的喪禮。伊瑞席克葛非但沒有優雅地招待依安娜，反而惡毒又陰鬱地凝視著她，還讓依安娜跟其他所有進入地府的人接受同樣的待遇。按照一般的程序，有七個通道可以進入地府，每經過一個通道，就必須脫下一件衣物或珠寶。依安娜禮貌地接受妹妹的款待，穿過了所有通道，並且在過程中逐一脫下她的長袍和珠寶，等她抵達地府最深處見到妹妹時早已經一絲不掛，然後她向妹妹「叩首稱臣」。換言之，冥王星作風的伊瑞席克葛要我們卸下那些用來獲得自我認同及活力的外在裝飾。即使這是一種非常不愉快又嚴苛的經驗，但這則神話告訴我們說，我們必須尊重這一股破壞性的力量，並且屈服於它之下，畢竟這一切都是女神的作為，而這也是一種神性，足以代表或展現一種更高系統的中心或權力。我們必須在冥王星落入的宮位中，用這種方式面對伊瑞席克葛，向她致意。即使她代表黑暗，但她終究是一位女神。

伊瑞席克葛最後殺了依安娜，並將她吊在地府的食物掛鉤上。這位美麗又高尚的天國女神的身體就這樣被棄置而任由腐爛。同樣地，在冥王星落入的宮位中，我們也必須去面對心中腐壞的東西。我們會在冥王星的領域裡，面對自我天性中黑暗又難以辨識的那一面：澎湃激昂的熱情和迷戀、對權力的渴望、原始的感官享受、羨慕、忌妒、貪婪、仇恨、憤怒和救贖，以及早期的傷害和痛苦。

除非讓這些東西浮出檯面，將它們轉化，適當地重新融入靈魂之中，否則我們很難完整地活著。

這聽起來很不愉快，但事實就是如此，別忘了，普魯托（即冥王星）也代表埋藏寶藏及隱藏財富的天神。儘管他掀起了颶風駭浪，讓我們拋棄了部分的自我，被放逐到無意識的領域裡，但就是因為一切都顯得如此地遙不可及，我們才會試著有意識地去控制全局。我們可以透過這個過程與失去的能量重新連結，同時也能擷取一些未曾開發的資源和力量。

依安娜並沒有永遠困在地府中。據說她曾去過一個危險的地方，為自己安排脫困的退路，以免卡在麻煩中動彈不得。冥王星作風的伊瑞席克葛可能會讓我們自食惡果，但是我們必須將眼光放遠，不能任由自己坐困愁城，過著可憎又痛苦的人生。普魯托會讓我們潰不成軍，但我們必須像依安娜一樣重返人間，恢復正常的生活——希望能更有自覺、更有智慧、更全面地去面對人生。

依安娜是在兩個名為「哀悼者」的中性矮人幫忙之下逃離地府。哀悼者生來矮小又不顯眼，他們偷偷地潛入地府，接近飽受苦痛的伊瑞席克葛。她不僅歷經了喪夫之痛，還懷有身孕，當時的她正處於難產的折磨中。換言之，舊的事物已經逝去，新的事物同時在誕生。哀悼者並沒有為了依安娜的慘死譴責伊瑞席克葛，反而與她貼近，憐憫她的處境。他們讓她接受「羅傑斯型」（Rogerian）的治療法，讓她盡情地哀嚎和怒罵，回溯自己的痛苦和哀傷。哀悼者帶給人們的教導就是，即使生命發生不幸、黑暗和痛苦，我們仍然要肯定生命的力量。伊瑞席克葛非常感謝他們接受了她，承諾會給他們任何想要的報酬，而他們的要求就是讓依安娜復生，後來伊瑞席克葛也遵守了承諾讓她復活。最後，依安娜終於返回地面，而她在經過轉化和重生後，也開始用新生命的能量孕育穀物和植物。我們可以從這個故事中發現，伊瑞席克葛作風的普魯托會毀滅生命，但也會創造新的生命。

我們可以從冥王星的宮位中學到什麼呢？首先，與其將痛苦和危機視為恥辱、病變，或是避之唯恐不及的壞事，不如將它們視為走向更新和重生過程中的過渡階段。其次，我們自知無法掌握或超越自己譴責、否認或壓抑的事物，所以時常會用逃避的態度去處理不愉快的事情。但祕訣卻在哀悼者的手中：我們必須注意，並接受伊瑞席克葛作風的普魯托，承認這就是人生的一部分，然後讓神奇的療癒自然地發生。

當我們被毀滅，失去了一切曾經珍惜的事物時；當那些曾經被視為自我身分和生命力根源的事物一一被瓦解時，我們仍然可以有些收穫。當所有的一切都被剝奪時，別忘了我們還有部分的自我是原封不動的，然後就會發現一件事：即使失去了過去執著的自我身分，內心深處仍有一些東西支持著自己。這就是我們在冥王星的宮位獲得的禮物：部分的自我是無法被毀滅的。冥王星會在一瞬間釋放痛苦，我們也會無條件地獲得重生，不必再依附外在或相對的物質世界提供特別的「靠山」。

很顯然地，無論冥王星在星盤的哪個地方設立祭壇，我們對於那個宮位的事物都不該只看表面。這裡的暗號就是複雜和陰謀。在冥王星的領域中，我們必須追尋隱藏的目的，以及潛藏的、無意識裡的動機。隔絕的自我當然不喜歡監督自己的毀滅，而普魯托就是深層核心「自我」的忠實黨羽，他會透過冥王星讓我們瓦解自我的疆界，釋放更多的真我。正如榮格所寫到的，「超越自我意識的事物就存在於此，我們必須對它屈服。」

冥王星與極端有關。我們可以在冥王星落入的宮位所代表的生命領域裡，預期最美好和最糟糕的事情將會發生。當全能的自我受到質疑時，我們很害怕會被毀滅，為求自保就會不擇手段地控制發生在冥王星宮位裡的一切。我們甚至會盲目地表現出強迫性或過度執迷的行為。然而，只要我們能在同一個領域中，承認有一股超越自我的神祕力量存在，並臣服在它之下，就可能發現自我最偉大的力量、最高尚的本質，以及此生靈魂的目的及奉獻的目標，並且將這些東西表現出來。我們不僅能在發生的領域中產生鉅變，還能將此作為一種觸媒或導火線，讓其他的領域也產生轉變。對於有些人而言，推動歷史洪流的力量，會在他們冥王星落入的生命領域裡將他們征服，同時發揮作用。

天蠍座落入的宮位，無論是宮頭或是宮位內，其意義都類似於冥王星落入這個宮位。冥王星落入的宮位會影響所有包含天蠍座的宮位。舉個例子，美國前總統尼克森的冥王星落入第十宮，天蠍座位於第三宮的宮頭。他在事業的領域中，用一種帶有祕密、陰謀和果斷的才智（天蠍座落入第三宮），不顧一切地滿足了自己對於權力和地位的過度渴望（冥王星在第十宮），最後他終究毀了自己，然後又獲得重生。

冥王星落入第一宮

當冥王星落入第一宮時，一個人的個人風格、命運和人生態度，都應該融入並承認冥王星的本質。首先，冥王星既是創造者，也是毀滅者，冥王星落入第一宮的人會表現出這種雙重特質，或者只是其中的一面。他們應承認自己的毀滅性慾望，否則就會無意識地煽動事件，讓其他人或是自己的身體成為「毀滅」自我的代理人。換言之，他們必須應付這些隱藏在黑暗領域裡的想法、感覺和動機，不能置之不理地逃避，一味地活在表面的層次。

冥王星落入第一宮的人可能會因為一些理由，而去利用這種毀滅性的慾望。舉個例子，他們一旦覺得自己的進步和發展已經受到部分生命結構（例如一份工作或一段關係）的限制和阻礙，就會去清除這些結構，允許新的可能性發生，讓自己有進一步的成長空間。他們如果不承認自己的挫折感，不做一些正面性的改變，可能就會驅迫別人中斷某份關係，或是讓老闆把他們開除，藉此離開一份不喜歡的工作。整體而言，我們如果將第一宮內行星的責任推卸給別人或事件，就是一種不誠實的作法，而且也毫無助益。

有些人可能會因為「外界」有些東西令自己受傷，或是感覺自己的安全和保障受到威脅，於是就開始利用這股破壞性的力量。他們的哲學可以用一句話來囊括——在它擺脫我之前，我必先掙脫它。如果有必要的話，這些人會無情地處理人生，為求自保而無所不摧，就像蠍子一樣，一旦陷入絕境往往會先將自己刺死，不給對方一絲擊敗自己的機會。他們必須先「擁有」和接受這種原始的直覺天性，才能獲得轉化和改變。有些人可能會過於走偏鋒，過度認同生命的黑暗面，以為自己是「邪惡的化身」。他們必須學著發現自己並不只是伊瑞席克葛的化身，同時也有較為光明和值得尊敬（依安娜）的那一面。

有一個例子，現代天文學之父哥白尼（Copernicus）有趣地利用了他天蠍座落一宮的破壞性力量，他在建立地球圍繞太陽運轉（而非太陽繞著地球轉）的理論時，完全抹滅了整個世代的基本論點。

正如我們可以預期的，冥王星一宮的人會階段性地徹底改變生活模式。他們可能在某些人生階段改變了身體和外貌，例如瘦了三十公斤，或是穿著打扮變得截然不同。這些人常會在冥王星被推進的行星引動時，徹底改變了外在或內在的核心，彷彿死過了一回，又脫胎換骨地重生似的。舉個例子，理查・艾伯特（Richard Alpert，冥王星落巨蟹座在第一宮）是一個因為研究迷幻藥而被逐出哈佛大學的教授，後來到了印度改名換姓，以藍姆・達斯（Baba Ram Dass）的身分重新展開人生。

本命盤上的冥王星如果很接近上升點，他們誕生的過程可能就會經歷重大的生死掙扎。我曾見過一些例子，他們的母親幾乎因為難產而喪命。無論冥王星落入第一宮的哪個位置，都意味著會在人生早期歷經困難和創傷，使他們認為生命就是一場痛苦的掙扎。這些人的問題就在於，因為早期的生命經驗總是無法獲得命運的青睞，所以很難去信任這個世界，他們會想，自己必須為了生存而如此無情地面對，難道其他人不是這樣嗎？他們會預期災難的發生，覺得必須保護捍衛自己，對抗破壞和厄運，所以有時候會覺得很寂寞，很難與他人融合或合作。有些人會非常渴望權力，這可能與他們人生的不幸有關，彷彿如果無法掌控全局，就會有災難發生似的。他們那種妄想的強迫性人格模式，可能是源自於為了躲避邪惡力量的入侵。

在希臘神話中，普魯托總是待在地府中。他少數幾次出現在地面上時，都是戴上一個頭盔讓自己隱形不見。同理而論，冥王星落一宮的人也會利用隱藏和掩飾來保護自己。他們覺得如果暴露了過多的內心活動，就可能會讓其他人凌駕在自己之上，因此總是顯得神祕又疏離。前世界西洋棋冠軍鮑比・費雪（Bobby Fischer）的冥王星在獅子座落入第一宮，主宰第五宮（比賽和嗜好）的天蠍座，他就有效地利用了這個位置的狡猾和謀略，贏得了世界冠軍的頭銜。

當冥王星第一宮的人浮上檯面冒險地敞開胸懷時，通常是非常認真又激烈的，有時壓抑的情緒會迸裂而出，做出一些極端的行為。冥王星很靠近上升點的人通常有銳利和穿透人心的目光，彷彿可以看到周遭事物的最深處，有些人則會散發極度性感的氣息。他們通常都具有驚人的耐力，可以為一個目標奉獻自我或是努力不懈，而且意志力都十分強韌，同時會擔憂到底該破壞性地或是建設性地利用意志力？這些人的一生就像是一個高潮迭起的故事，彷彿必須體驗所有可能發生的好與壞。

冥王星落入第二宮

就像天王星和海王星落入第二宮一樣，冥王星會要求一個人更深入地去探索這個生命領域的相關事物，絕對不能用一種平凡或簡單的方式處理一切。冥王星如果落入了第二宮，像是關於獲取金錢和財產、要求整體安全保障的議題，就絕不能單從表面的價值去評斷。

當冥王星落入第二宮時，則必須去發掘到底有什麼潛伏的動機，讓自己對於金錢和保障產生如此強烈又熱情的感受。有些人會覺得金錢具備了神的力量，可以決定一個人的生死，同時也可以透過控制其他人來獲得金錢和權力。有些人則會覺得世界就要將我摧毀了，所以把金錢和權力視為安全保障的指標。他們可能會透過物質世界的成就來增加自己的性魅力。有些人則會把累積財富視為一種擴張勢力的手段，藉此重獲已經失去的、不成熟的全能感。也有人因為曾經被打敗過，而覺得像個小孩一般地脆弱又渺小，所以想要獲取極大的財富和地位，藉此向全世界證明自己的價值。

冥王星會在落入的宮位中設下一個祭壇，因此這個位置的人總是非常地恐懼，擔心可能有某種潛伏在陰暗處的東西，會徹底摧毀自己的資源和財產，他們可能會累積金錢，藉此去對抗這種危險。冥王星會帶來極端的傾向，因此這些人可能會歷經赤貧和極富，他們如果太注重或是過於認同銀行戶頭、汽車或是高樓洋房這些外在的東西，冥王星可能就會摧毀這些自我定義的外在形式，剝奪這些外在的附加物和裝飾，讓他們發現內在的自我。冥王星在第二宮的人甚至可能無意識地掀起一場大災難，藉此找到一種深藏於內在、能永存不變的價值和安全感。

冥王星落二宮的人可以對社會做出極大的貢獻，也具備了一些足以影響或改變整個世界的技術和能力。他們可以發展的內在資源和價值，包括非凡又深入的洞察力、強烈的信念，以及在危機之中保持果斷的能力。冥王星可能會切斷或是消滅一些不重要的東西，所經手的一切都會更加精煉、更有效率。冥王星落二宮的人可以將一些看似微不足道的東西，轉化成價值不斐的寶物。

他們可以透過與冥王星有關的職業，獲得收入和自我價值，例如，研究工作、心理學、心理玄學和醫學領域、礦業和地下工作、偵探和臥底活動、骨董和翻修等。

冥王星落入第三宮

就像天王星和海王星落二宮一樣，冥王星落入第三宮的人有超越一般心智或理解能力的極限。這個位置的人常具有深度、穿透力和銳利的心智，可以如雷射般深入任何物質的核心。他們可能會對超感官的認知很感興趣，或是想要公開自由地談論一些禁忌話題（例如性和死亡），同時也非常適合從事任何形式的調查和深入研究。有些人可能會把知識視為一種力量和優勢，藉此超越其他人和周遭環境，有時也會產生一些讓社會改觀的想法。新教改革派者馬丁・路德（Martin Luther）就是冥王星在天秤座落入第三宮。基督教科學教派創始者瑪莉・貝克・艾迪也是冥王星落入第三宮。

這些人也可能具備了運用文字的力量。得到諾貝爾文學獎的愛爾蘭詩人葉慈（William Butler Yeats）詩中蘊含了深層的神祕色彩，他就是冥王星落入第三宮，主宰第九宮的天蠍座，而第九宮與哲學有關。另一位曾經寫下許多知名不朽詩句的詩人羅伯・布朗寧（Robert Browning），也有耐力驚人的冥王星落入第三宮。然而，三宮的冥王星也可能會有離經叛道的演出，最為人所知的就是講話一針見血，還有他們敏銳的感受性總是能一眼看穿別人的弱點。他們的想法可能會極具破壞性，有些人則可能會擔心有事情發生，所以不敢講出自己的想法，還有些人則會把想法藏在心中，避免這些念頭暴露之後，會讓自己受傷。

第三宮包含了早年環境和成長階段。我們在小時候很難分辨什麼是願望，什麼是實際行為造成的結果。例如，一個小男孩非常生氣妹妹比自己獲得更多的關注，他可能會不經意地希望妹妹死掉。結果隔天他的妹妹就從樹上摔下來，跌斷了腿，這個小男孩可能會把自己的負面願望和意外畫上等號，因而相信是自己的壞念頭造成了意外的發生。無論他覺得自己應該負起全部或部分的責任，他到哪都會帶著一種罪惡感，害怕自己做的壞事會被別人發現而受到懲罰。隨著年紀的增長，我們會知道自己並非無所不能，但冥王星落入三宮的人仍然會對自己想法的力量、自己做的壞事，或是自己導致的壞事，抱著恐懼和罪惡感。冥王星落入三宮的小孩或青少年可能因為這種罪惡感而飽受折磨，但是因為恐懼至極而不敢告訴其他人。在此提醒，有羞恥和罪惡感存在的地方，憤怒和暴怒也必定在不遠之處。無庸置疑地，家裡若有冥王星第三宮的小孩，父母應該試著創造一個環境，讓小孩覺得可以安心地將心中的想法講出來，不要讓這些想法和感覺在心中腐化，造成過久的痛苦。

冥王星落入三宮的人在早期可能會感受到環境的威脅，或是覺得少了一些支持的力量，而這種印象會讓他們逐漸地開始捍衛自我，與他人對抗。他們很難忘記錯誤的惡行，可能會記恨許久，與兄弟姐妹的關係通常非常複雜，其中充滿了性、競爭和陰謀的洶湧暗潮。這個位置也代表與鄰居的相處困難，或是童年時期的學習困難。有些人可能會把寄宿學校的經驗視為人生的鉅變，而且會覺得都是因為自己想像中的罪過，才會遭到驅逐和處罰。

他們可能會在短程旅行中遇到麻煩，可能計畫到朋友家度過一個安靜的鄉村週末，結果卻捲入有如東方快車謀殺案（作者是艾加斯・克利斯汀〔Agatha Christie〕）的陰謀之中。

冥王星落三宮的人具有強大的心智力量。他們如果對某個人抱著特定的看法，就可以將這個人「關入」一個框架內，讓這個人不由自主地按照他們的投射去行事。因此他們如果想要一個人的行為產生改變，不妨嘗試用不同的因果脈絡去看待這個人。這些人的生命基調就是：注意力會帶來能量。

冥王星落入第四宮（或是天底是天蠍座）

冥王星如果落入了第四宮，那些童年時期未解決的問題、情結和創傷，就經常會在意識的層面下沸騰煎熬著。這些人可能會試圖切斷所有深層的感受，努力嚴格地控制自己以對抗那些原始的情感。然而，總有一些危險的東西會在底下誘惑著他們，最後讓他們全軍覆沒。有些人終其一生都在壓抑這些底層的東西，結果一輩子都被這些東西掌控或左右。發現自我的過程就像剝洋蔥一樣，必須一層一層地剝開，才能夠見到核心。冥王星在第四宮的人必須像深海潛水夫一樣，潛入個人無意識的海底深處，帶回隱藏的情結，讓一切都浮上水面接受檢視，進而採取行動，同時希望能因此而獲得轉化。

這些情結可能源自於早期的家庭（原生家庭）經驗，許多情節之後會再度出現在個人的家庭生活中。因為家庭是最容易受傷的地方，所以他們會試圖操弄和控制周遭的人，確保沒有人再犯錯，沒有人會觸動自己心中的定時炸彈。很顯然地，這並無法造就一種放鬆的家庭氣氛。他們的家中可能有許多不成文的規定，限制了個人的言行舉止。無論冥王星落入本命盤中的哪一個位置，我們都會懼怕自我的毀滅。當冥王星落入第四宮時，調皮鬼會在床底下或衣櫥中誘惑著我們，或是在早餐桌上緊盯著我們，就像活在義大利南部的蘇維埃火山旁一樣。

冥王星在第四宮的人可能會透過家庭的變動，或是整個家庭的瓦解，經歷人生重大的改變。儘管這一切很不容易面對，但他們總能從殘磚破瓦中重新站起來，而且可能變得更有智慧，對自己更加了解。從正面的角度來分析，冥王星在第四宮代表良好又強壯的再生能力，同時能夠在任何形式的瓦解和崩潰之後，重新建立自我。這些人的內心深處有一種生存本能，以及一些不曾發現的資源，總會在危機之中派上用場。

我們如果用第四宮來代表父親，父親可能就會被認為是極有權勢、黑暗，同時具有威脅性的人。這個位置的小孩可能會敏銳地感受到父親的熱情、性慾、挫折和壓抑的憤怒。有時候，父親的死亡、消失或心理上的距離，會對他們造成強烈的影響。從比較正面的角度來分析，父親就代表了極度的勇氣、堅忍和創造的潛力。

第四宮也暗示著我們會如何結束一件事情。冥王星或是天蠍座在此，結束常常是無法挽回、也無法改變的。他們可能需要戲劇性地結束某些人生階段，或是與之前有聯繫的人和地方斷絕關係。辭讓王位的溫莎公爵放棄了理所當然的繼承權，就是冥王星和海王星合相，落入有雙子座的第四宮。

冥王星在四宮的人可能會很喜愛並敬畏大自然，與地球和其所暗藏的奧祕之間存有一種幾近原始的連結。他們想要去探索大自然的祕密，也可能對海洋學、深海潛水、考古學、心理學或玄學感興趣。

有些冥王星落四宮的人可能會將內心的掙扎和情緒的翻騰，用創作表達出來。舉個例子，根據莫札特父親提供的出生時間，莫札特就是冥王星落入第四宮。他曾經在人生最消沉、疾病纏身的時期，寫出了代表性的佳作。這個位置的人可以透過心理的探索、深層的內心反映、冥想、以及自我認識的萌芽和茁壯，蛻變成一個極具智慧的人，他們會化身為力量和靈感的發光體，為他人指引道路。希臘天神普魯托掌管了深埋的寶藏，而冥王星落四宮的人必須去挖掘它。

天蠍座落入天底或是在第四宮內，意義類似於冥王星落入第四宮。

冥王星落入第五宮

冥王星落五宮的要訣就是培養一種健康的自我價值和權力感。每個人都必須在一些生命領域裡感受到自己是重要又特別的，但冥王星落五宮的人可能會變成極度自戀。他們的過度驕傲和固執己見可能會導致一些問題，但要是自我感過於薄弱，或是無法感受到自己的重要性、價值和效用，也可能造成一些難題，無論是哪一種情形，這些人都會極力去證明自己的能力。身兼歌手、演員、作家和導演的芭芭拉・史翠珊（Barbra Streisand）就充分展現了動力和能量，還有惹惱不少人的直言不諱，她就是冥王星在獅子座落入第五宮。

我們小時候會認為，如果父母覺得自己很討喜又迷人，就比較容易受到保護，因此會把獨特與遠離災難和不幸畫上等號。冥王星落入第五宮的人對於愛、認同和權力的需求，可能與生存本能有關。芭芭拉史翠珊的父親在她很小的時候就去世了，她或許覺得就是因為自己不夠特別，所以才無法留住他，之後她又覺得自己被母親和繼父冷落了，這對於她原本已狂怒肆虐的第五宮而言，有如火上澆油。顯然地，在這類的例子中，這種動力會激勵許多人去達成更高的成就，但也有些人會因為缺乏認同和價值感，而陷入痛苦和失望之中，並且會對那些看似成功的人感到憤怒。無論如何，當這些人無法得到渴求的地位時，反而可以激勵他們進一步地去評估自己，並且認識自己。

對於冥王星落五宮的小孩而言，沙堆可能是一個新高點的地方，或是一個帶有創傷經驗的地方。他們會認為絕對不能蓋一個舊的城堡，這個城堡一定要能夠表達內心深處的感受，展現最真實的自我，所以他們最後常會堆出一個有護城河和密室的城堡。火星小孩要是看到朋友堆的城堡比他好，可能會直接地把沙扔在朋友臉上，但冥王星小孩的作法還會更過分一點，他們也許會故意不小心地踢翻對手的城堡，惹怒對方來打上一架，最後導致友誼破裂，然後可能要經過很多天或是好幾個禮拜，才會重返沙堆。（據說芭芭拉史翠珊覺得美國影藝學院沒有給予她的電影《楊朵》（*Yentl*）應有的肯定，所以徹底杯葛當年的奧斯卡金像獎。）

成年之後，這些人的創作表達仍可能是源自於創傷、障礙和困難，但這些創作可以讓早期未解決的問題和無意識的模式浮出檯面，讓他們比較有機會去解決這些問題。有些這個位置的人的創作蘊藏了無窮的力量，足以喚醒和轉化別人。這讓我不禁想到詩人赫曼・赫塞，他的冥王星落入第五宮，主宰第十一宮宮頭的天蠍座。據傳他也因為不時出現的抑鬱和酗酒傾向而飽受折磨。根據路易斯・魯登《占星資料庫II：美國星盤手冊》所記載的，德國哲學家尼采是冥王星在牡羊座落入第五宮，掌管第十二宮宮頭的天蠍座，他孤寂地度過了十年，在這期間寫下了重要的著作。他在完成這些作品的一年之後，因精神陷入混亂而孤單地離開了人間。

對於冥王星落入第五宮的人而言，無論性別，小孩的誕生都會讓人生產生鉅變。儘管這對一般有小孩子的人而言也是如此，但是對他們而言為人父母的意義更為深遠。對於許多這個位置的男人來說，初為人父可能宣示了一種令人痛苦的覺醒，提醒自己已經不再「青春不朽」。這個位置的女人則可能會難產，所以在懷孕期間最好多加注意。冥王星落入第五宮時墮胎和流產是很常見的情形。儘管懷孕的中斷會令人無能為力，但仍然需要釋放悲傷，哀悼失去的生命。對於冥王星在第五宮的人來說，如果能將這些經驗賦予一些意義或目的，就能更有效地去利用這些經驗帶來的痛苦。

這個位置的父母可以透過小孩的行為，面對自己黑暗又隱蔽的一面。第五宮的父母可能會過度地控制或是支配小孩，他們的出發點不只是因為愛和保護，而是非常害怕如果讓小孩自作主張，可能會導致一些不幸或是對自己造成威脅的事情。在這樣的相處模式下，小孩一定得與父母絕裂，才能自由地建立自我的身分認同。從長遠的角度來看，這個位置的父母最好檢視一下自己的恐懼和情結，同時觀察這些東西引起的後遺症，而非藉由控制小孩來逃避自我。做了以上的解釋之後，我必須要說，也有許多冥王星落五宮的例子顯示，他們很懂得利用力量和尊嚴去處理親子關係。

當冥王星落入第五宮時，愛情的追求可能會捲入權力和慾望之中，或是帶有某種程度的性強迫傾向。這個位置的人也許會對自己的強烈性慾感到害怕，或者會試圖完全禁慾，或是找一些方法來轉化這種本能的慾望，用自己較能接受的方式呈現出來。有些人可以從性的征服中獲得權力感，或是招引一些混雜著權力、衝突、戲劇和陰謀的愛情。最極端的情形是，他們可能太過利用他人來證明自己，這也算是一種心理性的強暴。冥王星或天蠍座如果落入第五宮，這個人就必須明白真正的親密，必須知道如何分享和尊重另一個人的完整性，這些都是他們必須學會的課題。

冥王星落入第六宮

第六宮是身體和心智的交會點，也是我們內在和外在形式的連接處。冥王星落入第六宮的人可以更深入地探討這些關聯性。

當地府之神普魯托在負責健康的第六宮中設立祭壇時，對於身體疾病的徵兆，我們當然不能只看表面。在神話中，普魯托很少在地面現身，其中有一次是為了治療傷口而出現。當我們生病時，必須將毒素先引出來，才能讓身體恢復健康。當冥王星落入第六宮時，我們不只要治療表面的症狀，還要治療這些問題的根源，否則這些問題還會再度出現。

簡單地說，冥王星在第六宮的人應該去深究疾病發生的原因，這可能不僅代表身體有毛病，或許生活也出了一些問題。眾所皆知，心理問題往往會讓病情加重。我們的體內隨時都有毒素存在，但是否會導致疾病，則要視個人的抵抗力而定。負面的想法和感覺會在有意識或無意識之中，削弱身體的自然屏障，對身體造成傷害，讓我們變得較為敏感，無力對抗平常就能應付的東西。冥王星第六宮的人在生病時可能會抱怨身體背叛了自己，但事實上身體只是揭露他們的心智和情感狀態的偏失。令人欣慰的好消息則是，就如《恢復健康》（*Getting Well Again*）一書的作者所說的，一個人如果能讓自己的身心失調，就會有能力重新恢復身心的健康。[1] 冥王星落入第六宮的人不僅能透過檢視自己的信仰，去感受和改變身體的狀態，甚至還可以改變整個人生的方向。他們必須直接且正確地知道如何將心身和情感結合成一體，並正常地運作。

一體地運作代表生活中的每一件小事，都與其他的事情有重要的關連。對於冥王星落入第六宮的人而言，生活例行事務中的簡單細節都可能意義重大。冥王星如果相位不佳，這些人可能光是為了早上該穿什麼衣服，或是家裡必須維持乾淨之類的事，就會感到焦慮不已。他們可能會將這些事設計成一種強迫性的儀式，彷彿藉由這麼做，就可以將毀滅和惡魔趕走。

從正面的角度來分析，他們會用一種奉獻和堅定的態度，全心全意地投入一份工作，但也可能會過度執著於認真、負責、務實和具有生產力的自我要求，彷彿這些特質攸關著自己的生死存亡。這些人帶著一種熱情、信念和激情，彷彿要與事情對抗似的。很顯然地，這種熱忱會讓別人很難與他們共事。當他們的風格和方法無法獲得他人的認同時，便可能會過度煩躁和挑剔，與同事的關係也可能因為一些不舒服的情緒、一些帶有性意味的諷刺、背叛、變節或陰謀，而產生嫌隙。當他們對上司感到憤怒，或是覺得受到上位者的威脅時，也可能會無意識地想要取代上司。冥王星第六宮的人如果擔任上司的職位，最明顯的問題可能就是如何將權力分配給下屬。

冥王星落六宮的人常會想要改善眼前工作的方法和架構，也許會強迫性地挑錯，然後就會以促進效率為名而展開全面性的改革。他們必須耗盡心力，全心地投入一份工作，否則就會對工作失去興趣，然後就會「設計」出一些情境，迫使自己離開這份工作，另尋高就。有些人可能會在脫離自己憎恨的工作之後生病，也可能因為一些無法控制的情形而失業，例如經濟衰退和裁員。失業可能會嚴重影響心理健康，如果他們能檢視一下因為這些偶發事件浮出的情緒和感受，就能更加地了解自己，而進一步地成長。

他們往往會在帶有「冥王星」本質的領域中工作，例如臥底和偵探工作、挖礦、心理學、醫學或精神病學的領域，或是有關核能量的工作。我們如果逐一地檢視冥王星的本質，就會發現他們還可能在垃圾場、墳墓或是殯儀館工作。我曾見過一些冥王星落入第六宮的人從事各種形式的「新瑞奇」（neo-Reichian）身體工作。

在某些例子中，一場意外或是疾病可能會造成無法挽救的傷害。法國藝術家亨利・圖里斯—洛特雷克（Henri Toulouse-Lautrec）因為一場騎馬意外導致身體殘疾，他就是冥王星金牛座落入第六宮。然而，即使我們有先天的身體限制，仍然應該用一種負責的態度去看待殘疾：我們可以活在悔恨痛苦之中，也可以找到其他方法讓自己快樂，甚至是因為自身的殘障，而找到了人生的意義。

冥王星落入第七宮

統治地府的希臘天神普魯托只離開過地府兩次，前往地面上的世界：一次是要治療海格力斯（Hercules）對他造成的傷害，另外一次則是要把波西鳳綁架到地府。同理而論，我們也可以從疾病和親密關係的領域中，清楚地看到冥王星的運作模式。

冥王星落七宮的人會在關係中經歷普魯托的遭遇，不能將婚姻和親密的聯盟視為「從此過著幸福快樂的日子」。這個位置的人最好把關係視為一種觸媒或導火線，以促進個人的轉化、成長和改變。

麗茲・格林曾說，冥王星落入第七宮的人是「透過另一個人進入地底」。換言之，一段關係會讓他們深陷複雜的情結之中，而這些情結可能打自早期的童年起，就已經潛伏在靈魂中了（甚至是業力和轉世中，如果你相信這類說法的話）。因關係而產生的問題會讓一些自我隱藏、壓抑或是控制的情緒爆發出來，攪得生活一團糟。我們只能期望他們在情緒爆發之後，對自己的複雜情結有更進一步的認識和覺知，然後將自己重新拼湊起來。

這些人如果完全沒有碰觸自己天性中黑暗或無法辨識的一面，就可能將這些特質投射到伴侶身上。他們如果不承認自己的無情、背叛、出賣、羨慕、忌妒和佔有慾，便有可能吸引這類型的人圍繞在自己身旁。我再一次提醒，生命的本質是朝整體邁進的：我們如果無法完整地活著，外在的一切就會讓我們變得完整。

無論冥王星落入哪個宮位，都會遇到死亡和毀滅的天神。這個位置的人可能在關係的領域中感受到自己的毀滅傾向，所以也會擔心其他人有同樣的行為和想法。他們也可能完全斷絕自己的毀滅傾向，然後將其歸因於對方，但是這種糾纏不休的念頭，遲早會讓對方提出分手。他們在一段關係或結盟的過程中很難去信任對方，也很沒安全感，常常會為了避免災難的發生，試圖去支配、擁有或是控制對方。很遺憾地，這種做法通常只會把對方趕走，而這也正是他們最害怕的結果。無論冥王星落入任何一個宮位，帶來疾病的天神也都會提供療癒。為了清理無意識情結中的雜亂和不堪，冥王星會遞給我們一把鏟子，然後說：「開始挖吧。」在這個過程裡我們可以為所有發生的事，找到極佳的解釋或理由。

我曾見過許多冥王星落七宮的人很想結束一段關係，卻因為各種不同的理由而不敢提出分手，到頭來還是讓對方先提出了分手。

有些人可能會透過伴侶的死亡，與冥王星正面相逢。他們的伴侶關係如果非常親密融洽，那麼在歷經伴侶死亡的不幸之後，便可能需要逐步且緩慢地經過許多階段，才能將生活重新整合起來。然而，無論冥王星身在何處，我們都可以像浴火重生的鳳凰一樣重生，而冥王星也會教導這些人在下一段的關係中，更加地謹慎小心，不再完全仰賴外物來獲得自我的身分認同。即使一段關係充滿著吵鬧和痛苦，伴侶的死亡仍會帶來極大的震撼，尤其是當他們覺得必須為發生的一切負起部分的責任，或是眼見一些迫切的人際問題即將解決，而伴侶卻突然撒手人寰。最重要的是，活下來的那一方必須解決這些情結，否則往後的關係就會受到影響。我們在冥王星落入的宮位，很容易會被籠罩在陰影之下。

冥王星是一顆代表極端傾向的行星，落在這個強調平衡、分享、學習合作的宮位中，顯得有些格格不入。到底誰才擁有關係的主權？這個問題常變成關係的焦點所在。有些人會把主權交給對方，彷彿想要被一段關係吞沒似的，有些人則非得要大權在握，才能有安全感。無論如何，他們最後一定得學會公平地分享權力，體認親密關係的真義。否則遲早有一方會想要解脫，覺得必須超越這種關係的限制，才能獲得更多的成長空間。

我見過許多冥王星落入第七宮的例子，他們很難抹滅一段關係，或是很難對一段關係放手。有些人會對關係產生忠誠感，堅定地維持下去。有些人則會覺得自我的身分與這段關係是緊密結合的，彷彿失去了這段關係就活不下去了。在神話中，比起其他的天神，普魯托對波西鳳而言還算是比較忠實的丈夫，他只出軌兩次。第一次，他瘋狂地愛上了小仙女蜜斯（Minthe），熱烈地追求她，卻不小心將她踩碎了（冥王星在七宮的人可能因為自己強烈的感情，而破壞一段關係）。第二次是他將海洋之神的一個女兒綁架至地府，她最後自然地死去。

冥王星必須完全瓦解和消滅一段現存的關係，才能夠讓雙方繼續保持自我的獨特性。從另一個角度來看，這也代表一段關係會經過許多的小死和重生，而每經過一次考驗，關係都會更加穩固，然後一直持續下去。

冥王星落七宮的人能幫助別人度過危機和轉化的痛苦時期，有些人則可能對整個社會產生深遠的影響。這裡有兩個例子可以展現冥王星落七宮的社會表現。義大利法西斯獨裁者墨索里尼就是冥王星落入第七宮，主宰代表集體運動的十一宮。不屈不撓的女性解放領袖貝蒂・傅瑞丹（Betty Friedan）的冥王星也是落入七宮，主宰著佔據第十一宮和第十二宮宮頭的天蠍座。冥王星在七宮的位置也常見於律師、治療師、諮商師和心理學家的本命盤中。

冥王星落入第八宮

英國詩人湯瑪斯・哈代（Thomas Hardy）在一首名為〈黯澹〉（The Tenebris）的詩中寫到，「如果真有一條路能通往『更好』，這條路也必定會讓我們見到『最糟』。」他在寫下這些句子時，可能就是聯想到冥王星落八宮的情形。

根據佛洛伊德的說法，每個人與生俱來都有一些慾望從內驅策著自己，但基於內在或外在的壓力，往往會害怕將這些衝動表現出來，而且還會建立一種防衛機制去限制它們。有兩種慾望特別會造成麻煩，那就是性慾和侵略性。我們如果否認了這兩種慾望，它們就會透過一些強迫性和無法控制的行為，激烈地迸發出來。但如果任由它們恣意而為，也可能導致它們凌駕於一切之上，操控著我們。冥王星落八宮的人的挑戰就是探索這些慾望，並學著接受它們，但又可以透過具有目的或建設性的方式，將它們展現在人際關係的領域中。

性慾和侵略性通常與火星有關。這些是我們內在的本能衝動，同時也是生物性的遺傳。在繁殖過程中性慾的重要性是顯而易見的，而侵略性或權力也是生命成長和控制的必要條件。就許多方面而言，性衝動與生理的憤怒有關。根據金賽性學報告，有十四種生理的改變經常與性衝動和憤怒有關。[2]我們根據自身的經驗知道，愛往往會演變成憤怒，爭吵最後時常是以性高潮收場。然而，當我們要討論如何壓抑或是控制這些慾望時，就應該離開火星的地盤，進入冥王星的領域。

有些冥王星落八宮的人能成功地控制這些慾望，同時將這些生物性的能量轉化成令人欽佩的成就。邱吉爾、達文西（Leonardo da Vinci）、伽利略和俾斯麥（Bismarck）都是具有非凡權力和慾望的人物，而且他們都是冥王星落入第八宮。這個位置也代表在危機中擁有驚人的力量和內在資源，同時也具有堅韌的耐力，去引導人們度過難關。他們除了將個人的力量轉而表現在生理、心智、社會、情感或精神層面，也有能力徹底改變周遭人的人生。

但是當我們查閱《占星資料庫II：美國星盤手冊》時，就可以發現另外三個冥王星落入第八宮的實例。其中一個是殺人小丑約翰・蓋希（John Gacy），他是冥王星在八宮主宰十二宮和一宮的天蠍座。根據作者羅登（Roden）的說法，他曾經被社區居民認為是一個正直又出色的人，直到他被指控「如撒旦般地性侵和謀殺了三十二名少年和男童」（全都埋在他的地下室，剛好符合冥王星第八宮的涵義）。另外一個例子則是艾伯特・戴爾（Albert Dyer），他平常是個友善的人，幫忙指揮學校附近十字路口的交通，有一天他綁架了三名小女孩，強暴了她們之後，還將她們勒死，他也是冥王星落八宮的雙子座，主宰上升點的天蠍座。槍殺參議員喬治・華勒斯（George Wallace）的亞瑟・布利莫（Arthur Bremer）也是冥王星落入第八宮。羅登寫到，「他在日記中強調了自己對性的著魔和挫折感」。

一個人的性慾和侵略性如果在發展和表現的過程中受到阻礙，而任其在心底發酵和腐爛，最後可能就會變得醜陋又致命。我們除非能正視這些慾望，將它們正面地抒發出來，否則會累積成一股力量，突然地爆發出來，毀滅掉所有的自我控制。在一個人意識到它將爆發之前，地獄的大門已經敞開了。

當然不是所有冥王星落八宮的人都會成為邱吉爾或是猥褻兒童的人，但有一件事是肯定的：他們都有一股巨大的能量存留在內心深處，悄悄地等候著。有些人會將這種能量稱為「盤繞的蛇能」（coiled-up serpent power）。

八宮也代表了人與人之間的交流。當冥王星落入八宮時，他們握有強大的交換籌碼，夥伴關係可能充滿著權力上的掙扎、生理或情緒的暴力，或是突破禁忌的能力。有些人傾向於擁有一段悲劇式、充滿折磨或變化的關係，就像是羅密歐與茱麗葉的戀情，或是崔斯坦與伊索德（Tristan and

Isolde）的故事。性行為的表徵背後，往往有一股自我超越或權力的渴望。他們有時會害怕自己強烈的情感和慾望會導致過度的混亂，於是就完全封閉住這些慾望。冥王星落入八宮有時也代表與他人的金錢衝突、背叛及陰謀。繼承、稅務、商業交易和離婚協議都可能演變成複雜又冗長的問題，尤其是冥王星相位不佳的話。他們的整體價值觀可能會與伴侶截然不同，或是伴侶的價值觀會讓他們產生顯著的改變。這些人往往想要挑戰或是毀滅對方看重的東西。

他們除了必須處理性慾和侵略性，也可能必須去應付死亡的議題。佛洛伊德認為我們都有一種死亡的期望（就像是希臘神話中的死亡之神桑納托斯[Thanatos]），渴望回到誕生之前的那種全然放鬆的狀態中。冥王星落八宮的人會強烈地渴望突破象限、摧毀自我，藉此來融入一種非我的狀態。有些人可能會與死亡共舞，讓自己置身於危險或極度冒險的處境裡，或是無意識地流露出自我毀滅的傾向。有些人則會對死後的世界、輪迴轉世以及相關的玄學概念極感興趣，進而深入地研究下去。

我曾見過一些這個位置的人與死神擦身而過，險而重生，之後重新檢視起人生的優先考量。有些人則經歷了過多的親密友人的死亡，但我也見過許多這個位置的人對自己的死亡深感恐懼和焦慮。他們必須記得，死亡是人生無法逃脫的一部分，否定死亡就等於否定了人生。我們如果能坦然接受自己總有一天得面對死亡，才能更真實而全心地投入人生，盡可能地珍惜每一刻的當下。聖奧古斯丁曾經寫過一句話，「惟有面對死亡，一個人的自我才能獲得重生」[3]。死亡會讓我們猛然驚醒，面對人生。

冥王星落八宮的人如果不懼怕死亡，就可以同步地、貼近地感受生命深層能量的運作，而且比其他人更早一步覺察到四周氛圍的變動。他們這種感官的本能，就像一些動物能意識到地震即將發生一樣。這些人會渴望了解、甚至去操縱大自然的奧祕。有些人則會將此稱為「超自然的力量」。他們也可能會意識到自己的感應力，而像施展「魔法」般地操弄這些隱微的力量，去影響周遭的人和環境。這些人對於禁忌知識領域毫無招架之力，也很勇於探索各種存在的層面，而且是其他人無法意識到或不敢觸碰的領域。

冥王星落入第九宮

根據我的觀察，冥王星落九宮的人大致上會有兩種極為不同的表現模式。有些人會深入研究與第九宮相關的事物，或者與相關的深層議題及複雜性不停地搏鬥，最後透過這些體驗獲得改變和重生。另外一種類型的人可能會試圖保存住自我意識，非常擔心冥王星帶來的摧毀力量。他們會緊閉門戶，試圖把冥王星留在九宮的大門外，卻忘了冥王星具有神奇的本領，總是可以破門而入。

冥王星的動力法則也會在九宮內。就某一個層面而言，這個位置的人所面臨的挑戰就是，如何運用冥王星的法則去探索生命的終極關懷。這個位置的人會用嚴肅和敬畏的態度，面對宗教和哲學議題，彷彿掌握了上帝或生命的本質就決定了自己的生命。他們對精神層面慾望可能有些過度狂熱，時常貪婪地尋找答案，試圖找到掌控生命的基本法則和形式，而且會認為這些都是無法反駁的。他們在追尋真相的過程中可能會上達天堂，也可能往下直入靈魂深處的暗流中。但他們真正想要追尋的不過是安身立命的土地。這些人會認為，除非能找到一個立足點，要不然該如何面對人生呢？即使腳下這塊地既不可靠又充滿危險，但是有總比沒有好。

即使最後的結果證明生命並沒有所謂的前提，而生存這件事也沒有預設好的設計或結構，冥王星落九宮的人仍然需要找到人生的意義，或是創造的意義。別忘了，冥王星也是一個破壞者，他們的哲學遲早必須經過洗滌或是被粉碎，然後才能宛如新生地重現。依此看來，冥王星落九宮的人很可能會辜負或背叛自己所珍惜的宗教或信仰。信仰系統崩解的力量是銳不可當的，往往會讓他們陷入絕望和沮喪之中，直到能透過另一種信仰獲得重生。

他們害怕如果別人的哲學與自己相互矛盾，那麼自己所相信的一切就會受到質疑，所以他們時常會顯得武斷又自以為是。對於這些人而言，與其讓自己崇拜和景仰的一切陷入危機，不如去控制其他人的信仰，或是讓別人改變立場與自己站在同一陣線。西班牙的獨裁者法蘭西斯柯·佛朗哥就是冥王星落九宮，主宰三宮宮頭的天蠍座。

我們對神的想像經常會被第九宮內的行星所薰染。對於冥王星落入第九宮的人而言，上帝也許不是非常地公正，也不是光明和美麗的代表。上帝或許是無所不能的，但也有黑暗的本性。他們會認為上帝有時可能不太喜歡自己，甚至會將自己引到災難的邊緣，讓自己懸吊在那裡，甚至是一手毀了自己，不管自己是多麼地「優秀」。這也難怪我見過很多冥王星落九宮的人都很難相信未來是美好的。也許這聽起來有點悲慘，但他們的確可以從這種進退兩難的困境中受益。首先，他們被迫在痛苦中找到一個立足點，並且透過這種經歷去發現生命的意義，即使一切的遭遇都是命定，自己根本就無能為力。其次，他們會比其他人更完整地投入每一次的經驗、每一刻的當下，然後從中衍生出更多的意義。一般人對於上帝的概念，比較不會經歷這麼多的折磨和考驗。

我之前曾經提過，有些人根本不喜歡讓冥王進入第九宮，但是祂總有辦法潛入。根據這些線索，我就曾看過一些有這個位置的人非常害怕去尋找真相，或是在追尋的過程中受到阻撓，最後變成了虛無主義者。有些人則會積極地運用冥王去探索真相，當然也有人會完全相反，表現得漫無目的又無動於衷，也看不到任何事物蘊含的價值。這些冥王星落九宮的人會認為，反正終將一死，又何必去自尋煩惱呢？但這正是他們的煩惱所在。死亡可能是人生最重要的一件事，我們如果無法好好地活著，也就無法安然地死去。羅馬共和國政治學家西塞羅（Marcus Tullius Cicero）曾經說過：「哲學性的思考就是為了死亡作準備。」[4]這些人不像冥王星落八宮的人一樣，因為性慾和侵略性的壓抑和失常，而飽受痛苦和折磨，但也會因為壓抑了自己而去追求人生的意義，或是在過程中受到挫折而備感痛苦。這是一種天生的慾望，其重要性絕不亞於性慾和侵略性。

第八宮代表的是從內驅策自我的慾望，第九宮則代表憑空吸引我們的奮鬥和目標。冥王星落入第九宮的人會感受到一股強烈的牽引，讓他們想要追隨冥王星的腳步，但又對過程感到焦慮不安。他們在追求高等教育或長途旅行的過程中，也會出現同樣的動力模式。

這些人可能會在接受高等教育的過程裡，獲得一些引發重大改變的經驗。他們會在學術的殿堂中遇到冥王星，也許冥王星會偽裝成一位重要的教授，讓他們獲得深刻的啟發，或是他們會在特定的課程或教育體制所代表的衝突及挑戰中，體驗到冥王星的本質。我在有些例子裡發現，這些人可能會在受教育的階段，突然完全改變了主修的研究領域。有些冥王星在九宮的人可能會發現歷史需要重寫，有些法則需要修訂，或是必須消滅一些思想系統中的老舊和錯誤之處。教導自然歷史的英國動物學家湯馬仕・赫胥黎（Thomas Huxley），對當代科學思想有深遠的影響，他就是冥王星在牡羊座落入第九宮。

第九宮的冥王星也會在長途旅行中發揮作用。他們可能會因為旅行而脫胎換骨，也可能因接觸或吸收外國的知識和傳統而轉化了自我。其中一個知名的例子就是藝術家高更（Paul Gauguin），他的冥王星在牡羊座落入第九宮，主宰第四宮的天蠍座。他拋妻棄子（天蠍座在第四宮）移居到大溪地，在那裡創作出自己最優秀的作品，也因此感染了梅毒，晚年則因為梅毒病逝於馬克薩斯群島。有些冥王星落入九宮的人可能會將部分不被接受的自我靈魂，投射在其他種族、宗教或文化之上。他們可能會迫害或是譴責自我之外的事物，指控這些事物為世界帶來了黑暗和邪惡。

這些人也可能會在與姻親的關係中，感受到冥王星的力量。例如，冥王星如果與月亮形成困難相位，可能會覺得岳母、婆婆、小姑或小姨子具有威脅性或善於操控。姻親的死亡也往往會對人生造成深遠的影響。

冥王星落入第十宮（或是天頂是天蠍座）

我們如果認為第十宮代表母親，那麼冥王星落十宮的人就會把母親視為黑暗和威脅的力量，而且有能力摧毀他們。這些人可能認為母親是女巫，或是一個原始、無情又善於操弄的人。他們也可能會感受到母親散發著一股翻騰的憤怒，或是壓抑的性慾和挫折感。這些人時常會覺得母親就在身旁監視著他們，儘管母親實際上並不在身旁。簡單地說，冥王星落入十宮的人會覺得母親是一個危險人物，無法令人信任，但實際上她可能完全不是這種類型的人。在許多例子中，冥王星落十宮的小孩會覺得母親主導了一切，而母親的早逝或是失去母親，也會造成他們日後的人生問題。

根據第十宮的整體討論，我們與母親（我們的第一個落腳處）的早期經驗可能會影響自己與更大的落腳處—社會—的關係。這個位置的人如果將冥王母親的負面形象投射到整個世界，就會擔心世界非常危險，意圖將自己毀滅。有些這個位置的人的應變之道就是完全從社會退縮，盡量不要與這個世界產生關係。有些人則會為了彌補自己的恐懼，極度地渴望權力，同時想要去控制別人。他們想要重新找回在嬰兒時期失去的全能感，所以會努力地擴張自己的勢力範圍，盡可能地囊括世界的每一個角落。只有當大權在握或位高權重時，才會有安全感。這些人可能會為了追求權力不擇手段，也會替自己的行為合理化，尼克森總統就是冥王星落入第十宮的例子。此外，他們不信任凌駕於自己之上的任何權威，可能會在為時不算太晚之前，想盡辦法篡位或是毀滅這些掌權者。基於以上的這些理由，冥王星落十宮的人必須重新評估或深入地了解自己在追求野心、權力及世俗成就背後所隱藏的心理動機。

當然，以上部分只是對冥王星負面特質的一種單向詮釋，他們的母親也可能帶有冥王星的正面特質。這些人可能會認為母親是生命最偉大的給予者，也可以在日常生活經歷的偶發意外中，獲得母親源源不絕的、特別的支持和安慰。我見過有些這個位置的人，目睹母親成功地度過了個人危機或創傷，此外，母親應付難關的能力，或是母親從別處重生再起的能力，也會令他們印象深刻。這些人的母親會成為一種正面且積極的原型，幫助他們日後對抗人生的挑戰。依此看來，冥王星落十宮的人也會為其他人塑造出一種力量、意志和耐力的典範。

冥王星在星盤中的位置，也意味著我們會在這個領域裡遭遇階段性的瓦解、破壞，或是現存條件的改變，藉此才能夠創造出新的事物。我們可能會被迫一無所有，然後獲得重生。不僅是尼克森總統的冥王星落入第十宮，他的幕僚長哈德曼（H. R. Haldeman）也是冥王星落入第十宮，主宰第三宮的天蠍座。他因為陰謀罪名入獄一年半，期間寫下了《權力的終結》（*The Ends of Power*）一書。在有些例子中，冥王星落十宮代表必須失去或放下事業的成就，然後展開另外一種完全不同的新志業。

冥王星落十宮的人最後都需要一份可以深入參與、意義深遠又令人興奮的事業。他們可能會從事冥王型的工作，將冥王的熱切和複雜性帶入事業的領域中，或是必須負責改革老舊或陳腐的社會機構。其他與冥王星有關的領域還包括：醫學、心理學、神祕學、超自然的工作（世界聞名的彎湯匙表演者尤里・蓋勒 [Uri Geller] 就是冥王星落入第十宮）、調查性科學、新聞、政治、礦業、原子研究等。我曾見過兩個冥王星落十宮的人無法洩漏其工作的本質（其中一個人的天蠍座位於第三宮宮頭，他說得一口流利的俄語）。有些人則可能從事反映社會黑暗面的工作，例如娼妓、犯罪或是地下工作。

我有時會遇到一些冥王星落十宮的人跟我說自己完全沒有野心，但只要跟他們小聊片刻，就可以清楚地發現，那就是他們仍舊認為與偉大又強勢的世界（母親）相比較，自己是非常「渺小」的。通常在某些層面上，他們會對自己的無足輕重或是從事一份不具挑戰性的工作而感到挫折。令我印象深刻的是，冥王星落十宮的人似乎必須先學會更有智慧地運用權力，為整體福祉而非個人福利著想，才能找到真正的志業。

天蠍座落入天頂或第十宮，意義類似於冥王星落入第十宮。

冥王星落入第十一宮

美國哲學暨歷史學家威爾・杜蘭特（Will Durant）寫過一句話：「生命的意義在於給予我們生育的機會，讓我們超越小我。」對許多人來說，家庭就已經可以達到這個目的了，但是對於冥王星落十一宮的人而言，這可能代表某個團體引導他們發揮個人高尚的潛能，賦予他們一個「死亡也無法摧毀的目標」[5]。從某個層面來分析，這些理想都囊括了冥王星落十一宮的終極目的：讓自己沉浸於一個永垂不朽的超越自我的事物中。

團體會改變冥王星落入第十一宮的人，同時會粉碎他們的自我疆界。因此，這個位置的人有一個很大的問題，就是在團體中時常會覺得不自在。他們可能會將冥王星的破壞能量投射在團體上，而擔心團體會將自己毀滅。團體的情境也可能會使複雜的情結浮上檯面，因此這些人可以透過團體獲得重要的心理轉化。即使對他們而言，團體是一種恐怖的經驗，但仍然可以從團體的治療中獲得幫助。在治療的過程中，他們可以公開討論團體啟動的情緒。有時這些人會扮演代罪羔羊或是「團體陰影層」的代表，將團體中其他人壓抑或否認的東西展現出來。

一些意圖對社會現存制度或機構採取激烈改革手段的團體，往往會吸引冥王星落入第十一宮的人。他們有些人會對心靈成長團體感興趣，例如美國六〇年代的政治家傑瑞・魯賓（Jerry Rubin）就是冥王星巨蟹座落入第十一宮。他在之後轉而加入較為哲學和心理導向的團體，這十分符合冥王星落十一宮的表現，因為十一宮也代表志業和目的。知名人本主義心理學家珍・休士頓領導的團體，教導人們如何深入認識或「延伸」自我，她也是冥王星落入第十一宮。我曾發現一些音樂家和指揮家的冥王星有這個位置，樂團或交響樂團往往就變成了他們工作和表現的重要團體。在有些例子中，這個位置的人會為了顛覆或滲入而加入一個團體，成為通敵的內奸。有冥王星在的地方，動機經常不是因循慣例，絕對不像表面上看起來那麼簡單。

熱烈追求一個適當的理想，理應是很正面的一件事，但冥王星如果有困難相位時，這些人就可能變成某些心理學家所謂的「聖戰主義者」（crusaderism），或是尋找問題的示威者，總是強迫性地、不停地追求一個又一個的目標。他們必須檢視這種強硬派激進主義的動機，也許他們只是透過這種方式，掩飾自己因為生命欠缺目標所感受到的深層恐懼。

第十一宮的冥王星也會在友誼上發揮作用。從正面的角度來分析，這可能代表非常深刻的友誼，可以維持多年且經得起許多危機和改變的考驗。但冥王星在此也代表友誼的複雜性，背叛可能是個問題，他們也許會被一個信任的人欺騙或背叛，然後才發現自己也可以如此地無情，並且還以顏色。知名黑幫分子約翰・狄林傑（John Dillinger）被「紅衣女郎」背叛，他就是冥王星落入第十一宮，主宰第五宮的天蠍座，而五宮掌管的就是愛情。他隸屬於一個名為Plutonic的團體，意思就是「地下世界」。

冥王星落入第十一宮時，朋友之間可能會產生性的對立或是檯面下的性慾暗流。這些人的友誼可能會從性關係開始，或是性關係轉化成友誼。當他們失去一個朋友，或是朋友死亡，都可能喚醒許多心理和哲學的問題。這個位置的人常會與朋友發生權力衝突。他們認為除非自己能主控這段友誼，否則就有可能被朋友傷害。冥王星落十一宮的人應該檢視自己結交朋友的理由，背後是否別有用心？是否基於一些祕密的理由，而想要與一個特別的人為友？反過來看，他們也應該懷疑朋友可能會背信忘義。

第十一宮代表人生的目的和志向，也代表期望在未來能夠成真的理想。當冥王星落入第十一宮時，這些人可能必須階段性地檢視自己追求目標的整體態度，同時要隨時修正。有些人可能會展現堅定的專注和忠誠，有些人則可能會變得過度著迷，然後為自己的無情和欺騙合理化，只為了確保能達成目標。在人生的某些時刻，他們的目標和方向可能會產生重大的變化，或是明顯地改變了自己在一個更大機制內所扮演的角色。

冥王星如果有很多的困難相位，會疑惑自己是否能融入團體中。有些人會覺得與世隔絕，非常地寂寞，彷彿歷史的洪流正朝著與自己不同的方向前進。麗茲・格林將這個位置的人稱為「末日先知」，他們可以看到未來，預知災難的發生。這些人不會注意那些正在進行中的事，反而會先看到即將出錯的問題，或是能在看似最好或最光明的計畫之下，發現一些潛在的破壞因子。然而，就像希臘神話中的預言女神卡珊德拉（Cassandra）一樣，他們也可能會發現一些東西，但別人根本不想知道他們預見的一切。

冥王星落入第十二宮

冥王星落十二宮的人非常需要將精神層面中軟弱、隱藏或是未開發的特質，更加清楚且集中地呈現出來。冥王星落八宮的人非常害怕被自己的天性、強烈的深層慾望或情結所征服，所以會嚴格地控制這些東西。但是這麼做不僅壓抑了「神經質」的慾望，同時也抑制了健康和正面的趨力。心理學家亞布拉罕・馬斯洛曾經說過，許多人不只逃避了自認為是負面的自我，同時也封閉了自己擁有的「神性」和令人稱羨的一面。他把這種行徑稱為「約拿情結」（Jonah Complex），也就是懼怕自己的偉大。[6]根據我的經驗，有些冥王星落十二宮的人，不僅會對抗所謂的「低下」或肉體的慾望，同時會抗拒一些正面的慾望，例如想要更全面地發展自己「更高」的可能性，或是想更加了解自己天生的潛能。我在此引用一句馬斯洛的話，「他們害怕成為自己最完美的模樣」，這到底是為什麼呢？

總括而論，答案就是**死亡的焦慮**。所有的改變都會讓他們感到焦慮，因為這意味著現存的自我認知都會消失或瓦解。成長的必經之路就是要摧毀現存的模式，或是放棄熟悉的一切，而他們在內心深處會認為這種改變就等同於死亡。這些人有一部分的自我會渴望成長和發展，另一部分的自我卻會使盡全力去閃避，想要將這些無意識中覺得會扼殺自我的東西拒之門外。他們會不停地恐懼任何一個會威脅改變自己的事物，直到能平心靜氣地面對自己對於不存在的深層恐懼。除非他們知道自己在懼怕死亡，否則根本無法全然活在人世間。

精神整合療法的創建者羅伯特・阿沙鳩里對於人性的發展採取一種超個人的途徑，他就是冥王星在雙子座落入第十二宮。阿沙鳩里認為佛洛伊德過度強調了人類的「地窖」，於是就自創了另外一種心理學系統，這個系統包含了建築物的每一個樓層，而非只有「地窖」。精神整合療法的基本原則反映了冥王星在第十二宮的意義：所有的精神元素，包括黑暗和光明，都可以被有意識地承認、體驗和接受，同時可以與意識融為一體。冥王星落入第十二宮的人可以透過夢的解析、反思、治療，或是各種的活動和技巧，將那些受困於無意識情結中的能量釋放出來，並且利用這股能量去強化和建立完整的人格，這股能量也包括了「高層的」直覺和情感天賦。這個位置的人如果能找出自己對於死亡的焦慮，同時學會去面對它，那就代表他們已經準備好去發現精神層面中軟弱、封閉、隱藏或遺失的東西。的確，有哪一個宮位可以像代表「祕密敵人」和「幕後活動」的十二宮，讓他們充分發揮冥王星的研究精神？他們最好主動出擊，不要坐以待斃，別讓那些精神層面中憤怒又被忽略的部分，緊追著自己不放。

這個位置的人可以利用冥王星破壞性的能量，移除一些陳舊又有害的東西，提供新的成長空間。他們也可能不恰當地利用這股能量，任它失控地向外呈現，做出一些背叛或可能傷害自己的危險行為。冥王星在第十二宮的困難就在於不僅要應付個人的無意識，也得處理集體潛意識。

現代醫學理論認為，人體內都存在著有害的細菌和病毒，但健康和強壯的人可以保護自己，克服這些病毒。同樣地，壓力也存在於社會之中，有些人就是比其他人更能防止壓力影響自己的身體。與其他人相互比較，冥王星落十二宮的人更能敏銳地感受到氛圍中的黑暗、破壞或壓迫性的能量。讓我們用相位良好的金星作為例子，金星落十二宮的人可以感受到「空氣中的愛」，那冥王星可以偵測到什麼呢？他們會在不知不覺中，被其他人壓抑下來的東西所「接管」，例如性慾、憤怒和敵意等等。舉個例子，這個位置的小孩可能會變成家庭中的代罪羔羊，或是「認可的病人」。當家中的氣氛過於緊張時，他可能就會生病，或是做出把學校燒了這種偏激的行為。他們放火通常有兩個目的：具體地表現出自己感受到的周遭氛圍，同時又可以轉移父母的注意力，暫時放下自己的人際問題。冥王星在十二宮的人如果可以檢視自己的行為和感受與大環境到底有什麼關聯，就能夠更加了解自己的行事作為。

十二宮代表一個我們從中出現和誕生的更大整體。冥王星落十二宮的人必須應付在這種傳承的過程中較不愉快的面向，例如集體的陰影，也就是社會整體認為醜陋或不能接受的事情。他們可能必須承認和整合這些東西、如果可能的話，甚至是轉化這些累積了好幾個世紀的憤怒、仇恨、破壞性和盛怒。依此看來，這些人掌管了社會的垃圾桶。他們可以將這些社會的陰影面表現出來，釋放這些被壓抑的能量或是蒐集這些能量，將它們存放在心中，創造性地轉化它們，然後再用不同的方式呈現。在戰爭中輔佐希特勒並負責製造武器的納粹黨人亞伯特・斯佩爾（Albert Speer）就是冥王星落入第十二宮，主宰第五宮的天蠍座，而第五宮也代表自我的表達。他在戰爭中負責提供武器，用一種比較實際的方式去解讀，就是藉由武器去擴張人類集體的仇恨和侵略性。

有些冥王星在十二宮的人會改革過時的機構，或是投入改革法案的推動，革除一些已經無法正確發揮功效的法律。他們有時會用一種神祕又模糊的方式改變集體意識。《寶瓶同謀》的作者瑪麗琳・弗格森曾做過一份問卷調查，詢問受訪者在生活中最受影響的一件事情，第一名的答案是法國古生物學家德日進，其中有五個人的冥王星都落在第十二宮（阿沙鳩里也在答案中的第七名）。[7]

他們必須階段性地退隱，才能對抗那些經由社會互動而甦醒的複雜情結。對於冥王星落入第十二宮的人而言，與各種機構的接觸可能會帶來重大的影響，例如被監禁在醫院或監獄中。阿沙鳩里（冥王星雙子座在第十二宮）在一九三〇年代入獄，因為他的人道主義和哲學觀，對當時義大利的法西斯政府構成了威脅。當他重獲自由後，曾向友人表示這是自己一生中最有幫助、最具創造力的階段。美國作家歐・亨利（O. Henry）在入獄的三年期間，寫出一些美國史上最受喜愛的短篇故事，他也有冥王星在第十二宮。

我們可以從以上的例子得知，冥王星落十二宮的人可以將危機轉化成一種具有生產力和有用的成果，或是能夠在最侷限的條件下，充分利用危機。阿沙鳩里曾經說過，一個人最常在危機之中發現**意志力的作用**（也就是冥王星），同時意識到自己是「一個活生生的個體，一個演員，天生就具備了選擇的權力」[8]。即使冥王星落入第十二宮的人無法改變不幸的處境，但仍舊能選擇面對困境的態度。他們可以從失敗和挫折中吸取教訓，了解必須結束某個生命的循環或階段，才能展開另一個循環或階段。從這個角度看來，冥王星落入第十二宮可以讓人聯想到尼采曾經說過的一句話：「無法毀滅我的事物，都將令我更加茁壯。」歷經苦難和折磨也能讓一個人更加完整。

天蠍座落入第十二宮的宮頭或是宮位內，其意義類似於冥王星落入第十二宮。

註釋

1. O. Carl Simonton, Stephanie Simonton, James Creighton, *Getting Well Again*, Bantam Books, Toronto, 1981, p. 24.
2. Anthony Storr, *Human Aggression*, Penguin, London, 1982, p.34.
3. St Augustine cited in M. Montaigne, *The Complete Essays of Montaigne*, trans. Donald Frame, Stanford University Press, California, 1965, p. 63.
4. Cicero cited in Motaigne, *Complete Essays*, p. 56.

5. W. Durant, *On the Meaning of Life*, Ray Long and Richard Smith, New York, 1932, pp. 128-9.

6. Maslow cited by Haronian, in 'The Repression of the Sublime', Psychosynthesis Research Foundation, New York, 1967.

7. Ferguson, pp. 462-3.

8. Assagioli cited by Keen, ' The Golden Mean of Assagioli', in *Psychology Today*, December 1974.

第二十八章
月交點落入每個宮位的詮釋

月亮每個月繞行地球一圈，會在黃道面上出現兩次：一次是從南半球上升至北半球的時候，另外一次是兩周之後，從北半球下降至南半球的時候，這兩個時間點彼此剛好位於黃道的正對面。這個上升的點被稱為北交點，也被稱為羅睺（Rahu）或是Caput Draconis，意思就是龍頭，而下降的點則是南交點，也被稱為計都（Ketu）或是Cauda Draconis，意思就是龍尾。北交點和南交點會剛好落在彼此正對面的宮位和星座上。

既然月交點是出現在當月亮穿過太陽圍繞地球的軌道時，那麼就象徵的意義而言，月交點就是將太陽、月亮和地球連結在一起的點。我們如果能夠了解這一點，那麼月交點軸線落入的宮位，也代表我們或許可以在這兩個宮位代表的生命領域裡，將人格面向中互補的太陽及月亮法則，成功地融合或統整為一體。我們在此重述太陽和月亮法則天生的矛盾性，將有助於更清楚地了解月交點的功能。

典型的月亮女神伊斯塔（Ishtar）被尊崇為「全然接受的女神」。她有時象徵妓女，可以對任何一個人「獻出自己」，而在古代巴比倫時期，她的肖像也常被供奉在窗台上。伊斯塔完全不加以辨識和選擇，無論發生什麼，她都選擇隨波逐流。她如果感受到喜悅，就任由自己喜悅，她如果感受到痛苦，便任由自己痛苦。依此看來，月亮代表的是情緒和感受，也代表了身體的本能慾望。

月亮會根據習慣和儲存的記憶及印象行事，也代表一股退縮回到過去的引力，過去的經驗會決定我們往後人生的期待和行為。舉個例子，我們小時候可能只有在生病時才能得到母親全部的關注，於是就會有意識地記住這個印象，認為只有生病才能獲得注意。長大之後，當我們覺得需要被注意時，可能就會出自本能地生病了。依此看來，月亮也代表重複和「懶散」的傾向。但許多月亮自過去儲存下來的印象和記憶，對往後的人生也很有幫助。月亮的法則允許我們利用本能智慧的儲藏庫，這些智慧不僅是來自於童年時期，也源自於祖先和動物的過去，而這些智慧都刻印在我們身體的每一個細胞中。因此，**我們會在南交點落入的宮位所代表的生命領域中，出自本能和習慣地行事**。

太陽代表的是英雄，與月亮的法則互補，而英雄不會輕易地被月亮女神誘惑。若說太陽或英雄的法則是意志力的擁護者（也就是「未來的發聲筒」），那麼月亮就是記憶的盟友（「歷史的發聲筒」）[1]。意志力暗示著決心和果斷，或是一種自我創造而非自我反射的行為，所以太陽會對抗過去的引力，激起改變、落實抉擇，同時引發一連串的行動。當月亮因為感受和本能而搖擺不定時，太陽會創造一個自認為適合的情境，同時按照自己想要的方向前進。**我們需要在北交點落入的宮位中發揮太陽的英雄法則**。這個領域代表的是全新的生命體驗，需要我們前去探索和征服，我們必須在這個領域中培養之前未曾開發的潛能，讓自己的技能更加生色，同時必須透過這個領域為自己創造一種全新的體驗，產生嶄新的可能性。當我們在這個生命領域中努力掌控和擴張自我之際，就能夠對生命產生更深層的使命感和方向感。

我們可以將南北交點與大腦作個類比。大腦中的一個部分儲存了天生和本能的東西，負責維持生物的有機運作；大腦的另一個部分，也就是大腦皮層，則代表近期進化的發展。生命的維持並不需要大腦皮層，即使將它移除，像是心跳、消化、肺和新陳代謝等生命運作的活動仍會持續下去，但大腦皮層另有一個重要的職責：它掌管了人類所有更高層的心理能力，例如思考、想像和經驗的構成。透過大腦皮層的發展，我們不再限於用本能和刻板的方式去面對人生，同時還擁有了自我反射的能力。大腦皮層讓我們察覺到自己的意識，然後可以想像不同的可能性，同時做出選擇，引導期待中的事情發生。[2]很顯然地，南交點相當於大腦的本能部位，北交點則與大腦皮層有關。

為了推開北交點宮位的大門，我們不能在正對面的南交點宮位代表的生命領域中逗留過久。南交點的領域代表已經發展成熟的能力，就如月亮女神一樣，我們會出自本能和習慣性地被南交點的宮位所吸引。這裡就像一個休息的地方，我們可以在這裡消化經驗，重新充電，然後再度踏上未知的新國度。我必須強調一點，南交點的星座和宮位賦予的既定模式和能力，當然是十分珍貴的，我們不應該過度捨棄和忽略它們。但人通常會依循某些天生的傾向行事，或是發揮這些天性，因為這是最簡單的方法。南交點很容易就敞開大門，我們可能會無意識地躲進它的領域，逃避一些在其他領域中遭遇的成長和掙扎。我們必須拿出更多的行動，才能夠進入北交點的宮位，而且必須運用意志力，努力地做出抉擇，才能扭開這把鑰匙。懶惰的人是無法通過北交點的門檻。

月交點軸線橫越的宮位代表生命經驗領域的戰場，我們會在此意識到無意識的習慣性行為（月亮）和有意識抉擇（太陽）之間的原型衝突。南交點代表生命之旅啟程時已經打包在皮箱的東西，這些東西都可以任我們使用。北交點則代表沿路新增添的財富和戰利品，當然這裡的前提是必須願意付出代價，努力地四處搜尋。我們不必在南北交點的領域裡做出選擇，因為兼顧兩者是比較可能、也比較合適的做法。但如果犧牲了北交點，過度投入南交點宮位的經驗領域，就會緩下成長的腳步，也無法在人生之旅的過程中，獲得任何新的收穫。

北交點在第一宮　南交點在第七宮

這些人應該學會獨立自主，根據自己的需要和渴望做出決定及選擇，而且必須尊重自己。他們最消極且不抵抗的做法就是任由他人操縱自己，而且為了盡量達到他人對自己的要求，會過度地調整自己。

南交點在第一宮　北交點在第七宮

這些人太過於自我中心，永遠只想當第一名。他們必須學會合作與妥協，為了他人的需求和要求立即調整自己，尤其是在親密關係和婚姻的領域中。

北交點在第二宮　南交點在第八宮

他們應該發展自己的資源和價值，而非依賴別人的資源和價值，並且需要學會靠自己賺錢，即使可以舒適地依靠他人過活，也必須自力更生，這樣才能獲得更真實的自我價值。這些人需要接受物質形式的世界，同時在其中找到平衡點。

南交點在第二宮　北交點在第八宮

他們的價值觀過於僵化，必須學習採納他人的觀點和信仰，然後做出改變。有些人可能會認為接受別人的幫助或支持就意味著軟弱，而把自給自足當成首要之務。他們應該努力幫助他人建立更廣泛的自我價值感，而不能一味地逃避痛苦和危機。這些人也必須明瞭，痛苦和危機可以帶來成長和正面改變的機會。

北交點在第三宮　南交點在第九宮

這些人需要培養理性和邏輯思考的能力，而不要受到盲目的信仰左右。他們直覺式的夢想可能很好，但問題是要如何將夢想融入日常生活之中。他們最好發掘手邊的所有可能性，以及周遭環境提供的一切，而非急著去追尋遠方的夢想。

南交點在第三宮　北交點在第九宮

他們可能太過於強調理性和邏輯思考，因此需要發展大腦中較偏重直觀、感覺和創造力的部分。這些人的危險之處可能是眼光過於狹隘，應該試著去探索其他的文化和價值系統，藉此擴展自己的意識，而非侷限於小時候所學的一切。

北交點在第四宮　南交點在第十宮

他們可以透過自我的「內在工作」獲得成長。這些人不應沉迷於鎂光燈下的風光，或是迷戀外在的世俗成就，反而應該多花一點時間在個人私有的生命領域裡，尤其是在家裡。換言之，他們不應該為了世俗的成就而忽略了家庭和靈魂。任何能夠滋養個人情感生活或是加強心理自覺的活動，都很值得鼓勵。

南交點在第四宮　北交點在第十宮

他們需要離開家庭向外探索，同時應該找一份在某種形式上是為大眾服務的工作和事業，藉此平衡一種病態的自省，避免一種想要隱藏自己的傾向。在女性的本命盤上，這代表不能只當家庭主婦。這些人必須透過事業來發展自我的權威感、權力和優點，這可能會與自己想要隱遁和內向的天性相互矛盾。

北交點在第五宮　南交點在第十一宮

這些人需要進一步地發展個人的創造力，更自發地表達自我和感受。他們最好去參加一些能夠增加自我獨特感的活動，而非只是與團體融為一體。他們如果只是接受共同的目標和理想，而非根據自己的需求和願望制定目標，將會阻礙個人化的發展。換言之，他們很容易受到他人的左右，但卻不能替自己挺身而出。

南交點在第五宮　北交點在第十一宮

這些人應該學會參與團體的合作，同時需要培養社會或政治意識，推動一個共同的目標，而非一味地關心自己的事務或利益。

北交點在第六宮　南交點在第十二宮

這些人需要更加注意日常生活的效率和管理。他們可能不願意接受世俗責任，過於耽溺於白日夢和一種想要被他人拯救與照料的祕密渴望中。這些人應該發展並精鍊自己的技能、天分、資源和能力，這將可以帶來更多的自我滿足。他們也必須學著照顧和尊重身體。

南交點在第六宮　北交點在第十二宮

這些人應該給予他人更多的憐憫和理解，藉此平衡過度批評和武斷的天性。他們可能會太過自制或是過度理智，只相信可以被看見、被證實、被度量或經得起考驗的事物。他們必須開放「靈魂的焦點」，如此才能感受到與大我的連結，人生也才能變得更豐富、更具意義。

註釋

1. Hannah Arendt cited by Yalom, p. 291.
2. Russell, pp.19-20.

第二十九章
凱龍落入每個宮位的可能影響

一九七七年，人類在土星和天王星的軌道間發現了一顆小行星，命名為「凱龍星」（Chiron）。發現新的星體預示著社會意識的改變，這個行星的特質也反映在一些重大的歷史進程上。舉些例子，人類在一七八一年發現了天王星，這跟一段革命和反叛的時期有關，當時美國開始反抗英國，法國也發生了激烈的階級戰爭，而拿破崙即將率領大軍橫掃歐洲。海王星是在一八四六年被發現，這與浪漫時期相互吻合，彼時針對貧民、年輕人、病患和需要幫助者的福利運動陸續地出現，代表人們渴望出現一種更完美的境界。而在一八四八年，革命浪潮襲捲歐洲。當年人類發現了冥王星，一方面與法西斯主義及集權主義的興起有關，另一方面則與心理學的出現有關，心理學這門新科學專門探索未知的深層心智活動。按照上述的說法，我們會發現凱龍星與神祕學和集體意識的重要發展有關。除此之外，凱龍的神話原型意義，也將有助於我們推論它在一個宮位中的影響。[1]

凱龍的父親是天神撒登（即土星），母親是海洋之神的女兒——海妖菲拉雅（Philyra）。根據神話，撒登和菲拉雅被撒登的妻子莉亞（Rhea）抓姦在床。撒登為了躲避妻子，把自己變成一匹種馬後逃跑，而他和菲拉雅的結晶就是凱龍。凱龍是一隻半人馬怪物，身體一半是人類，一半是動物。菲拉雅認為自己產下了怪物，因此十分地沮喪，她向眾神祈求，不惜任何代價擺脫自己的孩子，眾神回應了菲拉雅的祈求，把凱龍帶走，然後將菲拉雅變成一顆檸檬樹。

凱龍的第一個創傷來自於母親的拒絕，無論凱龍落入哪個宮位，都會在該宮位代表的生命領域中，對拒絕十分地敏感。就象徵的意義而言，這就像當我們從母親收縮的子宮中被推向殘酷的世界時，感覺自己「失寵」了。我們感覺被困在一個分離又獨特的軀殼內，失去了與萬物一體的融合感。凱龍星的位置可能代表身體會在此產生問題，也代表原始的生理驅力和慾望，可能會跟邁向超越、純淨和神聖的引力產生衝突。土星的兒子凱龍本身就具備部分的神性和獸性，我們也是如此，不是全然地神聖，就是成為獸性本能的奴隸。我們會在凱龍星落入的宮位敏銳地感受到這兩種天性的衝突。

凱龍在眾神的撫養之下，變成一個極有智慧的半神。他的獸性本能賦予了他大地的智慧和對大自然的親近。他就是美國印地安人所稱的「薩滿」（Shaman），意指有智慧的醫者。他通曉各種植物的藥性，將其運用在醫療和自然療法上，但他的知識不僅限於醫療，同時也研究音樂、倫理、狩獵、戰爭和占星學。關於凱龍超凡智慧的故事遠近馳名，因此許多天神和人間的高位者都把自己的子女送來，接受他的教育。他變成了天神子女的養父，教導傑森（Jason）、海格力斯、阿斯克勒（Asclpeius）和阿基里斯（Achilles）等等。伊薇・傑克森（Eve Jackson）在一門討論凱龍的精彩演講中提到，凱龍主要傳授的課題是戰爭和醫療。[2] 由此看來，凱龍精通一門製造創傷、再將創傷治癒的藝術。我們可能會在凱龍落入的宮位中，受到一些傷害或遭受破壞，但也可以獲得一種敏銳的覺知以及自覺性，讓自己能夠進一步地去幫助或了解他人。傑克森認為，凱龍的發現與心理治療的興起和流行有關。所謂的心理治療是在治療的過程中揭露痛苦的心理創傷。在許多醫者和治療師的本命盤中，凱龍都位居強勢的位置。

凱龍會幫助人成為一位英雄，他不只傳授生存的技能，同時也灌輸文化和倫理的價值。他的學生不僅善於生存，同時也能在為國家或更大的整體服務時，創下豐功偉業。我們不僅可以在凱龍的宮位領域中教導他人，同時也能展現自己英雄式的潛力。我們可以在這個生命領域裡超越平凡，卻又不會與「現實人生」失去聯繫。凱龍在土星和天王星之間不規則地運行，暗示了兩種法則。首先，他們可以在現有的成就所能接受的範圍之內，實際地運用天王星大膽又創新的洞見和揭示。凱龍會將本能與智慧結合，也就是說，在凱龍所在的宮位中，我們可能具備了創造和直觀能力，但又可以兼顧務實性。

在一場半人馬狂飲作樂的派對中，海格力斯用一隻毒箭誤傷了凱龍的膝蓋。這種毒來自於致命的九頭蛇怪物海德拉，凱龍即使用自己的靈藥也無法治癒傷口。我們從這個故事中發現了一個有趣的現象：偉大的醫者因為一個連自己都無法治癒的創傷飽受痛苦。我發現在許多殘障者的本命盤中，凱龍星都佔有顯著的位置。殘障者往往能透過接受他人的服務，體會到人生的意義。很顯然地，最好的治療師通常都能覺察到自己的心理缺陷和精神官能症。心理學家阿道夫・古根包爾（Adolf Guggenbuhl Craig）在著作《權力和助人的行業》（*Power and the Helping Professions*）中提到，「病人的體內都有一位醫生，而醫生的體內也有一位病人」[3]。一位治療者如果越能感受到自己的痛苦和弱點，就越能幫助病人找到體內的治療者。

眾神為了獎賞凱龍提供的服務，賜予他永生不死的禮物。凱龍因此陷入一種怪異的處境：既不能治癒自己的創傷，也不能死去。最後他終於找到了一個解決的方法。普羅米修斯曾經從眾神的手中偷走了火，因此遭受到處罰，被眾神打入地府，必須有人取代他在地獄的位置，他才能夠獲釋，凱龍不想要永生不死，就決定和普羅米修斯交換位置。由此看來，凱龍和普羅米修斯都是需要彼此的，而這也代表了兩種不同智慧的結合：凱龍擁有大地的智慧，能夠將這份智慧運用在更高的層次，普羅米修斯則是從眾神的手中偷走了象徵創造性願景的火，並且將火應用在人間。在凱龍的宮位中，我們必須將如火焰般的願景與實際的常識結合在一起。

凱龍選擇了死亡。他接受死亡的必然性，甚至井然有序地安排死亡，所以可以和平又高貴地面對這件事情。有些人受到伊莉莎白・庫伯勒—羅斯的看法所啟發，接受了死亡和準備死亡的這些概念。凱龍對死亡的態度，以及對健康、治療和教育的廣博知識，都是我們這個世代的表徵。

現在就對凱龍所主宰的星座下定論，還言之過早。由於凱龍是半人馬，所以有些占星家認為凱龍應該與射手座有關。其他人則覺得處女座比較合適，因為凱龍與治療和務實的智慧有關。現今電腦科技和統計研究方法的進步，也有助於評估凱龍的重要性。與此同時，我希望透過以下的簡單例子，來描述凱龍落入每個宮位的可能性，讓讀者更清楚地認識它在星盤中的影響力。

凱龍落入第一宮

當凱龍落入第一宮時，創傷可能是發生在人生的早期。舉個例子，我認識一位凱龍星落在這個位置的女士，一出生就患有骨質疏鬆症，由於她非常脆弱，醫生建議她的父母不要抱她，也因此她在嬰兒時期就被剝奪了安慰與親密方面的需要。然而，從她本命盤的其他相位來看，她具有強大的意志力，她不被殘障所限制而勇敢地努力向上，最後終於變成一個身心強壯且能自給自足的人。當我在解讀她的本命盤時，行運的天王星剛好與她第一宮的凱龍合相，而她希望自己能夠開始接受物理治療師的訓練。

另外一個例子是一位藝術家，他的凱龍落入射手座的第一宮，與上升點合相。他因為神經系統萎縮的疾病備受折磨，但他仍發揮一己之能，繼續教導年輕人繪畫。儘管凱龍追求死亡，但眾神為了獎賞他的善行，最後讓他變成天體群星的一部分，生生世世地被人仰望。同樣地，儘管這位男士在三十幾歲時早逝，但他就像不朽的凱龍一樣，他的回憶和影響力透過繪畫以及學生未來的創作，繼續活在世人的心中。

這些人都兼具受創醫療者和老師的凱龍特質。他們不僅能激勵殘障人士，也能鼓舞身旁健康的正常人。

伊薇・傑克森曾經研究過六十九位醫療者和治療師的本命盤，其中十一個人有凱龍落入第一宮的位置。

凱龍落入第二宮

當凱龍落入第二宮時，可以為每天的生活和實際的事物注入精神性、哲學和倫理方面的洞見。伊莉莎白・庫伯勒・羅斯因為死亡和瀕死的先驅工作，實際地幫助了瀕死者和他們的家人，她就是凱龍在金牛座落入第二宮。當凱龍回歸到她星盤上原本的位置時，她的努力也開始被世人看見（凱龍大約五十年回歸一次）。

我曾見過兩個凱龍落入第二宮的例子，這些人因為破產和財務危機而承受了極大的苦痛，但這個經驗也讓他們對於生命和自己本身，有更深廣的哲學觀和心理認識。

凱龍落入第三宮

我曾見過一位女士用特殊的食療法和形象化的技巧，治好了自己的癌症，而她現在已經開始寫作，將她如何戰勝病魔的資訊散播出去。她就是凱龍在射手座落入掌管溝通的第三宮。我曾觀察過其他這個位置的人，通常會從事有關醫藥和治療的寫作。

他們的創傷可能源自於青春期或成長階段。有些這個位置的人可能很難適應早期的學習環境，或是有學習或語言方面的困難。在有些例子中，凱龍第三宮的人的兄弟姐妹會罹患疾病，或是飽受其他形式的痛苦，導致他們在成長的過程中，必須十分注意兄弟姐妹的狀況。

凱龍落入第四宮

第四宮如果代表父親，凱龍的特質就可能會投射在父親身上。這個位置的小孩對於父親的創傷十分敏感，或者會把父親視為某種形式的老師或精神導師。我看過一位女士，她的凱龍落入第四宮，與太陽合相。當她還是小女孩時，父親在母親癌症去世後，馬上拋棄了她。這種早期的排拒經驗，讓她特別能感受到其他人的痛苦、需要和感覺。

這個位置的人可能會在人生晚期發展出對於各種治療形式的潛在興趣。

凱龍落入第五宮

第五宮與小孩和年輕人有關，凱龍落入第五宮的人可以當年輕人的老師。我見過一位凱龍星落在此的女士克服了海洛因的毒癮，現在從事協助青少年解決毒品問題的工作。

如前文所述，我們可以在凱龍的宮位領域裡，展現原始的生理驅力和慾望，這可能與追求超越、純淨和神聖性的驅力相互衝突。我見過一位信仰虔誠的男士，因為自己對青春期的男孩或女孩產生性慾，而飽受折磨，他的凱龍就是落入第五宮。他藉由心理治療和禱告，成功地轉化這些慾望，之後擔任了「問題」青少年的導師和諮商師，以表達自己對於孩童的愛。

查爾斯王子的凱龍與太陽合相，落入代表自我表達的第五宮。伊薇•傑克森引用他在訪談中說過的一句話：「我自小就對醫藥和治療事物極感興趣，總希望我能夠治療一切。」近年來他全心地支持整體醫學（holistic medicine），對此表現出極高的熱忱（第五宮）。

凱龍落入第六宮

在某種程度上，凱龍受困在一個自己不喜歡的身體內，因此飽受痛苦。我曾見過一些這個位置的人，對於自己的身體或是受限於身體這件事而感到極不自在，其中包括一個非常高的女人以及一位非常矮的男人。他們因為身體而必須進行心理調適，所以也特別能感受和理解他人的痛苦。這位非常矮的男人努力地工作，成績卓然，而他的工作就是幫助各年齡層的殘障者。

還記得凱龍在醫學上喜歡採取整體療法這件事嗎？我常看到這個位置的人從事身體治療師的工作，他們會運用新瑞奇、按摩和草藥等治療方式。

凱龍非常擅長生存的技巧，所以凱龍第六宮的人也可能具備精通手藝的天分，例如烹飪、裁縫或是任何有用的手工藝。

凱龍落入第七宮

這個位置的人可能會把凱龍的本質投射在伴侶身上，認為伴侶無論是在身體上或心理上都很容易受傷，或是會把伴侶視為某種形式的老師及具有智慧的導師。反過來說，這個位置的人也可能成為伴侶的老師。

一個人本命盤上的凱龍如果落入了第七宮，就可能會在伴侶關係中感覺受到排拒。他們與愛人的痛苦分離，往往會留下深刻的傷口，而他們的痛苦也往往可以讓最鐵石心腸的人軟化、變得敏感，進而獲得轉化。這些人也會因為現實與理想中的愛無法一致，而感到挫折沮喪。

凱龍落入第八宮

凱龍落八宮的人可能會對性的拒絕十分敏感，或是對於自己的性別身分認同覺得很不自在或困惑。他們強烈的本能慾望，可能會與傾向於精神或宗教的天性產生衝突。

他們可能會對環境中痛苦的情緒暗流非常敏感。我們也應該鼓勵他們去發展潛在的治療天賦。有些人可以讓他人理解人生深層的奧祕或細微的生命次元。第八宮與死亡有關。這個位置的人可能會想要研究凱龍這隻知名半人馬的範例，因為他可以平靜又鎮定地追求死亡。

凱龍落入第九宮

凱龍落九宮的人可以展現凱龍直觀和創新的洞察能力，而且可以實際地運用，而他們也可能成為任何一種老師。備受推崇、思想深刻的占星家約翰・艾迪（John Addey）就是凱龍在牡羊座落入第九宮，與天頂合相。他因為一種無法治癒的風濕病不良於行，但仍擔任殘障人士的老師。他最著名的軼事就是常常因為太熱中於高爾夫球和騎馬，而完全忘了自己必須因病靜養一陣子，以恢復精力。他在自己創傷的激勵之下，轉而將注意力放在與第九宮有關的哲學和占星學上，完全地展現了凱龍在神話中的單純和細膩特質，同時還將抽象又理論性的泛音盤理論，實際運用在星盤的分析上。

凱龍落入第十宮

任何第十宮內的行星都與事業或職業有關。伊薇・傑克森在研究了六十九張本命盤後發現，其中有十五個人的凱龍落入第十宮。簡單地說，這個人在世界上展現的功能，可能會反映希臘天神凱龍的治療特質，但是別忘了，凱龍並不確定自己的歸屬，因為他是半神半獸的怪物。所以凱龍第十宮的人可能會不確定該如何融入社會，或者不知道自己在一個集體的計畫中該扮演何種角色。

凱龍第十宮可能也代表著被母親拒絕的感覺，這往往會帶來一些後續的心理創痛或成長的痛苦。他們也有可能把凱龍的特質投射在母親身上，常覺得母親很容易受傷或是很痛苦，他們也可能會在母親身上看到凱龍具備的治療和哲學天賦。

凱龍落入第十一宮

凱龍落入第十一宮的人可能會經營各種類型的治療或醫療中心。他們往往對社會的傷痛非常敏感，也可能會關心如何幫助或教導一些受壓迫、被踐踏的人。這些人可能非常害怕被團體或朋友拒絕及忽略，或是因此而受傷。這種傷痛最後可以刺激他們進一步地去了解和認識自己。

他們的朋友可能帶有凱龍的特質，或是與治療和教學專業有關，或是朋友在心理上或生理上很容易受傷。凱龍落入第十一宮的人通常是朋友的導師，或是他們會向朋友尋求輔導、指引和支持。

凱龍落入第十二宮

根據伊薇・傑克森的研究，在醫療者／治療師的星盤中，凱龍最常見的位置就是第十二宮。這個位置會有兩種類型：其中一類的人會從事「心靈治療」，例如手觸式的治療，甚至是隔空治療，另外一類的人則會從事夢境或意象導引的治療。我曾看過一位殘障女士的太陽和凱龍合相落入第十二宮。她現在在醫院（第十二宮代表了機構）擔任心理諮商師。

有些凱龍落入第十二宮的人會把創傷深埋在無意識領域裡，或傷痛是源自痛苦的胎兒經驗。《初聲尖叫》（*The Primal Scream*）作者暨心理學家楊諾夫（Arthur Janov）的凱龍在牡羊座落入第十二宮。他覺得必須透過釋放根深柢固的早期深層創傷，才能與自我真正的力量和生命力（牡羊座）重新產生連結。

相信輪迴轉世的人可能會認為，凱龍落十二宮的人在前世就已經接觸過治療或教學。無論任何一種例子，這個位置的人都可以喚醒儲存於內心深處豐富的實用智慧。

註釋

1. Tony Joseph, 'Chiron: Archetypal Image of Teacher and Healer', in *Ephemeris of Chiron*, Phenomena Publications, Toronto, 1982, p. 9.
2. Eve Jackson, 'The Wounded Healer', lecture presented to Astrological Association Conference of Great Britain, Sep. 1984.
3. Adolf Guggenbühl Craig, *Power in the Helping Professions*, Spring Publications, Zurich, 1978, p. 91.

第三十章 個案研究

本命盤中的任何一個相位都應該參照整張星盤而論。無論我們多麼了解每個行星落入各個宮位的意義，仍然需要考慮其他的因素，才能完整地解讀每個宮位的重要意涵。其中包括以下的因素：

1. 宮位內行星的相位。
2. 落入宮位內及宮頭的星座。
3. 宮頭星座的主宰行星，以及主宰行星的宮位、星座和相位。
4. 宮位內任何星座的主宰行星，以及主宰行星的宮位、星座和相位。

以下這個案例的討論，是將每個宮位中的不同因素都列入考慮，希望能幫助讀者釐清分析星盤的綜合技巧。

凱特：追求自我權力的女性

凱特是一位年約四十出頭的女士，風采相當迷人。她從事祕書工作，賺取固定的收入，同時還利用閒暇之餘研究心理學和治療。她最近開始兼差從事諮商工作，同時也帶領幾個有關「心靈治療」和「自我治療」的團體。凱特目前單身，曾經有過兩次婚姻紀錄。她的第一任丈夫疑似因為混用酒精和藥物而逝世，之後又在一九七二年與第二任丈夫離異。她有一個十六歲的女兒，幾乎是獨力將女兒撫養長大。

我在過去兩年為了解讀凱特的星盤而和她見過兩次面。透過她每段經歷的細節，我們可以發現她的宮位情況以及她所敘述的人生經歷之間，有著相當大的關聯性。我們可以清楚地看到一個宮位的能量如何實際表現在人生計畫中。

上升點和第一宮

上升點落入獅子座的人會製造出一種狀態，讓自己發展自我的力量、權威性和創造力（獅子座），藉此來定義個人的獨特性（第一宮）。因為凱特上升點的主宰行星太陽是落在第五宮，所以她的自我發現也會與第五宮有關。凱特告訴我，比起其他的事情，獨力地撫養小孩（第五宮代表小孩）最能讓她感受到權力和能力。她也透過閒暇時間（第五宮）研究心理學和治療，而觸探到內心的真我。

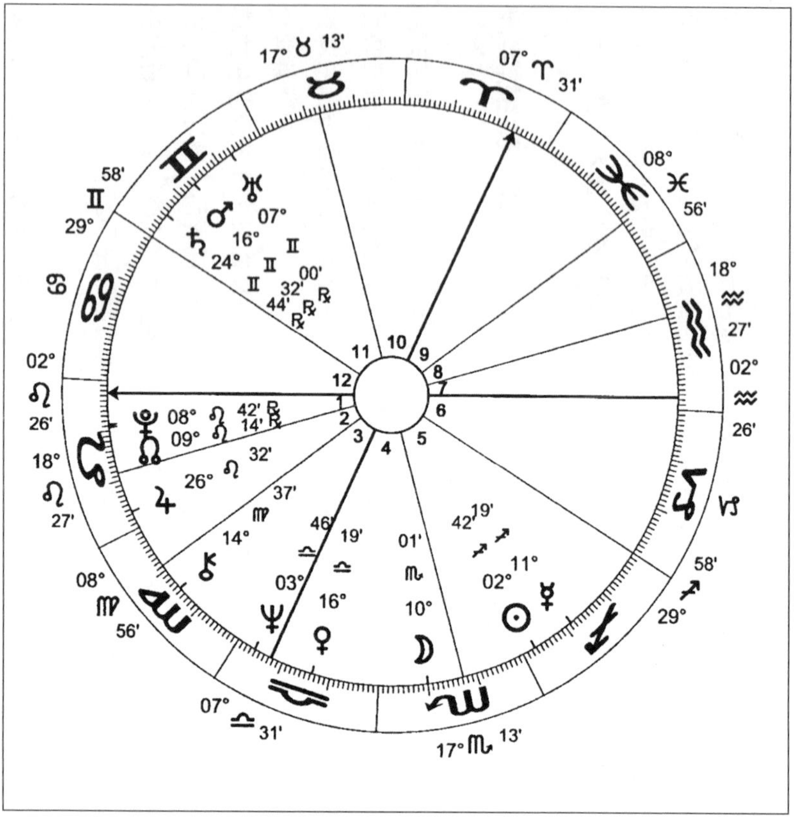

圖 16　凱特生於一九四三年十一月二十五日 21:20 GDT（-1）
英國，柏拉威治（52N37, 2W00）

乍看之下，太陽射手座落入火象的第五宮，應該可以毫無問題地發揮創造力和自我表現。但在凱特的情形中，太陽（命主星）與其他三個外行星形成了相位，導致她在尋找自我身分和自信心的過程，遭遇到許多的抗爭、挑戰和突破。凱特對我表示，她有很長一段時間對於自己的力量感到恐懼，尤其是在「通靈」這件事上。她說：「我被嚇壞了，而試圖去抵抗它。」

冥王星落入第一宮，代表她會把生命視為一場奮鬥，其中充滿了許多創傷性的起起落落，還有三不五時的巨變。她的兩次婚姻都牽扯到情緒或肉體的暴力，最後也都激烈地收場（這部分會在第七宮詳述）。冥王星很接近上升點代表誕生時的困難。她生於第二次世界大戰期間，比預定的時間晚了六周。母親因為晚產飽受痛苦和折磨。當凱特每次要轉換到新階段的時候，都會出現一些緊張感，然後才會緩慢地產生改變。

冥王星在她的人生早期留下了印記。她在五歲半的時候（推進的上升點與冥王星合相）差點死於支氣管肺炎，同時又與祖母分開。祖母是她覺得最親近的家人，自她出生之後一直像母親一樣照顧她。她將這個階段與往後的人生做比較，她說：「這就像獨自一人通過隧道，沒有任何的支援。」她忠於第一宮冥王星的本色，將這些最深的情感和恐懼都深埋在心中，但她承認：「偶爾發生的小事都會在心中掀起驚濤駭浪。」凱特曾說：「也許當我學會如何跟自己的黑暗面和平共處時，就可以全然接受自己、表現自己。」冥王星落入第一宮的人在探究真我的旅程中，必定得往下探索地表之下的國度。

凱特曾經提到，「發現自我是一項重要的任務，也就是將自我投射到外在的世界，而這將會耗盡我餘生的所有時間！」這種論調反映了她的北交點在第一宮的獅子座，也再次強調了她必須憑著自己的能力，找到自己的身分、力量和創造力，而且時常會面臨困難的挑戰。

第二宮

仁慈的木星落入凱特的第二宮。她的說法很符合木星的本質，「我似乎總是能在最糟的時刻，獲得最需要的東西。」她相信絕望的時候錢就會送上門來，這一點讓她感覺到，「自己與一種更大的整體之間有一種連結，它所做的一切都有其目的，而且是正面又充滿善意的。」

第二宮代表我們重視的事物，凱特當然很重視自由（木星）。她曾說過：「我不重視物質。事實上，我迫不及待莎莉能快點長大離家，這樣我就可以自由地旅行，去我想去的地方。」第二宮的木星與第五宮的太陽形成四分相，這代表對她而言，為人父母獲得的成長（太陽落入第五宮）雖然非常重要，但卻與她非常珍惜的自由（木星落入第二宮）相互牴觸。第二宮的木星主宰了第五宮的射手座，這也代表她可以從撫養莎莉的過程中，獲得更多的自信、樂觀和勇氣。

凱特說，她真正的價值是精神性的，是一種對於意義和超越性的渴望（木星）。她相信有些東西具備了神奇和振奮的特質，所以在她的家中有許多礦物和石頭，而當她需要的時候，就可以從中獲得力量和治療。依此看來，她的物質世界充滿著木星的保護和鼓勵色彩。

第三宮

第三宮代表一個人的心智風格、早期的教育、溝通的方式，以及與兄弟姐妹的關係。海王星落入第三宮的人時常會對環境氛圍中的暗潮，產生一種神奇的洞見。根據凱特描述自己早期的人生，很顯然有一個不成文的家規，那就是「沒有任何事情可以公開討論」。凱特感覺父母的婚姻有很多問題，但是直到青少年初期，她才確認了自己的懷疑。

海王星時常會在落入的宮位中做出犧牲。在第三宮的領域裡，凱特常為了弟弟的需求做出許多調整。她的弟弟患有癲癇症，但卻沒有任何人跟她解釋弟弟的狀況。這都凸顯了凱特在早期的家庭經驗中所感受到的寂寞和疏離。第三宮的海王星主宰第八宮的雙魚座，再加上一對雙魚座的父母，所以凱特學會把所有感覺藏在心中。這對於一個太陽在射手座第五宮、上升點在獅子座的人而言，的確是一門很難的功課。

海王星與信仰和宗教有關，第三宮則與教育有關。凱特在七歲大的時候被送往英國教會學校就讀。浮躁的水星主宰她第三宮宮頭的星座（處女座），所以在她的成長階段裡曾搬過六次家。在她十一歲的時候，舉家從一個大城鎮搬遷到一個小村落，她對於這一點嚴重地適應不良。這很符合海王星的本色，因為凱特想要成為某個東西的一部分，但這個東西卻老是閃避她。她回想起過去：

> 我在學校甚至不敢開口說話，因為我的口音和班上的人完全不同。當我說話的時候，沒有人了解我在說什麼。沒有人知道我很聰明，即使我的考試成績很好。

由於神祕的海王星落入教育的宮位，所以凱特在學校其他女孩的心目中，也就像一道難解的謎題一樣。

在往後的人生中，凱特第三宮的海王星表現出了超自然的力量：她可以「擷取」他人的想法，而她也承認自己可以「看到旁人看不到的事物」。她曾有過與遠方的人心電感應的經驗（海王星主宰第九宮宮頭的雙魚座）。她也坦承自己會幻想（海王星落入第三宮），去所有她想要去的地方（雙魚座落入第九宮的宮頭）。

她的第二任丈夫則凸顯了第三宮的海王星與第八宮（人與人之間的分享）雙魚座之間的連結。他不斷地在一些重要的事情上欺騙她。

> 他的謊言和欺騙讓我陷入絕望的深淵。我以為我要發狂了，但是這個經驗間接地讓我接受了自己的超自然天賦，因為我總是可以知道他沒有說實話。我知道他在兩百五十英哩之外的地方出車禍，而且我「看到」他那理應要死去的女兒突然變得很有生命力，畫面是如此地鮮明，彷彿我當場「看到」她似的。

凱特覺得她在成長期間的痛苦和在學校的問題，讓自己想要去幫助一些受苦的人。她的態度反映了凱龍的位置，這位帶著創傷的治療者落入了她的第三宮。

處女座落入第三宮以及水星落入第五宮，則代表她的工作（處女座）可能與某些形式的寫作有關。她除了從事法律和廣告領域的祕書工作，也曾經為盲人的有聲雜誌擔任義工。她也為各種超自然哲學和另類療法的期刊寫文章（如實地表現出第三宮的寫作能力，內容則是有關海王星的神祕難解事物）。她也曾經自願受訓成為護士，與許多老師學習治療的技巧。依此看來，她的確在學習（第三宮）如何幫忙和拯救（海王星）身旁的人。

天底和第四宮

凱特發現自己的父親非常容易與人相處，也很容易被「說服」，這很符合金星和天秤座落入天底的表現（而且海王星在第三宮與天底合相）。她覺得父親比母親軟弱許多（牡羊座落入天頂），母親會反過來操控父親。凱特也提到，她從父親的身上學到了許多音樂和藝術的知識。

第四宮的金星與第十一宮的金牛座有關，第十一宮也代表朋友。當凱特十四歲時，認識了一位比自己大三歲的女性友人。她的父親顯然與這位女友產生了戀情（第十一宮的主宰行星金星，與第十一宮的天王星形成三分相）。凱特的父親某一天晚上來到她的房間，坐在她的床上哭，因為那個女孩與同年齡的男孩在酒吧裡廝混。

凱特的月亮在天蠍座與冥王星形成四分相，這意味著家中不愉快的情緒暗流，與懼內父親的不忠有關。父親曾經告訴凱特，等她從學校畢業之候，他就要離婚。凱特顯然從父親身上承續（第四宮）了被女性禁錮的感覺，所以她對自己的女性軀體感到極不自在，而且覺得被母親的身分認同所綑綁。在許多方面，她仍在替父親作戰，努力地突破月亮與冥王星四分相代表的「受限的女性」。她那代表女性的月亮還與天王星合相（容許度較大），主宰第十二宮的巨蟹座，而第十二宮也代表過去沒有解決的問題。

第四宮代表的是我們會如何結束一件事情，月亮天蠍座在此與冥王星形成四分相，意味著創傷性的結束。凱特的第一任丈夫在他們離異之後，因為酒精和藥物中毒而死。她的第二任丈夫則是在他們分手之後，精神崩潰地闖入她的住處，試圖要勒死她。

凱特渴望有一個更理想的家庭環境（金星天秤座落入第四宮），她夢想著「一個舒適的家，一間位於康沃爾的小木屋，讓我有歸屬感」，她還抱著希望認為，好的伴侶關係還沒出現。她最近接受了創傷療法，試圖與一些深埋的情緒重新產生連結（行運的冥王座和土星進入第四宮）。

第五宮

凱特承認她從來都不想要有小孩。當她知道自己懷孕時，心情非常沮喪，甚至生病了（天蠍座在第五宮的宮頭，主宰行星冥王星與天蠍座的月亮形成四分相）。她是與第一任丈夫吉姆住在非洲時懷孕的。吉姆是天主教徒，他對她說，如果難產，他會選擇救小孩而犧牲母親。凱特直覺地認為，她生產的時候，如果吉姆在身旁陪她，她跟小孩都會死掉。所以她飛回英國，獨力產下小孩（射手座在第五宮，分娩與長途旅程有關）。英國醫院的急救設備非常良好，而在分娩過程的最後，她靠著真空吸引器的幫忙，才驚險地生下小孩。太陽和冥王星的三分相，再加上射手座落入第五宮的影響，暗示著她可以脫離險境。

天蠍座和射手座結合在第五宮，反映了凱特的分裂人格：某一方面的她非常壓抑，憤世忌俗，有時還有一點自殘的傾向（第一宮的冥王星主宰第五宮的天蠍座）；但另一方面她又很樂觀，帶著些許哲學色彩，永遠充滿了希望（太陽射手座落入第五宮）。但射手座的太陽能量絕不是渾然天成，她必須去對抗一股召喚她「終結一切」的黑暗力量。她曾嚴肅地告訴我，「瀕臨死亡的生產就像是一種重生，讓我進入更高的意識層次，儘管我花了許多年才克服這方面的傷痛。」

女兒莎莉的木星落入第十二宮（她是在國外受孕的結晶），冥王星落入第一宮（反映了凱特第一宮的冥王星和第五宮的天蠍座）。凱特覺得她現在與莎莉關係非常緊密。她把莎莉撫養成一個獨立又能自由思考的人，但她還是無法接受許多莎莉想做的事情。這個衝突反映了第五宮裡代表著恐懼和操縱的天蠍座，以及自由隨性的射手座。

凱特的早期環境並不鼓勵她去玩耍。天蠍座落入第五宮，再加上月亮在天蠍座與冥王星形成四分相，都意味著表面之下有許多隱藏的事物，會令人覺得放任自己去恣意而為，是一種很危險又冒險的做法。因此，凱特大部分的天生創造力（根據第五宮的太陽和水星）都受到了壓抑，沒有充分地發揮。直到她離開了第二任丈夫之後，才開始嘗試拼畫，然後寫作，凱特覺得這是一個「重要的突破」。最後，她閒暇時間的興趣追求（第五宮），反而比她賴以維生的祕書工作更有意義。她在三十二歲時選修大學的課程，擴展了自己的心智能力。直到那時候，她才發現自己很聰明。

第五宮與戀愛有關。太陽落入第五宮也代表了她可以透過談戀愛，加強自我的身分意識，同時感受到身為人的價值。凱特對我說：「只有在戀愛之中，我才發現自己很有能力，而且我遇到的男人都對我很有信心，很有把握，他們都很信任我。」太陽在第五宮與第一宮的冥王星形成三分相，代表她可以透過戀愛關係轉化自己的身分認同。天王星在一九八五年行運經過她的第五宮，而她開始利用並擴展更多的天分與才華。她最近對我說：「我身旁圍繞著一堆不認識真正的我的人，我實在忍無可忍，我也有自己的需要啊。」

第五宮的太陽主宰她的上升點，所以她會透過釋放自己的積極、喜悅和自我表現，找到「真我」。為此她首先必須釋放並轉化自己深層的痛苦、懷疑和恐懼，這都表現在天蠍座落入第五宮的宮頭，再加上第一宮冥王星與第四宮的天蠍座月亮形成四分相。她提到：

> 每次當路被堵住或是看起來被堵住時，我都會陷入痛苦和不確定之中。我試圖把所有的碎片重新拼湊起來，然後想出一個答案，為我指出未來的方向。

第六宮

魔羯座落入第六宮，凱特承認她必須學習如何去處理每日生活的例行公事。她說：「我不善於處理生活事務，我總是遲繳電費，或是弄丟重要的文件。」儘管整體而言她與同事的相處還算不錯，但是最近她與一位共同帶領治療團體的朋友發生了一些問題（主宰第六宮的土星落入代表朋友的第十一宮，而土星又與火星合相）。

因為土星落入雙子座這個雙面星座，所以代表她可能會有兩份工作。我在前面已經提過，她的兼差工作與治療和諮商有關，但是她生活所需的收入是來自於祕書工作，她覺得她可以在人生的下半階段，「投入自己真正想要的工作」（緩慢的摩羯座落入第六宮的宮頭）。

第六宮主掌的健康與團體的宮位有關（第六宮的主宰行星落入第十一宮），這代表她會加入與治療有關的團體和社交圈。她發明了各種類型的觀想訓練，可以供人們在自我療癒的過程中運用。而在身體方面，她發現自己緊張或焦躁的時候，會覺得背部和肩膀僵硬（土星主管身體的肌肉和骨骼結構，雙子座則與肩膀和手臂有關）。皮膚（土星）問題也長期困擾著她，這可能意味著有一些她所執著的東西想要獲得釋放。魔羯座也主宰膝蓋，她在六歲的時候從樓梯上跌下來，膝蓋受傷嚴重，且傷口遭到感染，直到現在還留著疤痕。

下降點和第七宮

代表自由思考的水瓶座落入第七宮的宮頭，而水瓶座的主宰行星土星和天王星，落入了看向前方的第十一宮，這都代表凱特的伴侶關係需要超越所有的傳統架構。她很難只為了安全感和責任感去維持一段關係。她說：「與其跟一個不適合的人在一起，我情願一個人。我必須跟一個自己喜歡的人相處，這是一種心智層面的事情。」（她第七宮的兩個主宰行星都位於象徵心智和溝通的雙子座，而且落入代表朋友的第十一宮。）

當她在鄉村學校求學的最後幾年，幾乎每一個女孩都渴望懷孕，凱特抗拒與大家走同樣的路。她說：「我最不想要的事情就是懷孕，一頭栽入婚姻。」她最後和商船船員吉姆交往。他們的關係極不尋常（她的水瓶座在下降點），他幾乎長年待在海上，很少見到對方。婚後因為兩個人都喜歡旅行，所以當吉姆在非洲找到一份工作時，兩人就移居到非洲。她的婚姻發揮了天王星的本色（第七宮的主宰行星），讓她從英格蘭中部跑到奇特的非洲。她的丈夫先行前往非洲，就在她單獨飛到當地與他會合的那一天，那個國家爆發了革命，而蜜月就這樣泡湯了。她說：「當我們身陷非洲當地的內戰時，我才發現自己跟一個陌生人住在一起，但卻為時已晚。」水瓶座以及其主宰行星天王星落入第十一宮，都與政治上的集體巨變有關，而這也成為她婚姻處境的背景。當他開始酗酒而她懷了莎莉時，問題就變得更加複雜。她覺得自己被他困住了（太陽與第七宮的主宰行星天王星形成對分相）。她回到英國後產下了莎莉，六個月後吉姆就去世了。

兩年之後她遇到了鮑伯，也就是她的第二任丈夫。儘管鮑伯在法律上認養了莎莉，但是他很忌妒凱特對莎莉的關心，而且他痛恨她什麼都可以自己來，不需要他。當行運的海王星與她落入第五宮的太陽合相時，也與她本命第七宮的主宰行星天王星形成對分相。鮑伯當時是輪班工人，希望凱特能夠完全配合他的需要，調整生活作息。她說：「如果他在工作時，我就必須待在家裡。當他白天在家裡睡覺時，他就希望我也在家。他甚至買吃的回來，讓我沒有理由出門。」有一天她發現他打莎莉，而她表示自己再也無法忍受下去，他就動手打了她，同時把她和小孩關在房子裡面，長達一個禮拜（她第七宮的兩顆主宰行星，土星和天王星都與火星合相，這暗示了凱特會引來暴力）。最後，她趁鮑伯出門去領薪水時，帶著小孩和一些身家財產逃走了。

當她回顧第二次婚姻的破裂時，她表示，「當我因為這樣的經驗陷入絕望時，我又感覺到自己的靈魂甦醒了。」（行運的海王星與太陽合相，與第七宮的主宰行星天王星形成對分相，本命的天王星又與海王星形成三分相，與冥王星形成六分相）。當她開始顧及自己的需求和願望時，才發現她把自己困在一段注定充滿了暴力和失敗的關係之中。她說：「我必須學會獨自面對一切。」所以在這兩段婚姻之後，她變得非常極端，不讓任何人靠近她。

南交點落入第七宮意味著，她無法只從扮演「某太太」的角色中，獲得自我的身分認同。她必須深吸一口氣，欣然地進入第一宮獅子座的北交點國度。

第八宮

第八宮是第七宮的延續，代表了伴侶之間分享的東西，以及親密關係引起的議題。因為凱特第八宮宮頭星座的兩個主宰行星，土星與天王星，都與火星合相。我們可以想像她的親密關係充滿著火花。在她懂得欽佩和尊重這種自我特質之前，會把自我的權力感投射在丈夫身上，之後她就必須與丈夫開戰，把自己的權力討回來。

第八宮也代表伴侶的金錢，而凱特第八宮的主宰行星之一土星，與第二宮的木星形成六分相。當她的丈夫逝世後，她利用丈夫的壽險理賠金買了一棟房子。她的第二任丈夫在兩人共同生活的期間，無時無刻想要得到這些錢，但她仍讓房子留在自己的名下。據她表示，「這是我當時唯一理智的行為」。

第八宮另外一個主宰行星天王星，則展現了她關係終結的定局，因為天王星與第一宮的冥王星形成六分相。第八宮也與生命中精微、神祕和隱藏的事物有關。第八宮宮頭星座水瓶座的雙主宰行星，土星和天王星，都落入代表團體的第十一宮。這代表的是她與一個靈修派教會以及各種心靈和治療團體的緣分。她提到，「我發現其他人能夠接受本來的我，也很重視我的『特異功能』」，之後便開始能夠與其他人分享自己的特長。

部分的雙魚座落入第八宮，而雙魚座的主宰行星海王星落入第三宮的天秤座，非常靠近天底。這再次暗示她可以作為一種「媒介」——她可以偵測到他人隱藏的感覺，然後「汲取」這些感覺。海王星落入第三宮和第四宮的界線之間，又與親密宮位第八宮的雙魚座有關。這代表她在成長階段未解決的問題，可能會影響日後的親密關係。就如同前面所提過的，她仍在為自己的父親作戰，試圖擺脫母親的身分和小孩的限制。她童年時期在家中感受到的緊張氛圍，都可能呈現在親密關係中，接受檢視。自由和限制之間的衝突，使她的兩段婚姻都蒙上了陰影，直到她能夠憑一己之力確立自我為止。她不停地讓過去重演，藉此釋放自己。

第九宮

第九宮的主宰行星海王星落入代表心智的第三宮，這意味著她的思考很自然地會轉向宗教和哲學。當凱特重返大學（第九宮）時，選修了宗教研究的課程，同時寫了一篇有關精神主義的論文。她非常符合雙魚座的作風，總是夢想人壽保險合約能夠兌現，然後就可以利用這筆錢環遊世界，拜訪像是埃及那類的神聖地方，或是其他的遠方國度。

她部分的牡羊座落入第九宮，而牡羊座的主宰行星火星與天王星合相。她曾在長途旅行的途中與火星和天王星擦身而過。正當她搭乘的飛機要降落在非洲的時候，一些吉普車和戰車正準備包圍機場，而當她搭乘的飛機一飛離雅典機場後，另一架飛機就在跑道上突然爆炸。

第九宮的牡羊座也代表凱特如何學會在大學中維護自己（她以前在學校不曾如此做過）。她的老師，同時也是一位神聖的牧師，公開地表示「精神治療」根本就是垃圾，因為他沒有看過有人因此而痊癒。凱特當場尖銳地反駁：「你抱著這種無知的判斷標準有多久了？」這就是牡羊座的主宰行星（火星）與土星和天王星合相，與水星形成對分相的影響。

天頂和第十宮

凱特的母親很容易暴怒和緊張（天頂的主宰行星火星與天王星合相），然後又否認有任何事出了錯（火星與土星合相）。母親的原則就是任何有威脅性的事情都不該講出來，也不應該拿出來討論（天頂的主宰行星火星位於雙子座，與土星合相）。她試圖去控制或主宰凱特和家中的每一個人，這樣他們才不會做出任何惹怒她的事情。最後凱特盡速地離開了家（以及國家），而她的父親也終於離家，搬去跟另外一個女人同居。凱特的父母分居十七年之後，凱特的母親仍告訴別人，她的丈夫打算回到她的身旁，所以她拒絕離婚。她母親的態度反映了天頂主宰行星火星的耐力，而火星夾在土星和天王星之間，所以她拒絕接受改變。

天頂的主宰行星（火星）與第七宮的雙主宰行星（土星和天王星）合相，這暗示著凱特的婚姻與母親有關。凱特不停地吸引那些想要主宰她的男人，方法都與母親如出一轍。也許她希望能藉由重複過去的經歷，改變或解決她在過去與母親之間的緊張模式：她希望能夠將一個控制慾很強的人，轉化成較有彈性且願意付出的人。她兩次都失敗了，每一次她都必須再度脫離限制的母親／丈夫型的人物。當她透過一些自我分析和治療意識到這種模式，就不再無意識地讓歷史重演。她最後終於能夠接受自己，不再向外尋找一個她必須轉化的怪物，也無須為了讓對方接受她而去哄騙對方。

當凱特變得越來越有自信之後，天頂的牡羊座也漸漸凸顯出來。她告訴我，她在上大學之後，談成了一份她原本無法得到的工作。那是一份有關廣告和公關的工作，雖然她欠缺經驗，但顯然表現得很好，但她也與牡羊座的老闆發生衝突，老闆要求她和他上床（牡羊座落入第十宮宮頭，而第十宮代表權威人士）。根據凱特的說法，他的老闆認為如果一個女人替他工作，他就擁有了那個女人。凱特模仿他的話：「沒有女人拒絕過我，而妳也不會是第一個。」凱特已經發現了自我的價值、權威和天頂的牡羊座，最後她真的成為了老闆口中的「第一個」。

天頂的主宰行星（火星）落入雙子座，凱特的工作總是與祕書的職責和寫作有關。她在過去幾年開始與一位朋友共同帶領周末的研討會，主題是有關各種的治療技巧（天頂的主宰行星落入第十一宮）。一開始她非常害羞，認為朋友懂得比她多，但她現在承認，自己也有一些重要的東西可以傳授給別人，與其他人分享。儘管其他人常認為她很強勢又能幹，但她終於完整地「擁有」了自己人格的這個面向。與此同時，越來越多人向她尋求幫忙和指引。她覺得時機已經成熟，最後終於全職投入諮詢和治療的職業。在這個領域中，她終於可以當自己的老闆（牡羊座在第十宮，而火星又與天王星合相）。

第十一宮

土星和天王星在第十一宮反映出了凱特友誼的雙元性。她說：「我有兩群截然不同的朋友，他們可能永遠無法好好地相處。在派對上，我們必須將時間分成兩段，才能好好招待他們雙方。」其中一群朋友是土星的真實寫照，既傳統又嚴肅；另外一群則是天王星型的朋友，喜歡接觸各種形式的另類療法、心理學或靈修。有時候是朋友驅策她進入新的領域，其他時候則是她扮演觸媒的角色，激發朋友做出改變（火星和天王星落入第十一宮）。第五宮的水星與第十一宮的火星和天王星形成對分相，所以她有時會與朋友因哲學議題而陷入唇槍舌戰，最後導致友誼破裂。關於這點，凱特採取了天王星的立場，她告訴我，「通常都是他們無法接受我擁有自己的觀點，並且強迫我接受他們的觀點。我一點都不在乎其他人的看法，只要他們能尊重我的信仰。」她承認自己有時需要「在朋友背後踹他們一腳，這樣才能讓他們跳進新的軌道。」

她的許多朋友都是在工作上認識的（土星落入第十一宮主宰第六宮的工作宮，火星落入第十一宮主宰第十宮的事業宮）。如果將第十一宮的社會改革，以及第六宮和第十宮的工作做一點聯想，不難發現她時常是辦公室裡那個打抱不平的人。但她也提到，「即使我試著確保自己的權利，表面上看起來成功了，但隨後一定會有災難發生。」她曾經說服過老闆，讓老闆認為自己指派給她的工作已經超出了合約範圍。她覺得那些工作實在無聊到了極點，根本就是在浪費自己的才華，她對老闆提出抗議，老闆也完全同意她的看法，但是在幾個禮拜之後她就被老闆開除了。

由於土星落入第十一宮，加上「懶散的」金星在天秤座，主宰第十一宮宮頭的金牛座，她承認自己很難去制定目標。據她的說法，「我時常有什麼就做什麼」。她的長程志業比短期目標來得清楚。她知道她想要在康沃爾建立一個治療中心，但「要花很長的時間才能讓夢想實現」（金星落入代表家庭的第四宮，主宰代表理想和團體的第十一宮）。而現在，她最主要的興趣和熱情，都來自於她經營的團體，然而「每一個團體都帶來極大的挑戰，讓我筋疲力盡」。第十一宮代表超越自我的慾望，土星在此，讓她很害怕擴張自己的疆域，但火星和天王星又會要求她去接受挑戰。她藉由第十一宮（代表團體和朋友）的火星和天王星，找到豐富的能量、權威性和力量。從那個不敢在學校開口的安靜女孩到現在，凱特走了很長的一段路。

第十二宮

凱特透過與一名治療師進行回溯和重生的練習，感受到子宮是一個充滿恨意的地方，她覺得被禁錮受限在裡面。這種回憶反映出月亮在天蠍座，主宰第十二宮宮頭的巨蟹座，同時與冥王星形成四分相，又與天王星形成一百五十度角。我們在前面提過，她比預產期晚了六周出生，彼時母親子宮裡面的空間一定變得很狹小擁擠，所以根據她在重生課程中所提到的，那是一個「充滿敵意的環境」。第十二宮代表我們在誕生之前的心智背景。凱特的生命打從子宮階段開始（有困難相位的月亮主宰第十二宮），就對自己所處的環境感到極不自在，而且不確定自己到底要不要出來。在之後的人生中，凱特傾向於退縮，試圖在母親的鎮壓式統治之下，找到一個安全的「寄託」。第四宮中壓抑的天蠍座月亮，與第十一宮中愛好自由的雙子座天王星形成了一百五十度，這代表凱特其實並不太需要脫離母親，而是要掙脫那個不願意釋放自己的我。她在退縮和向前之間的掙扎，同時也顯示出父親的兩難處境：到底是要留在妻子和家庭身旁，還是與情婦建立新的人生（第十二宮的主宰行星落入代表父親的第四宮）。

巨蟹座在第十二宮的宮頭也暗示凱特的通靈能力。儘管她的父母親都沒有這樣的傾向，但是祖母和外婆都曾涉獵通靈的領域。凱特第十二宮的主宰行星落入第四宮，代表她遺傳了通靈和治療的天賦。主宰第十二宮的月亮和冥王星形成四分相，也代表凱特在接受這些天賦時所遭遇的掙扎，儘管接受這件事情讓她的人生產生了改變。當她釋放了天性中的某些本能之後，第五宮之中的射手座太陽和主宰上升點的獅子座，自然地驅策她去利用這些本能，啟發和幫助他人。

凱特最近發生了一場車禍，她被座椅的安全帶困住，夾在車子的殘骸中動彈不得。她寫信告訴我這個意外：

> 這次車禍的經驗如同我的人生。我覺得被綑綁、受到限制，很無助，卻沒有力氣移動，而且如此焦急地想要脫困……當時眼前有個穿著閃亮盔甲的騎士拯救了我，而現在我覺得我必須靠自己脫困。

在經歷那樣的十二宮遭遇之後，凱特終於完整地繞了一圈，回到如英雄般的上升點獅子座。

結語

占星學就如同一張地圖，雖然它無法替一個人決定方向，但它的意志力，卻可以決定這個人是否能展開這趟旅程。

——麗茲・格林

一棵蘋果樹「知道」自己將結出蘋果，它並不需要經過努力與奮鬥，只需要單純地展現天職所在。每個人就像蘋果樹一樣，在他或她的內心深處，很清楚自己「應該變成什麼樣的人」。但不同的是，我們已經失去這種覺知能力。因此，我們跟自己的天性與整個生命都失去了連結。我們對占星學如果有正確的了解，這門學問就可以提供象徵性的架構，讓我們發現主宰和勾勒自我獨特發展所應有的基本法則及模式。如果仔細地去聆聽，星盤就會「告訴」我們一些有關「我們應該了解、但卻因為發展過度而無法辨識的東西」[1]。

你可能已經逐一地解讀過自己本命盤上不同宮位的行星位置，同時在思考和消化本書的內容，或許你已經知道如何將你所讀到的東西，應用在身旁親近的人或是諮商對象身上。無論是哪一種情形，當你越能夠發現自我的時候，你就越能看清楚別人。

本命盤可以幫助我們覺察自我的潛能，但行動權卻操之在己，因為星盤不能幫我們達成什麼成就。在此套用一句日本諺語：「知而不行，不如無知。」

讓我們回顧一則猶太老故事，也許會有些幫助：

> 哈西迪教士蘇西亞（Susya）在死前曾說：「當我到了天堂時，他們不會問我『為什麼你不是摩西？』而是會問：『為什麼你不是蘇西亞？為什麼你沒有活出天命注定的自己？』」

為什麼你沒有活出天命注定的自己？

註釋

1. Liz Greene, 'Cycles of Psychic Growth', Wrekin Trust Lecture 64, 1977, p. 6.

【附錄一】

十二宮位：重要概念摘要

上升點和第一宮位（本質上與火星及牡羊座有關）

- 宇宙萬物透過每個人所表達的特質。
- 看待世界的角度。
- 人生的焦點。
- 在探索自我獨特身分過程中最重要的職責。
- 與創始原型的關係，開始一件事情的方式。
- 誕生的經驗以及進入人生新階段的方式。
- 如何面對整個人生。
- 早期環境的氛圍。
- 對其他人的影響。
- 英雄的使命。
- 生命力與外貌的線索。

第二宮位（本質上與金星及金牛座有關）

- 身體與宇宙萬物的分化。
- 發現母親的身體並非自己的身體。
- 對身體的意識（身體自我）。
- 培養更確實的「我」的意識，或是個人的自我。
- 賦予自己更多的定義、疆界和外形。
- 與生俱來的財富。
- 繼承而來、可以進一步發展的天賦或才華。
- 可以帶來自我價值感或重要性的資源或特質。
- 安全感的來源。
- 附加在自己身上的東西。
- 擁有或希望擁有的東西。
- 金錢和物質世界，對於這些事物的態度，與這些事物的關係。
- 重視的東西。
- 慾望的本質。

第三宮位（本質上與水星及雙子座有關）

- 心智與身體的分化（心智自我）。

- 語言的發展、分辨主體和客體的能力、區分行為者和行為本身的能力。
- 具體的運思或是左腦的運作。
- 如何運用心智，也就是心智的風格。
- 探索周遭環境。
- 為物品命名和分類的能力。
- 發現相對性：如何與周遭事物做比較？這些事物彼此之間有何關連？
- 如何看待周遭環境的整體因果脈絡。
- 兄弟姐妹——與兄弟姐妹的關係、會有什麼樣的兄弟姐妹，以及對兄弟姐妹的投射。
- 其他親戚——叔伯舅、阿姨姑姑、堂表兄弟姐妹。
- 鄰居。
- 早期的學習經驗。
- 各種形式的溝通——寫作、演說、資訊交換。
- 短途旅行。
- 整個成長階段（大約是七歲至十四歲）。

天底和第四宮位（本質上與月亮及巨蟹座有關）

- 自我反射意識以及吸收前面三宮的經驗。
- 圍繞自我中心的心智活動、身體及感受的整合。

- 「我在此」的感受，正在進行和體驗的那個我。
- 退回內心深處時所發現的東西。
- 自我運作的核心基地。
- 家庭。
- 私底下的模樣。
- 生存的根源。
- 連結自我和事件的靈魂。
- 家族根源的影響。
- 早期家庭或條件的氛圍。
- 源自於種族或族群的特質。
- 「隱性父母」的影響，通常是父親。
- 「隱性父母」的天生形象。
- 結束事情的方式。
- 晚年的狀態。

第五宮位（本質上與太陽及獅子座有關）

- 成為獨特自我的渴望。
- 擴張和延伸自我勢力範圍的渴望。

- 想要成為注目焦點的慾望。
- 生產力、製造的能力。
- 自我的展現、表達創造性自我的渴望。
- 藝術性的表達。
- 全心投入、樂於存在的追求。
- 娛樂、興趣、享受、閒暇消遣、運動方面的活動及賭博和投機行為。
- 愛情——可以激起熱情，讓戀愛的過程更獨特。
- 性——吸引他人、取悅他人的能力。
- 感受被愛的喜悅。
- 小孩，自我肉體的延伸。
- 子女的樣子、對子女的投射。
- 內心的小孩。
- 玩耍。
- 個人的品味。

第六宮位（本質上與水星及處女座有關）

- 更進一步地區分自我，讓自我更加完美。
- 賦予自己不同於他人的特色。

- 將事物精微化（左腦）。
- 辨識和篩選。
- 評估如何利用自我的力量、能量和才能。
- 內在與外在環境的關係，內在心智與外在身體的關聯性。
- 身體與心智的連結。
- 在疆界和範圍之內配合日常所需所做的調整。
- 日常生活及每天的例行公事。
- 與僕役及員工的關係。
- 替他人服務的特質。
- 如何看待工作、如何與同事相處。
- 技巧、注意細節、完美和技術的熟練。
- 不對等的關係。
- 健康議題：身體問題的本質，以及一些潛藏疾病的心理含意。

下降點和第七宮位（本質上與金星及天秤座有關）

- 「我」與「非我」的連結。
- 了解他人以及他人重要性的活動。
- 建立在共同約定、法律或其他基礎上的關係。

- 婚姻伴侶或「重要夥伴」。
- 吸引自己的伴侶類型。
- 希望從他人身上獲得的特質。
- 投射在伴侶身上的內在特質。
- 在關係之中的狀態。
- 公開的敵人：在他人身上看見自己不喜歡的內在特質。
- 親密關係的整體氛圍。
- 如何面對社會。
- 集體化和社會化的過程。
- 地方法院。
- 該與他人交融合作？還是堅持自我的獨特性？

第八宮位（本質上與冥王星及天蠍座有關）

- 人與人之間分享的東西。
- 他人的金錢。
- 在婚姻或合夥關係中的財務情形。
- 繼承、遺產、稅務、銀行、會計、投資等。
- 伴侶的價值觀如何影響自己的價值觀。

- 兩個人的親密連結，試圖融為一體時的情形。
- 引發改變的關係。
- 毀滅舊的自我疆界、拓展新的領域。
- 淨化和更新的階段。
- 透過現在的伴侶關係，讓早期在親密關係中未解決的問題浮上檯面。
- 引發內心的「黑暗」、本能和熱情。
- 體內憤怒的嬰兒。
- 控制並轉化原始天性的能力。
- 透過性行為以超越自我的隔絕感。
- 離婚的過程。
- 死亡，包括身體的死亡或是自我意識的死亡。
- 死亡以及面對過渡時期的方式。
- 發現自我內在無法被毀滅的一部分。
- 自我的重生。
- 對環境保育的敏銳度，以及正確地分享地球的資源。
- 靈界，對於無形或模糊存在層面的敏銳度。

第九宮位（本質上與木星及射手座有關）

- 追尋生命的意義、目的、方向和法則。
- 追尋真相，探索主宰著存在的潛在模式及法則。
- 高等心智、直觀思考方式，以及右腦的運作。
- 賦予事情意義的能力，以及創造象徵符號的精神力量。
- 追求宗教和哲學議題的方式。
- 神的形象。
- 吸引自己向前的力量。
- 從遠處觀看人生。
- 旅行與長途旅程。
- 對生命之旅的觀點。
- 心智和高等教育的歷程。
- 集體思考的統整制度。
- 散播理想——教學、出版、傳教和促銷工作。
- 高等法院。
- 對於事件進行方向的覺知力。
- 與姻親的關係。
- 可能從事的職業。

天頂和第十宮位（本質上與土星及魔羯座有關）

- 自我與社會的整合。
- 透過服務社會、影響社會來實現自我的人格。
- 專業、職業或事業，也就是人生的職務和地位。
- 工作的方式。
- 在事業領域遭遇的氛圍和條件。
- 希望他人如何看待自己的工作。
- 希望被世人記得的特質，以及對世界的貢獻。
- 在世人面前的風格，以及想要推銷的形象。
- 對於成就、認同和讚美的需求。
- 雄心壯志。
- 「塑形的父母」形象（通常是母親）。
- 與母親的關係，以及成年後與世界的關聯性。
- 世界／母親對自己的要求。
- 對權威人物及政府的態度。

第十一宮位（本質上與土星、天王星及水瓶座有關）

- 超越自我的渴望、超越現在的自我形象。

- 對於超我事物的認同。
- 朋友圈、朋友的類型、如何與朋友相處、對朋友的投射。
- 團體、制度和組織。
- 參加團體的性質、在團體中的角色和感受、對團體的投射。
- 對環境中新潮流和趨勢的敏感度。
- 社會改革和目標。
- 目的、目標、希望和願望。
- 追求目標時的遭遇。
- 團體意識和所有生命的相互連結。
- 全球性的超個體、全球性的想法以及全球性的心智。

第十二宮位（本質上與海王星及雙魚座有關）

- 重返一體性的渴望。
- 犧牲自我的隔離感，與更大的整體融合，但又懼怕界線的消融。
- 模糊、困惑、移情和憐憫。
- 逃避傾向。
- 冥想和禱告。
- 為了追求一體性，沉浸在酒精、藥物以及其他替代性的滿足當中。

- 服務——對於他人、理想、目標或是上帝。
- 幕後的活動、無意識的模式與情結。
- 受到無意識作用的左右。
- 隱藏的敵人、外在或內在的破壞者。
- 已無印象的原因或來源所造成的影響。
- 臍帶效應和子宮內的生命。
- 從過去世帶來的業力。
- 支持自己或是令自己不安的能量。
- 進入集體無意識、神祕意象和想像國度的管道。
- 無意識是歷史的倉庫，也是未來可能性的儲存所。
- 在醫院、監獄、博物館、圖書館或其他機構中的遭遇，以及面對監督機構的態度。
- 職業的可能性。
- 自己覺得可以獲得救贖的事物，希望藉此獲得永生不朽。

【附錄二】

宮位劃分的問題

唯一真實的絕對就是，沒有任何的絕對。

——歐文・亞隆（Irvin Yalom）

占星學家對於許多事情都意見分歧，但最常見的就是宮位問題。他們常為了宮位的確切數字，及該以順時針或逆時針來計算宮位等問題而爭論不休。有些人認為宮位的界線應該位於宮位的中間，而非宮頭的位置，但引起最多且最激烈爭議的，應該是宮位的劃分。

關於這個問題，我們應該針對各種分宮制，進行正確而有控制的統計研究，然而這樣的研究並不容易，首先必須確定有可靠的誕生時間和正確的計算。儘管在不同的分宮制中，行星會落入不同的宮位，但仍需非常確定哪一個才是「比較適合」的位置。最可靠的研究方式應該是測試行運、方向和推進至宮位界線的情形與人生事件的關聯性，但推進法也有許多不同的技巧及複雜性。

宮位劃分所引發的天文和哲學議題，實在是非常的複雜又抽象，即使是極為推崇數學三角學的職業占星家，也無法選出一個「正確」的分宮制。每一種分宮制都有其優缺點，也許某一種分宮制比較適合預測事件，另一種分宮制則適合心理的解讀。老師可以提供一些指導，但最後還是要靠占星學的學生選擇自己偏好的制度。這裡的選擇當然很多，我所能做的就是列出一些現存的選擇，簡單介紹這些分宮制所根據的臆測，然後讀者可以進一步地詳細閱讀介紹分宮制的書籍，書單列在最後的附錄部分。

約翰・費比（John Filbey）在《出生圖的劃分》（*Natal Charting*）一書中，將目前二十五種最重要的分宮制分成三類，分別為黃道系統、空間系統以及時間系統。我依照這種分類，簡單介紹其中的幾種。

黃道系統

這類的分宮制是依照黃道的區隔來界定宮位界線的位置，而黃道就是太陽繞著地球運轉的明顯路徑。其中最著名的就是等宮制（Equal House System）、波佛瑞分宮制（Porphyry House System）、天生刻度分宮制（Natural Graduation House System）以及M型宮位分宮制（M-House Method），以下就列舉兩種來做探究。

等宮制

等宮制是黃道系統中最普遍也最古老的分宮制，最近受到瑪格莉特・洪恩（Margaret Hone）、羅伯特・佩勒泰（Robert Pelletier）等人所推崇。從數學上來看，等宮制是非常簡單的。從上升點的度數開始，黃道被平均劃分為十二個宮位，每一個宮位平均佔有三十度。因為子午線與地平線很難剛好形成九十度的垂直角度，所以等宮制和其他多數分宮制的不同之處就在於，天頂／天底的軸線與第四宮和第十宮的分界線無法吻合。但是支持等宮制的人仍然認同天頂和天底的意義，也會在星盤中標出它們的位置。

這種分宮制的好處在於它很簡單。支持者稱讚等宮制清楚地反映了黃道上十二星座的劃分。洪恩和侯登都強調「宮位是源自於星座」，所以應該簡單地劃分黃道，構成十二個宮位。[1] 等宮制最令洪恩喜愛的一點就是，它避免了劫奪星座的問題。她認為，這對相位的計算而言是「極為方便的」，也很容易看出相位的狀態。[2] 佩勒泰在為等宮制辯解時提到，「要求一種純符號的宮位參考架構，必須具備數學和天文學的精準度，實在是多餘之舉」[3]。

丹恩・魯依爾則對等宮制極感憤怒，他認為等宮制過度強調了地平線，卻犧牲了同樣重要的垂直子午線，彷彿「軀下是人類存在的唯一意義」[4]。馬汀・弗里曼也認為讓天頂「隨意落在任何一個地方」[5]，根本就是威脅了天頂的重要性。同樣地，麗茲・格林也反對忽略天頂／天底的軸線，她認為這代表著從父母繼承而來的生理和心理遺產。依照她的觀點，等宮制沒有將這條軸線安置在適當的位置，也就是忽略了一個人的「命運」。

舉個例子，假設黃道地平線上的最高點（nonagesimal），也就是在等宮制中的第十宮宮頭是位於天秤座，而實際上的天頂卻位於天蠍座，那麼這個人可能會夢想成為一位偉大的藝術家或選美皇后（天秤座）。但根據家庭背景、外表的限制和實際的考量（天頂），她其實比較適合從事天蠍座類型的事業，例如心理學家或外科醫生。換言之，等宮制能夠展現我們內心深處想要成為的理想形象，但如果用四分儀宮位制（天頂與第十宮宮頭的位置一致），則會顯示出我們實際上可以成為的模樣。基於這個理由，我個人偏好使用四分儀宮位制。

麥可・穆凱西（Michael Munkasey）在他的論文《關於宮位制的運用》（*Thoughts on the Use of House Systems*）中提到，因為等宮制強調的是黃道或是太陽的軌道，所以會凸顯太陽法則的重要性，他將太陽法則定義為「自我意識或創造性的自我」。他如此寫到，「你如果想要強調或衡量太陽的作用，就應該使用等宮制，或是其他黃道系的分宮制」[6]，因為「藉由這種系統所劃分的宮位，其意義與上升點有直接的關聯」。麥可・梅耶爾（Michael Meyer）則認為，等宮制有助於我們了解上升點在人的一生中所代表的重要意義。[7]

波佛瑞分宮制

波佛瑞分宮制發明於西元三世紀，也是使用黃道作為星盤週期循環的根據。它就像等宮制一樣，把上升點當成第一宮的宮頭，但與等宮制不同的是，它的天頂永遠位於第十宮的宮頭，其他宮位的界線則是圍繞著黃道，將每一個象限的空間平均分成三個部分。這種分宮制的價值在於，波佛瑞將四個角都整合至宮位界線之中，但它還是受到批評，因為將不均等的每一個象限均分成三個宮位，實在有失邏輯。目前已經很少被使用。

空間系統

等宮制和波佛瑞分宮制是將黃道劃分，然後決定每一個宮位的界線，但卻沒有特別的原因可以說明為何要選擇黃道，而不是選擇天球其他的圓形路徑。空間系統就是用另外一種大圓作為基礎——例如天球赤道、地平線或是主垂線，將星盤分為十二個均等的區塊，反映出每一個區塊在黃道上的位置。空間制度包括了坎普納斯分宮制（Campanus House System）、李基蒙塔納斯分宮制（Regiomontanus House System）、莫里那斯分宮制（Morinus House System），以及東方點分宮制（East Point House System）。接下來介紹其中兩種最常見的宮位制度。

坎普納斯分宮制

這個分宮制的發明者是十三世紀知名數學家喬安尼斯・坎普納斯（Johannes Campanus）。他接受波佛瑞的觀點，也就是星盤的四個角應與第一宮、第四宮、第七宮及第十宮的宮頭位置吻合，但他也試著尋找除了黃道之外的劃分標準。他選擇了主垂線，也就是天球上通過正東方、正西方和天空中最高點（所有地方抬頭所見天空的最高點）和最低點（位於最高點的正對面）的大圓。坎普納斯將主垂線平均劃分為每一個均佔了三十度的區塊，他根據通過上述各點的大圓，結合了地平線的正北方和正南方，劃分出宮位的界線。

坎普納斯把焦點放在主垂線而非黃道之上，他突破了傳統以太陽和其他行星的明顯軌道（也就是黃道）為主的參考架構。他創下了先例：一顆行星在出生地的地平線和子午線上的相對位置，比起該行星在黃道上的位置更具有意義。換言之，出生地的空間比黃道更加重要。宮位不再是黃道的投射，星座及行星與宮位的關係更為重要。

然而，坎普納斯分宮制（以及其他空間系統的分宮制）的問題在於，在高緯度的地方，黃道與主垂線之間的角度會變得更尖銳。結果就是與黃道對應的宮頭經度位置會變得更加不均等，宮位也會嚴重扭曲。以黃道制度為主的分宮制未曾出現這個問題。瑪格莉特・洪恩質疑，如何能使用一個在某些地方行不通的分宮制呢？丹恩・魯依爾則比較實際，他認為「地球的每個半球（北半球和南半球）以及極地地區必須有自己的占星學」[8]。

魯依爾的觀點和坎普納斯一樣，認為雖然太陽和行星是占星學的基礎，但是不能作為最主要的參考架構。按照他「以人為本」的星盤詮釋方式，他採用了坎普納斯的分宮制度，因為它可以完全認知「個人所在空間的中心」[9]。他曾經提到，可以將坎普納斯分宮制做為一種基礎，以供未來發展出「出生範圍」或三度空間的本命盤。

李基蒙塔納斯分宮制

十五世紀的喬安尼斯・穆勒（Johannes Muller）被人稱為李基蒙塔納斯（Regiomontanus），他修改了坎普納斯分宮制。他沒有選擇主垂線做為基本的劃分標準，而是將天球赤道均等劃分成三十度的弧角，然後將這些弧角投射在黃道上。這個分宮制的實際優點在於，它比較能避免坎普納斯分宮制在高緯度地區所產生的宮位扭曲。李基蒙塔納斯捨棄了黃道，選擇圍繞著天體赤道的大圓，就代表了他重視地球每日的運轉，更勝過於地球繞著太陽的運轉。這種分宮制直到一八〇〇年都非常流行，至今仍被許多歐洲占星家所採用。

麥可．穆凱西提到，所有空間系統的分宮制，都是利用黃道之外的大圓軌道，讓星盤受到月亮的影響。他認為這些分宮制含括了「人格發展中的潛意識層面」，也就是無法被顯意識承認的人格特質。[10]

時間系統

這系統主要是根據特定的點（例如上升點或是中天點）在天球弧角運行所需的時間，將這段時間平均劃分後，再界定宮位的界線。有名的包括阿卡比特斯分宮制（Alcabitus House System）、普拉西迪分宮制（Placidus House System）、寇區（Koch）或出生地分宮制（Birthplace House System），以及地面點法分宮制（Topocentric House System）。接下來討論其中的三種。

普拉西迪分宮制

這種分宮制是由十七世紀的西班牙僧侶普拉西迪（Placidus de Titus）所發明。就數學的角度來分析，這是最難計算的一種分宮制。簡單地說，它將從上升點到中天點在黃道上所佔的任何角度，期間運行所需要的時間劃分為三個部分，藉此標示出第十一宮和第十二宮的宮頭位置（也就是所謂的「半日周弧」）。同樣地，它將從下降點到上升點在黃道上所佔的任何角度，期間運行所需的時間劃分成三個部分，藉此標示出第二宮和第三宮的宮頭位置（也就是所謂的「半夜周弧」）。

普拉西迪分宮制一開始遭受到占星家的反對，因為它是以時間為基礎。但傑佛瑞・丁恩認為，它並沒有比其他的分宮制更強調時間，因為「所有的分宮制都可以從時間區隔的角度去解讀」[11]。十九世紀的占星學家拉斐爾（Raphael）制定了一套包括普拉西迪宮位分布的萬年曆，在這套萬年曆的推波助瀾之下，普拉西迪分宮制終於廣為大眾所接受。

這種分宮制的問題在於，當緯度高於六十六點五度時，有些角度完全碰不到地平線。換言之，在這些高緯度的地區，黃道的某些角度永遠無法成為上升點。這整個分宮制是根據從上升點移動到中天點之間的角度所需要的時間，如果某些角度不曾從地平面上升起，那就無法決定時間的區隔，也無法決定任何一個宮位界線的角度。

麥可・穆凱西曾寫道，普拉西迪分宮制「有利於強調生命的整體目標」。他同時提到，這個分宮制「為卜卦占星學和擇日占星學提供了有意義的時間答案」[12]。馬汀・弗里曼偏好使用時間系統的分宮制，因為「占星學與時間的關係比較密切」[13]。美國占星家席柏拉・杜賓斯、麗茲・格林、克莉絲汀娜・羅莎及達比・卡斯提拉等知名心理學占星家都採用這種分宮制，也對結果感到滿意。無論它有什麼優缺點，普拉西迪分宮制是最多占星學家採用的分宮制。

寇區分宮制（出生地分宮制）

這個分宮制最初的圖表發表於一九七一年。作者華特・寇區（Walter Koch）博士宣稱，終於替宮位劃分的問題提供了答案。這個分宮制主要是根據「時間動態」，根據上升點和出生地去計算黃道上所有點的位置。這種數學的三角計算十分地複雜，主要是利用出生地斜赤經（一個行星在二十四小時內移動軌道所構成的小圓）的弧角。

儘管寇區宣稱，他的分宮制是唯一根據準確出生地點來推算的星盤制度，但朵娜・瑪莉・羅倫茲（Dona Marie Lorenz）質疑寇區的分宮制度，「這種以出生地為主的星盤，與其他使用經度、緯度和出生時間推算的星盤，其實並無不同」[14]。就如同普拉西迪分宮制，寇區分宮制在極地地區也不適用。

德國占星家艾迪斯・維格曼極力擁護寇區分宮制。她將它與其他分宮制對照測試，結果發現它最能一致且準確地將臉部的特徵，與星盤中的宮位位置產生連結。[15]麥可・穆凱西認為，寇區分宮制非常適合判斷「你身在何處、你即將前往的地方，以及你目前的抉擇」[16]。

地面點法分宮制

這種分宮制比普拉西迪分宮制更為精細（當緯度少於五十度時，宮位界線都在普拉西迪分宮制宮位界線的一度以內）。這種數學的三角計算也十分複雜，讀者應該進一步參閱本書最後的參考書目。這種分宮制最有趣的地方在於，它不是根據理論，而是根據大自然和事件發生時的經驗而定。溫戴爾・波力奇（Wendel Polich）和奈爾森・佩吉（A. P. Nelson Page）在阿根廷針對誕生時間精準的人，研究了一生的事件和遭遇。宮位界線的位置是根據與人生事件有關的主要方向所制定。他們發現宮頭的界線是分布在通過出生地的平面上，而非在星體運行的大圓上。

英國的傑佛瑞・寇涅利亞斯（Geoffrey Cornelius）和切斯特・坎普（Chester Kemp）已經驗證過地面點法分宮制。傑佛瑞・丁恩也提到，由亞歷山大・馬爾（Alexander Marr）歷時十五年的研究也證實地面點法的宮位界線的主要方向，成功地與該宮位發生的事件產生了關連。[17] 這意味著地面點法分宮制很適合判斷事件的時機。它的另一個優點就是也適用於極地地區。

關於這個分宮制的詳細和完整的介紹，可以參見傑佛瑞・丁恩的著作《本命盤最新解析》，這本書在一九七七年由大英占星學會贊助出版。有關這部分提到的所有分宮制，也可以在下列書籍中找到精闢的解釋，其中包括賴夫・威廉・荷頓（Ralph William Holden）的《宮位劃分的元素》（*The Elements of House Division*），一九七七年由 Flower 出版。由朵娜・瑪莉・羅倫茲所寫的《占星學的工具：宮位》（*Tools of Astrology: House*），一九七三年由 Eomega Grove Press 出版，書中討論了各種分宮制，其中包括九種分宮制的宮位表。入門學生一開始最好先挑選一種分宮制，之後再試驗其他的分宮制，最後再決定自己所偏好使用的方法。這裡沒有絕對正確或錯誤的方法。無論你使用哪一種角度拍下哪一棵樹的照片，樹終究是樹。你所採取的角度就像是你所選擇的分宮制，完全決定於心中的目的和觀點。別忘了，人生是充滿選擇的。

註釋

1. Holden, *Elements of House Division*, Fowler, London, 1977, p.39.
2. Hone, *The Modern Textbook of Astrology*, Fowler London, 1951, p. 284.
3. Pelletier, *Planets in Houses*, Para Research, Maine, 1978, pp. 13-14.

4. Rudhyar, *The Astrological Houses*, p. 34.
5. Freeman p.60.
6. Michael Munkasey, 'Thoughts on the Use of House Systems', in Pelletier, *Planets in Houses*, p. 364.
7. Meyer, p. 121.
8. Rudhyar, *The Astrological Houses*, p. 34.
9. Op cit., p. 26.
10. Munkasey, p. 365.
11. Dean, p. 167.
12. Munkasey, pp. 365-6.
13. Freeman, p. 60.
14. Dona Marie Lorenz, *Tools of Astrology: Houses*, Eomega Grove Press, Topanga, California, 1973, p. 26.
15. Wangemann cited by Dean, p. 407.
16. Munkasey, p. 366.
17. Dean, p. 174.

參考書目

1. Alexander, Roy, *Chart Synthesis*, Aquarian Press, Wellingborough, Northamptonshire, England, 1984.
2. Arryo, Stephen, *Astrology, Karma, and Transformation*, CRCS Publications, California, 1978.
（史蒂芬・阿若優著，胡因夢譯，《占星・業力與轉化：從星盤看你今生的成長功課》，心靈工坊，二〇〇七年六月一日。）
3. Arryo, Stephen, *Astrology, Psychology, and the Four Elements*, CRCS Publications, California, 1978.
（史蒂芬・阿若優著，胡因夢譯，《占星、心理學與四元素：占星諮商的能量途徑》，心靈工坊，二〇〇八年六月二日。）
4. Begg, Ean, *Myth and Today's Consciousness*, Coventure Ltd, London, 1984.
5. Binnington, Dianne, *The House of Dilemma: A Prospect of the Twelfth House*, Snowhite Imprints, Bristol, England, 1981.
6. Capra, Fritjof, *The Tao of Physics*, Fontana/Collins, Suffolk, England, 1981.
7. Capra, Fritjof, *The Turning Point: Science, Society and the Rising Culture*, Fontana, London, 1982.
8. Dean, Geoffrey, *Recent Advances in Natal Astrology*, Astrological Association, London, 1977.
9. Dickson, Anne, *A Woman in Your Own Right*, Quartet Books, London, 1982.
10. Ferguson, Marilyn, *The Aquarian Conspiracy*, Granada, London, 1981.

11. Ferrucci, Piero, *What We May Be*, Turnstone Press, Wellingborough, Northamptonshire, England, 1982.（皮耶洛・費若奇著，若水譯，《明日之我》，光啟文化，台北，二〇〇〇年。）

12. Freeman, Manin, *Forecasting by Astrology*, Aquarian Press, Wellingborough, Northamptonshire, England, 1982.

13. Gauquelin, Michel, *The Truth About Astrology*, Hutchinson, London, 1984.

14. Greene, Liz, *Saturn*, Samuel Weiser, New York, 1976.

15. Greene, Liz, *Relating*, Coventure Ltd, London, 1977.

16. Greene, Liz, *The Outer Planets, and Their Cycles*, CRCS Publications, Reno, Nevada, 1983.

17. Greene, Liz, *The Astrology of Fate*, George Allen and Unwin, London, 1984.

18. Houston, Jean, *The Possible Human*, J. P. Tarcher, Los Angeles, California, 1982.

19. Huber, Bruno and Louise, *Life Clock: Age Progression in the Horoscope V. I.*, Samuel Weiser, York Beach, Maine, 1980.

20. Kübler-Ross, Elisabeth, *On Death and Dying*, MacMillan, New York, 1969.

21. Marion March and Joan McEvers, *The Only Way to Learn Astrology, Vol. 3*, Astro Computing Services, San Diego, California, 1982.

22. Malcomson, Jane, 'Uranus and Saturn: Castration and Incest, Part I', *The Astrological Journal*, Astrological Association, London, Summer 1982.

23. Mann, A. T., *Life Time Astrology*, George Allen and Unwin, London, 1984.

24. Maslow, Abraham, *Toward A Psychology of Being*, Van Nostrand, London, 1968.

25. Moore, Marcia, and Douglas, Mark, *Astrology: The Divine Science*, Arcane Publications, Maine.
26. Naumann, Eileen, *The American Book of Nutrition and Medical Astrology*, Astro Computing Services, California, 1982.
27. Perera, Sylvia Brinton, *The Descent to the Goddess*, Inner City Books, Toronto, Canada, 1981.
28. Rose, Christina, *Astrological Counselling*, Aquarian Press, Wellingborough, Northamptonshire, England, 1982.
29. Rowan, John, *The Reality Game: A Guide to Humanistic Counselling and Therapy*, Routledge and Kegan Paul, London, 1983.
30. Rudhyar, Dane, *The Astrological Houses*, Doubleday, New York, 1972.
31. Russell, Peter, *The Awakening Earth*, Routledge and Kegan Paul, London, 1982.
32. Simonton, Carl; Simonton, Stephanie; Creighton, James, *Getting Well Again*, Bantam Books, Toronto, Canada, 1981.
33. Storr, Anthony, *Human Aggression*, Penguin Books, London, 1982.
34. Thornton, Penny, *Synastry*, Aquarian Press, Wellingborough, Northamptonshire, England, 1982.
35. Wilber, Ken, *The Atman Project: A Transpersonal View of Human Development*, Theosophical Publishing House, Wheaton, Illinois, 1980.
36. Wilber Ken, *Up From Eden: A Transpersonal View of Human Evolution*, Routledge and Kegan, Paul, London, 1983.
37. Yalom, Irvin, *Existential Psychotherapy*, Basic Books, New York. 1981.

星盤資料來源

本書第一版所採用的資料，全都來自於當時最可靠的路易斯・魯登《占星資料庫II：美國星盤手冊》系列以及《古奎倫之美國星盤手冊》（*The Gauquelin Book of American Charts*）。為了找出更正確的資料和來源，本書提到的星盤資料都已經參照魯登的 Astrodatabank 軟體，以及法蘭克・克利佛特的 *The Clifford Data Compendium*（使用 Solar Fire 軟體），依此做過最新的訂正。

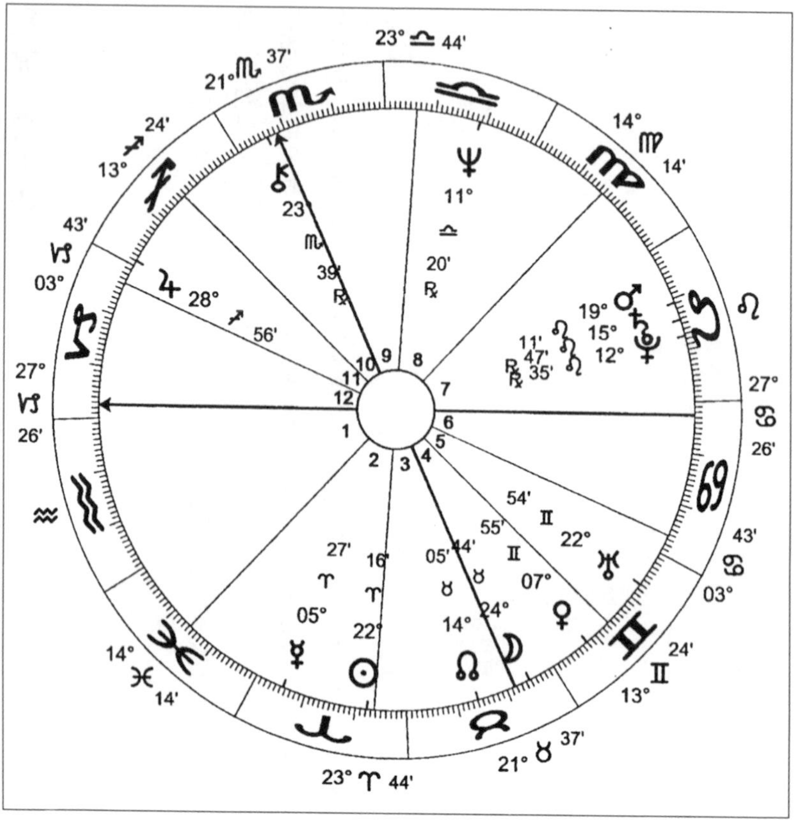

圖 17　霍華・薩司波塔斯生於一九四八年四月十二日 01:46 EST（+5）
哈特佛，康乃狄克州，美國（41N46, 72W41）

紀念霍華・薩司波塔斯

——專為二〇〇七年版本撰寫和收錄的悼文

達比・卡斯提拉

一九六八年的夏天，我與霍華在加州塔馬爾巴斯山舉行的夏至慶典中初次相遇。我們早已經認識對方，但我忘了是在哪裡認識他的。在那些年裡，我們很多人總是四處奔走，即使在當時那種年代，他的外表仍然十分顯眼——非常高又精瘦，就像他在這本重新出版的《占星十二宮位研究》中所描述的，摩羯座上升點的人「臉部骨骼輪廓非常地明顯」。當時我們都不是占星家，只是那個時代的小孩。當時約是美國的一九六〇年代，我們時常在各地流浪，追隨著音樂，每個人都極度熱情地渴求著愛和啟蒙。霍華的眼神總是非常熱情，他那黑色的眼眸看似十分嚴肅，他的頭總是微微地前傾，帶有點懷疑的味道，嘴角也不時揚起一絲自貶的微笑。他的表情時常令人窘困和激動，也有一種挑釁意味。記得當時我跟他在一起時很害羞，多年之後我告訴他這件事，他說他對我也有同樣的感受。

隔年我們在波士頓再度相遇。因為經過多年的旅行和追尋，我決定到波士頓學習占星學，我的一位朋友黛安・基南（Diane Keenan）介紹我認識另外一位正在和伊莎貝爾・希奇（Isabel Hickey）學習占星的學生，她的名字叫做娜賽莉亞・莫徹特（Nathalie Merchant），她住在劍橋，正好需要一位室友。在我跟她同住的十八個月期間，我們的公寓成了朋友的聚會所，我們也常到其他人的公寓聚會。當時有位叫做肯尼的畫家，我們常留在他家過夜。黛安的住處就像是天堂，我們常進出她家，沉浸在她創造的優雅氣氛中。當時還有其他人，每一個人都有自己的小圈子。我和娜賽莉亞的公寓最出名的就是糙米飯、蔬菜湯（娜賽莉亞的廚藝極佳）和占星學討論，我們時常從早到晚談論著占星學，每一個訪客都可以參與討論。我不記得從什麼時候開始，霍華也加入了我們，他似乎是突然出現在廚房的餐桌旁邊，之後就時常出沒在我們的住處，彷彿是他自己的家一樣，即使之後我的妹妹搬來波士頓與我們同住，他依舊來去自如。

他每次出現都有些興奮，看起來精力充沛，但是又混合了少許的害羞和忸怩，還有一種幾近恐懼的謹慎和小心。他帶了很多朋友前來，我們之中好多人陷入愛河，又愛上了別人，這其中充滿著許多的緊張和衝突，（現在回頭看）有如一齣極可笑的法國鬧劇。我們有時會去波士頓拜訪瑪哈禮希・瑪赫西・瑜珈仕，很多人都在那個時候成為超覺靜坐的冥想者。

現在回顧當時，在那充滿奇特、挑釁、熱切，同時又帶著害羞和謙虛的外表之下，霍華其實是一位益友，一個溫和的同伴，也是一位非常非常有趣的生命觀察者。他用銳利的眼光觀察自己以及身旁所有的人。我仍記得他曾經對我說過的一些事情，至今還是不好意思講出來，因為實在太有趣了，而且通常都有點驚世駭俗。

我一九七一年時離開波士頓，準備前往非洲。在我離開之前，有一次與霍華在公園裡散步，我告訴他我可能不會再回美國了，因為非洲就像是我的天命。他告訴我他曾經計畫離開，但現在他知道自己必須留下來研習占星學，他覺得占星學是他的天命。我們承諾會寫信給彼此。

後來我們失去了聯絡，直到一九七五年我從非洲飛往倫敦，十分驚喜地遇見他。我們沿著泰晤士河散步了很久，當時的他看起來氣宇非凡，非常地高大，尊貴地穿著一身西裝，打上領帶，但是仍有一點害羞和謙虛。他如此地融入當地的風情，讓人很難不注意到他。身處於這個愛好嘲諷的國家中，他諷刺的觀點如魚得水，而他也已經變成一位占星家，定居在倫敦，他有許多客戶同時也從事教學工作，熱愛自己的生活，也是超覺靜坐的修行者和導師。我在南非約翰尼斯堡成為執業的占星家，他是我在離開非洲之後遇到的第一位同業。即使我們都已經有些成長了，但相處時的親切和羞澀依舊沒有改變，而且對話總是令人愉快！

我們一直保持聯絡，直到我一九八三年離開非洲返回倫敦定居。我在倫敦只認識三個人，他是其中的一位。他當時和麗茲‧格林一起工作，計畫共同設立一間學校，也就是後來的「心理占星學中心」。

他立即把我網羅在他看似傳統，但十分特異古怪的雙翼之下！他介紹客戶給我，而當我準備好時，他還給我工作坊和授課的機會。他也介紹我認識許多人（第一個最棒的人就是察理士‧哈威[Charles Harvey]），而且還提供我英國占星界中許多有用、怪異、有趣又友善的資訊。我們常常一起吃午餐和晚餐，當我第一次受邀在倫敦演講時，地點是在Lodge，我希望他給一點建議。他說：「別擔心妳的占星學，妳已經有足夠的知識了。但是妳的穿著，這種新英格蘭淑女和非洲民族風的結合，實在不太適合妳。我建議妳穿漁網褲襪、超短迷你裙，然後再搭一件非常昂貴、短身的亮橘色毛衣。保證當妳在演講緊張失措時，絕對沒有人會介意，而且每個人都會記得妳。」

在我待在倫敦的頭幾年，他是一位任何人都夢寐以求的好朋友。他一直幫我忙、指點我，讓我在英國社會中找到自己的道路。儘管我從來沒有採納他的服裝建議（但他還是一直這樣建議我），但其他的事情我幾乎都是按照他的建議去做。這篇悼文是要紀念這位如此珍貴又令人懷念的朋友，我最難忘的是他那略帶羞澀的莽撞、他的悲傷、他那邪惡又令人愉快的幽默、他完美的占星學角度，最後，還有他那非常、非常體貼的一顆心。

蘿拉・布莫─崔特

當我在一九八〇年代中期，第一次讀到霍華・薩司波塔斯的《占星十二宮位研究》時，感覺有如醍醐灌頂。這本書比一般占星書提供了更多的資訊寶藏，更加地深入、更加幽默，還有更多的愛。無論是古代的諷刺預言或是現代肥皂劇，霍華對符號以及任何符號戲碼的理解，都顯示出他對日常生活具備了獨特的洞見。任何想要藉由其他占星領域來滋養靈魂的人，都應該把這本書視為珍寶，無論是二十多年前或是現在，《占星十二宮位研究》都是一本出色的好書。

我很幸運地曾經接受過霍華的教導，也因為他火象牡羊座的熱情和充滿遠見的射手座木星而受益良多。他深受掌管木星的天神宙斯影響，所以非常熱愛旅行。事實上，我們是在希臘一個如神話般的小島——科斯島上的一間夏季學校中相遇的。那對我們彼此而言都是最完美的時刻。因為他天蠍座的凱龍與我的上升點合相，這似乎非常適合我們一起飲用凱龍溫泉的療癒之水（這裡指的溫泉是來自科斯島上的阿斯克利皮歐斯神廟，這是古代醫療英雄的聖地），我們的關係一直跟隨著療癒的腳步。我很幸運地成為他核心夥伴的一分子，我們經常一邊吃著披薩，一邊討論星盤。值得一提的是，他的金牛座月亮幾乎落在我的下降點，所以我們做的每一件事幾乎都與吃和喝，或是任何享受美好人生的事情有關！他的牡羊座水星也與我的月亮合相，所以我們可以很自然地聊上好幾個鐘頭。當時我只是一個占星學的新手，但他總是對我非常地友善，讓我分享他的想法，即使是在他人生最後飽受痛苦的那幾年。

霍華的天賦在於可以將一個人以及他的處境，與占星學直接地「整合」在一起，最後他就會透過本命盤為這個人的困境找出解決之道，他也會用同樣的方式來解析一個人的性格或星盤的相位，以及推進和移位的相位。他罕見的才華是源自於人本主義心理學的研究，以及在美國占星家伊莎貝爾・希奇門下學習過。稍後他又接受了義大利超個人心理學家羅伯特・阿沙鳩里的訓練，他的占星風格受到阿沙鳩里的綜合心理學啟發，他注重的是更高層或深層自我的滋養。（這也衍生出他精闢的見解：也就是占星的次人格理論，但是他十分重視一個人的太陽星座，不曾偏離過演化中的個人靈魂。）他帶著這種卓然的見解，開始與心理占星家元老麗茲・格林密切合作，同時還在一九七九年贏得占星研究學院的瑪格莉特・洪恩獎，晉身英國最受歡迎的占星家之列。事實上，當時太陽星座占星學的明星占星家派崔克・沃克（Patric Walker）因為無力兼顧，曾要求霍華暫時替他接手倫敦《標準晚報》（*Evening Standard*）的太陽星座專欄，派崔克不知道霍華人也在醫院中，正藉著撰寫每日運勢來跳脫自己的困境。

儘管霍華有嚴肅的上升點落魔羯座，但仍自稱是幽默主義派的占星家，同時他還具備了高度敏感和進化的靈魂。他花了許多年練習並教導超覺靜坐，這對他有極大的幫助，我認為他對身體的覺知遠勝於他自認的程度，不過他總是太過謙虛，不願意承認這一點。

對於霍華而言，占星學就像一張天堂的地圖，揭示了一個人「神性」的實相。他過去經常說，在他尚未相信個案矢口否認的隱藏心理情結之前，他會先相信星盤。他最常被引用的一句話就是：「否認就是將一些東西摒除在意識之外，任何你藏在地下室裡的東西，總有一天會出現在前院的草坪上。」即使被分析者的黑暗面已經悄悄浮出檯面，霍華仍然會用一種溫和穩定的態度，熟練地扮演著推手的角色，鼓勵這個人找到出路，同時將事件帶入意識層面。他總是很有技巧地滋養他人，幫助他們憑著自己的力量找出解決的方法，並像父母一樣去監督這個方法。他的太陽落入牡羊座，加上第七宮裡有許多行星落在獅子座，因此很知道如何有效地告訴他人該怎麼辦：然而人們必須領悟到自我發現的重要，內心深處才會產生真正的改變。

霍華在他生前最後一年病得十分嚴重，他在接受一次複雜且失敗的背部手術之後，整個人就癱瘓了。即使他面對著極難忍受的病痛，還有雪上加霜的後天性免疫不全症候群（愛滋病），他仍然能鼓舞人心。他會看一些悲慘而寫實的電視節目和電影，例如戰爭、飢荒或疾病的影片，他覺得這些人的處境比他還慘。他這麼做其實是想了解別人是如何悲慘地存活在世間，而對這些人生出憐憫之心，他藉由這麼做來紓解自己恐怖的折磨。這對我來說是很重要的一課。看著我的朋友，看著一位占星大師，如此快速地燃燒負面的業力，實在是令人心碎的一件事。但霍華總是能從哲學觀點看待自己的處境。當時一百七十二年一次罕見的天王星和海王星合相，正行進到他的第十二宮，他接受了一個事實，那就是無論是自己或者小我，都無法控制這一切的改變和折磨，更遑論行運的冥王星當時正與他的天頂合相。

他所寫的《變化的眾神》宛如一場見證，貼切地表達了他對老、病、死的認知。霍華毫不狂妄，他珍惜猶太人的傳統：他祈禱他所經歷的一切最後能利益整體人類。毋庸置疑地，霍華這一生是極有價值的，他的教學和記憶會繼續活在世間，不僅僅是《占星十二宮位研究》這本無可取代的著作（這是他最自豪的一本書），也包括他與麗茲・格林以及羅伯特・沃克勒共撰的每一本書。他幫助人們轉變性格，讓人走向積極和正面，使關係更加和諧，懂得如何去整合自我，同時與自我發展的歷程融為一體。這就是他送給我們所有人的禮物。

就在他獲頒美國華盛頓「聯合占星協會」（United Astrology Congress）的軒轅十四獎（Regulus Award），返回倫敦後不久，他就住院了。我永遠不會忘記他逝世的那一天。我在前一天去探望他，他在臨別時對我說，將會有來自美國的消息。我一開始不知道他在講什麼，只當他是神智不清。隔天午後，我忽然想到醫院去，我離開家，看到市公所的時鐘指著十點五分，我心中出現一個小小的聲音：「不要進市中心，去 Tesco 買點食物。」我真的就去購物了。一個小時之後回到家，接到美國占星學者麥可・魯丁（Michael Rutin）的電話，他告訴我說：「霍華離開他的身體了。」魯丁人在哪？當然在美國。這個故事的精神就在於，即使肉體的層次起了變化，霍華的心仍然與他所有的學生同在，即使是那些他未曾謀面的學生，他也總是純淨和真摯地對待，充滿著無條件的愛和智慧。

艾林・蘇利文

我和霍華在一九八〇年代相遇，在他的家鄉康乃狄克州哈佛市的一個研討會上。我當時在演講土星行運和英雄之旅。演講之後，他來問我是否想要把研究出版成書，還邀我共進午餐。

我們之間有一種煉金術般的化學反應，馬上就形成了獨特的情誼。短短幾年之中，我與他的生命融合，產生了不可思議的淨化作用，類似於煉金士和神祕姐妹（soror mystica）之間的關係。我們在神祕的核心深處已達成緘默和共識，所以就著手開始工作。我們的合作對彼此都是一份深刻的禮物，猶如一場心智、靈魂與靈性的奇遇。赫密士・崔思莫吉司特斯（Hermes Trismegistus）從一開始就在我們之間扮演著推手的角色，總是以不同的面貌出現在我們持續進行的工作和友誼之間。霍華就像是魔術師、老師和引靈人，總是為了我們共同的利益著想，他不僅帶來了幫助、治療、激勵、指引、嘲弄，同時也帶來了啟發。我們如果沒有完全地轉變，彼此和共同的人生就無法產生如煉金術般的神奇力量，而這種轉變是彼此共有的。

幽默是任何良好關係的重要核心，看著這世界的荒誕和愚蠢，給了我們很大的樂趣。霍華身旁的每個人都知道他是一個非常滑稽又開心的人，在他紳士般的優雅外表之下，隱藏著喜歡捉弄人的本質，一種大不敬的心態。有時當我們面對著無情的態度時會進入一種超凡的意識層次，而這種從莊嚴崇敬到荒誕可笑的完整體驗，往往讓我們感覺變成了彼此。

在某一次煉金術式的探索生命的夜晚，他對我說，我們之間除了那份明顯的同情之外，我還陪他一起穿越了死亡之門，我們的相遇讓他有勇氣和力量，在朋友的陪伴下帶著覺知完成這最後的旅程。他很抱歉我成了那個留下來的人，但這並不是出自於選擇，而是只能如此。他知道當他接近死亡的地平線時，我會充當賀密斯引靈人，一直守候在他的身旁，一路相隨，無論發生什麼事情。

事實上，我們的本命盤有些有趣的交集。他的月亮是金牛座二十四度落入第四宮，與我的北交點合相、落在我的七宮裡；而他第十宮的凱龍星位於天蠍座二十三度，與我第一宮的南交點合相。我的太陽天蠍座十六度與上升點合相，與第九宮獅子座的火星、土星和冥王星形成四分相，而他第四宮的月亮與第七宮的火星、土星和冥王星也形成四分相，這代表無論在性別或性取向上我們都有共通之處。這裡面存在著一種同謀，激起了我們各自的愛神與死神的垂死掙扎。他的本命月亮與凱龍星呈對分相，而我本命的太陽與他的凱龍星合相，這些都與火星、土星和冥王星形成四分相，而都具有一種互融作用。我們認清了這種絕對性，分享著彼此存在的經驗，而在那樣的親密之中，有一種無須多言的默契，這便是煉金士所稱的「左手的交握」。

這本書討論的是宮位，而在霍華的書中每個宮位裡都有許多大房間：我們關係的那個宮位，那個神祕的、只能存在於特定的兩個人之間的存有，是毫不隱諱的。我們的合盤（composite）製造出了彼此關係之中的第三者，而它肩負了一個明確的任務。我們合盤宮位中的行星也顯示出令我們深感榮幸的淨化作用。

合盤上的太陽落入水瓶座四度第二宮，與第八宮零度的獅子座月亮形成對分相，而冥王星、土星和火星也分別落入獅子座十三度、十八度和二十度。這種星群的連結在我們的本命盤上是很明顯的。合盤的射手座是擢升的位置，加上木星射手座剛好要進入第十二宮，與獅子座的群星形成三分相，這就是賀密斯與宙斯的結盟，兩人註定要一同踏上生命之旅，而這也是一種指引之下的融合。

這個合盤有如兩個獨立個體的融合，注定要帶著高尚和莊嚴走進人生的最後階段，而且其中還添加了許多歡樂的成分。南交點和凱龍星在我們合盤的第十一宮（這代表了生命投資的最終成果，也是友誼的約定）剛好合相於天蠍座十八度，容許度有十度的距離。南交點和凱龍星都與第八宮的火星／土星／冥王星星群形成四分相。愛神與死神的分歧其實正是完美的結合。

霍華的死亡充滿著慈悲和人性，他最後的幾個小時有如一種安靜又深刻的恩典。他死前意識一度清醒，當時我、馬克和羅伯特*都在他的身旁，他睜開眼睛說道：「我就要死了，是嗎？」我抱住他的頭說：「是的，霍華，你要死了，沒事的。」過了幾分鐘，他說出了最後的遺言：「有事情要發生了！有東西在動！」我抱住他的頭，感覺他的腦門在顫抖和脈動，然後就斷氣了。他的身體馬上釋放了靈魂，沒有痛苦，沒有憤怒，也沒有遺憾。

在他死前的最後兩周，我們達到一種全然純淨又清明的境界。我們玩「我哪一天會死？」的遊戲。因為太陽正位於金牛座，即將接近他的天底（回到個人祖先的國度），而推進的冥王星正退行經過他的天頂（轉化／職業的變化／生命的召喚），顯然可能是在五月十一日或十二日。當太陽與一個逆行的外行星形成對分相時，就代表年度週期循環的閃亮點，再加上其他所有行星的推進、移位以及實際的狀況都指向相同的日子。我們是帶一種尊嚴感和探究意識的興趣，去研究霍華的死期，況且這也是占星家的人生中最重要的一部分。當太陽移到他的天底、冥王星在他的天頂時，也就是在一九九二年五月十二日下午五時十二分的時候，霍華真的離開了人間。在那天的過程裡我們還談到一件事，那就是他感覺自己就像是冉冉上昇的冥王星一樣。

我認為最純粹的愛是永存不朽的。直到今天，霍華仍然是我的賀密斯、我的嚮導、我的良師益友。他存在於任何偉大的計畫、任何一本書，或是任何改變生命的行動中。我不曾有過幻覺或超自然的經驗，不過他死後的第四天，我正在曼徹斯特附近的密契爾戴維的一位好友家中。當時我們正在舉辦一個早已計畫好的戶外派對。我站在樓上的房間裡望著漆黑一片的窗外，感覺十分悲傷，接著我說：「給我一點暗示吧。」就在這個時刻，一隻蝙蝠飛撲過來，重複了三次，而且好像是刻意的。

偉大的賀密斯三次來訪。

愛一個瀕死的人是一種特別的恩寵，這讓我有機會做到完全地無私。他讓每一刻都值得，而且我們也分享了許多歡樂。我們在笑聲、淚水、類固醇注射、輸血、病情的舒緩和加劇之間，還有來回進出 Middlesex 醫院的路途中，完成了許多事情，包括他在最後半年中謄錄完成的理查・艾德蒙（Richard Idemon）的著作 *Through the Looking Glass*，這是他很喜歡又相當出色的一本書。我們也一起去澳洲授課，結識了一些很喜歡他本人以及他著作的友人。他最後的旅程是在一九九二年的四月末，前往美國華盛頓特區的聯合占星協會受獎，他在那裡做了最後一場演講，當他從輪椅中站起來說：「幫幫我，我是一位助人者。」時，場面令人難忘又感動。當時他只剩下九十七磅，距離他的死期只有兩周半。

霍華身後還留下了一個兒子，那是他與青梅竹馬的女友凱西的結晶，一九六六年六月六日下午一點四十九分誕生於紐約。基於他們當時的條件，還有家庭的處境，小孩一出生後就送給人領養。這

* 羅伯特・沃克勒與霍華共同撰寫《太陽星座職業指南》。

個小孩是被渴望、被愛的，但事情卻不能如願。他在死前非常想見兒子一面，最後終於與凱西長談此事。凱西的丈夫和兩個兒子都很支持這件事，於是他們簽署了「父母尋兒」的協議，但是直到一九九九年十一月，霍華的兒子史考特才與母親聯絡上，如今我們很榮幸地有史考特加入我們的生活。他認識了親生的祖父母，也就是霍華的父母，還有叔伯阿姨、堂表兄弟姐妹，以及霍華的幾個親密好友。史考特和母親建立了深厚的關係，也清楚地知道父親曾經做了這麼多的事情。他非常年輕有為，霍華一定會以他為榮*。

我寫這篇文章時，剛好過了霍華五十九歲的冥誕，距離他忌日十五周年不到幾周，而他的占星學仍然充滿生命力地存在於人間，就像「生命的證據」一樣，如果你也有同感的話。霍華已經損棄了他的身體，但正如蘇格拉底曾經說過的：「身體是靈魂的墓穴。」他的占星學不會逝去，只會永遠延續下去。如今他的第一本著作重新印行，這代表他延續下來的占星學詮釋，至今仍然十分卓越非凡。

霍華辭世的那一天，土星正位於水瓶座十八度十六分的位置，即將趨近他的火星，形成土星和火星的對分相。我在寫這篇文章的時候，土星正在獅子座十八度十分的位置，與他第七宮的土星合相。在他個人的「英雄之旅」中，這個推進的位置代表這位英雄「將恩惠帶給人類」的時刻。我認為這種詮釋是十分貼切的，因為霍華在這個圈子裡已達資深的地位，而這本書也的確可以教導和啟發下一代的占星家。

回歸的木星也回到了他的第十一宮，而他奉獻了一生心力的團體和集團，也會繼續從他的教學中獲得啟發。精細地推算一下，當這本書在二〇〇七年出版的時候，他二次推進的月亮將會落在下降點。他推進的天底將會在巨蟹座十五度，而當他辭世時，推進的月亮也正是在巨蟹座十五度！當這些元素交會在神祕的天底時，復活就發生了。

伊卡魯斯再生！（伊卡魯斯〔Icarus〕是希臘神話中的悲劇人物）

未來，我仍會在我的書中感謝霍華，我永遠都會這麼做的，因為他就是我的賀密斯和繆思。而我知道，他對許多資深或入門的占星家而言，亦是如此。再一次享受這本經典佳作，一次又一次地！

梅蘭・瑞因哈特

為一個影響我一生的人寫一篇悼文，實在令我百感交集。一開始，我先拿起一張舊照片，那是我第一次遇到霍華時拍的照片。一頭濃密的華髮，襯托著一張開朗又表情豐富的臉孔，雙眼中有一抹幽默、甚至是淘氣，總是赤裸裸毫不羞澀地直視著你。但只要再看一次，你就會發現同一雙眼睛好像在注視著另外一個地方，另外一個遙遠的地方，彷彿看到了什麼你看不見的東西。他的眼神總是很溫和，不帶有絲毫的責難、失望或不安。臉上流露著一抹微顰的笑意，彷彿他正要告訴你一個祕密或是笑話似的，事實上他也經常如此。但是他的嘴角還透露一絲脆弱易感，甚至有一點遲疑，讓你知道他很在乎你是不是喜歡他。他的表情綜合了嚴肅、認真和輕鬆。我非常清楚被霍華「看見」的感覺，而我並不是唯一能感受到這種溫暖、直接，有時彷彿能穿透人心的眼神的人。這就是他讓

＊我在史考特和他母親凱西，以及霍華遺產執行人馬克・格爾斯坦（Marc Gerstein）的同意之下寫到此事。

每個人感受到的特質，無論是客戶、同事、學生或朋友皆然。

我第一次遇到霍華是在一九七九年，那是在倫敦舉辦的一場綜合性心理訓練營。就在那一年我們同時參加了「占星研究學院」（Faculty of Astrological Studies）的「文憑」（Diploma）考試。我立刻被他的風采、溫暖和幽默所吸引。霍華對我而言亦師亦友，無論就哪一方面來說，我都虧欠他很多。是他在一九八五年鼓勵我將蒐集的凱龍星資料集結成書，而我也十分幸運地有他來擔任那本書的編輯。基本上他都讓我自行撰寫，這多少有助我免於焦慮，但我知道當我需要幫助的時候，他一定會出現，他總是默默地鼓勵我，他常用這種方式支持別人，而且的確幫助了許多人。他對於自己優秀的成就總是謙虛又低調，甚至還有些羞怯。他有時會極度地欠缺自信，甚至需要別人的保證，才能對自己了不起的成就流露出真正的驚喜。他在莊嚴之中極具人性，他是一位真正的「紳士」。

霍華是一位極具啟發性的老師，他可以讓理論產生意義，讓抽象的概念與人的一生歷程產生直接的關連。他時常帶有一種猶太式的反諷幽默，以一種智慧和善良的眼光去看待人類的愚蠢。我們的共通之處就在於，我們都深深地浸淫在靈性的傳統中，儘管我們的道路極不相同，但這份共同的興趣時常成為我們討論的話題。他知道靈魂的道路會與錯綜複雜的心理歷程相互影響，他的見解遠遠超越當時的看法，這是他在強烈又深刻的個人旅程中所形成的洞見。他的一位祖先曾經是倫敦的猶太教教士，我想應該是第一群教士中的一位。

霍華在脊髓手術之後數個月的臥病期間，也就是在一九九二年逝世之前，經常表現出一種非常令人動容的脆弱易感。我常覺得自己是被上天賜福的，才能在當時支持著他，讓我有機會表達對他的感激。他可以很有尊嚴又誠實地分享自己的悲傷、憤怒和痛苦，但是又不會自艾自憐，即使當他極為痛苦時，還是不會忘記關懷並留意其他人的生活。

霍華在我的記憶中一直佔有一席之地，有些至今仍讓我不禁莞爾一笑。有一年新年，我在他家共進晚餐，喝了超過一瓶的酒。有一個人在聖誕節送了他一副太陽系的動態裝飾品，而他想把這個東西放在床頂的天花板上。我們把所有的行星都攤在地上，在地上爬來爬去，痛苦地按照複雜的安裝手冊，努力地找出哪一顆行星應該放在哪裡，後來又想盡辦法找到一根長繩，試著把所有的行星平衡地串在一起，然後再把這東西掛起來。在這團混亂之中我們大談「星座經」，討論行星彼此的關係，實在非常爆笑，而我當時真希望自己能錄下那即興的「占星傻瓜秀」！

他充分地展現了牡羊座的本色，當時的他已經有些行動不便，他拐我去嘗試那幾乎不可能達成的任務。他要我把那東西掛在天花板上，而我即使站在椅子上也很難碰到天花板，於是他把椅子放在床上，酒醉的我站在上面搖搖晃晃，那椅子似乎隨時會從床上翻下來，他當時還扶著那張椅子。而我的確掉下來好幾次，但因為這個酒鬼很放鬆，所以竟然毫髮無傷！

在這過程中鬧了不少笑話，霍華最後總算達成願望，成為「宇宙大師」，同時變成「行星之王」等等。我們第一次把那太陽系裝飾品掛在天花板上時，沒幾分鐘就整個掉了下來，讓我們樂不可支。但他沒有因此而退縮，又慫恿我再試一次。試了好幾次之後，那東西似乎看起來穩固多了，儘管我暗自懷疑那能撐多久！然後他堅持，就像他一貫的作風那樣，叫了一台「淑女的計程車」載我回家。那時已經是凌晨三點半了。

我的電話隔天早上就響了，是霍華打來的，他聽起來有些失望和不開心，他說：「太陽系昨天晚上塌到我身上了，這都是你的錯。」睡意矇矓的我不禁笑了出來。然後他嚴肅地說：「我猜就是這樣，對吧？沒有新年了。」我的笑意瞬間凍結。為了不要流露我的震驚，我加入了他的黑色幽默，說了類似「好吧，這的確是一個結束，你不再需要太陽系，或是任何星曆表了。你將要到另一個地方去，所以你現在可以打包行李了。你會寄一張明信片給我，對吧？」然後又是一陣爆笑。當我下一次拜訪他時，他驕傲地展現那個破爛又糾結的太陽系裝飾品，就像默默地對著它的深層意義致敬似的，這也貼切地象徵著一位凱龍星在天蠍座落在天頂的占星家接受了自己的死亡。他是一位真正的「受創治療者」，也許在他最後幾個月陪伴他的人，都能感受到即使他自身極為痛苦，仍然能療癒他人。他曾說過凱龍星是「透過創傷讓我們更有智慧」，他活出了這一句話。

回想過去，對我而言這個難忘的小故事，象徵霍華透過教學和寫作所完成的一切。他努力地讓這些行星更具有意義，更容易理解，同時激勵無數人用一種非常個人的方式，帶著他們身處於太陽系、身處於這個宇宙，甚至是生命本身的意義、目的、處境和參與，將這些行星重新連結起來，而且霍華讓這一切都變得十分有趣！我有時仍然非常想念他。

圖 18　霍華・薩司波塔斯

國家圖書館出版品預行編目

占星十二宮位研究：霍華．薩司波塔斯（Howard Sasportas）著；
韓沁林譯--初版. --台北市：積木文化出版：家庭傳媒城邦分公司發行，
民 99.12；536 面；14.7×21
譯自The Twelve Houses:
Exploring the houses of the horoscope
ISBN 978-986-120-427-7（平裝）
1. 占星術
292.22　　99021527

LIGHT 03

占星十二宮位研究　The Twelve Houses

原著書名／The Twelve Houses: Exploring the houses of the horoscope
著　　者／霍華．薩司波塔斯（Howard Sasportas）
審　　訂／胡因夢
譯　　者／韓沁林

副 主 編／洪淑暖
責任編輯／洪淑暖．林謹瓊
總 編 輯／王秀婷
版　　權／徐昉驊
行銷企劃／黃明雪

發 行 人／凃玉雲
出　　版／積木文化
台北市104中山區民生東路二段141號5樓
電話：(02)25007696　傳真：(02)25001953
官方部落格：http://www.cubepress.com.tw　Facebook：www.facebook.com/CubeZests
讀者服務信箱：service_cube@hmg.com.tw
發　　行／英屬蓋曼群島商家庭傳媒股份有限公司
城邦分公司　台北市民生東路二段141號11樓
讀者服務專線：(02)25007718-9　24小時傳真專線：(02)25001990-1
服務時間：週一至週五上午09:30-12:00、下午13:30-17:00
郵撥：19863813　戶名：書虫股份有限公司
網址：城邦讀書花園　www.cite.com.tw
香港發行所／城邦（香港）出版集團有限公司
香港灣仔駱克道193號東超商業中心1樓
電話：852-25086231　傳真：852-25789337　電子信箱：hkcite@biznetvigator.com
馬新發行所／城邦（馬新）出版集團
Cite (M) Sdn. Bhd.
41, Jalan Radin Anum, Bandar Baru Sri Petaling,
57000 Kuala Lumpur, Malaysia.
電話：603-90563833　傳真：603-90562833

封面設計／鄭宇斌
內頁排版／中原造像股份有限公司
製版印刷／中原造像股份有限公司

城邦讀書花園
www.cite.com.tw

Printed in Taiwan.

2010年12月 7 日　初版一刷
2022年 8 月10日　初版11刷

First published in 2006 by Flare Publication in conjunction with the London School of Astrology

售　　價／550元
ISBN 978-986-120-427-7【紙本／電子版】

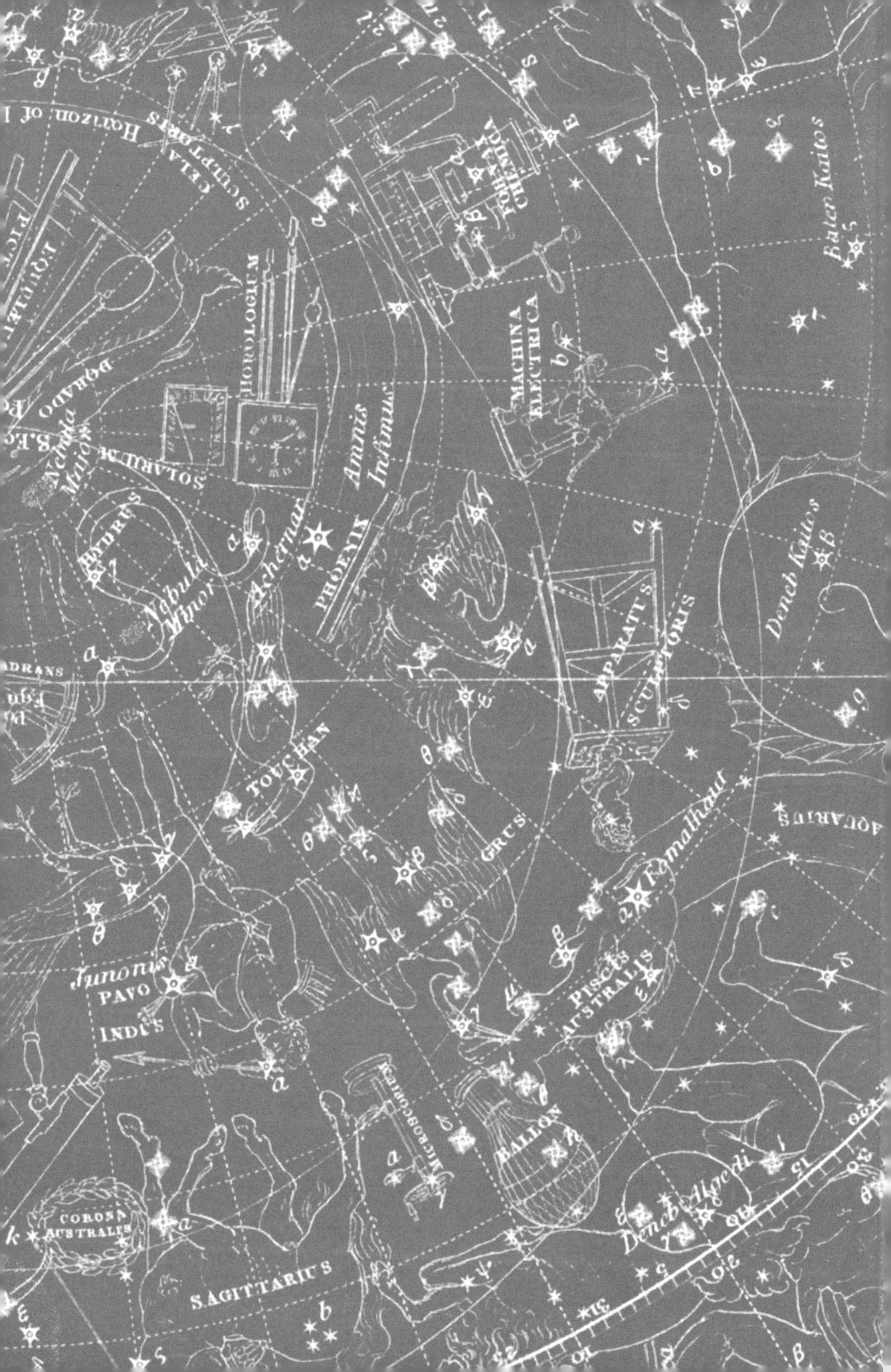
SCULPTORIS
CELA
HOROLOGIUM
SOLARIUM
DORADO
Nebula Major
FORNAX CHEMICA
MACHINA ELECTRICA
Amnis Infimus
Baten Kaitos
Deneb Kaitos
HYDRUS
Nebula Minor
Achernar
PHOENIX
APPARATUS SCULPTORIS
TOUCHAN
GRUS
Fomalhaut
AQUARIUS
Junonis
PAVO
INDUS
PISCIS AUSTRALIS
MICROSCOPIUM
BALLON
CORONA AUSTRALIS
SAGITTARIUS
Deneb Algedi

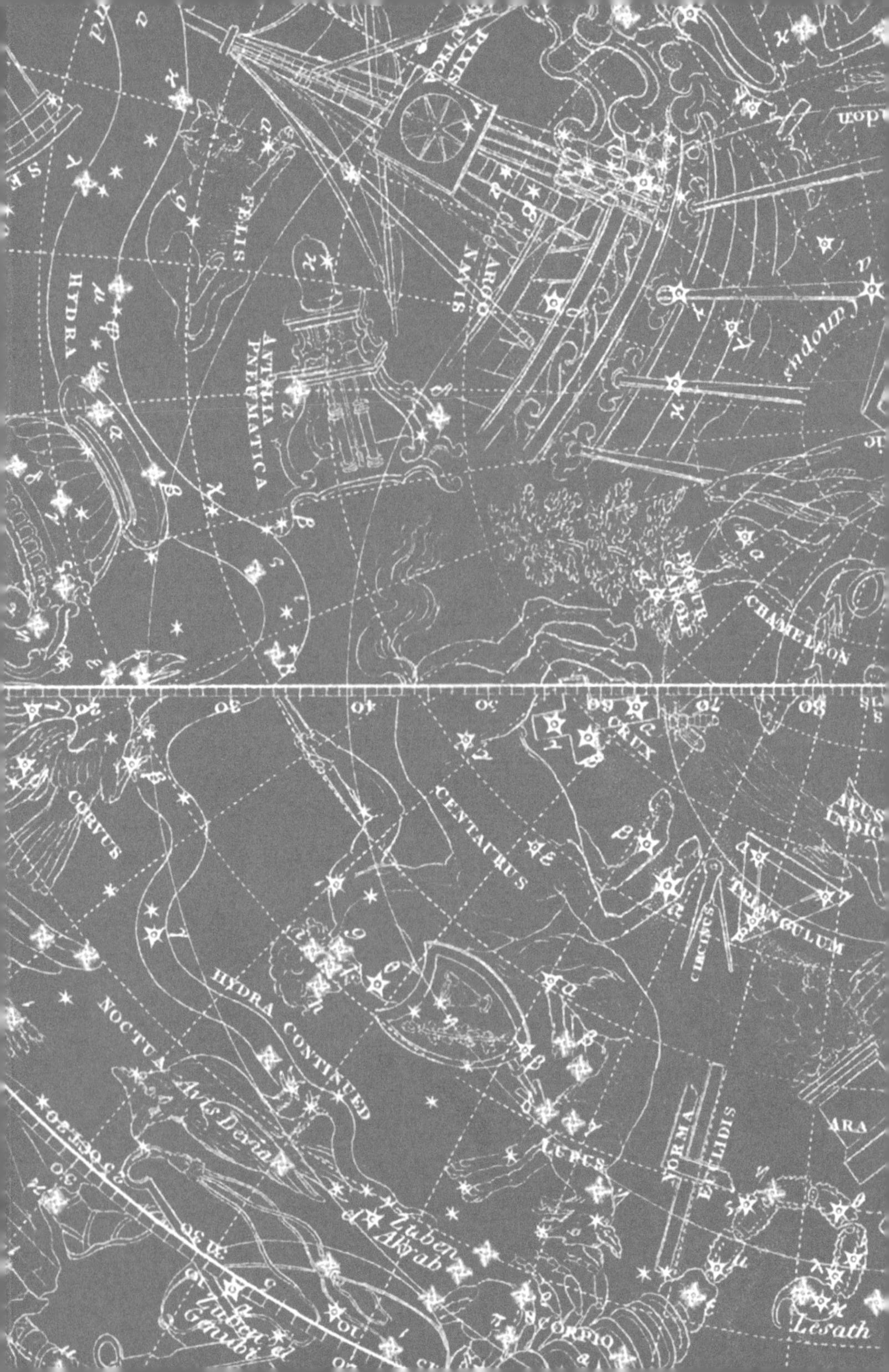
HYDRA
FELIS
ANTLIA PNEUMATICA
ARGO NAVIS
PYXIS NAUTICA
ROBUR CAROLI
CHAMELEON
CRUX
CENTAURUS
CORVUS
HYDRA CONTINUED
NOCTUA
Avis Dextra
TRIANGULUM
CIRCINUS
APUS INDICA
LUPUS
NORMA EUCLIDIS
ARA
SCORPIO
Lesath